U0613823

图书馆·情报·文献学

国家社科基金项目书系

本书是国家社科基金项目"全球背景下知识流程外包与中国知识型服务业发展"（11CTQ001）的研究成果。

# 知识流程外包：
# 全球视野与中国战略

# Knowledge Process Outsourcing (KPO):
# Global Vision and China's Strategy

李颖 著

国家图书馆出版社

图书在版编目(CIP)数据

知识流程外包：全球视野与中国战略／李颖著. —北京：国家图书馆出版社,2020. 10
(图书馆·情报·文献学国家社科基金项目书系)
ISBN 978-7-5013-7055-9

Ⅰ.①知…  Ⅱ.①李…  Ⅲ.①服务业—对外承包—研究—中国  Ⅳ.①F752. 68

中国版本图书馆 CIP 数据核字(2020)第 174018 号

书    名  **知识流程外包：全球视野与中国战略**
          ZHISHI LIUCHENG WAIBAO：
          QUANQIU SHIYE YU ZHONGGUO ZHANLÜE
著    者  李 颖 著
责任编辑  刘健煊
封面设计  陆智昌

出版发行  国家图书馆出版社(北京市西城区文津街 7 号    100034)
          (原书目文献出版社  北京图书馆出版社)
          010 – 66114536   63802249   nlcpress@ nlc. cn( 邮购)
网    址  http://www. nlcpress. com
排    版  北京金书堂文化发展有限公司
印    装  北京科信印刷有限公司
版次印次  2020 年 10 月第 1 版  2020 年 10 月第 1 次印刷

开    本  787mm × 1092mm   1/16
印    张  24. 75
字    数  423 千字
书    号  ISBN 978 – 7 – 5013 – 7055 – 9
定    价  168. 00 元

版权所有  侵权必究
本书如有印装质量问题,请与读者服务部(010 –66126156)联系调换。

# 目　录

# 绪 论

随着科技革命的进一步发展,全球治理趋向绿色低碳、扁平化方向发展,各国纷纷顺应发展趋势,为经济振兴和社会可持续发展寻求建立新兴产业模式。以知识经济和信息技术为主导的服务外包产业得到了前所未有的重视。进入 21 世纪后,全球服务外包产业高速发展,特别是在后金融危机时代,全球经济增长总体趋缓,全球信息技术外包服务市场借此契机迅速发展并扩散至更广泛的领域。服务外包产业在当前时代背景下逆势增长,成为世界经济走出危机并得以复苏发展的新引擎,逐渐成为引领世界产业与管理革命浪潮的新经营战略和商业模式。亚太总裁协会发表的报告显示[①],2010 财年印度信息技术和业务流程外包行业出口额同比增长 15%,英国服务外包出口额 2004 年至 2009 年间增长 36%。全球服务外包产业正从经济危机中逐渐恢复,并进入快速发展时期。相比起具有一定产业规模的传统服务外包承接国,如澳大利亚、加拿大等国,发展中国家具有明显的人力资源优势。近年来,印度、菲律宾、中国等国家承接服务外包数量呈激增趋势,已占全球 60% 以上的份额。随着经济全球化和知识经济的发展,服务外包产业链延伸,价值链升级,高端人才队伍不断壮大。自 2007 年至今,服务外包进入了多元化、高端化的战略转型阶段,其所衍生出新的外包模式——知识流程外包(Knowledge Process Outsourcing,KPO),正成为现实的、主流的外包模式之一。

KPO 是服务外包产业逐渐向价值链高端发展的产物,继信息技术外包(Information Technology Outsourcing,ITO)和业务流程外包(Business Process Outsourcing,BPO)之后,展现出巨大的潜力和升级空间。KPO 最早出现在印度,于 2004 年由易唯思商务咨询公司

---

① 郑雄伟. 2011 全球服务外包发展报告 [R/OL]. [2015 - 04 - 21]. http://www. china. com. cn/economic/txt/2011-05/24/content_22626595. htm.

(Evalueserve)①首次提出。KPO 专注于价值链的高端环节,主要包括生物医药研发、软件设计、专利申请、市场调研、投资评估、业务咨询、法律服务、数据挖掘和分析、动漫及网游设计等附加值更高的知识密集型业务。麦肯锡(Mckinsey)、高盛(Goldman Sachs)等知名咨询公司已在印度建立高增值服务供应及外包平台,专门开展高端 KPO 业务。KPO 在服务外包产业第一大国印度的业务量逐年提升,其业务收入已占印度服务外包业务的近 70%。

在国家政策的推动下,凭借雄厚的市场潜力和人力资源等优势,中国服务外包也实现了快速增长,产业规模和质量都得到了很大的提升。2010 年,中国企业服务外包合同承接额同比增长 37%,从业企业达 12706 家。自北京、天津、上海等 21 个服务外包示范城市设立以来,国家及各地区政府从税收政策、项目资金投入、人力资源保障等各个方面对服务外包产业提供持续支持,以促进产业结构调整并抢占新的经济竞争优势。国家外汇管理局使用国际收支统计反映中国服务贸易发展状况②,见图 0 - 1。

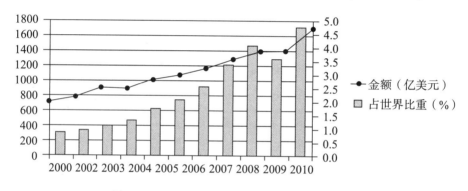

图 0 - 1　2000 年至 2010 年中国服务贸易出口额

资料来源:根据 WTO 国际贸易统计数据库(www.unctad.org)和中国商务部(www.mofcom.gov.cn)数据整理。

从服务外包类型来看,ITO 仍占据市场主体,然而随着 BPO 需求的不断扩张及产业链向具有高附加值的 KPO 延伸,服务外包业务的格局正在发生改变。由见图 0 - 2、图 0 - 3 可见,在中国,KPO 的产业规模虽然较小,但已成为有力的新增长点,KPO 产业正以 46% 的年复合增长率提升③。

---

① 易唯思商务咨询公司是 KPO 服务的领先供应商,通过位于智利、中国、印度和罗马尼亚的全球研究中心,提供市场调研、商业研究、数据分析、投资研究、知识产权研究、市场营销支持和知识技术服务等客户化服务。

② 国际收支(Balance of Payment, BOP)统计主要反映国际服务贸易进出口(创汇和用汇)情况。

③ 2010 年中国服务外包企业最佳实践 TOP 50[R/OL].[2016 - 01 - 10]. http://chinasourcing. mofcom. gov. cn/2010.

商务部服贸司的统计数据表明,2016 年,中国承接离岸 ITO、BPO 和 KPO 执行金额分别为 2293 亿元、809 亿元和 1783 亿元,占比分别为 46.9%、16.6% 和 36.5%,同比增长 11.4%、35.9% 和 15.5%①。可见,在 2016 年全球投资贸易低迷的背景下,中国的服务外包业务却保持快速发展势头。离岸服务外包逐渐成为促进中国服务出口的重要力量,在优化外贸结构、推动产业向价值链高端延伸等方面发挥了重要作用。在云计算、大数据、物联网、移动互联等新一代信息技术的支撑下,"互联网 + 服务外包"模式快速发展,服务外包企业实现向高技术、高附加值业务的稳步转型。

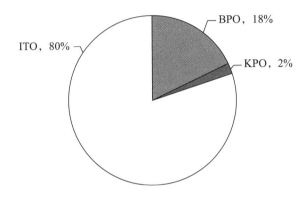

图 0 - 2　2009 年中国服务外包 50 强企业业务类型分布图

资料来源:2010 年中国服务外包企业最佳实践 50 强白皮书［R/OL］.［2016 - 01 - 10］. http://chinasourcing. mofcom. gov. cn/2010.

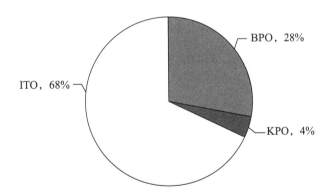

图 0 - 3　2010 年中国服务外包 50 强企业业务类型分布图

资料来源:2010 年中国服务外包企业最佳实践 50 强白皮书［R/OL］.［2016 - 01 - 10］. http://chinasourcing. mofcom. gov. cn/2010.

①　商务部服贸司负责人谈 2016 年我国服务外包产业发展情况［EB/OL］.［2017 - 05 - 18］. http://bgt. mofcom. gov. cn/article/c/e/201703/20170302534655. shtml.

2017 年,随着世界经济逐步向好,全球贸易和投资回暖。中国签订的服务外包合同总金额达 1807.5 亿美元,同比增长 25.1%;完成服务外包执行金额 1261.4 亿美元,同比增长 18.5%。其中,离岸服务外包合同签约金额、执行金额分别为 1112.1 亿美元、796.7 亿美元,同比分别增长 16.7%、13.2%,增长速度领先服务贸易出口速度,是新兴服务业出口的核心。值得强调的是,2017 年 KPO 发展迅猛,特别是在国际业务领域,增长约 18%,超过 ITO、BPO 7 个百分点。KPO 增长主要得益于知识产权外包服务、管理咨询服务、数据分析服务、工业设计外包及医药研发服务。2017 年,ITO、BPO、KPO 业务执行额分别为 618.5 亿美元、235.7 亿美元、407.2 亿美元,业务结构由 2016 年的 53∶16∶31 调整为 49∶19∶32①。

2018 年,中国服务外包业务规模继续稳步扩大。企业全年承接服务外包合同额 13233.4 亿元人民币(币种下同),执行额 9597.4 亿元,同比分别增长 8.6% 和 12.9%,再创历史新高。其中,离岸服务外包合同额 1203.8 亿美元,执行额 886.5 亿美元,同比分别增长 8.2% 和 11.3%。同时,高端生产性服务外包业务增速加快,我国企业承接离岸 ITO、BPO 和 KPO 的执行额分别为 2655.6 亿元、1014.4 亿元和 2196.6 亿元,在离岸服务外包中的占比分别为 45.3%、17.3% 和 37.4%。以软件研发和信息技术服务为代表的 ITO 仍占据主导地位,但以研发服务、工程技术、检验检测等为代表的高端生产性服务外包业务快速增长,同比分别增长 15.5%、27.1% 和 74.5%②。

2019 年,我国企业承接服务外包合同额 15699.1 亿元人民币、执行额 10695.7 亿元,同比分别增长 18.6% 和 11.5%,执行额首次突破万亿元,再创历史新高③。

对于发包企业来说,服务外包是一种企业战略,通过外包本公司的非核心业务,企业可以降低成本,提高效率,集中有限资源,专注于核心业务,提高企业的核心竞争力。对于国家和政府来说,服务外包则是一个新兴产业,是参与国际分工与合作的一种新形式,大力发展服务外包可以带来拉动就业、优化产业结构、促进政府机构改革等诸多利益。2014 年印发的《国务院关于促进服务外包产业加快发展的意见》中明确提出"到 2020 年,服务外包产业国际国内市场协调发展,规模显著扩大,结构显著优化,企业国际竞争力显著提高,成

① 杨梅. 中国服务外包转型发展路径更明晰[EB/OL].[2018 - 05 - 08]. http://coi. mofcom. gov. cn/article/t/201803/20180302720533. shtml.

② 2018 年我国服务外包产业继续保持高质量发展[EB/OL].[2019 - 10 - 10]. http://coi. mofcom. gov. cn/article/y/gnxw/201903/20190302843835. shtml.

③ 2019 年我国企业服务外包合同执行额突破万亿元[EB/OL].[2020 - 03 - 15]. http://www. gov. cn/xinwen/2020-02/20/content_5481404. htm.

为我国参与全球产业分工、提升产业价值链的重要途径"①。

随着中国服务外包产业链的逐步完善和成熟，产业整体正在加速升级和转型步伐，持续向垂直行业及水平领域融合与创新发展。2019 年 1 月，商务部等发布《服务外包产业重点发展领域指导目录（2018 年版）》②，以服务外包产业高质量发展为目标，对 2016 年版目录进行了重大调整。该目录涉及 23 个重点发展领域，其中 8 个领域属于 ITO 范畴，6 个领域属于 BPO 范畴，9 个领域属于 KPO 范畴。值得关注的是，根据产业发展趋势和变化，该目录新增了人工智能服务、网络与信息安全服务、维修维护服务、服务设计服务等重点领域。以上数据说明，中国承接外包业务正在持续稳步增长，虽然其仍处于以 ITO 为主的阶段，但由于中国经济的快速发展，专业人才队伍不断壮大，KPO 业务增长快速，发展潜力巨大。大力发展 KPO 产业，为中国这样一个处于经济发展转型期的国家带来了巨大的市场机会及商业利益，有利于优化中国产业结构，提升知识产业竞争力，培养国家的创新能力；同时，服务外包就业规模的稳步扩大，也为高知识型人才的就业提供了重要的平台。2020 年初，商务部、发展改革委等八部门联合发布《关于推动服务外包加快转型升级的指导意见》，明确到 2025 年，服务外包成为我国引进先进技术、提升产业价值链层级的重要渠道；到 2035 年，我国服务外包从业人员年均产值达到世界领先水平③。

目前，中国在全球服务外包市场已成为第二大国。服务外包产业规模快速扩大，业已成为中国新常态下经济发展的亮点。尽管 KPO 产业已在全球市场中展现出强大的竞争力，但在学术界，对以"知识"为核心的 KPO 的研究尚处于起步阶段。现有研究主要分析外包的基础理论，没有具体的操作模式，也较少进行相关的实证研究。鉴于此，本书从绘制全球 KPO 发展全景图出发，考察中国 KPO 发展现状与趋势，基于环渤海地区（京、津、冀、辽、鲁）KPO 产业发展的优势与劣势，探讨 KPO 产业战略定位与战略选择以及分析中国如何进一步借 KPO 产业的发展契机强化知识密集型服务业（Knowledge-intensive Business Services，KIBS）的深化与升级。

---

① 国务院关于促进服务外包产业加快发展的意见［EB/OL］.［2019 - 10 - 10］. http://coi. mofcom. gov. cn/article/y/gnxw/201903/20190302843835. shtml.

② 商务部　财务部　海关总署公告 2018 年第 105 号关于《服务外包产业重点发展领域指导目录（2018 年版）》的公告［EB/OL］.［2019 - 10 - 10］. http://www. mofcom. gov. cn/article/b/xxfb/201901/20190102825402. shtml.

③ 关于推动服务外包加快转型升级的指导意见［EB/OL］.［2020 - 06 - 10］. http://www. mofcom. gov. cn/article/b/xxfb/202001/20200102929998. shtml.

# 第一章　知识流程外包与知识密集型服务业研究

## 第一节　知识流程外包研究

### 一、知识流程外包的定义

知识流程外包是以信息技术外包与业务流程外包为基础,逐步向知识领域延伸而发展起来的更高级阶段的服务外包①。作为一个崭新的领域,KPO 代表着服务外包的一种新的发展趋势。基于现有文献,国内对"Knowledge Process Outsourcing"的翻译包括诸如"知识流程外包""知识管理外包""知识处理外包""知识外包"等几种表达方式。虽然语言表述有所不同,但其内涵是相同的。根据已有的研究,政界、外包产业界和学术界都较认同"知识流程外包"这一表述,因此本书将 Knowledge Process Outsourcing(KPO)明确称为"知识流程外包"。

目前,对于 KPO 的概念,学术界还未达成严格意义上的共识,科研机构、外包服务机构和咨询公司从不同角度给出了各自的定义,具有代表性的观点如表 1 - 1 所示。

表 1 - 1　KPO 的定义①

| 学者/机构 | 观点 |
|---|---|
| M. Vollenweider(2005)② | KPO 的主要工作是通过多种途径来获取来自不同信息源的信息,经过分析加工形成最终的研究报告,并且将报告提交给客户,为其决策提供参考 |

---

① 王伟军.知识流程外包(KPO):信息服务发展的新机遇[J].图书情报工作,2010(12):8.

续表

| 学者/机构 | 观点 |
|---|---|
| W. L. Currie 等(2008)③ | 知识流程是指一系列智力活动,包括分析、模式识别、设计与判断等,是将缺乏定义的、非结构化的输出转变为定义良好的、新颖的输出;知识流程外包(KPO)是指将需要智力决策的、高变化度的、复杂的活动交付给第三方 |
| M. Kobayashi-Hillary 和 R. Sykes(2007)④ | 虽然 KPO 涉及更加复杂的业务,但 KPO 仅仅是 BPO 的延续;定义的不同主要体现为 KPO 通常关注专门技术的、专业知识相关的业务流程 |
| R. Raman(2007)⑤ | 知识流程外包又称为知识服务外包,是指把需要运用众多领域专长的那些知识密集型业务转移给其他企业承担的行为 |
| M. Vollenweider(2009)⑥ | KPO 用户化的工作方式、研究解决方案主要是通过多种途径来获取信息,经过即时、综合的分析研究后,最终将报告呈现给客户,供其决策借鉴 |
| 隋映辉和丁海洋(2008)⑦ | KPO 是指发达国家的企业将自己业务中的知识创新、研发环节等业务外包到发展中国家的一种专业分工现象。KPO 不同于一般外包,它不仅是链接的关键环节,而且其通过设计、研发、人力资源管理等服务及其效应,能够创造出更高的价值,并影响和制约着企业的核心竞争力 |
| 刘蕤和王伟军(2010)⑧ | KPO 是知识密集型服务外包模式的一种,主要是面向知识流程开展业务 |
| Evalueserve(EVS)(2004)⑨ | KPO 主要面向工资较低的区域,由于外包战略的成熟和发展,引领业务转向高端流程的离岸外包 |
| 毕马威(KPMG)⑩ | 通过将其核心业务外包给成本较低的、拥有大量高技能智力人才的区域,KPO 涉及许多组织传统的核心竞争力,帮助客户快速成长。ITO、BPO 强调"成本套利",但是 KPO 强调的则是"智力套利" |
| 斯密街商务咨询公司⑪ | KPO 是具有高附加值的知识密集型外包模式,是指将公司内部具体的业务流程承包给外部专门的服务提供商 |

续表

| 学者/机构 | 观点 |
| --- | --- |
| 信息服务外包网、中国外包网等国内外机构⑫ | KPO 主要是围绕对业务诀窍的需求而建立起来的,是把通过全球数据库以及监管机构等信息源获取到的信息,经过即时、综合的分析汇总为报告,最终呈现给客户,作为决策的借鉴。可以将 KPO 的流程简单归纳为:获取数据,进行研究,加工,销售给咨询公司或研究公司或终端客户 |

资料来源:① 如无特殊说明,本书中的图表均为本书作者整理制作。

② VOLLENWEIDER M. KPO—knowledge process outsourcing[EB/OL].[2013 – 01 – 01]. http://www. evalucserve. com/Ilonie. aspx.

③ CURRIE W L, MICHELL V, ABANISHE O. Knowledge process outsourcing in financial services: the vendor perspective[J]. European management journal, 2008(2):94 – 104.

④ KOBAYASHI-HILLARY M, SYKES R. Global services: moving to a level playing field[M]. London: British Computer Society, 2007:263 – 300.

⑤ RAMAN R. Knowledge process outsourcing—the next big wave: can India have the competitive advantage? [R]. Kohinoor Business School, 2007.

⑥ VOLLENWEIDER M. KPO—knowledge process outsourcing[EB/OL].[2013 – 01 – 01]. http://www. evalucserve. com/Ilonie. aspx.

⑦ 隋映辉,丁海洋. 知识外包:形成因素、特征及路径[J]. 山东经济,2008(2):14 – 18.

⑧ 刘蕤,王伟军. 知识流程外包研究进展[J]. 图书情报工作,2010(12):13 – 16.

⑨ The next big opportunity—moving up the value chain from BPO to KPO[EB/OL].[2013 – 06 – 12]. http://www. cvalucserve. com/IIome. aspx.

⑩ KPMG. Knowledge process outsourcing: unlocking top-line growth by outsourcing the "core"[R/OL].[2013 – 06 – 12]. http://www. swamyandassociates. com. au/KPMG% 20 – % 20Swamy% 20and% 20 Associates% 20KPO% 20% 20publis hed% 20report. pdf.

⑪ 胡华. 知识流程外包(KPO)接包方知识增值研究[D]. 武汉:华中师范大学,2011.

⑫ 中国服务外包网. 知识流程外包(KPO)代表着下一代外包服务[EB/OL].[2012 – 07 – 18]. http:// chinasourcing. mofcom. gov. cn/content2. jsP? id = 25973.

目前,学者们和相关机构从各自的角度出发对 KPO 的内涵进行了解释,对其理解还未达成共识。Currie 等①强调,KPO 是企业将需要个人决策的知识密集型业务移交给第三方服务商进行生产的外包形式;王唯薇和杨文芳②认为,界定 KPO 的关键是判断承包给第三方的活动是否需要自主的智力决策过程,这是 KPO 与 BPO 的根本区别。本书通过对前人研究的比较分析总结出对 KPO 的概念界定应包含以下要点:①主要面向具有

---

① CURRIE W L, MICHELL V, ABANISHE O. Knowledge process outsourcing in financial services: the vendor perspective[J]. European management journal, 2008(2):94 – 104.

② 王唯薇,杨文芳. 知识流程外包:理论基础、概念和挑战[J]. 重庆科技学院学报(社会科学版), 2014(8):46 – 49.

较高附加值的高端业务；②流程具有知识密集程度高、投入成本高、知识泄露的风险性高、专业性强、创新性强等特点；③发包方转移给接包方的业务往往涉及知识创新研发等流程复杂的、高度变化的、需要智力决策的活动；④基于业务专长，需要项目人员具有较高的分析能力与专业技能；⑤目的是为客户决策提供参考借鉴并为客户创造更多的价值。由此可见，KPO 既是战术上的成本节约，又是企业发展的长期竞争战略之一。如何选择适合的运作模式，将其用于解决实际问题，并对其不断调整和优化，是企业实施 KPO 战略的重要内容。

本书认为，KPO 是一种面向知识流程的知识密集型服务模式，是一种将组织内知识创新研发等需要智力决策的、流程复杂的、高度变化的知识型业务转移给专业服务提供商的外包模式。

**二、知识流程外包国内研究进展**

近年来，随着全球服务外包产业的快速发展以及业务格局变化，KPO 服务逐渐引起人们的关注。在服务外包产业中，相比早期的 BPO 以及目前逐渐成为发展主力的 ITO 形式，针对 KPO 的研究起步较晚，但人们已经意识到服务外包的价值链将不断向高端攀升。国内对 KPO 的研究刚刚起步，刘蕤与王伟军①、周俊与袁建新②对国外研究成果进行了评述，张义明③、刘重④、朱胜勇⑤简要介绍了 KPO 在国外的实践发展现状及成功经验。在此基础上，隋映辉与丁海洋⑥、甘春梅等⑦开始探讨 KPO 的内涵、特征及发展动因，杨娟娟等⑧考察了 KPO 的运作模式，张阳与王希泉⑨、涂静与马辉民⑩研究了 KPO 主体的决策选择机制、激励机制以及主体双方的博弈合作关系。李强则⑪对上海、广州、青

---

① 刘蕤,王伟军.知识流程外包研究进展[J].图书情报工作,2010(12):13 – 16.

② 周俊,袁建新.国外知识流程外包研究述评[J].外国经济与管理,2010(11):10 – 17.

③ 张义明.印度知识外包产业的发展[J].全球科技经济瞭望,2005(5):36 – 38.

④ 刘重.知识流程外包:印度企业新的利润"面包"[J].经营与管理,2008(7):64 – 65.

⑤ 朱胜勇.印度服务外包发展现状及我国的比较与借鉴[J].国际经贸探索,2008(6):71 – 76.

⑥ 隋映辉,丁海洋.知识外包:形成因素、特征及路径[J].山东经济,2008(2):14 – 18.

⑦ 甘春梅,段钊,杨娟娟.知识流程外包的产生与发展[J].图书情报工作,2010(12):9 – 12,21.

⑧ 杨娟娟,卢新元,刘蕤.知识流程外包的运作模式研究[J].图书情报工作,2010(12):17 – 21.

⑨ 张阳,王希泉.基于博弈论的知识外包战略主体分析[J].科技进步与对策,2009(9):38 – 40.

⑩ 涂静,马辉民.隐性知识外包的激励机制研究[J].图书情报工作,2008(10):58 – 61,88;涂静,马辉民.知识外包决策的动态博弈[J].情报杂志,2009(4):108 – 111.

⑪ 李强.青岛,不能与 KPO 失之交臂[J].招商周刊,2008(17):59.

岛、苏州等地展开实践探索。

本书拟从 KPO 整体发展、不同业态和接发包企业三个方面对国内相关研究成果进行梳理,以期为后续研究提供借鉴。

（一）KPO 发展中的基本问题

1. KPO 发展的影响因素

出现于 20 世纪 90 年代后期的 KPO 是服务外包领域发展变化的阶段性结果。随着相关研究的深入,对 KPO 影响因素的研究也日益受到学者的关注。这方面的成果较多,本书从国家、产业、企业三个层面予以梳理。

（1）国家层面。2011 年,基于中国 14 个服务外包基地城市的面板数据,赵晶等[1]针对中国服务外包基地城市竞争力对离岸服务外包发包方的需求决策影响程度开展了研究。2012 年,王昌林、沈鹏熠[2]针对中国承接离岸服务外包影响因素的调查显示,对外包绩效有主要直接影响的因素依次是人力资源、政策支撑力度、经济与产业基础以及外包服务质量、伙伴关系质量两个中介因素,而市场竞争能力、技术资源与水平、文化沟通与协作、运营管理主要通过外包服务质量和伙伴关系质量这两个中介因素对绩效发生影响。沈鹏熠的研究也表明,离岸服务外包伙伴关系质量受宏观环境因素和企业微观因素的双重影响,但后者的影响程度更大[3],外包业务类型和承接企业规模对承接离岸服务外包绩效及关键成功因素起到一定的调节作用,并且对绩效水平有显著差异化影响[4]。

政治、经济、文化、法律等方面的因素对知识流程外包存在很大的影响,研究人员也对多方面的环境因素进行了研究。Liu[5] 关注政府部门的 KPO,研究 KPO 对公共部门、公共政策的影响。他认为在制定政策时,政府部门需要把更多的机会对民间社会开放。

———————————

[1] 赵晶,王根蓓,王惠敏. 中国服务外包基地城市竞争力对离岸发包方需求决策的影响——基于中国 14 个服务外包基地城市的面板数据分析[J]. 经济理论与经济管理,2011(10):66-74.

[2] 王昌林,沈鹏熠. 服务质量、关系质量与中国承接离岸服务外包绩效影响因素研究[J]. 工业技术经济,2012(12):71-80.

[3] 沈鹏熠. 国际离岸服务外包中伙伴关系质量的驱动因素及效应研究[J]. 管理评论,2013(10):40-49.

[4] 沈鹏熠. 中国企业承接离岸服务外包关键成功因素实证研究[J]. 国际经贸探索,2013(1):25-34.

[5] LIU H C. Effects of knowledge outsourcing on public policy of public sectors[J]. Anthropologist,2013(3):449-456.

该研究通过问卷调查的方式选取高雄市政府部门主管和公务员为调研对象,研究发现:以工作价值为中心,知识外包与分配政策、再分配政策和公共政策中的再分配政策之间存在部分正相关性;知识外包与自我监管政策之间存在显著正相关关系,而人口学特征变量对知识外包与公共政策之间的关系有一定的调节作用。2014 年,裴莹与张曙霄①引入 Krugman P. 的三元悖论模型,建立"货币政策独立—汇率稳定—金融市场开放"的框架,分析了宏观经济政策的选择对离岸服务外包发展的影响。在后续研究中,裴莹和吴石磊②还发现外汇储备规模将导致金融市场开放对离岸服务外包发展的影响具有区间效应。2013 年,霍景东与夏杰长③以印度、中国、爱尔兰等 20 个主要服务外包承接国为样本考察影响离岸服务外包的因素,发现在服务外包的重要性方面,人力资本水平比成本更重要,商务环境也有重要作用;此外,信息基础设施、资金成本、汇率等因素对服务外包会产生一定的推动作用。施锦芳与闫飞虎④在对金砖国家承接离岸服务外包影响因素进行分析的过程中发现,较高的经济发展水平和知识产权保护水平对金砖国家离岸服务外包的承接有着显著的正向影响,服务业开放度和一国基础设施水平对离岸服务外包影响都十分显著,劳动成本因素对离岸服务外包的承接产生负影响。2015 年,郑淞月等⑤从社会嵌入视角,探讨了发包方与接包方的文化与目标差异对客户满意度的直接影响,发现二者对客户满意度的实现均有阻碍作用,专项投资对两种差异的负向效应均有缓解作用,顾客导向和派驻代表分别对减缓文化差异与目标差异的负向效应有效。这一研究结论为接包方克服与发包方之间的差异,促进客户满意度提升进而在离岸服务外包市场上获取更大份额提供了重要参考。

除宏观环境影响因素外,一些内部因素也会影响到外包绩效。王良等⑥使用层级回

①　裴莹,张曙霄.新兴市场国家离岸服务外包政策有效性的实证研究[J].国际经贸探索,2014(7):59 – 73.

②　裴莹,吴石磊.离岸服务外包、储备规模与政策选择——门槛效应分析[J].国际经贸探索,2016(4):22 – 36.

③　霍景东,夏杰长.离岸服务外包的影响因素:理论模型、实证研究与政策建议——基于 20 国面板数据的分析[J].财贸经济,2013(1):119 – 127.

④　施锦芳,闫飞虎.金砖五国承接离岸服务外包竞争力及影响因素分析[J].宏观经济研究,2016(3):35 – 45.

⑤　郑淞月,刘益,王良.接包方如何克服双方差异对客户满意的阻碍?——以我国信息产业离岸服务外包为例[J].管理评论,2015(2):99 – 110.

⑥　王良,刘益,刘海潮.离岸研发外包中流程整合与项目绩效关系的实证研究——心理距离和团队差异的调节作用[J].研究与发展管理,2013(4):49 – 60.

归分析对离岸研发外包中接包方内外部流程整合与项目绩效之间的关系进行探索,发现外部流程整合与项目绩效之间表现为倒 U 型关系,内部流程整合与项目绩效之间表现为正 U 型关系。这些研究为中国接包方企业的经营实践提供了更为明确的思路。刘文革等[①]运用计量方法分析了中国承接离岸外包发展的重要影响因素,发现要素禀赋仍是决定外包分工的根本因素,而交易费用能够对这一过程的实施产生影响,甚至会影响比较优势。

(2)产业层面。易行健与闫振坤[②]从 KPO 的产生背景及概念界定出发,结合广东科技服务业的发展现状,指出承接 KPO 可以提高广东科技服务业的创新能力、研发能力,实现其与科技成果产业化的服务联动。魏作磊[③]针对推进珠三角块状经济转型升级这一问题明确提出通过发展 KPO 带动中小型企业创新的对策。龚瑞风等[④]基于长沙市服务外包产业政策,分析服务外包产业政策效应,探索不同服务外包类型在各种政策影响下所发挥效应的差异性。

关于任务是在跨国公司内部进行外包(即企业内离岸外包)还是通过分包商进行分包(即分包型离岸外包)的问题,相关研究表明,离岸外包成本的降低对非沟通密集型产业而言,企业内离岸外包的份额只受到不显著的影响,与之相对,离岸外包成本的下降会使沟通密集型产业的企业内离岸外包份额提高约 8 个百分点[⑤]。孙祥与张宏山[⑥]探究云计算对电子商务产业 KPO 的影响,指出云计算引领电子商务 KPO 进入大数据处理时代。吴凤羽与唐华明[⑦]对跨国反向服务外包 3 种模式,也就是跨国反向 ITO、跨国反向 BPO 和跨国反向 KPO 对制造业生产率的影响进行了比较研究,发现跨国反向 KPO 对生产率负向影响最大,其投入变化对生产率变化呈正向显著影响。

① 刘文革,王立勇,王卉彤,等.中国承接离岸外包的影响因素:实证分析与比较研究[J].管理世界,2013(4):178 – 179.

② 易行健,闫振坤.承接国际服务外包促进广东科技服务业发展研究——基于知识流程外包视角[J].广东外语外贸大学学报,2012(1):10 – 15.

③ 魏作磊.科技服务业促进珠三角块状经济升级研究——基于服务外包的视角[J].广东外语外贸大学学报,2012(1):16 – 19.

④ 龚瑞风,戴华仁,徐姝.长沙服务外包产业政策效应实证研究[J].价值工程,2015(20):32 – 35.

⑤ 李志远.任务离岸外包的组织形式:中国的经验[J].管理世界,2013(4):16 – 32,187.

⑥ 孙祥,张宏山.云计算对电子商务外包的影响研究[J].湖南城市学院学报(自然科学版),2015(3):121 – 122.

⑦ 吴凤羽,唐华明.跨国反向服务外包模式对制造业生产率影响的比较研究[J].国际商务研究,2015(5):76 – 86.

（3）企业层面。在企业微观层面上，已有研究多关注 KPO 项目的运营绩效，但是也有研究者关注到 KPO 的创新性问题。从接包方的视角出发，张千军与刘益①研究信息共享和 KPO 项目创新绩效的关系，探讨任务特征和知识管理能力对信息共享和项目创新绩效关系的调节作用。结合汽车产业发展的特征性事实，岳中刚②从创新资源寻求的视角分析海外研发合作、设立研发中心、并购等逆向研发外包三种方式对企业创新绩效的作用。在开放式创新背景下，这些研究结论对新兴市场国家的企业"走出去"布局海外研发具有重要参考价值。

研究表明，在承接服务外包过程中，接包方更容易在与发包方的密切交流中加快知识积累，从而提升竞争力。但接包方的学习能力和发包方的知识分享意愿会对知识学习产生影响，接包方学习能力、与发包方关系、价值链升级这三者之间存在正向相关关系③。

2. KPO 实施的风险

KPO 的实施是企业将诸如研发、设计、数据挖掘、创意、决策方案等传统流程中的具有非标准化、知识密集化、专业化、高技术化、更高附加值特征的活动外包出去，这也意味着风险的存在。丁强与戴军④从生态链角度进行分析，指出 KPO 企业至少存在三大风险：一是生态链条的外部市场风险，二是生态种群企业内部风险，三是生态群落之间的提供商链接风险。徐家伟⑤将国内外文献中对于研发外包所涉及的风险归纳为以下六类，即政治/经济/宗教/文化风险、运营风险、创新能力/市场竞争力风险、信息安全/知识产权风险、合同风险以及合规风险。杨治与刘雯雯⑥针对研发外包提炼出了不同阶段的风险成因，并通过分类分析构建知识泄露风险评估模型和影响模型。该研究发现，组织内的流程一致性和信任文化会影响知识分割和个体主义倾向，从而成为研发外包知识泄露的关键因素。当然，在各种类型的风险中，知识产权风险是企业尤其要注意的。冯慧⑦

———————————

① 张千军,刘益.KPO 情境下知识共享对创新绩效的促进作用研究——任务特性和知识管理能力的调节作用[J].科技进步与对策,2013(6):121-125.

② 岳中刚.逆向研发外包与企业创新绩效:基于汽车产业的实证研究[J].国际商务(对外经济贸易大学学报),2014(6):97-106.

③ 原小能.国际服务外包与服务企业价值链升级研究[J].国际经贸探索,2012(10):56-67.

④ 丁强,戴军.基于云模型的知识流程外包生态链风险研究[J].企业经济,2015(10):66-70.

⑤ 徐家伟.医药研发外包的风险综述[J].科技展望,2016(32):244,319.

⑥ 杨治,刘雯雯.企业研发外包中知识泄露风险的案例研究[J].管理学报,2015(8):1109-1117,1239.

⑦ 冯慧.服务外包的知识产权风险问题刍议[J].对外经贸,2014(3):43-44,63.

指出,服务外包业务中存在知识产权归属、商业秘密泄露、知识产权流失、侵犯知识产权等知识产权风险。胡水晶[1]还指出,在现行研发离岸外包项目的成果分享机制中,绝大多数发包方要求独占成果所有权的这种分享模式会给接包方带来知识产权风险,也会对接包方技术创新能力的提升产生制约。

在 KPO 实施风险识别的基础上,已有研究还涉及 KPO 的风险评估问题。例如,丁强与戴军[2]构建了包括 3 个一级指标、12 个二级指标在内的 KPO 企业风险评价指标体系,并借助云模型对 KPO 企业风险进行实证分析,进而提出有针对性的规避机制。对于企业面临的知识产权风险,王伟军与刘艳芬[3]提出中国 KPO 产业中知识产权的无限授权模式、按使用收费授权模式、按需扩容授权模式三种授权模式及各模式的选择标准。针对研发外包,杨治与刘雯雯[4]提出基于研发外包过程的知识泄露风险评估模型。这一模型对管控知识泄露的实际操作有一定的借鉴意义,为研发外包的项目管理提供了一个可操作的工具。此外,从企业研发外包风险的特点出发,汪焰[5]选用模糊群决策理论的相关研究成果建立企业研发外包风险实施评价模型。该模型由专家权重确立、风险因素和事件权重确立、评价意见集结公式等部分组成。

鉴于 KPO 的复杂性与知识特性,针对 KPO 中的知识性风险防范研究议题,王伟军等[6]提出 KPO 知识性风险要素框架,对国内两个典型 KPO 企业(易唯思中国、江苏舜禹)的主要做法开展分析,提出针对契约、信任和技术的三种风险防范机制。

3. KPO 决策主体的博弈

在 KPO 中,发包方希望通过较低的成本获得较高质量的服务,而接包方也寻求自身利益最大化,所以两者之间的博弈也成为学者关注的话题。有学者认为,居于垄断地位的下游企业可从两个研发单位中选择其一与之组成三种组织形式:相互独立、战略联盟以

① 胡水晶.研发离岸外包中前景知识产权风险研究——基于承接方的视角[J].科技进步与对策,2014(1):10-13.
② 丁强,戴军.基于云模型的知识流程外包生态链风险研究[J].企业经济,2015(10):66-70.
③ 王伟军,刘艳芬.知识流程外包产业的知识产权授权模式[J].情报理论与实践,2011(9):6-9.
④ 杨治,刘雯雯.企业研发外包中知识泄露风险的案例研究[J].管理学报,2015(8):1109-1117,1239.
⑤ 汪焰.基于模糊群决策理论的企业研发外包风险评价——以浙江 X 控股集团为例[J].科技管理研究,2016(23):85-95.
⑥ 王伟军,甘春梅,刘蕤,等.知识流程外包(KPO)中知识性风险防范机制研究——基于典型案例的分析[J].信息资源管理学报,2012(2):40-47.

及一体化,若新产品市场规模的不确定性较大,则一体化优于战略联盟①。

(1)接包方的选择。正确选择接包方对发包方的成本控制等方面具有重要意义。陈东灵与陈福添②构建了知识外包提供商选择模型,该模型包括单一信号传递和双重信号传递,分析混同均衡、分离均衡、准分离均衡等三种精炼贝叶斯均衡,研究发现双重信号传递不存在混同均衡,该研究结论意味着增加信号空间有助于提高发包方对接包方的观测能力。黄伟与张卫国③构建了研发存在投资溢出环境下的多委托 - 多代理研发外包模型,通过对发包方与接包方的研发外包决策的考察,提出发包方的最优外包策略以及接包方的最优研发投资策略。

(2)博弈机制。基于研发路径转移的视角,李靖等④对不完全合同下企业研发外包的控制权配置开展了研究,指出控制权与成本存在正向相关关系,故而最优的控制权配置应该基于收益和成本的权衡。基于委托方追求商业化目标、代理人追求学术化目标这一假设,李靖等⑤对终止权的配置问题开展探究。针对研发外包中的信息泄露问题,王文隆等⑥基于研发项目信息市场价值的高低,探讨委托方企业应如何制定研发外包合同的支付机制,从而有效规避代理方的机会主义行为。马淑琴与陈文豪⑦提出契约执行效率异质性的离岸外包模型,他们的研究发现契约执行效率与跨国企业的利润之间存在门限增长关系。

(3)博弈模型与支付。通过分析研发项目特点、外包代理方的行为特征以及信息泄露对研发外包支付合同的影响,杨治与张俊⑧提出相应的支付合同选择机制。针对 IT

① 李靖,蒋士成,费方域.战略联盟与一体化:多渠道研发外包背景下的组织比较[J].研究与发展管理,2012(1):26 - 34.

② 陈东灵,陈福添.知识外包提供商选择的信号博弈分析——以国内威客网知识流程外包模式为例[J].科学学与科学技术管理,2012(10):40 - 48.

③ 黄伟,张卫国.基于投资溢出的多委托 - 多代理研发外包策略研究[J].软科学,2012(12):61 - 63,73.

④ 李靖,蒋士成,费方域.不完全合同下企业研发外包的控制权配置研究——基于研发路径转移的视角[J].科学学研究,2012(11):1715 - 1722.

⑤ 李靖,蒋士成,费方域.学术价值与商业价值:企业研发外包中的终止权配置研究[J].经济研究,2013(3):148 - 160.

⑥ 王文隆,刘新梅,刘祺.基于信息泄露的研发外包支付机制[J].系统工程,2015(7):25 - 29.

⑦ 马淑琴,陈文豪.契约执行效率影响离岸外包的门限效应研究——基于中国省际面板数据的检验[J].国际贸易问题,2016(11):42 - 53.

⑧ 杨治,张俊.企业研发外包的控制机制:信息泄露下的支付合同选择[J].管理学报,2012(6):863 - 869.

研发外包项目合作技术创新中的目标不一致问题,程平与陈艳①设计接包企业参与分享合作创新产品市场收益的研发外包合同,并分析合同参数的影响因素。通过采用委托代理理论中的信息甄别模型,刘克宁与宋华明②将研发的接包方分为高成本系数和低成本系数两类,设计了包含固定支付和收益共享系数两个参数的外包甄别契约。此外,通过建立客户参与下的委托代理模型,宋寒等③分析客户参与和收益共享合同参数的内在逻辑关系,并进一步分析了外生变量对最优收益共享激励系数及客户最优参与度的影响。后续研究针对技术成果转化中的服务商道德风险与激励问题展开,并基于奖励激励进一步引入了监督激励④。

(二)KPO 的类型与业态

1. 设计外包研究

随着企业产品复杂性的增强和生命周期的日益缩短,很多设计项目不再由企业内部的设计师来完成,而是采取外包的方式交给企业外部的设计人员,即设计外包。设计外包的出现使得企业在外包设计项目过程中有了更多的选择,国内的研究人员在这一方面也做了相应的尝试。

国内学者在设计外包的基本理论问题上已经做过相关尝试。2011 年,刘曦卉⑤结合 32 个设计项目,从外部设计师的角度以决策树的方式提供了设计外包项目的成功模式,阐明这一成功模式由 3 个主要因素决定,即内部设计组织、项目负责人、设计定义。这一模式为设计公司提供了一个相对完整的评价要素框架。2013 年,武月琴⑥深入研究工业设计外包的概念、属性、成因、作用和意义等基本问题。李鑫⑦也在其硕士论文中总结了设计项目外包所存在的风险因素,并对其产生的原因以及可能由此造成的后果

---

① 程平,陈艳.考虑合作创新产品市场的 IT 研发外包合同[J].系统工程理论与实践,2012(6):1261 – 1269.

② 刘克宁,宋华明.不对称信息下创新产品研发外包的甄别契约设计[J].中国管理科学,2014(10):52 – 58.

③ 宋寒,但斌,张旭梅.客户参与影响创新不确定下的研发外包合同[J].系统管理学报,2013(3):295 – 301.

④ 宋寒,刘玉清,代应.研发外包技术成果转化中的服务商参与激励机制[J].科技管理研究,2016(9):120 – 125.

⑤ 刘曦卉.基于粗糙集的设计知识流程外包成功模式研究[J].经济与管理,2011(12):41 – 44.

⑥ 武月琴.简述工业设计外包的内涵与外延[J].工业设计研究辑刊(第一辑),2013(1):11 – 13.

⑦ 李鑫.工程设计项目外包风险与管控研究[D].天津:天津大学,2013.

进行了分析、风险识别和评估,提出相应的解决方案。

对设计外包的实证探究也不乏研究成果。2011 年,王汉友①对中国设计产业的竞争能力进行实证探索,发现中国设计产业竞争力指数接近中等水平临界值,无显著竞争优势。中国设计产业钻石模型有一个强竞争力因素,即相关与支持产业;一个弱竞争力因素,即政府作用;四个中等竞争力因素,即生产要素、需求要素、企业战略结构与竞争、文化因素。2014 年,周海海等②从承接设计外包领域、设计业务创新度、人力资源、江苏省各主要城市承接设计外包状况等方面出发,分析江苏省设计产业中承接国际设计外包的现状与特点,并研究低创新度 BPO 模式、利用外国直接投资(Foreign Direct Investment,FDI)在岸承接模式和高创新度 KPO 模式这三种江苏省承接国际设计外包的典型模式,分析承接国际设计外包产生的技术外溢效应。由此可见,设计外包问题得到了研究人员的关注,但应该注意的是,国内相关成果并不多见。中国设计产业与其他发达国家之间的差距依然很大,还应积极承接国外的设计外包业务来促进国内设计产业的跨越式发展,从而提高中国的自主创新能力。

2. 研发外包研究

无论是从微观层面还是从宏观层面看,实施 KPO 对企业自身都有重要意义。从微观层面看,实施 KPO 可以提高企业的技术竞争力,这对于研发能力不足的科技型中小企业尤其如此。所谓研发外包,是指在开放式创新环境下,企业获取新技术和新知识的一种新型外包模式。2010 年,伍蓓等③从资源、关系和知识三个维度构建了研发外包的结构体系,丰富了研发外包的理论体系。

研发外包的实施可以提高企业的技术竞争力,这一点已经得到业内学者的广泛认同。罗怀凤与郑循刚④认为,研发外包作为一种日益普遍的方式,为科技型小微企业的发展提供了新的契机,并重点对科技型小微企业实行研发外包的机制进行了研究。邓铭⑤指

①　王汉友.中国承接设计离岸外包机会的实证研究——基于钻石模型的量表分析[C]//陈根,张磊,朱芋锭,等.2011 国际创新设计与管理高峰论坛暨第二届世界华人设计学术研讨会论文集.[出版地不详]:美国科研出版社,2011:31 - 35.

②　周海海,陈圻,吴讯.江苏省设计产业承接国际设计外包模式研究[J].科技管理研究,2014(18):157 - 161.

③　伍蓓,陈劲,蒋长兵.企业 R&D 外包的维度结构及实证研究[J].科学学研究,2010(6):872 - 880.

④　罗怀凤,郑循刚.科技型小微企业研发外包机制研究[J].科学管理研究,2014(2):63 - 66.

⑤　邓铭.研发外包:企业创新的途径[J].思想战线,2012(5):143 - 144.

出,内部研发能力不足、研发效率低的企业可以通过研发外包实现与外部组织的资源和技术互补,进而提高其技术竞争力。还有学者利用定量方法对企业外包行为对企业引入新产品的影响进行检验,发现企业研发外包可使企业引入新产品的概率提高5.6倍①。

宏观层面也不乏相关探索,2013年,崔萍②基于广东承接研发外包对区域创新影响的实证检验表明,广东地区承接研发外包对该区域自主创新具有显著的促进作用。陈启斐等③从创新能力和创新效率两个维度,考察研发外包对中国自主创新能力的影响,得出研发外包可以显著促进中国制造业创新能力和创新效率提升的结论。这一结论表明,在后危机时代,研发外包是中国制造业提高创新能力,进而顺利完成转型升级任务的最佳选择。此外,以霍尼韦尔中国公司的研发外包活动为研究对象,杨治与刘雯雯④运用案例研究方法,揭示企业研发外包活动的过程以及每个阶段内知识泄露的风险,并据此归纳出企业内外部治理机制的主要因素。

学者们对研发外包的关注随着宏观环境的变迁与时俱进。中国研发产业发展整体上处于初始期,研发产业的发展在区域经济增长、产业结构升级与创新能力提升等方面发挥积极推动作用⑤。季成等⑥分别对中国研发外包产业和上海研发外包产业的现状和特点进行分析,指出研发外包发展中存在的问题与挑战,并从企业、人才、政策、贸易等方面探讨研发外包战略发展的相关对策。类似问题的研究者还有尚庆琛⑦、张赛飞⑧等。汪勇杰等⑨发现研发外包博弈模型中出现的混沌效应可将整个过程划分为策略稳

---

① 张中元. 企业技术研发外包对引入新产品的影响[J]. 国际贸易问题,2015(7):67 – 76.

② 崔萍. 承接研发外包促进区域自主创新的机制研究——基于广东省的实证检验[J]. 国际经贸探索,2013(5):61 – 69.

③ 陈启斐,王晶晶,岳中刚. 研发外包是否会抑制我国制造业自主创新能力?[J]. 数量经济技术经济研究,2015(2):53 – 69.

④ 杨治,刘雯雯. 企业研发外包中知识泄露风险的案例研究[J]. 管理学报,2015(8):1109 – 1117,1239.

⑤ 何泽军. 新时期中国研发产业发展的路径研究[J]. 中州学刊,2016(4):33 – 37.

⑥ 季成,徐福缘,贾雷,等. "十三五"时期中国研发外包的发展战略与对策[J]. 中国科技论坛,2015(6):55 – 59;季成,徐福缘,朱华燕,等. 上海研发外包产业的战略发展:特征、问题和对策[J]. 上海经济研究,2015(6):97 – 103.

⑦ 尚庆琛. 上海研发外包融合发展的战略思考:必要性、可行性和策略[J]. 中国科技论坛,2016(6):62 – 68.

⑧ 张赛飞,邓强,隆宏贤. 广州研发外包发展现状分析与对策研究[J]. 科技管理研究,2015(14):11 – 15.

⑨ 汪勇杰,陈通,邓斌超. 政府补贴机制下研发外包的演化博弈分析[J]. 管理工程学报,2017(2):137 – 142.

定期、策略混沌期、策略稳定期三个部分,认为政府补贴应合理避开策略混沌期。有学者还针对研发产业当前的发展状况提出"新常态"下实施"长江经济带"板块联动发展、构筑释放改革红利的研发外包平台、建设良好创新创业生态体系、对接国家"走出去"和"一带一路"倡议对外经济发展战略的融合发展思路①。

3. 数据外包研究

随着数据规模越来越大,数据处理工作涉及的技术越来越复杂,很多组织在管理大规模生产、销售、科研等数据时都显得力不从心,而数据外包的出现使得很多问题得以解决。数据外包在提升企业运行效率的同时,也为企业控制成本做出了贡献。

西凤茹等②总结出围绕大数据产业链衍生出的六种新型商业模式,包括数据自营、数据租售、数据平台、数据仓库、数据众包及数据外包。其中,数据外包模式是指企业将数据收集、数据处理等业务环节剥离出来,外包给专业机构,通过优化资源配置、降低成本,增强核心竞争力。这种模式要求外包企业拥有一定的知识背景、先进的大数据技术和卓越的分析应变能力,能够游刃有余地解决不同类型企业的决策和技术问题。

需要指出的是,数据外包方式在安全性上面临很多挑战,数据泄露给企业带来的利益损失也是巨大的,因此数据外包中的安全问题得到了学界的广泛关注。2011 年,徐勇等③通过对微观数据外包管理应用系统数据机密性保护、查询验证、隐私保护等安全问题研究进展的系统评述,指出研究在外包环境下有效保护数据安全的重要性。付东来等④完善了一种基于树的密钥管理方案,这一方案提高了云计算中外包数据访问机制的安全性。类似的研究还有田丰等人⑤提出的可以根据兴趣点分布而自适应变化的Hilbert 曲线(AHC),闫玺玺与汤永利⑥提出的一种支持撤销的属性基加密方案,陈超群

① 尚庆琛. 上海研发外包融合发展的战略思考:必要性、可行性和策略[J]. 中国科技论坛,2016(6):62 - 68.
② 西凤茹,王圣慧,李天柱,等.基于大数据产业链的新型商业模式研究[J].商业时代,2014(21):86 - 88.
③ 徐勇,丁忠明,沈小玲.微观数据外包管理中的安全问题研究进展[J].计算机应用研究,2011(8):2812 - 2816.
④ 付东来,彭新光,杨玉丽.基于可信平台模块的外包数据安全访问方案[J].电子与信息学报,2013(7):1766 - 1773.
⑤ 田丰,桂小林,张学军,等.基于兴趣点分布的外包空间数据隐私保护方法[J].计算机学报,2014(1):123 - 138.
⑥ 闫玺玺,汤永利.数据外包环境下一种支持撤销的属性基加密方案[J].通信学报,2015(10):92 - 100.

与李志华①提出的面向隐私保护的密文检索算法。计算机技术领域的众多研究成果为应对数据外包过程中的安全隐私风险提供了支持,提高了数据外包业务的安全性。

此外,曾海燕②分析了外包编目数据存在的质量问题及其根源,从编目细则、岗前培训、数据查重、文献著录等方面提出控制外包编目数据质量的措施。弓永钦与王健③探究个人数据跨境流动立法对中国数据外包业务的影响,认为"充分性原则"严重地影响了中国数据外包业务,"问责原则"间接地影响了中国数据外包业务接包量,并提出了相关对策和建议。事实上,数据外包并不止于此,大数据外包企业的相继出现形成了丰富的数据外包解决方案,这在学界尚未引起关注,研究人员可以对这一种新型服务外包进行探索。

(三)企业微观层面的 KPO 研究

1. 对发包方的研究

许多研究认为,作为委托方,发包方可以对代理方采取适当的激励措施。欧阳智与苏秦④指出,KPO 必须从长期战略出发,完善正式契约,加强与外包双方的互惠及信任关系,并且提升对知识结果质量的评估、考评和关注的能力建设,以实现 KPO 的服务质量激励。杨治与张俊⑤发现,在无信息泄漏的情况下,当研发机构的努力程度可观测时,研发委托方可采用固定支付合同实现外包;反之,委托方则需要与代理方分享利润。因此,利益分配方式在委托代理关系中显得较为重要。黄波等⑥研究发包方如何以利益分配方式作为激励机制来防范接包方的道德风险。以外包商为参考点,王金妹与丛林⑦针对研发外包中接包方同时存在信息泄露和隐藏努力程度这两类道德风险问题,运用

① 陈超群,李志华. 一种面向隐私保护的密文检索算法[J]. 计算机科学,2016(S2):346 - 351.

② 曾海燕. 编目数据外包质量控制的实践——以中国科学院国家科学图书馆为例[J]. 图书情报工作,2012(S2):97 - 99.

③ 弓永钦,王健. 个人数据跨境流动立法对我国数据外包业务的影响[J]. 国际经济合作,2016(4):20 - 25.

④ 欧阳智,苏秦. 动态声明博弈下的知识流程外包质量激励[J]. 科技管理研究,2015(23):136 - 141.

⑤ 杨治,张俊. 企业研发外包的控制机制:信息泄露下的支付合同选择[J]. 管理学报,2012(6):863 - 869.

⑥ 黄波,孟卫东,李宇雨. 基于道德风险的研发外包利益分配方式研究[J]. 科技进步与对策,2010(10):16 - 19.

⑦ 王金妹,丛林. 知识产权权属分配视角下企业研发外包的激励机制设计[J]. 福建论坛(人文社会科学版),2013(11):11 - 15.

委托代理理论,建立考虑知识产权权属分配模式的研发外包激励机制。该研究发现在知识产权许可的前提下,将知识产权所有权授权给接包方,既会增加外包商的期望收益,也可以有效激励接包方最优努力水平,同时避免其信息泄露问题。

孔令夷[①]通过对几种研发外包情境中的攻防格局及效用分配比较研究,发现纳什外包博弈均衡来自对功利思想和平等思想原则的整合;对于发包方而言,效用流转及威慑触发条件下的新均衡解都优于一般均衡解,并且效用流转相对于威慑触发对发包方的攻防位势更有利,使其均衡效用改进幅度更大。王彦博与孙文博[②]以复杂系统的视角对京津冀地区 358 个中小型企业进行调研和分析,发现中小型企业更愿意与以市场为基础的利益相关者建立市场网络联系,局部学习网络中的研发外包有利于创新。针对逆向外包的相关问题,刘胜[③]的实证结果表明,过高的逆向外包会诱发其抑制效应,阻碍发包企业出口技术复杂度的提升,使其处于创新价值链低端。

2. 对接包方的研究

以高科技领域的集成电路芯片和生物医药研发作为案例,王一鸣与陈虎[④]分析了在技术复杂性视角下,研发外包市场的繁荣以及一批以研发服务为主要收入来源的独立型研发企业的确立。从接包方的视角出发,王良等[⑤]以西安、苏州、大连三地的 101 家离岸 KPO 接包方企业为样本,结合调研数据与档案数据对离岸 KPO 战略联盟建立机制和作用结果进行了实证研究。此外,在岸逆向外包也是一种新型外包模式,如郑飞虎与常磊[⑥]分析计算机服务业跨国公司在中国研发外包的最新数据发现,在华跨国公司研发外包属于一种新型的"在岸逆向外包"。这一新模式在项目技术水平、资产专用性与行为不确定性等方面与"普通外包"有较大的差异性,而本土企业作为接包方,尚不能通过这种途径获得技术能力的成长。

---

① 孔令夷. R&D 外包中攻防变换——效用视角[J]. 科学学与科学技术管理,2015(1):108 – 114.

② 王彦博,孙文博. 跨组织网络中的知识流动性与知识专属性对创新绩效的影响研究[J]. 学术论坛,2016(5):31 – 36.

③ 刘胜. 逆向服务外包促进了服务业出口技术复杂度的提升吗? ——来自跨国面板数据的经验证据[J]. 经济问题探索,2017(3):149 – 154.

④ 王一鸣,陈虎. 技术复杂性视角下的研发产业确立[J]. 科学管理研究,2014(4):76 – 79,95.

⑤ 王良,刘益,王强. 离岸 KPO 中的战略联盟建立机制及作用结果研究——基于中国接包方视角[J]. 预测,2014(5):1 – 7.

⑥ 郑飞虎,常磊. 跨国公司研发外包活动的研究:中国的实证与新发现[J]. 南开经济研究,2016(4):99 – 114.

作为接包方,在承接外包业务的过程中难免会承担相关风险,因此,关于这一问题的研究具有重要的实践意义。从维护服务外包产业中接包方利益的角度出发,刘俊①阐述了接包方可能遇到的诸如商业秘密泄露、所有权流失、侵权和价值评估等主要知识产权法律风险,进而提出相应的防范措施和建议。胡水晶②基于承接方的视角发现,在研发过程中挖掘自主知识产权、积极争取与发包方共有前景知识产权,是控制前景知识产权风险的重要途径。此外,杨英楠③分析了中国制造企业如何从全球价值链低端,从制造业外包"承接方"向现代制造业和服务业外包的"发包方"和"承接方"转变,以推动制造企业的价值链升级。

### 三、知识流程外包国外研究进展

与国内相比,国外对于 KPO 的研究较早,且已经逐步突破对其概念、内涵和一般理论的探讨。目前,更多的是进行案例和实证研究,开发出一些研究模型、框架与方法,并以此为之后进行的理论研究与实践活动提供科学观点和依据。近年来,国外学者对 KPO 的研究涉及生物、医药、汽车等领域,研究的关注点主要集中在影响 KPO 的因素、KPO 的影响和作用、KPO 决策以及优化等方面。本书从 KPO 基本问题、业态等方面对近年来国外知识流程外包研究文献进行梳理和分析,以此为后续研究的开展提供参考和借鉴。

近年来,国外学者对 KPO 的研究包括内涵与业务类型、发展动因与限制因素、对主体的影响、业务模式与风险等方面。KPO 不同于 BPO,主要是通过提供业务专业知识为客户创造价值,具有高附加值和高利润率特点,侧重流程创新、市场研发和业务分析等领域④。KPO 快速发展的原因可归纳为五点,即知识需求产生、专业知识服务供需失衡、接包国国家形象提升、接包商业务升级、信息技术广泛与深入应用。KPMG⑤、

① 刘俊.服务外包接包企业知识产权法律风险及防范研究[J].东华理工大学学报(社会科学版),2012(2):157-160.

② 胡水晶.研发离岸外包中前景知识产权风险研究——基于承接方的视角[J].科技进步与对策,2014(1):10-13.

③ 杨英楠.基于外包视角的中国制造企业价值链升级路径研究[J].中国科技论坛,2015(7):40-44.

④ RAMAN R. Knowledge process outsourcing—the next big wave: can India have the competitive advantage? [R]. Kohinoor Business School,2007.

⑤ KPMG. Knowledge process outsourcing: unlocking top-line growth by outsourcing the "core" [R/OL]. [2013-06-12]. http://www.swamyandassociates.com.au/KPMG%20-%20Swamy%20and%20Associates%20KPO%20%20published%20report.pdf.

Currie 等①、Sen 和 Shiel② 认为人才短缺、反全球化浪潮、相关法规缺失等因素限制 KPO 发展。有文献指出 KPO 对发包、接包双方的影响不同,会增强发包国的竞争优势③,给接包方带来利益与风险,为此 KPMG④、Mierau⑤、Sen 和 Shiel⑥ 等分别从外包关系、发包方和接包方角度提出相应的管理策略。

(一)KPO 发展中的基本问题

1. KPO 的作用与意义

KPO 有哪些优势和作用? KPO 业务的开展为组织带来什么变化? 这些问题一直以来受到国外学者的关注。例如,Sobinska 与 Mierzyński⑦ 尝试用组织学习的战略更新理论来展示组织转型的概念,并讨论组织通过使用外部资源(外包工具)为组织带来的益处,以加强更新过程,强调开展 KPO 等外包业务的重要性。Mazdeh 等⑧面向伊朗汽车行业探索其新产品开发的知识供应过程动态和 KPO 对新产品开发绩效的影响,通过文献调研和多案例研究,基于伊朗汽车行业的十家研发公司的数据构建研究模型。研究结果表明:KPO 可通过增加新产品开发流程的灵活性来改善新产品开发绩效,以应对环境的波动。

---

① CURRIE W L,MICHELL V,ABANISHE O. Knowledge process outsourcing in financial services:the vendor perspective[J]. European management journal,2008(2):94 – 104.

②⑥ SEN F,SHIEL M. From business process outsourcing (BPO) to knowledge process outsourcing (KPO):some issues[EB/OL]. [2015 – 02 – 21]. https://www. researchgate. net/publication/290692764_From_business_process_outsourcing_BPO_to_knowledge_process_outsourcing_KPO_Some_issues.

③ SNIEŠKA V,DRAKŠAITĖ A. The role of knowledge process outsourcing in creating national competitiveness in global economy[J]. Engineering economics,2007(3):35 – 41;ANTRAS P,GARICANO L,ROSSIHANSBERG E,et al. Offshoring in a knowledge economy[J]. Quarterly journal of economics,2006(1):31 – 77.

④ Knowledge process outsourcing:unlocking top-line growth by outsourcing the "core"[R/OL]. [2013 – 06 – 12]. http://www. swamyandassociates. com. au/KPMG% 20 – % 20Swamy% 20and% 20Associates% 20KPO% 20% 20published% 20report. pdf.

⑤ MIERAU A. Strategic importance of knowledge process outsourcing[EB/OL]. [2015 – 04 – 21]. https://www. researchgate. net/publication/265628098 _ Strategic _ Importance _ of _ Knowledge _ Process _ Outsourcing.

⑦ SOBINSKA M,MIERZYŃSKI J. Outsourcing of knowledge in change and renewal processes[C]//2013 Federated Conference on Computer Science and Information Systems,2013:1299 – 1303.

⑧ MAZDEH M M,JAFARI M,AKHAVAN P,et al. Improving product development performance through knowledge outsourcing:a study of the Iranian automotive industry[J]. South African journal of industrial engineering,2016(2):120 – 131.

2. KPO 发展的影响因素

在 KPO 业务开展过程中其发展会受到诸多因素的影响,Wu 和 Du① 提出"是什么因素决定了 KPO 的定位选择"问题,从国家和宏观层面考察影响 KPO 吸引力的因素。研究表明,人力资本、以知识产权政策为代表的政治因素、国家风险和基础设施是影响 KPO 发展的主要因素,而经验和动机则对 KPO 存在间接影响,是这一过程中的调节因素。Abdelsalam 等② 探究埃及在石油和天然气工程服务中成为 KPO 供应商的主要影响因素,调查发现商业环境是最重要的因素,其次是成本优势。Durst 等③ 聚焦可持续组织,从经济、社会、环境等方面讨论 KPO 和可持续组织之间的关系,研究发现影响可持续组织 KPO 决策的因素是政策、合作伙伴关系和组织成员。

3. KPO 发展的机遇与挑战

KPO 作为新兴且正在逐渐走向成熟的服务外包模式,在其发展中会遇到诸多机遇和挑战,这些机遇和挑战也是学者们关注的问题之一。Singh④ 提出企业实施 KPO 的期望在于外包高端流程带来额外的成本节约和运营效率,同时还能够在低工资的离岸国家获得优秀的人力资源,并据此分析了发展中的 KPO 市场及其提供的机会、挑战以及从 BPO 向 KPO 转移的关键驱动因素;要重点关注 KPO 产业的质量、精度、保密性和项目管理专长等关键参数,此外他还对 KPO 专业人员需求与印度 KPO 产业的发展前景进行了预测。Bahl⑤ 也关注到 KPO 未来发展的机遇和挑战问题,通过对 40 个国家的跨国公司高管的问卷调查发现:成本最小化和分散风险是企业实施 KPO 的主要原因。接包方与发包方共同面临的挑战是知识技能的获取和保有,而客户的保密性和数据

---

① WU W B, DU R J. What determines the location choice of knowledge process outsourcing? [C]// ZHOU B. Proceedings of the 2012 International Conference on Management Innovation and Public Policy. Chongqing:ICMIPP,2012:1911 – 1915.

② ABDELSALAM H M, SADEK M, GAMAL S. Potential knowledge process outsourcing of Egyptian oil and gas engineering services industry[J]. International journal of knowledge-based development,2013(4): 338 – 362.

③ DURST S, EDVARDSSON I R, BRUNS G. Sustainable organisations and knowledge process outsourcing:conditions for success[J]. International journal of knowledge & learning,2015(2):110 – 123.

④ SINGH V B. Knowledge process outsourcing (KPO):a balanced view of an emerging market[J]. Excel international journal of multidisciplinary management studies,2012(12):171 – 181.

⑤ BAHL S. Knowledge process outsourcing—opportunities, challenges and strategies[J]. International journal of business economics & management research,2012(2):22 – 35.

的安全性则是发包方最担心的问题;在交易过程中,要点是直接指定且强调供应商和管理层的作用。此外,他还持续关注未来在 KPO 领域创造的商机和潜力①,探究印度成为最受欢迎的 KPO 接包方的原因并试图找出 KPO 在印度获得成功的原因、挑战和策略。

4. KPO 的管理

Tarn② 尝试在决策分析的基础上构建知识离岸外包模型,帮助组织考虑是否、为什么及如何开展知识离岸外包业务。该研究提出一种由知识分配、知识发展、知识交易和知识增长 4 种模式构成的知识离岸外包模型,具体考虑了 4 个管理问题和 8 个标准,最后归纳总结出一个知识离岸外包框架以及用于实际决策分析和管理的清单,为知识离岸外包的实践和未来研究提供了应用方向、建议和指导。Ouyang 和 Su③ 关注 KPO 优化问题,以 KPO 外部质量绩效为基础构建外部优化项目时间的理论模型。研究发现:组织内部需要分配足够的时间来进行后续的知识同化和整合,特别是在带来的知识收益非常显著时,在比较客户的风险中立性与风险偏好相适应之间,发现客户的风险偏好将会减少利润,通常还会延伸优化项目时间并缩短知识整合阶段,甚至有时可以改变 KPO 的决策。Liu④ 运用数据包络分析方法对公共部门的 KPO 绩效进行评估,研究显示:在被调查的政府部门中,约 5% 的部门绩效较高,约 10% 的部门绩效一般,85% 的部门 KPO 效率低,这说明政府部门 KPO 效率普遍偏低。

此外,Sen⑤ 基于 Evalueserve 提供的数据,以印度 KPO 市场为例对 KPO 过程、客户关系、KPO 内容等问题进行了分析,提出在 KPO 业务中维护客户关系及提升客户满意程

---

①　BAHL S. Relevance of knowledge process outsourcing in present scenario[J]. Asia Pacific journal of marketing & management review,2013(1):77 - 92.

②　TARN D D C. Integrated decision model for knowledge offshoring and outsourcing[J]. Knowledge management research & practice,2015(1):1 - 16.

③　OUYANG Z,SU Q. Contracting on project time in knowledge process outsourcing[C]//Proceedings of the 5th International Asia Conference on Industrial Engineering and Management Innovation (IEMI2014). Paris: Atlantis Press,2015:417 - 422.

④　LIU H C. Evaluating knowledge outsourcing performance of public sectors with data envelopment analysis[J]. Revista internacional de sociología,2014(2):23 - 32.

⑤　SEN A. Customer relation in knowledge process outsourcing[J]. Journal of business and management, 2013(1):68 - 71.

度的举措。Ramanathan 和 Sugumar① 则关注 KPO 中员工的工作压力状态,在实证研究中总结出了情感、心理、组织、工作环境和行为等 5 个压力类型。

(二)KPO 的类型与业态

1. 研发外包研究

(1)研发外包的作用及其与企业内部研究的关系。Teirlinck 等② 关注企业研发外包决策对内部研发强度的影响,企业研发外包决策处于开始、增加或停止阶段时,内部研发强度会下降。Beladi 等③ 则考察了产品研发外包对本土研发数量和构成的影响,他们发现当跨国公司在某些条件下进行产品研发和加工研发(外包和产品研发的互补效应)时,外包往往成为产品开发的补充因素。这意味着国际外包对产品创新和流程创新会产生不同的影响。Howells 等④ 以英国制药行业为例,探讨研发外包的影响以及日益分散的研究和创新活动的性质。Lustig 和 Thompson⑤ 也聚焦制药行业,分析研发外包的意义和影响,指出通过正确而有效地应用战略外包,可以大大降低研发成本,同时提高研发质量。

(2)研发外包的影响因素。Martínez-Noya 和 García-Canal⑥ 分析影响研发服务外包决策的环境因素和企业因素,其中影响因素主要包括:制度环境(知识产权制度)、管理意图(企业国际战略)和组织路径依赖与学习(企业的技术和治理能力)。基于来自欧盟和美国的 182 家技术密集型企业的调查数据发现,具有较强技术能力的企业往往进行研发服务外包;当企业原产国的制度环境允许时,企业技术专长将会转化为治

---

① RAMANATHAN S, SUGUMAR D. Work related stressor: an empirical study with reference to employees working in knowledge process outsourcing (KPO's) in Chennai, Tamil Nadu, India[J]. International journal of scientific research, 2013(6): 357 – 359.

② TEIRLINCK P, DUMONT M, SPITHOVEN A. Corporate decision-making in R&D outsourcing and the impact on internal R&D employment intensity[J]. Industrial & corporate change, 2010(6): 1741 – 1768.

③ BELADI H, MARJIT S, LEI Y. Outsourcing: volume and composition of R&D [J]. Review of international economics, 2012(4): 828 – 840.

④ HOWELLS J, GAGLIARDI D, MALIK L. Sourcing knowledge: R&D outsourcing in UK pharmaceuticals[J]. International journal of technology management, 2012(1/2): 139 – 161.

⑤ LUSTIG K D, THOMPSON M L. Strategic outsourcing of pharmaceutical R&D bringing pharma and drug discovery into the information age[J]. Chimica oggi-chemistry today, 2013(4): 13 – 15.

⑥ MARTÍNEZ-NOYA A, GARCÍA-CANAL E. Technological capabilities and the decision to outsource/ outsource offshore R&D services[J]. International business review, 2011(3): 264 – 277.

理能力;具有较高地方反应态度的企业更有可能外包研发服务。García-Vega 和
Huergo① 研究国际研发外包的决定因素——贸易往来,他们认为一方面财务限制影响
了将研发外包给进口商多于出口商的决定,另一方面出口商对信息缺失/不完善更为
敏感,因为一旦技术泄漏造成的损失会很大。作者借助西班牙公司的面板数据,强调
信息在竞争性市场中的相关性以及贸易促使企业参与其他全球化战略的作用。Rilla
和 Squicciarini② 重点关注研发离岸外包及其主要驱动因素,包括地域限制和机遇、动
机、战略决策和管理挑战,并构建了一个基于客户角度的产品研发外包定位原始管理
和战略中心框架。

　　Teirlinck 和 Spithoven③ 关注企业规模对 KPO 中研发人员要求的影响,中型企业对
研发外包的参与度较低,外包倾向随研发人员的正式资质水平和研发培训而增加;中小
型企业中,小型企业更倾向于从事研发合作和研发外包,它们依靠高素质的研发专家,
认为研发外包活动中研发经理和研发专家至关重要。Andries 和 Thorwarth④ 探究企业规
模对内外研发生产力的影响,小型企业从外包基础研究活动中受益,对大中型企业而
言,内部基础研究比外包基础研究更有效。Spithoven 和 Teirlinck⑤ 认为,内部能力、网
络资源和拨款机制是企业研发外包的决定性因素,他们发现内部研发力度与研发外
包强度呈显著正向相关,强调吸收能力的重要性以及内部和外包研发的互补性;网络
资源和研发外包也呈正相关,表明参与混合非正式和正式网络的公司倾向于外包研
发;在拨款机制方面,相关关系主要取决于拨款机制设计的复杂性。Buss 和 Peukert⑥
发现研发外包与知识产权侵权之间存在着积极联系,而二者之间的影响因知识市场

　　① 　GARCÍA-VEGA M,HUERGO E. Determinants of international R&D outsourcing:the role of trade[J].
Review of development economics,2011(1):93 – 107.

　　② 　RILLA N,SQUICCIARINI M. R&D (re)location and offshore outsourcing:a management perspective
[J]. International journal of management reviews,2011(4):393 – 413.

　　③ 　TEIRLINCK P,SPITHOVEN A. Research collaboration and R&D outsourcing:different R&D personnel
requirements in SMEs[J]. Technovation,2013(4/5):142 – 153.

　　④ 　ANDRIES P,THORWARTH S. Should firms outsource their basic research? The impact of firm size on
in-house versus outsourced R&D productivity[J]. Creativity and innovation management,2014(3):303 – 317.

　　⑤ 　SPITHOVEN A,TEIRLINCK P. Internal capabilities,network resources and appropriation mechanisms
as determinants of R&D outsourcing[J]. Research policy,2015(3):711 – 725.

　　⑥ 　BUSS P,PEUKERT C. R&D outsourcing and intellectual property infringement[J]. Research policy,
2015(4):977 – 989.

价值和产权分配而变化。Un① 认为研发外包的决定因素是企业的吸收能力。与外国客户和供应商接触的企业应具有潜在的吸收能力,能够了解新的复杂的外部知识,这有助于企业将外部知识与内部知识相结合,从而投入更多的研发外包。作者通过研究发现,拥有更多技术熟练员工、投入更多内部研发的公司往往会投入更多的研发外包,因此建议这些企业更应该发展吸收能力,增强这种使用和改造外部知识的能力,从而投入更多的研发外包。

此外,Lowman 等② 还强调了 KPO 的负面影响。他们关注制药行业的产品研发外包,探究该类型的知识流程外包增加对研究型和技术型企业管理新产品研发过程的影响,并讨论其对行业的潜在危害。研究表明,在新的商业模式背景下,制药企业必须保持一体化机制,强调维持吸收能力、扩散知识、支持互动学习,以此避免失去控制和不能保持创新机会等新产品研发外包风险。

（3）研发外包绩效。Grimpe 和 Kaiser③ 认为,研发外包是获取外部技术知识的重要手段,企业随后可将其纳入自身的知识基础之中,而研发外包的这些"收益"需要与企业特定资源的稀释、整合能力的恶化和管理层关注的高要求相平衡。该研究基于德国创新公司的面板数据,发现研发外包与创新绩效之间呈 U 型关系,这种关系因公司从事内部研发的程度以及正式研发合作的广度的变化而变化。Hsuan 和 Mahnke④ 也对研发外包与绩效之间的关系进行研究,提出了一个简单而又综合的外包研发与绩效之间的关系模型,并提供了有助于指导公司流程的研究计划,寻求受益于研发外包的管理和设计策略。Albors-Garrigós 等⑤分析了中小型企业外包合作研发的开放创新模式。他们认为虽然中小型企业外包创新的推动力在某些方面与大型企业相似,但其他方面的差异则与资源

---

① UN C A. Absorptive capacity and R&D outsourcing[J]. Journal of engineering and technology management,2017(1):34-47.

② LOWMAN M,TROTT P,HOECHT A,et al. Innovation risks of outsourcing in pharmaceutical new product development[J]. Technovation,2012(2):99-109.

③ GRIMPE C,KAISER U. Balancing internal and external knowledge acquisition:the gains and pains from R&D outsourcing[J]. Journal of management studies,2010(8):1483-1509.

④ HSUAN J,MAHNKE V. Outsourcing R&D:a review, model, and research agenda[J]. R&D management,2011(1):1-7.

⑤ ALBORS-GARRIGÓS J,ETXEBARRIA N Z,HERVAS-OLIVER J L,et al. Outsourced innovation in SMES:a field study of R&D units in Spain[J]. International journal of technology management,2011(1/2):138-155.

储备差异有关,不过中小型企业与大型企业在研发和技术转让方面都有着相同的追求。他们通过对中小型企业开放创新的实证研究,提出了一个用于分析影响研发外包接包方与接包方绩效和战略一致性的关键要素模型。Martínez-Noya 等①对企业研发外包投资的有效性进行研究。基于来自 170 个欧洲和美国技术密集型企业的原始调查数据,研究发现:除了外包给非营利性机构,这些投资对客户绩效的贡献会降低客户执行服务所需的核心知识。这表明,随着外包风险的上升,客户能够从供应商的关系特定投资中获取较少的价值。Han 和 Bae②探究研发外包工作对公司绩效的直接作用,国际化在这一过程中充当了调节变量。国际化代表吸收能力,有内部 R&D 强度、组织结构的吸收能力(R&D 雇员比例、R&D 雇员中研究人员比例、研究人员中博士比例、研究人员中硕士比例、研究人员中全职人员比例)两个变量。

(4)研发外包研究。Martínez-Noya 和 García-Canal③为分析研发外包实践的特色,对 182 家美国和欧洲高科技企业进行调研,解决了"哪些高科技公司做外包研发服务""包括什么类型的研发服务外包""企业在哪里外包这些服务""企业接收研发外包的动机"等问题。之后,Martínez-Noya 等④又对技术密集型企业的国际研发服务外包进行研究,分析了该类型企业是否进行外包以及选择何地外包等问题。研究发现:技术密集型企业选择研发离岸外包战略是可取的;这些企业更有可能将海外研发服务外包协议分配到发达国家或发展中经济体;特别强调企业必须具备的特定能力,如技术和国际专业知识,才能更好地开展外包海外研发。此外,研究结果还表明,在研发服务外包的具体情况下,知识寻求目标将导致外包业务更倾向于发达经济体。Kim 和 Lim⑤关注了创新驱动供应链中的研发外包相关问题。

① MARTÍNEZ-NOYA A,GARCÍA-CANAL E,GUILLÉN M F. R&D outsourcing and the effectiveness of intangible investments:is proprietary core knowledge walking out of the door? ［J］. Journal of management studies,2013(1):67－91.

② HAN S Y,BAE S J. Internalization of R&D outsourcing:an empirical study［J］. International journal of production economics,2014(4):58－73.

③ MARTÍNEZ-NOYA A, GARCÍA-CANAL E. Distinctive features of R&D outsourcing practices by technology intensive firms［J］. Universia business review,2014(4):372－393.

④ MARTÍNEZ-NOYA A,GARCÍA-CANAL E,GUILLÉN M F. International R&D service outsourcing by technology-intensive firms:whether and where? ［J］. Journal of international management,2012(1):18－37.

⑤ KIM K-K,LIM M K. R&D outsourcing in an innovation-driven supply chain［J］. Operations research letters,2015(1):20－25.

### 2. 数据外包研究

国外研究集中在以数据外包安全为目的的应对举措和外包方案上，如 Dautrich 和 Ravishankar[①] 提出三个利用秘密分享保护数据外包中隐私的方案。数据库中的每一个秘密被分成 n 份，并且分布在独立的数据服务器上。可信任的客户机可以使用任何 k 份以重构秘密。这些方案声称，只要某个特定信息只为用户所知，即使存在 k 个及以上服务器合谋，也可以提供安全性。Soodejani 等[②]基于 k-匿名的水平分割提出保护数据外包中隐私的方案。Gonçalves 等[③] 和 Long 等[④] 就数据外包隐私安全提出了解决方案。Vimercati 等[⑤]从权限视角探讨数据外包的保护，通过扩展选择性加密方式来支持写入权限，该方案还允许数据所有者和用户验证外包数据的完整性。Emekci 等[⑥]则提出通过分解机密来保护数据外包。Zhou 等[⑦]关注云计算中的数据外包的安全问题，并设计了一种有效和新颖的基于树的密钥管理方案，允许数据源被拥有不同权限的多方访问。此外，Liu 等[⑧]、Rani 和 Marimuthu[⑨] 也提出了针对云中数据外包的安全方案。可见，数据外包安全是数据外包研究的重中之重，许多学者，如 Köhler 和 Jünemann 等[⑩]、

①　DAUTRICH J L,RAVISHANKAR C V. Security limitations of using secret sharing for data outsourcing［C］//Data and applications security and privacy. Berlin：Springer,2012：145 – 160.

②　SOODEJANI A T,HADAVI M A,JALILI R. k-anonymity-based horizontal fragmentation to preserve privacy in data outsourcing［EB/OL］.［2020 – 10 – 01］. https：//link. springer. com/content/pdf/10. 1007/978 – 3 – 642 – 31540 – 4_20. pdf.

③　GONÇALVES R, LEONOVA E, PUTTINI R, et al. A privacy-ensuring scheme for health data outsourcing［C］// 2015 International conference on cloud technologies and applications. IEEE,2015：1 – 7.

④　LONG N V,PARK M,PARK J,et al. Privacy enhancement for data outsourcing［C］//International Conference on Information and Communication Technology Convergence. IEEE,2015：335 – 338.

⑤　VIMERCATI S D C D,FORESTI S,JAJODIA S,et al. Enforcing dynamic write privileges in data outsourcing［J］. Computers & security,2013(4)：47 – 63.

⑥　EMEKCI F,METHWALLY A,AGRAWAL D,et al. Dividing secrets to secure data outsourcing［J］. Information sciences,2014(3)：198 – 210.

⑦　ZHOU M,MU Y,SUSILO W,et al. Privacy enhanced data outsourcing in the cloud［J］. Journal of network & computer applications,2012(4)：1367 – 1373.

⑧　LIU Y J,Wu H L,Chang C C. A fast and secure scheme for data outsourcing in the cloud［J］. Ksii transactions on internet and information systems,2014(8)：2708 – 2721.

⑨　RANI A M G,MARIMUTHU A. Key Insertion and splay tree encryption algorithm for secure data outsourcing in cloud［C］//World Congress on Computing and Communication Technologies. IEEE,2014：92 – 97.

⑩　KÖHLER J,JÜNEMANN K. Securus：from confidentiality and access requirements to data outsourcing solutions［M］//Privacy and identity management for emerging services and technologies. Berlin：Springer,2014：139 – 149.

Thangavel 和 Varalakshmi[1]、Hadavi 等[2]、Wen 等[3]、Yoon 等[4]、Kumar 等[5]、Muhammad 等[6]、Tian 等[7]、Nguyen – Vu 等[8]、Dong 等[9]、Koo 等[10]，从不同视角出发，运用各种理论对这一问题进行了讨论。

3. 设计外包、信息化教育外包等研究

此外，还有学者关注设计外包，如 Shen 等[11]聚焦时尚供应链中的设计外包，研究设计外包如何影响供应链及其在供应链下的性能，并对原始设备制造商（Original Equipment Manufacturer，OEM）策略与原始设计制造商（Original Design Manufacturer，ODM）策略进行比较。Kim 等[12]则进行了公共组织信息化教育外包研究，具体探讨了仁川市公共组织信息化教育外包的问题，并分析信息化教育外包的有效性。他们

---

①　THANGAVEL M，VARALAKSHMI P. A survey on security over data outsourcing［C］//2014 Sixth International Conference on Advanced Computing. IEEE，2015：341 – 349.

②　HADAVI M A，JALILI R，DAMIANI E，et al. Security and search ability in secret sharing-based data outsourcing［J］. International journal of information security，2015（6）：513 – 529.

③　WEN M，LU K J，LEI J S，et al. BDO-SD：An efficient scheme for big data outsourcing with secure deduplication［C］//2015 IEEE Conference on Computer Communications Workshops. IEEE，2015：214 – 219.

④　YOON M，CHO A，JANG M，et al. A data encryption scheme and GPU-based query processing algorithm for spatial data outsourcing［EB/OL］.［2013 – 04 – 21］. https://www. researchgate. net/publication/282983302_A_data_encryption_scheme_and_GPU-based_query_processing_algorithm_for_spatial_data_outsourcing? ev = auth_pub.

⑤　KUMAR M，MEENA J，SINGH R，et al. Data outsourcing：a threat to confidentiality，integrity，and availability［C］// 2015 International Conference on Green Computing and Internet of Things（ICGCIoT）. New York：IEEE，2015：1496 – 1501.

⑥　MUHAMMAD Y I，KAIIALI M，HABBAL A，et al. A secure data outsourcing scheme based on Asmuth-Bloom secret sharing［J］. Enterprise information systems，2016（9）：1001 – 1023.

⑦　TIAN S X，CAI Y，HU Z B. A Parity-based data outsourcing model for query authentication and correction［C］//IEEE International Conference on Distributed Computing Systems. IEEE，2016：395 – 404.

⑧　NGUYEN – VU L，PARK J，PARK M，et al. Privacy enhancement using selective encryption scheme in data outsourcing［J］. International journal of distributed sensor networks，2016（7）：1 – 7.

⑨　DONG B X，WANG W，YANG J. Secure data outsourcing with adversarial data dependency constraints［EB/OL］.［2020 – 10 – 01］. https://msuweb. montclair. edu/ ~ dongb/publications/bigdata2016. pdf.

⑩　KOO D，SHIN Y，YUN J，et al. A Hybrid Deduplication for Secure and Efficient Data Outsourcing in Fog Computing［C］//IEEE International Conference on Cloud Computing Technology and Science. IEEE，2016：285 – 293.

⑪　SHEN B，LI Q，DONG C，et al. Design outsourcing in the fashion supply chain：OEM versus ODM［J］. Journal of the operational research society，2016（2）：259 – 268.

⑫　KIM J W，KIM Y G. A study on informatization education outsourcing at public organizations［J］. The e-business studies，2010（3）：265 – 282.

通过实证研究发现:信息化教育外包给用户带来了更大的满意度;而内容因素和教师因素是影响用户成就感和教育表现的重要因素。

### 四、知识流程外包研究述评

目前,KPO 的研究在学术界尚处于初始阶段。总体来看,以 KPO 为主题的研究成果较少,有相当一部分文献属于 KPO 接包方或者管理咨询机构的研究报告及大学课堂教学案例,多从企业实际工作的描述或基于一般性逻辑推理提出 KPO 管理建议,大多是描述性或规范性的文章,缺乏学术性。

(1)从研究内容上来看,基于 KPO 的研究还不完善。现有研究主要是从外包的理论方面予以探究,内容集中于 KPO 的内涵与业务类型、发展动因与限制因素、对主体的影响、业务模式与风险等方面,缺乏具体的操作模式。部分研究开始关注 KPO 绩效问题,如张千军和刘益[①]考察信息共享对项目创新绩效的影响,探讨任务特征和知识管理能力对信息共享和项目绩效的调节作用,指出为保证 KPO 创新绩效的实现必须加强信息共享;若任务的知识密集度较大、任务较复杂,管理者应加强组织内外部知识共享;共享的知识只有整合到实践中,才能保证知识转化为绩效。

(2)从研究方法上来看,已有 KPO 的实证研究少之又少。特别是国内对 KPO 的研究,多为对国外研究成果的综述和归纳,鲜见企业微观层面上的实证研究,亦缺乏将宏观层面和微观层面相结合的系统研究。在实践层面上,国内研究多停留在对国外 KPO 管理经验的借鉴上,对 KPO 绩效评价及发展对策的研究尚处于探索阶段。

(3)相关研究结果涉及面较窄,比较零散,缺乏系统性。一个产业的形成是以一定规模的企业活动作为基础的,现在对 KPO 的研究关注了生物医药研发、动漫设计、工业设计、管理咨询等细分领域,而缺少整体层面上的系统性研究,对 KPO 这一概念的理解还不统一、业务范围的界定还未明确,缺少对整体规律的总结及把握。

---

① 张千军,刘益. KPO 情境下知识共享对创新绩效的促进作用研究——任务特性和知识管理能力的调节作用[J].科技进步与对策,2013(6):121-125.

## 第二节 知识密集型服务业研究

### 一、知识密集型服务业的定义

知识密集型服务业(Knowledge-intensive Business Services,KIBS)的概念最初于20世纪90年代初由英国学者Boden等明确提出,他们认为,知识密集型服务业是专门提供经济行为服务的组织,这些服务旨在知识的创造、积累或扩散[①]。美国商务部把知识密集型服务业解读为企业在提供服务时融入大量科学、工程、技术等专业性知识的服务[②]。但是这些最初的定义均具有一定的局限性。部分学者认为,知识密集型服务也可以广泛地理解为"咨询公司",或者主要为其他组织提供高智力、高附加值服务的组织[③],提供的产品和服务是知识型的并有赖于其专业知识[④]。目前,国内外学者对知识密集型服务业的认识不尽相同,究其原因,一是世界各国服务经济的发展水平存在差异,对专业性服务的内涵与外延的界定有所不同;二是学者或组织机构多从某一视角出发对知识密集型服务业予以界定,侧重点不同也使得概念的界定范围存在差异。

当前,业界对知识密集型服务业存在多种提法,如知识密集型服务业(Knowledge Intensive Service,KIS)、知识密集型商业服务业(KIBS)、专业服务业(Professional Services)、与技术相关的知识密集型商业服务业(Technology-related Knowledge Intensive Business Services),在国内与此相对应且使用较多的概念为现代服务业(Modern Service Trade)。本书采用知识密集型服务业(KIBS)的提法。

知识密集型服务业具有高知识、高技术、高互动和高创新等特征[⑤]。相较于一般的服务,知识密集型服务业向客户提供的服务是知识密集型的;其服务过程的功能是提供

① 魏江,BODEN M,等.知识密集型服务业与创新[M].北京:科学出版社,2004:5.

② 刘帮成,刘学方.关于知识密集型服务业的研究述评[J].科技管理研究,2009(9):1-3,7.

③ Miles I,Kastrinos N. Knowledge-intensive business services:users,carriers and sources of innovation [J]. Second National Knowledge Infrastructure,1998,44(4):100-128.

④ HERTOG P D. Knowledge-intensive business services as co-producers of innovation[J]. International journal of innovation management,2000(4):491-528.

⑤ 魏江,陶颜,王琳.知识密集型服务业的概念与分类研究[J].中国软科学,2007(1):33-41.

咨询或者是解决问题;其服务实现强调与客户间的高度互动;具有高度的创新功能①,在为客户提供服务的同时,知识密集型服务业自身必须不断创新、吸收新知识,学习新技术,创造出适合的知识应用模式;而且作为客户的创新合作者,知识密集型服务业在创新过程中扮演着推动者、传播者和发起者等多元角色,影响着客户的创新能力②。因此,本书认为知识密集型服务业是指以知识创造、转移、共享等活动为基础,向社会和用户提供信息咨询与服务等中间产品或服务的公司和组织。

### 二、知识密集型服务业国内相关研究进展

与国外已有研究相比,国内学者对知识密集型服务业的关注相对较晚,研究尚处于初级阶段,深入程度和多元化不足,研究多集中在对知识密集型服务业概念和特征的探讨以及微观层面的创新服务上。近几年,学者对知识密集型服务业产业及宏观层面的关注度有所上升,关注知识密集型服务业与制造业的互动协同以及在区域经济发展中的地位作用。

#### (一)知识密集型服务业对经济发展的地位和作用

国内学者多从两个方面切入,一是总结知识密集型服务业特征和发展规律,探讨其对服务业的影响;二是探讨知识密集型服务业对区域或国家宏观经济的促进或抑制作用。潘菁和刘辉煌③将知识密集型服务作为中间投入,分析在封闭和开放条件下知识密集型服务贸易对经济增长的影响,研究发现知识型服务贸易的发展和自由化对一个国家的经济增长有着重要影响。钟潇洁④在总结中国知识密集型服务业发展特征的基础上,引入"价格—边际成本率"模型,测算知识密集型服务业在各行各业出口的市场势力指数。研究发现,中国知识密集型服务业的贸易逆差不断增大、服务水平不高且同质化严重,严重影响着中国知识密集型服务的市场势力。王晓耕⑤利用 2005 年至 2012 年 15 个省的面板数据,研究经济增长、产业升级与知识密集型服务业聚集之间的关系,发现与其他服务业相比,知识密集型服务业对促进其他产业发展和经济发展具有

---

① WOOD P. A service-informed approach to regional innovation—or adaptation[J]. Service industries journal,2005(4):429 – 445.
② 刘帮成,刘学方.关于知识密集型服务业的研究述评[J].科技管理研究,2009(9):1 – 3,7.
③ 潘菁,刘辉煌.知识型服务贸易自由化的经济增长效应研究[J].统计与决策,2008(4):45 – 47.
④ 钟潇洁.中国知识密集型服务贸易国际市场势力分析[J].商业研究,2010(10):38 – 41.
⑤ 王晓耕.经济增长、产业升级与知识密集型服务业的集聚[J].中国商贸,2014(9):146 – 148.

更加显著的作用。王铁山[①]探讨了知识密集型服务业的产业聚集、科技创新、新兴产业和综合服务与智慧城市之间的相互作用,发现知识密集型服务业对智慧城市系统的各个组成部分均有影响,并对其特征有推动作用,进而会促进城市经济的发展和进步。万丽娟等[②]在计算区位熵指数的基础上构建面板数据模型,对 2004 年至 2012 年 24 省的数据进行分析。研究表明,知识密集型服务业集聚与经济增长之间存在倒 U 型曲线关系。

(二)知识密集型服务业与制造业的互动与融合

从理论上来说,知识密集型服务业提供知识基础性设施,会对制造业起到支撑性作用。在中国,知识密集型服务业仍处于初级发展的阶段,依然存在很多问题和挑战,因此对制造业的支持度还有待提高。从知识密集型服务业与装备制造业互动融合的动因(包括专业服务分工、技术发展与创新、企业竞争力提升与用户核心需求)入手,闻乃获和綦良群[③]分析二者的融合发展过程及阶段,归纳总结出影响二者互动的基础、条件和环境三部分因素。黄丽娟[④]通过子系统投入产出法(subsystem approach to I-O),分析 2002 年至 2012 年中国知识密集型服务业对制造业最终需求的贡献程度、贡献格局及变动趋势,发现中国知识密集型服务业对制造业贡献度低,知识密集型服务业没有很好地嵌入制造业生产过程中,不利于知识密集型服务业的知识向制造业传播和制造业整体竞争力的提升,这说明中国知识密集型服务业的发展还有很长的路要走。吕民乐和金妍[⑤]利用 2005 年至 2013 年的省际面板数据,分析知识密集型服务业对高技术制造业创新的影响,发现在整体上知识密集型服务业对高技术制造业产生积极的促进作用,但在行业和地区间存在明显差异;知识密集型服务业在对中东部地区起到促进作用的同时

---

①　王铁山.知识密集型服务业与智慧城市的互动发展研究[J].西安邮电大学学报,2015(4):92 - 96,101.

②　万丽娟,杨艳琳,尹希果.知识密集型服务业集聚对经济增长的影响研究[J].重庆大学学报(社会科学版),2016(2):32 - 38.

③　闻乃获,綦良群.知识密集型服务业与装备制造业互动融合过程及影响因素研究[J].科技与管理,2016(2):7 - 14.

④　黄丽娟.我国知识密集型服务业对制造业贡献程度与贡献格局分析——基于子系统投入产出分析法[J].内蒙古大学学报(哲学社会科学版),2016(6):101 - 108.

⑤　吕民乐,金妍.知识密集型服务业对中国制造业创新的影响——基于高技术制造业的实证分析[J].工业技术经济,2016(4):17 - 24.

会对西部的高技术制造业产生负面影响。方慧和赵甜[1]采用 VAR 模型，对知识密集型服务业和制造业的动态关系进行检验，发现二者存在长期的动态关系和因果关系，并且知识密集型服务业对制造业会产生积极的促进作用。

### (三)知识密集型服务业中的知识生产

知识密集型服务业是创造知识的重要部门，对社会知识的创造和更新起到重要的作用，同时在国民经济发展中起到前瞻性的作用。魏江等[2]探讨了知识密集型服务业与客户之间不同阶段的知识转移路径和互动强度的变化，揭示了知识密集型服务业与客户之间的互动机制；同时还探讨了知识密集型服务业与制造业的知识转移活动，提出知识密集型服务业与制造业知识互动创新的新界面[3]。赵明霏[4]利用中国投入产出数据对知识密集型服务业作为其他部门中间投入品的行业去向、对整体经济的影响等进行了实证分析。研究发现，中国知识密集型服务业的辐射力和带动力主要体现在服务业内部，对于制造业或其他产业的带动力相对较弱，有待加强。

### (四)知识密集型服务业的服务创新

魏江和沈璞[5]对知识密集型服务业创新研究的关注较早，他们对知识密集型服务业的创新范式、组织、过程模式、类型等均做了深入探讨。比如魏江在总结知识密集型服务业特征的基础上，对比知识密集型服务业和传统制造业的创新范式，发现知识密集型服务业创新范式具有顾客导向性，且是企业核心竞争力的关键组成部分[6]。之后，他还与王琳等人对知识密集型服务业的各个行业进行分析，将服务创新细分为概念创新和传递创新两个模块[7]。范钧等[8]探讨顾客参与对知识密集型服务业创新服务开发绩效的影响，发现

---

① 方慧,赵甜.我国知识密集型服务业发展对制造业升级的影响[J].山东财经大学学报,2017(2):18-26,35.

② 魏江,胡胜蓉,袁立宏,等.知识密集型服务企业与客户互动创新机制研究:以某咨询公司为例[J].西安电子科技大学学报(社会科学版),2008(3):14-22.

③ 樊春,胡胜蓉,魏江.知识密集型服务企业与制造企业互动创新绩效影响因素的实证研究[J].技术经济,2010(10):12-18.

④ 赵明霏.知识溢出、生产率提升与知识密集型服务业:理论分析与实证检验[J].生产力研究,2017(3):103-107.

⑤ 魏江,沈璞.知识密集型服务业创新范式初探[J].科研管理,2006(1):70-74.

⑥ 魏江,BOOEN M,等.知识密集型服务业创新范式[M].北京:科学出版社,2007:72-79.

⑦ 魏江,王琳,胡胜蓉,等.知识密集型服务创新分类研究[J].科学学研究,2008(S1):195-201,241.

⑧ 范钧,邱瑜,邓丰田.顾客参与对知识密集型服务业新服务开发绩效的影响研究[J].科技进步与对策,2013(16):71-78.

知识密集型服务业服务相关知识、消费使用知识和顾客自我知识获取这三个因素均对知识密集型服务业新服务开发绩效存在显著正向影响。任爱莲[1]则从集群理论视角剖析中国服务业发展创新存在的问题，提出解决和改进方案。研究认为，想要解决目前服务业发展的各项问题，需要建立健全企业间协调机制、重视培养人才、开辟新的融资渠道，政府也要提供适应现代服务创新的政策。

### 三、知识密集型服务业国外相关研究进展

20 世纪 90 年代以来，西方学术界开始关注知识密集型服务业研究。因研究开始较早，研究视角和方法日益多元化，理论抑或实证研究成果颇丰。

（一）知识密集型服务业对经济发展的地位和作用

随着知识密集型服务业成为服务业中的一个独立分支进入学者的研究视野，知识密集型服务业在经济发展中的地位也日益受到关注。Wood[2]、Aslesen 和 Isaksen[3]、Strambach[4] 分别对英国、挪威和德国的知识密集型服务业对经济发展的作用进行了实证研究，研究发现知识密集型服务业在提升经济竞争力、促进城市就业、加快区域协调创新发展等方面均会起到正向促进作用。Wood[5] 对英国知识密集型服务业进行实证研究时还发现，知识密集型服务业的出口能够促进区域的经济发展，并增强经济的国际化和现代化。同时，在英国的城市之中，伦敦的知识密集型服务业会更加注重海外市场，尤其是咨询业、市场研发服务业等。

---

① 任爱莲.集群理论视角下服务业创新能力提升问题研究[J].理论探讨,2015(3):95 – 98.

② WOOD P. Urban development and knowledge-intensive business services：too many unanswered questions？［J］. Growth and Change. 2006(3):355 – 361.

③ ASLESEN H H, ISAKSEN A. Knowledge intensive business services and urban industrial development. Do KIBS cause increased geographic concentration of industries？［EB/OL］.［2013 – 04 – 21］. https://www. researchgate. net/publication/240241212_Knowledge_Intensive_Business_Services_and_Urban_Industrial_Development.

④ STRAMBACH S. Innovation processes and the role of knowledge-intensive business services（KIBS）［M］//KOSCHATZKY K, KULICKE M, ZENKER A. Innovation networks：concepts and challenges in the European perspective. Heidelberg：Physica-Verlag HD,2001；53 – 68.

⑤ WOOD P. Knowledge intensive business services［M］//KITCHIN R, THRIFT N. International encyclopedia of human geography. Amsterdan：Elsevier Science,2009：37 – 44.

（二）知识密集型服务业与制造业的互动发展

知识密集型服务业为社会提供知识基础设施,会对传统制造业的发展起到支撑性的作用;同时两者相互依存与合作,也加速了新知识的产生和发展,有助于提升产业附加值。Antonelli① 根据国家的投入产出数据计算法国、意大利、德国和英国知识密集型服务业的产出弹性,发现知识密集型服务业对制造业的发展和产业竞争力提升起到重要的作用。Lafuente 等② 收集 2006 年至 2012 年的面板数据,分析知识密集型服务业和制造业是否存在相互依存的关系,实证研究结果表明,知识密集型服务业的发展有助于为制造业创造就业,同时制造业的发展也对知识密集型服务业的发展起到正向促进作用。本书通过梳理文献发现,国外学者多是从产业经济学的角度入手,利用投入产出分析法,对知识密集型服务业与制造业的关系进行探讨,但对于如何促进二者的关系和协同发展,并未有较深入的探讨。

（三）知识密集型服务业中的知识生产

知识密集型企业承担社会基础知识的生产和重新配置两个任务。不论是从国家创新系统的宏观层面,还是知识密集型服务业的知识管理的中观层面,抑或是知识密集型企业与客户之间的知识传播的微观层面,知识密集型服务业均会起到重要的作用。宏观层面上,Hertog③ 指出,知识密集型服务业创造大量的私有知识基础性设施,在创新系统知识的过程中发挥了极大的作用,促进社会知识的生产与更新。中观层面上,Miles④ 最早提出知识密集型服务业的知识产权保护问题,Strambach⑤ 认为企业与客户之间的

---

① ANTONELLI C. Localized technological change, new information technology and the knowledge-based economy: the european evidence[J]. Journal of evolutionary economics, 1998(8):177 – 198.

② LAFUENTE E, VAILLANT Y, VENDRELL-HERRERO F. Territorial servitization: exploring the virtuous circle connecting knowledge-intensive services and new manufacturing businesses[J]. International journal of production economics, 2016(10):19 – 28.

③ HERTOG P D. Knowledge-intensive business services as co-producers of innovation[J]. International journal of innovation management, 2000, 4(4):491 – 528.

④ MILES I. Innovation in services[M]//FAGERBERG J, MOWERY D, NELSON R R. The Oxford handbook of innovation. Oxford, UK: Oxford University Press, 2005:433 – 458.

⑤ STRAMBACH S. Innovation processes and the role of knowledge-intensive business services (KIBS) [M]//KOSCHATZKY K, KULICKE M, ZENKER A. Innovation networks: concepts and challenges in the european perspective. Heidelberg, 2001:53 – 68.

支持传递可以分为三个阶段,分别是知识获取、重新组合和转移阶段。Hertog[1] 则认为知识密集型服务业在知识传递的过程中扮演了传递者的角色,促进了隐性知识的转移、扩散和融合。

(四)知识密集型服务业的服务创新

随着创新范式的不断发展,学者们意识到创新也存在于服务业之中,而且创新在服务业中的作用也日益显著。例如,Gallouj[2] 总结出知识密集型服务业特别是咨询业的服务创新类型可以分为专门化创新、功能创新和形式创新。Miozzo 等[3]发现在"悖论形式独占性机制"( paradox of formal appropriability mechanisms )下,服务创新和协作发展十分重要,同时客户的重要性也不容忽视。

### 四、知识密集型服务业研究述评

知识密集型服务业是服务业的特殊分支,具有高产业关联性和带动性,在国家与区域创新体系中扮演着日益重要的角色。知识密集型服务业自 20 世纪 90 年代中期出现以来就得到学术界和实践界的关注,主要研究者有 Bilderbeek、Hertog、Gallouj、Hales、Hauknes、Marklund、Miles、Sundbo、魏江、高汝熹、李波、申静等。进入 21 世纪,以美国为代表,发达国家的知识密集型服务业开始出现成规模向具有智力人才优势的发展中国家转移的新浪潮,全球经济正在出现又一次梯度大转移,服务外包无疑是这场经济变革的关键所在,为中国知识密集型服务业的进一步发展提供了契机[4]。知识密集型服务业的发展虽然逐渐得到主要发达国家与地区的认可,但对其研究仍像一块"处女地"[5],对于诸如其内涵、定义以及在国家和区域创新过程中的角色与功能等问题仍未达成共识;大部分研究从国家或区域宏观层面上考察知识密集型服务业的发展,较少关注其自身管理与发展问题,使得有关政策法规显得过于宽泛、针对性较弱;虽然认同知识密集型

①　HERTOG P D. Knowledge-intensive business services as co-producers of innovation[J]. International journal of innovation management,2000,4(4):491 – 528.

②　GALLOUJ F. Innovating in reverse:services and the reverse product cycle[J]. European journal of innovation management,1998(3):123 – 138.

③　MIOZZO M,DESYLLAS P,LEE H F,et al. Innovation collaboration and appropriability by knowledge-intensive business services firms[J]. Research policy,2016(7):1337 – 1351.

④　冯之浚,于丽英. 知识密集型服务创新与现代服务外包[J]. 科学学研究,2007(6):1025 – 1031.

⑤　魏江. 宏观创新系统中知识密集型服务业的功能研究[J]. 科学学研究,2004(S1):141 – 145.

服务业在社会经济发展中的作用及其在国家与区域创新过程中的角色和功能，但对如何释放创新功效和带动效应缺乏深入探究；以外国为对象的经验研究常见，以中国为背景的实证研究相对少。

## 第三节　有关知识流程外包的研究思路与结构

在新一轮全球产业革命和转移背景下，总体处于全球价值链低端的中国，面临的瓶颈不是制造业本身技术装备水平落后，而是价值链高端的研发设计、市场营销、物流供应链、信息服务等生产性服务环节落后。因此，本书旨在聚焦服务外包中的高端环节KPO，探讨如何开启 KPO 契机以促进知识密集型服务业发展。知识密集型服务业是衡量国家经济发达程度的重要标志，在中国尚处于起步阶段。面对全球经济新的梯度转移，如何以 KPO 为契机强化知识密集型服务业的发展，实现"中国制造"到"中国服务"的转型与升级是本书要探讨的问题。本书遵循战略管理的"分析—制定与选择—实施与控制"模式，借鉴其他外包、知识服务等研究成果，着眼 KPO 特殊性，探讨其定义、类型、动因、效应等基本理论问题，系统考察全球与中国 KPO 发展现状与趋势并绘制SWOT 矩阵。本书立足于环渤海经济带，以理论与实证为支撑提出全球化背景下面向KPO 的知识密集型服务业发展战略选择与政策措施，既有实践可操作性又有理论高度。

### 一、基本思路

本书拟从理论、发展现状、竞争力、政策文本、KPO 特定业务领域、区域战略定位与选择等多个视角探究全球化背景下 KPO 与知识密集型服务业发展战略问题，具体思路见图 1 - 1。

本书从国内外已有研究成果梳理入手，探究 KPO 与知识密集型服务业的内涵与类型、发展机理、发展效应等基本理论问题。在此基础上，按照战略管理流程的基本思路，从战略分析、战略选择与实施两个阶段开展研究。战略分析阶段的主要目标是绘制全球 KPO 发展全景图，提炼主要 KPO 接包国和地区的经验，洞察 KPO 产业发展的机会与威胁；考察中国 KPO 发展现状与趋势，重点是探究产业竞争力、服务外包政策、KPO 产业发展实践（以医药研发外包和电子政务外包为例）等，旨在明晰中国 KPO

产业发展的实力与潜力。战略选择与实施阶段的主要目标是基于环渤海地区 KPO 产业发展现状,探讨 KPO 产业战略定位与战略选择以及如何进一步借 KPO 产业契机以促进知识密集型服务业的深化与升级。

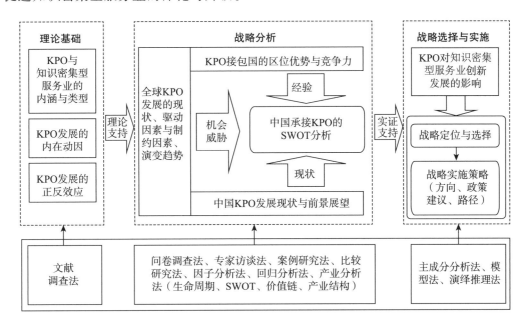

图 1－1　本书的基本思路与研究方法

## 二、主要内容

内容一:知识流程外包的机理与效应。包括:①KPO 与知识密集型服务业的内涵与类型。本书对国内外已有概念进行搜集、对比分类,分析不足与差异,进而对 KPO、ITO、BPO、知识密集型服务业的内涵和外延及其相互关系进行阐释,结合现有的行业分类标准,确定适合中国国情的概念与具体分类体系。②KPO 发展的动因。本书从宏观的全球与国家、中观的行业(产业生命周期)与区域、微观的企业三个层面,综合运用交易成本理论、资源基础论、价值链理论、代理理论等对动因做出合理解释。③KPO 发展的效应。本书从正反两方面探寻 KPO 的发展对国际、发达国家与发展中国家带来的直接经济、投资、收入分配与就业、政治等效应。

内容二:全球知识流程外包发展与经验启示。包括:①全球 KPO 发展的现状。本书从国家与地区市场格局、行业分布与职业类型、企业特征与市场结构等不同层面对全球 KPO 发展的现状给予描述。②全球 KPO 接包国的区位优势与竞争力分析。本书分别对亚洲、欧洲、拉丁美洲、非洲国家和地区的主要接包国的区位优势与竞争力进行分析,从概况入手,运用 SWOT 分析工具予以剖析。③全球 KPO 发展经验启示与演变趋势。本书从亚洲、南美洲国家和地区的 KPO 发展实践提炼出有益的经验,为中国 KPO 发展提供借鉴;同时,从产业生命周期与产业链的发展分析全球 KPO 未来发展趋势。

内容三:中国知识流程外包发展的现状分析与前景展望。包括:①中国 KPO 发展现状。本书首先展现总体状况、市场结构、地域分布现状,然后将环渤海经济区域中北京、天津、大连、济南四个服务外包示范城市作为调查重点,获取相关产业园区和示范企业的数据。②中国承接 KPO 的竞争力与发展条件分析。结合与印度等区位优势与竞争力的比较,本书运用 SWOT 方法进行战略态势分析,明晰中国在全球格局中的初步定位与发展方向。③本书依据 KPO 发展的生命周期与全球态势,结合国情,初步勾勒 KPO 在中国的发展前景。

内容四:中国知识流程外包产业竞争力与政策驱动力。包括:①本书对中国 KPO 产业竞争力进行实证研究,以期探究影响中国 KPO 产业竞争力的影响因素。②中国服务外包政策文本的量化研究。本书对中国服务外包产业政策文本进行量化分析,从政策层面揭示政府对中国服务外包产业的支持范围与力度。

内容五:知识流程外包中的知识共享。以 KPO 中的医药研发外包、政府公共服务中的电子政务外包实践为例,本书考察接包方与发包方的知识转移/知识共享与外溢的表征、影响因素以及知识转移与 KPO 绩效之间的关系。包括:①KPO 绩效及其影响因素。对 KPO 的研究尚处于起步阶段,如何评价 KPO 绩效? 如何识别究竟是哪些因素对 KPO 绩效产生影响? 如何判断其影响程度? 如何有针对性地提出提升企业 KPO 绩效的对策与建议? 本书以医药研发外包企业为调查对象,将服务外包理论与知识管理理论相结合,从知识转移视角挖掘 KPO 绩效及其影响因素。②电子政务外包主体之间的知识共享。电子政务外包虽然有很多优势,但想要建立优质的电子政务系统,则需要政府信息化主管部门与外包服务提供商之间建立良好的沟通,实现双方知识的有效共享与转移。电子政务发包方与接包方之间的知识共享行为有何特征? 如何识别出电子政务外包主体间知识共享与转移行为的关键影响因素? 如何判断其影响程度? 如何有针对性地提出提升电子政务外包主体之间知识共享水平的对策与建议? 本书拟结合社会网络嵌入性、知识管理与服务外包理论,探究电子政务外包主体之间的知识共享及其关联要素。

内容六:中国知识流程外包发展战略与政策措施。从环渤海地区 KPO 发展现状出发,本书探讨 KPO 战略定位、战略选择与实施策略,包括:①考察环渤海地区服务外包示范城市、典型服务外包园区、代表性 KPO 企业的格局,剖析 KPO 产业竞争力和政策驱动力,为 KPO 产业发展战略的精准定位与选择提供基石。②明确环渤海地区 KPO 的战略定位与发展战略选择,并提出相应的对策和建议。③探讨以 KPO 为契机的中国知识密集型服务业产业深化与升级战略以及相应的对策与建议。

### 三、研究方法

#### (一)文献与网站调研法

##### 1.文献调研法

本书开展全面而有重点的文献调研,调查对象是国内外的权威学术数据库、产业数据库、相关的权威学术成果以及相关政府机构管理部门的文件、法规、政策、制度等,以全面了解国内外 KPO 产业及知识密集型服务业产业的理论研究和实践发展状况,在此基础上进一步优化本书中有关理论模型与分析框架。

##### 2.网站调研法

本书通过访问政府部门、行业协会、产业园区、咨询公司、国际组织、企业等网站,采集重点政府管理部门、服务外包示范城市、代表性企业的原始数据、资料、产业统计等信息,获取全球和中国 KPO 产业现状与发展趋势、产业竞争力、政策文本分析要采用的数据,以支持本书中的 KPO 与知识密集型服务业产业战略定位与选择研究。

#### (二)数据分析法

本书对中国 KPO 产业竞争力研究,以面板数据模型为研究对象,以产业竞争经典模型之一的钻石模型为主要架构,结合中国国情及其他学者的研究观点,考虑知识密集型企业的服务特性,拟定并细化贴合实践的 KPO 竞争力影响要素作为自变量,与中国 KPO市场竞争力进行因果分析和回归分析,确定因果关系和变量间影响程度并得到面板数据模型。同理,本书对环渤海地区的北京、天津两个服务外包示范城市分别进行 KPO 产业竞争力分析,以兹为区域 KPO 战略定位与战略选择提供依据。在数据搜集阶段,本书主要采用政府与行业协会信息公开数据,包括 1999 年至 2015 年共计 17 年的城市年鉴、经济和社会发展统计公报、第二次全国经济普查结果等来源。在数据分析阶段,本书采用 SPSS 统计软件辅助进行主成分分析,以避免多重共线性问题导致的回归结果偏差;用 Eviews 软件辅助单位根检验以判断时间序列数据是否具有平稳性,对不具有平稳性的序列差分平稳后进行 Johansen 协整检验,通过协整检验的变量可进行格兰杰因果关系检验,目的是通过定量数据定性确认变量间因果关系;对具有显著因果关系的变量进行 OLS 多元回归分析以确定最终面板数据模型,通过回归系数量化自变量对因变量的影响程度。

### (三)内容分析法

本书采集国家、环渤海地区服务外包示范城市(北京、天津、大连、济南)、服务外包产业园区已经出台的服务外包政策文本,构建"二维三层"政策文本分析框架进行内容分析。

### (四)问卷调查法

问卷调查被应用于 KPO 绩效和电子政务外包实证研究中。前者以医药研发外包领域为例,研究 KPO 绩效及其影响因素,选取天津、苏州、大连等地医药研发接包方企业中参与项目的人员作为调查对象进行问卷调查。后者以地方政府电子政务外包为例,研究电子政务外包中知识共享与溢出问题,选取天津、沈阳、大连电子政务外包中的发包方与接包方项目参与人员为调查对象进行问卷调查。两次问卷调查都按照规范程序执行,并在正式调查前进行小范围的预调查,对问卷进行修正,在形成成熟问卷后,再进行大规模的问卷调查。

### (五)访谈法

在梳理相关研究的基础上,本书对北京、天津、保定、大连、沈阳、济南、苏州、西安等地的医药研发外包、金融数据外包、动漫设计外包、工业设计外包、管理咨询等典型企业的主管人员进行访谈,获取 KPO 业务发展现状、存在问题、影响因素、未来发展前景等信息;同时,本书对天津、苏州、保定、大连等地的服务外包业务政府管理部门、行业协会、科技园区等管理人员进行访谈,获取 KPO 行业发展、政府和园区服务外包政策制定与执行等信息。这些来自 KPO 企业、政府、行业协会或园区的一手数据和原始资料,一方面为后续的问卷设计与实施提供基础,另一方面也为中国 KPO 战略分析、定位与选择提供方向与支撑。

### (六)数理统计法

本书利用 SPSS 统计软件对问卷调查的回收数据进行定量分析,包括描述性统计分析;问卷的信度、效度检验;变量之间的相关分析,检验 KPO 绩效理论模型中所提出的影响因素是否与 KPO 绩效显著相关,检验电子政务外包中嵌入性是否与发包方与接包方间的知识共享效果显著相关;变量之间的回归分析,对影响 KPO 绩效的因素进行回归分析,获得相应的回归系数,并分析影响因素间的强弱关系,确定影响 KPO 绩效的关键因素;同理,考察电子政务外包中参与主体间的知识共享行为及其关键影响因素。

综上,本书在研究方法上注重运用质性研究和实证研究方法;定性数据严格遵循文本解析与萃取的程序进行处理,定量数据采用各种数理统计法;综合运用产业生命周期、SWOT、关键成功因素、价值链、产业结构、产业竞争力等产业分析方法。

# 本章小结

作为业务流程外包演进的高端形式,KPO 产业已在全球市场中展现出强大的竞争力,但在学术界,对以"知识"为核心的 KPO 的研究尚处于起步阶段,主要还是从外包的基础理论上进行分析,没有具体的操作模式,也较少进行相关的实证研究。本章在解释全球化背景下 KPO 与知识密集型服务业产业发展战略关注的现实意义和理论价值基础上,介绍本书的基本思路与内容结构,即按照战略管理的流程,从战略分析、战略定位与选择、战略实施三个环节予以展开,从知识流程外包发展的机理与效应,全球知识流程外包发展与经验启示,中国知识流程外包发展的现状分析与前景展望,中国知识流程外包产业竞争力,中国服务外包产业政策驱动力,电子政务中的知识共享,生物医药外包中的知识流程外包绩效:基于知识、转移视角,中国知识流程外包与知识密集型服务业发展战略与政策措施等几个部分开展研究。为保证研究过程的规范性,本书在研究方法上注重综合运用质性研究和实证研究方法,并综合运用多个产业分析工具与方法。

# 第二章　知识流程外包发展的机理与效应

## 第一节　知识流程外包与知识密集型服务业的类型与关联

### 一、知识流程外包的特点与分类

（一）知识流程外包的特点与定位

在国内,服务外包领域的研究热点最早集中于信息技术服务外包(ITO)产业,也就是企业委托信息技术服务商向企业提供部分或全部的信息功能①。随着企业需求的不断变化,2005 年研究领域开始关注业务流程服务外包(BPO),也就是将经营活动中不可缺少、非核心的业务流程转移给其他组织承担的行为②。从 2008 年开始,知识流程外包(KPO)成了新的研究热点之一。

KPO 又称知识服务外包(Knowledge Service Outsourcing)或知识外包(Knowledge Outsourcing),是指"把那些需要运用众多领域专长的知识密集型业务流程转移给其他企业承担"的行为③。其中,狭义的服务外包即离岸外包服务,面向其他国家和地区;广义的服务外包还包括面向企业所在地以外的国内地区提供的外包服务④。目前存在的离岸外包渠道主要分为两种,一种是通过跨国子公司进行外包,另外一种是外包给没有隶属关系的国外公司。参考服务外包的分类方式,KPO 可以被简单分为在岸外包和离岸

①　杨波,左美云,方美琪.信息技术外包理论和实务评述[J].外国经济与管理,2003(9):7-11.
②　杨元浩.中国业务流程外包行业的发展机遇与对策[J].对外经贸实务,2010(4):80-82.
③　周俊,袁建新.国外知识流程外包研究述评[J].外国经济与管理,2010(11):10-17.
④　姜荣春.国际服务外包浪潮:理论、实证与中国战略研究[M].北京:对外经济贸易大学出版社,2009.

外包,离岸外包又包括跨国子公司外包和国外公司外包两种。

目前,学界对 KPO 的定位尚未达成共识。部分机构和学者认为,在实践中 KPO 与业务流程外包之间并没有明确的界限①。早期的 KPO 是作为一个营销术语出现的,是业务流程外包的一种特定类型②。随着 KPO 的市场占有率不断提高,咨询机构在对服务外包进行测评时为 KPO 划定了特定的业务区域,如埃森哲公司把服务外包的业务类型分为信息技术外包、业务流程外包和知识流程外包③,中国政府在对服务贸易进行统计时也采用了同样的分类方法。部分国外研究者从发包目的、流程性质、人员素质要求和业务风险等方面分析 KPO 的特性。

因涉及业务领域不同,KPO 在实践中呈现出不同的业态,比较典型的类型如下所示:

(1)金融知识流程外包(Financial Knowledge Processing Outsourcing,FKPO),即金融机构为了提升自身的决策能力和专业化运作水平,由其他组织或者企业提供专业性的、全面的、及时的、综合的市场判断和研究分析,给出系统的研究成果或解决方案。具体形式包括:人力资源培训、网上教育、金融产品研发、知识创新、数据分析、投资研究等。

(2)医药研发外包专指合同研究组织(Contract Research Organization,CRO)或合同注册组织(Contract Regulatory Affairs Organization,CRAO),前者专门从事药品研发,后者从事药品注册和各种法规符合性事务,可见,医药研发外包涵盖了新药产品研发、临床前试验以及临床试验、数据管理和新药申请等技术服务的新药研发全过程。企业利用自身的专业优势和规模优势,将外包服务作为其盈利模式,有助于为药品生产企业降低研发成本,促进新药产品的研发。

(3)动漫外包,动漫产业本身就是一个高投入、高产出的智慧密集型和劳动密集型产业。动漫产业属于文化产业,动漫外包是动漫产业的业务形式之一。动漫产业的 KPO 主要体现为以原创为主的高端外包形式。

此外,KPO 还体现为科技领域的科技研发外包,科教领域的教育及公共服务外包,商业上的商贸及供应链管理外包,法律领域的知识产权研究、专利应用和索赔分

---

① CURRIE W L,MICHELL V,ABANISHE O. Knowledge process outsourcing in financial services:the vendor perspective[J]. European management journal,2008(2):94-104.

② 汤彤妹. 用户和服务厂商在中国服务外包市场中的发展动态[EB/OL]. [2014-04-12]. https://wenku.baidu.com/view/3b0ad30d4a7302768e9939f8.html.

③ 埃森哲.2009 年中国服务外包市场研究报告[R/OL]. [2015-03-21]. https://doc.mbalib.com/view/55da1ccab9567e517962fe9b9a5a3c28.html.

析，分析领域的数据搜索、整合、挖掘、基准风险分析、市场研究和竞争情报，研发领域的产品设计和创新等。

（二）知识流程外包的分类

虽然不同机构、学者对 KPO 涉及的业务范围有不同的理解，但大部分分类依据是建立在 KPO 行业应用之上的；也有少数学者基于 KPO 内容所处的知识流程位置，将 KPO 划分为知识服务与决策分析、研究与开发服务两大类。详见表 2-1。

表 2-1　国内外 KPO 分类汇总

| 分类标准 | 数量（个） | 分类 | | 来源 |
|---|---|---|---|---|
| 行业应用 | 6 | 法律服务、工程设计和研发、市场研究与分析、写作与内容发展、医药研发和服务、教育培训 | | Agarwal 和 Nisa① |
| | 8 | 产品技术研发、工业设计、分析学和数据挖掘、知识产权研究、医药和生物技术研发和测试、动画漫画及网络游戏设计研发、教育课件研发、工程设计 | | 中国财政部② |
| | 8 | 工业设计服务、数据分析服务、医药和生物技术研发、检验检测服务、新能源技术研发服务、文化创意服务、工程技术服务、管理咨询 | | 《服务外包产业重点发展领域指导目录（2018 年版）》③ |
| | 15 | 知识产权研究，股票、金融和保险研究，数据搜寻、整合与管理，分析与数据挖掘服务，人力资源方面的研究与信息服务，业务与市场研究，工程与设计服务，设计、动画制作与仿真服务，辅助律师业务的内容与服务，医学内容与服务，远程教育与出版，医药与生物技术，研发，网络管理，决策支持系统 | | 易唯思商务咨询公司 |
| | 2 | 新产品的研制、机械工程制图及设计、电子产品设计及测试 | | 陈刚 |
| | 4 | 资产净值与金融研究分析、业务与市场研究分析、工程和设计服务、医药业研究 | | 美国 TPI 公司 |
| 知识流程 | 2 | 知识服务与决策分析、研究与开发服务 | 知识服务与决策分析（顾客分析、资产分析、数据挖掘、需求处理、风险管理、知识产权研究） | 《中国服务外包发展报告 2007》④ |
| | | | 研究与开发服务（内容开发、产品技术研发、动漫及网游设计研发、工业和工程设计、产品模型、产品设计优化、医药和生物技术研究和测试、教育课件研发） | |

资料来源：① AGARWAL R, NISA S. Knowledge process outsourcing: India's emergence as a global leader[J]. Asian social science, 2009(1): 82-92.

② 关于示范城市离岸服务外包业务免征营业税的通知[EB/OL].[2011 - 01 - 10].http://www.gov.cn/zwgk/
2010 - 08/11/content_1676370.htm.

③ 商务部　财政部　海关总署公告2018年第105号关于《服务外包产业重点发展领域指导目录(2018年版)》
的公告[EB/OL].[2019 - 01 - 10].http://www.mofcom.gov.cn/article/b/xxfb/201901/20190102825402.shtml.

④ 李志群,朱晓明.中国服务外包发展报告2007[R].上海:上海交通大学出版社,2007.

虽然各个国家、组织或机构对 KPO 设计的内容界定不尽相同,但其内容包含以下共同之处:其一,外包内容是知识密集型的;其二,外包内容处于行业的核心位置。已有的 KPO 内容界定大多是基于行业应用划分的,随着各行各业 KPO 的应用模式越来越多,表现形式越来越多,KPO 的内容界定和分类也需要不断完善与更新。而现有的基于知识流程的 KPO 分类则过于笼统。为此,本书基于知识服务的类型,对 KPO 进行划分,具体见表 2 - 2。

**表 2 - 2　KPO 分类及行业应用**

| 类别 | 内容 | | 业务类型 |
|---|---|---|---|
| 关注知识内容 | 知识信息咨询服务 | 数据分析服务 | 数据分析、数据挖掘 |
| | | 管理咨询服务 | 战略咨询服务、业务咨询服务、解决方案咨询 |
| 关注知识流程 | 知识辅助服务 | 检验检测服务 | 第三方医学检验检测服务、第三方食品检验检测服务、第三方消费用品检验检测服务、第三方工业产品检验检测服务等 |
| | | 工程技术服务 | 工程咨询、规划设计 |
| 关注知识成果 | 专业化知识服务 | 医药和生物技术研发服务 | 药物产品开发、试验、注册、国际认证以及产品上市辅导服务、药物产品产业化技术咨询服务等 |
| | | 新能源技术研发服务 | 设备制造技术、工程技术、产品应用技术等的研发 |
| | | 法律服务 | 知识产权研究、专利应用和索赔分析 |
| | 个性化知识服务 | 工业设计服务 | 外观设计、结构设计、试验认证、环境设计、工业生产线设计等 |
| | | 文化创意服务 | 文化软件服务、建筑设计、专业设计及广告设计服务 |

按照用户采用 KPO 的目的,可以将 KPO 分为三类,即关注知识内容、关注知识流程、关注知识成果。对知识内容的关注主要体现在对数据、信息以及知识的需求;关注

知识流程往往是通过知识来辅助决策、发展等;而知识成果可以分为专业化知识和个性化知识,主要提供专业化知识服务和个性化知识服务。

数据分析服务和管理咨询服务属于知识信息咨询服务类。数据分析服务是通过对不同类型的、巨量的数据进行充分挖掘,提取出关键数据,挖掘出目标知识,从而为企业的各个环节提供支撑服务。管理咨询服务则是对企业进行详细了解,分析其现状及所处环境,协助其进行管理决策,提出行动建议,制订解决方案,等等。这两种服务都是为企业提供知识、情报的咨询服务,核心是"知识"。

检验检测服务和工程技术服务属于知识辅助服务。检验检测服务多表现为对专业产品的第三方监测或者医疗机构的第三方检验等,是整个知识服务流程的一环,辅助完成核心的知识服务。工程技术服务是针对工程项目提供的技术性的服务,主要表现为设计方案、总体规划、项目及管理咨询等。知识服务是重要的、必不可少的辅助环节。

医药和生物技术研发服务、新能源技术研发服务、法律服务都属于专业化知识服务。三者都有明显的行业性,分别是生物医药行业、能源资源行业、法律行业。医药和生物技术研发服务主要是生物医药行业把制药、生物医药、医疗器械等研发类业务外包给第三方专业机构,具有很强的专业性要求。新能源技术研发服务是指新能源企业把研发类业务外包给第三方,第三方需要获得专业的设备制造、工程、产品应用等进行研发。法律服务是指知识产权研究、专利应用和索赔分析等法律相关专业知识服务。

工业设计服务和文化创意服务具有独特性、设计性,属于个性化知识服务。工业设计服务可以为工业产品提供解决方案,或者是对产品进行策划、外观造型及产品包装、展示等的设计,这一知识服务不具有普遍适用性,针对性强,个性化强。文化创意服务以文化领域的业务活动为核心,针对文化提供技术性强的开发、营销等业务,如动漫知识外包,影视、音像、传媒等领域的知识外包服务。

**二、知识密集型服务业的定位与分类**

(一)知识服务与知识服务业

知识服务是综合知识管理、知识组织和知识市场等方面内容而呈现的概念[1]。简单

---

[1]  李晓鹏,颜端武,陈祖香.国内外知识服务研究现状、趋势与主要学术观点[J].图书情报工作,2010(6):107-111.

来说,知识服务是要帮助服务咨询者获得关于问题的最好的解答①。对于组织内部来说,知识服务可以作为一种管理途径,以集成信息管理、知识管理和战略学习参与企业更宽泛的功能中②。同时,知识服务可以满足外部客户的需求,生产和提供有价值的知识组织以及知识输出③。

国内学者对知识服务的认识与研究一般聚焦从用户问题情境出发的对信息的搜集、分析、提炼和创新工作。知识服务是一种基于用户问题,以解决用户问题为目标④,以充足的知识和能力为基础⑤,借助适当的方法、手段⑥,通过对知识、信息的搜集、重组、分析、提炼、创新、集成等过程,提供符合用户需要的知识产品的服务。

从不同的视角,知识服务可以有不同的分类(见表 2 - 3)。按照知识服务的形式⑦,知识服务可以分为:信息检索;知识关联浏览;知识共享。按照服务宗旨分层模式,可以把知识服务分为四个层次⑧:①为解决问题提供文献保障;②为解决问题提供线索;③为解决问题提供可供选择的信息程序化知识或过程;④为解决问题提供方案。按照运营模式,知识服务可以分为四种⑨:①团队化信息服务模式;②专业化信息服务模式;③个人化信息服务模式;④基于分析和基于内容的参考咨询服务。按照知识服务的内容,可以分为知识信息导航、知识信息咨询、集成化服务、专业化和个性化服务、共建共享资源⑩,或者知识重组服务、知识聚类服务、定额跟踪服务、参考咨

———————————

①　What are UNDP's "knowledge services"? [EB/OL]. [2007 - 03 - 22]. http://www.undp.org/execbrd/pdf.

②　CLAIR G S,REICH M J. Knowledge services:financial strategies and budgeting [J]. Immunochemistry,2002(2):85 - 90.

③　SIMARD A,DRURY M,HADDON B,et al. Understanding knowledge services at natural resources Canada[EB/OL]. [2015 - 10 - 12]. http://www.doc88.com/p - 9982303664982.html.

④　尤如春.论网络环境下的知识服务策略[J].图书馆,2004(6):85 - 87.

⑤⑨　张晓林.走向知识服务:寻找新世纪图书情报工作的生长点[J].中国图书馆学报,2000(5):32 - 37.

⑥　李晓鹏,颜端武,陈祖香.国内外知识服务研究现状、趋势与主要学术观点[J].图书情报工作,2010(6):107 - 111.

⑦　RATH A S,WEBER N,KRÖLL M,et al. Context-aware knowledge services[EB/OL]. [2014 - 12 - 03]. https://www.researchgate.net/publication/228672711_Context-aware_knowledge_services.

⑧　陈艳春,杨继成.知识服务过程改进探讨[J].石家庄铁路职业技术学院学报,2006(S1):75 - 78.

⑩　田红梅.试论图书馆从信息服务走向知识服务[J].情报理论与实践,2003(4):312 - 314.

询服务①。

表 2 - 3　知识服务分类一览表

| 视角 | 分类 |
| --- | --- |
| 形式 | 信息检索、知识关联浏览、知识共享 |
| 服务宗旨 | 文献保障、线索、信息程序化知识或过程、方案 |
| 运营模式 | 团队化信息服务、专业化信息服务、个人化信息服务模式、参考咨询服务 |
| 知识服务内容 | 知识信息导航、知识信息咨询、集成化服务、专业化和个性化服务、共建共享资源① |
|  | 知识重组服务、知识聚类服务、定题跟踪服务、参考咨询服务② |

资料来源:①　杜也力,等.知识服务模式与创新[M].北京:北京图书馆出版社,2005:192 - 198.

②　田红梅.试论图书馆从信息服务走向知识服务[J].情报理论与实践,2003(4):312 - 314.

知识服务在提供服务的过程中融入了科学、工程、技术等产业,进而助推经济发展。知识服务业包括:商业服务(计算机及数据处理、计算机软件、研究发展与工程服务及相关服务)、通信服务、金融服务、教育服务及健康医疗服务等。

(二)知识密集型服务业

知识密集型服务业的概念最初由英国学者 Miles 等人于 20 世纪 90 年代初明确提出。他们认为,知识密集型服务业是"专门提供经济行为服务的组织",这些服务形式的目的是知识积累、扩散以及创造②。美国商务部将知识密集型服务业定义成企业所提供的融入大量工程、技术、科学等专业性知识的服务③。但是这些最初的定义均具有一定的局限性。部分学者认为,知识密集型服务也可以广泛地理解为"咨询公司",或者主要为其他组织提供高智力、高附加值服务的组织④,其提供的产品和服务是知识型的并有赖于其专业知识⑤。

知识密集型服务业表现为高知识性、高技术性、高互动性和高创新性⑥。相较于一般的服务,知识密集型服务业向客户提供的服务是知识密集型的;其服务过程具有咨询

---

①　杜也力,等.知识服务模式与创新[M].北京:北京图书馆出版社,2005:192 - 198.

②④　魏江,BODEN M,等.知识密集型服务业与创新[M].北京:科学出版社,2004:5 - 7.

③　刘帮成,刘学方.关于知识密集型服务业的研究述评[J].科技管理研究,2009(9):1 - 3,7.

⑤　HERTOG P D. Knowledge-intensive business services as co-producers of innovation [J]. International journal of innovation management,2000(4):491 - 528.

⑥　魏江,陶颜,王琳.知识密集型服务业的概念与分类研究[J].中国软科学,2007(1):33 - 41.

或者解决问题的功能;其服务的实现强调与客户之间的高度互动;自身具有高度的创新功能,知识密集型服务业是基于服务创新的一种集中体现①,在为客户提供服务的同时,其自身必须不断学习和吸收新知识、新技术,不断创新,创造出适合发展需要的知识应用模式,而且作为客户的创新合作者,知识密集型服务业在创新过程中扮演着发起者、传播者和推动者等多重角色,影响着客户的创新能力②。

　　知识密集型服务业类型多样,涵盖了金融服务、信息与通信、科技服务、商业服务等,如表 2 - 4 所示。

表 2 - 4　知识密集型服务业分类

| | | |
|---|---|---|
| 标准化生产<br>↕<br>定制化生产 | 金融服务类 | 银行业、证券业、保险业、其他金融活动 |
| | 信息与通信类 | 通信服务、计算机服务、软件业 |
| | 科技服务类 | 研究与试验发展、专业技术服务、工程技术与规划管理、科技交流与推广服务 |
| | 商务服务类 | 法律服务、咨询与调查、其他 |

资料来源:魏江.知识密集型服务业创新范式[M].北京:科学出版社,2007:25 - 42.

　　近年来,中国关于知识密集型服务业的相关研究主要集中在区域发展研究及创新模式探索两方面。

　　在区域发展研究方面,发达国家知识密集型服务业发展较快,支撑该行业发展的要素可以归纳为:健全的法律法规支持;行业协会发挥促进作用;完善的产业链及基础环境支持;人力资源开发作为保障③。在中国,地区服务设施和水平对知识密集型服务业发展有显著影响,同时传统的依赖廉价劳动力的方式已经不再能促进知识密集型服务业的发展,因此地区应当重视人员素质的培养。而中国知识密集型服务业想要走向国际市场,其受到的影响因素是多重的④:①受知识密集型服务业自身特质的影响,该产业需提供高度个性化服务,而远距离服务过程中可能出现的沟通障碍是必须解决的一个问题;②受文化差异的影响,尤其是广告业等文化产业,受地域行业规范差异的影响也

---

　　①　WOOD P. A service-informed approach to regional innovation—or adaptation? [J]. Service industries journal,2005(4):429 - 445.

　　②　刘帮成,刘学方.关于知识密集型服务业的研究述评[J].科技管理研究,2009(9):1 - 3,7.

　　③　韩红.知识密集型服务业基本特征及产业支撑要素的再探讨[J].理论界,2007(12):63 - 65.

　　④　魏江,王甜,孙阿楠.中国知识密集型服务业国际化策略研究[J].科技进步与对策,2006(1):56 - 58.

较大,如会计准则的约束;③受通信技术的影响,供求双方需要很好的应用技术来巩固合作关系。中国知识密集型服务业可以通过转型和升级融入全球服务生产网络①,提高自身的技术含量,在产业发展标准化和特色化过程中取得平衡,吸引跨国投资帮助中小型企业扩张,调整企业组织结构以适应国际网络,并不断加强对复合型人才的培养。

在创新机制研究方面,如何促进知识创新、知识创新中存在的问题(如知识产权保护)是主要的关注点。知识转移可以推动知识创新②。知识密集型服务业的行业特质要求企业不断增加对知识和技术革新的投入以赢得和维持顾客的满意度。同时,知识密集型服务业作为创新的载体、推动者和主要来源③,可以通过规模效应带动产业集群的创新发展,进而让产业集群可以更好地支持知识密集型企业的知识流动和转换。另外,以创新为核心的知识产权逐渐成为企业持续竞争优势的来源,企业也越来越重视知识产权保护问题。知识密集型服务业中的知识产权保护对象主要有工作知识、客户和市场知识、服务产品或产出及创新中的显性或隐性知识四类④。

### 三、KPO 与 ITO、BPO、知识密集型服务业之间的关联

(一)KPO 与 ITO、BPO 之间的关联

KPO 与 ITO、BPO 都属于服务外包。ITO 包括系统操作服务外包、系统应用服务外包、基础技术服务外包等。BPO 包括企业内部管理服务、业务运作服务、供应链管理服务三个方面。KPO 则是知识内容、知识流程、知识成果的外包。

从时间和发展上来看,KPO 是在 ITO 和 BPO 的基础上发展起来的。20 世纪 90 年代早期,各大公司将基础设施、网络设施、IT 硬件、数据库等 IT 业务进行外包。这些业务主要采取集中控制的管理方式并通过互联网提供,集中在计算机、信息技术及相关服务领域。而随着互联网技术的发展和基础网络设施的建设,外包业务逐渐延伸到组织管理方面。组织将全部或部分的业务流程、组织职能剥离,交予外部的专业服务提供商,形成了业务流程外包。随之而来的处于业务流程高端的、知识和价值含量高的业务也

---

① 肖建清. 全球生产网络与中国知识密集型服务业转型升级研究[J]. 商场现代化,2009(23):18 – 19.

② 徐建敏,任荣明. 知识密集型服务业的知识转移与创新[J]. 河北科技大学学报,2007(1):66 – 69.

③ MILES I, KASTRINOS N, FLANAGAN K, et al. Knowledge-intensive business services-users, carriers and sources of innovation[R]. Brussels, European Commission,1995.

④ 叶小梁,王艳霞. 知识密集型服务业知识产权保护方法探析[J]. 科技管理研究,2009(12):503 – 505.

被外包给他人,就出现了新的服务外包形式——KPO。

KPO 是 BPO 演变过程中出现的一种新的外包形式①,两者相互补充而非相互对立②。KPO 具有高附加值和高利润率的特点,是业务流程外包的高端业务类型,是外包企业的业务服务内容沿着价值链条向高端领域的不断延伸,服务外包已经进入以知识为基础,侧重流程创新、市场研发和业务分析的领域③。KPO 相较于 BPO 更侧重于支持决策和信息集成。KPO 与 BPO 之间有四个方面的区别④:①发包目标不尽相同,KPO 发包方的目标更加多元化;②流程性质不同,BPO 是业务流程,KPO 是知识流程,KPO 中的流程知识密集程度较高,BPO 是标准化、规则化的流程,KPO 是复杂、灵活的知识流程;③KPO 对接包方员工有更高的要求,KPO 接包方员工应该具有较高的专业资质,并在特定行业具有较长期的工作经验;④对于发包方来说,KPO 的风险更大。

从 ITO 到 BPO 再到 KPO 这三类服务外包,对人员要求越来越高,流程越来越复杂,知识性越来越强。表 2-5 显示,ITO 外包对象往往是非核心任务,对人员的要求较低,接包方员工只要具有软件开发技能即可,发包的主要目的是成本套利。BPO 外包对象涉及核心业务,但仍以包含大量 IT 服务的非核心业务流程为主,对人员的要求主要是具备流程管理和实施技能,发包的主要目的仍是成本套利。KPO 外包对象往往是核心业务,对人员要求较高,需要员工同时具备专业的知识、良好的组织沟通能力、信息挖掘能力等,发包目的为智力套利。

表 2-5　KPO、BPO 和 ITO 的比较

| 服务外包类型 | KPO | BPO | ITO |
| --- | --- | --- | --- |
| 对象性质 | 核心业务 | 非核心业务/核心业务 | 非核心业务 |
| 发包主要目的 | 智力套利 | 成本套利 | 成本套利 |
| 流程性质 | 属于知识流程,具有高复杂性、高主观依赖性、非结构化的特点 | 属于业务流程,具有基于规则和标准程序的特点 | 属于信息技术,具有基本、清晰、简单明确的特点 |

①　PRAHALAD C K. The art of outsourcing[N]. Wall street journal,2005-06-08(A14).

②　SNIEŠKA V, DRAKŠAITĖ A. The role of knowledge process outsourcing in creating national competitiveness in global economy[J]. Engineering economics,2007(3):35-41.

③　畅言. 创投观察之战略性新兴产业 KPO 餐饮行业[J]. 资本市场,2010(6):96-101.

④　周俊,袁建新. 国外知识流程外包研究述评[J]. 外国经济与管理,2010(11):10-17.

续表

| 服务外包类型 | KPO | BPO | ITO |
|---|---|---|---|
| 人员要求 | 专业知识、沟通能力、隐性知识挖掘能力 | 流程管理和实施技能 | 软件开发技能 |
| 流程质量管理技术 | 内部模型修正标准项目管理应用 | 六西格玛管理原则,关注流程输出的精确度 | 标准的功能要求,关注功能满足度 |

(二)KPO 与知识密集型服务业之间的关联

知识密集型服务业是一个组织或行业,提供的是知识服务,但是相较于一般的知识服务具有强度更大、密集程度更高、专业性更强等特征;KPO 具有同样的专业性。知识密集型服务业提供知识服务的形式之一就是 KPO。二者提供的服务内容重合度较高,都是知识或知识流程。知识密集型服务业的核心和竞争优势来源就是知识;KPO 则把知识及相关流程外包出去。

知识密集型服务业可以是 KPO 中的主体,也可能是 KPO 中的客体。KIBS 的主要产品就是专业化的知识、研究开发能力以及问题求解能力。当向其他组织提供知识产品时,知识密集型服务业充当的是 KPO 中接包方的角色。但同时 KIBS 对这些产品的需求也比较多,当它们自身能力不能满足这种需求或者不适宜自己独立开发这一产品时,它们就会向外界求助,此时知识密集型服务业就是 KPO 中发包方的角色。例如,银行业属于知识密集型服务业,但是常常将财务分析、投资分析等业务流程以 KPO 的形式外包出去,银行是发包方;咨询业也属于知识密集型服务业,咨询公司为其他公司提供咨询与规划等服务,咨询公司属于接包方,如表 2 - 6 所示是部分知识密集型服务业提供 KPO 服务或者 KPO 为知识密集型服务业服务的实例。

表 2 - 6 BPO 和 KPO 为同一行业提供的服务实例

| 知识密集型服务业行业 | KPO | 知识密集型服务业角色 |
|---|---|---|
| 保险 | 索赔分析;核保;资产管理 | 发包方 |
| 银行 | 财务分析;投资分析 | 发包方 |
| 咨询 | 全球范围研究分析;整合报告 | 接包方 |
| 医疗 | 专利设计;专利组合分析 | 发包方/接包方 |
| 电信 | 数据分析;战略研究 | 发包方/接包方 |

# 第二节 知识流程外包发展机理

Gartner 集团对印度、爱尔兰、加拿大、以色列、菲律宾、中国、俄罗斯等主要国家的离岸外包潜力进行了对比分析并给出了总体评价，根据该评价，印度、爱尔兰和加拿大潜力突出，而中国和俄罗斯则处于较弱地位，如表 2-7 所示。这一评价综合考虑了政府支持、劳动力市场等七个因素。对于 KPO 发展的动因，有的学者从外部环境和内部因素进行综合分析。本章从宏观、中观和微观三个角度，分别以全球和国家视角、区域和行业视角、企业视角对 KPO 发展的动因进行分析。从宏观上看，KPO 的发展是政治法律、经济、社会、技术等因素共同作用的结果。从行业视角看，外包业在不同的行业呈现不同的形态，并且其发展因素也与行业性质紧密相关。从区域视角看，KPO 目前已经形成了一定的规模效应，长三角、京津冀等区域化发展也为 KPO 的区域发展效应提供了支持。从企业视角看，KPO 的发展对企业业务环节、业务领域产生影响，使得企业出于多种目的将业务外包出去。

表 2-7 主要国家离岸外包潜力比较

| 国家 | 印度 | 爱尔兰 | 加拿大 | 以色列 | 菲律宾 | 中国 | 俄罗斯 |
|------|------|--------|--------|--------|--------|------|--------|
| 政府支持 | ○○○ | ○○○ | ○○ | ○○ | ○○ | ○○ | ○ |
| 劳动力市场 | ○○○ | ○○ | ○○ | ○○ | ○○ | ○○ | ○○○ |
| 基础设施 | ○ | ○○○ | ○○ | ○○○ | ○○ | ○ | ○ |
| 教育系统 | ○○○ | ○○○ | ○○ | ○○ | ○○ | ○ | ○○○ |
| 成本 | ○○○ | ○ | ○○ | ○○ | ○○○ | ○○○ | ○○○ |
| 处理质量 | ○○ | ○○○ | ○○ | ○○○ | ○○ | ○○ | ○ |
| 文化兼容 | ○○ | ○○○ | ○○○ | ○○ | ○○○ | ○ | ○○ |
| 总体评价 | ●●● | ●●● | ●●● | ●● | ●● | ● | ● |

资料来源：Evaluate Offshore/Nearshore Countries for Outsourcing, Shared Services and Captives in EMEA [EB/OL]. [2017-02-11]. https://www.gartner.com/en/documents/3762863.

注：符号越多表示能力越强。

## 一、宏观分析——全球、国家视角

已有文献中涉及的推动和限制 KPO 发展的因素主要有以下几点，见图 2-1。

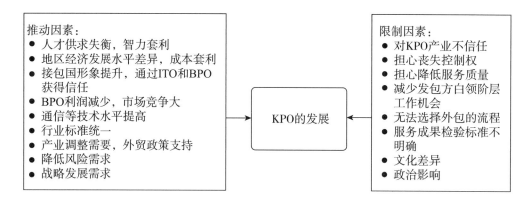

推动因素:
- 人才供求失衡,智力套利
- 地区经济发展水平差异,成本套利
- 接包国形象提升,通过ITO和BPO获得信任
- BPO利润减少,市场竞争大
- 通信等技术水平提高
- 行业标准统一
- 产业调整需要,外贸政策支持
- 降低风险需求
- 战略发展需求

KPO的发展

限制因素:
- 对KPO产业不信任
- 担心丧失控制权
- 担心降低服务质量
- 减少发包方白领阶层工作机会
- 无法选择外包的流程
- 服务成果检验标准不明确
- 文化差异
- 政治影响

图 2 - 1　KPO 发展的推动因素和限制因素

**(一)政治与法律因素**

**1. 贸易保护主义和就业回流趋势阻碍离岸 KPO 发展**

全球金融危机之后,世界上最主要的发包国——美国和欧洲发达国家,都面临着经济持续衰退、财务赤字堪忧、主权债务高企、失业率高居不下的困境。为了迅速改善这一现状,欧美国家一方面采取新的税收政策,或者通过政治施压来限制其他国家承接本国的外包业务,另一方面颁布相应的就业法案来阻止本国企业把业务外包出去。但是从长远来看,企业客户对低成本外包模式的刚性需求还未满足,西方国家这一系列的保护措施难以完全阻止这一服务模式的发展。与此同时,"外包回流"现象可能使客户选择将外包业务转给一个更具有竞争力的国际服务商。

**2. 政治上的不稳定因素加大 KPO 的风险**

从 2012 年初至今,世界政治环境风云突变,主要服务外包承接国的政坛动荡和外交摩擦对本国企业的服务外包市场动辄会产生致命的影响,严重降低本国企业的国际竞争力。政治环境的不确定性将会加大运营风险和管理风险,仅仅凭借传统的测算模型难以估算这些风险。例如,具有显著地缘优势的埃及,因为严重的国内动乱,流失了大量来自欧盟国家的服务外包订单。

**3. 知识产权的法律体系是 KPO 持续发展的保障**

印度是发展离岸外包的代表,在 2012 年占全球 BPO、KPO 市场 35% 的份额。印度保护知识产权的法律体系不断地依据形势进行调整和修订,其版权法被认为是世界上最严格、最接近国际惯例的版权法之一。爱尔兰在知识产权、专利等方面沿袭了欧洲惯例,也形成了完善的、通用的知识产权法律体系,这使其在欧洲市场发展迅速。

此外,政府支持(主要体现在政策、法律支持等方面),是发包方选择接包国时必须考虑的因素。经济政策,如税收政策,影响 KPO 的成本;法律政策,如知识产权保护政策,影响 KPO 是否可以顺利进行并长期开展。埃及的计算机程序设计、系统制造和电子产品生产依据《投资保护鼓励法》享受 10 年免税,埃及政府不进行外汇管制,不强制结汇,部分城市免土地出让金,对新员工招聘培训给予补贴。目前,埃及已经建成 Damietta 新技术园区、Maadi 呼叫中心园区等,吸引了英特尔、爱立信、IBM、华为、中兴、Oracle、沃达丰、汇丰银行、惠普等企业的入驻。墨西哥政府也发布了具有较强吸引力的优惠政策,外资软件与信息服务外包企业可以得到最高 50% 的项目投资返还、30% 的研发投资返还,墨西哥还有专门的出口退税制度。在产权保护等法律法规方面,两国均有专门的法律,如《工业产权法》《电子签名法》《数据保护法》等,为 KPO 外包提供保障。

(二)经济因素

经济全球化的发展带动了信息、资本、劳动力、资源、技术等在全球范围内的流动、配置和重组,使得生产、投资、金融、贸易等活动在世界各国、各地区之间逐渐形成了相互依赖、相互融合、相互竞争和相互制约的格局。在这个巨大的全球市场上,各国通过服务外包尤其是 KPO,利用其他地区、其他国家的先进技术和专业人才,降低运营成本,获取竞争优势,实现全球化的资源优化配置。资源的全球化配置进一步推动国际分工日益深化,欧美发达国家发展为世界上主要的发包国,印度、菲律宾、中国等发展中国家凭借自身的经济实力和产业特长成为世界上主要的接包国,承接着全球大部分服务外包项目[①]。

1. 汇率

汇率波动对于 KPO 的发展来说是一把双刃剑。随着国际经济环境的不断变化,汇率的持续变动不断产生汇兑损益,进而对服务外包中的接包国服务商的财务状况造成重要影响。以人民币为例,人民币升值会增加国际服务外包项目的经营成本,可能减弱服务商在服务贸易中的成本优势,对服务商的国际业务开拓形成压力。但对资本充足的服务商来说,这一系列汇率波动也可以给其带来机遇,有利于其开展海外的收购并购,企业规模、营收水平都能得到有效提升。以中国承接日本市场业务为例,日元持续

---

① 王晓红,李德军.中国服务外包产业发展报告:2013—2014[M].北京:社会科学文献出版社,2014.

贬值,中日政治关系的变化,使得中日服务外包市场表现为中国承接日本市场业务的热情降低,日本企业发包率不断下降。

2. 人才

高级专业人才的供应不能满足需求,促使部分企业通过离岸 KPO 进行"智力套利"①。近年来,发达国家在信息技术、工程设计、金融管理、风险管理等领域都出现了高级专业人才供不应求的问题,与此同时,印度、中国等发展中国家培养出越来越多的高素质人才,高级人才储备丰富,而且发展中国家高素质专业人才相较于发达国家高素质专业人才工资水平较低②。因此,发达国家企业选择将知识服务进行外包,这样不仅满足了其对高素质人才的需求,而且还降低了人力成本。

到低成本国家寻找高素质专业人才也反映了不同国家之间的劳动力成本的差距对KPO 发展的影响③。以美国为例,"9·11"事件以及全球经济发展减速的总体趋势,使美国的移民政策不断收紧,同时也使得整体 IT 服务需求的下降。为了获取利润,维持竞争优势,美国采取许多措施降低成本以应对困难局面。服务外包因其低劳动力成本和高服务水平得到了管理者的青睐。资料显示,美国 IT、金融等行业的劳动力的工资是12—20 美元每小时,而印度同类行业的劳动力的工资仅为 0.5—1.5 美元每小时,前者是后者的 13—24 倍。麦肯锡咨询公司(McKinsey)、印度国家软件和服务企业协会(National Association of Software and Service Companies,NASSCOM)的研究也证实了这一现象。

而专业人员的供不应求是国家服务外包的促进力量。在 20 世纪 90 年代中期,强劲的经济增长带来了全球范围内对 IT 专业人员的需求增加,其中发达国家的需求特别旺盛。仅在美国,1998 年就有 346000 个 IT 岗位空缺。之后每年还需要增加大约 137000个新的软件工人岗位。Gartner 集团当时预测:1999 年至 2004 年,仅有四分之三的 IT 岗位能够招到员工。与此相对,在印度、菲律宾等发展中国家,拥有大量的符合发达国家企业需要的人才,这些人才经验丰富、技术娴熟,并且所需工资低廉,这使得发达国家企业能够从外部获得额外的 IT 人才来应对"千年虫"问题并满足电子商务革命带来的大

① 周俊,袁建新. 国外知识流程外包研究述评[J]. 外国经济与管理,2010(11):10 - 17.

② MIERAU A. Strategic importance of knowledge process outsourcing[EB/OL]. [2015 - 04 - 21]. https://www. researchgate. net/publication/265628098 _ Strategic _ Importance _ of _ Knowledge _ Process _ Outsourcing.

③ 陈菲. 服务外包与服务业发展[M]. 北京:经济科学出版社,2009.

量人才需求。美国《商业周刊》指出：服务外包之所以可行的很大原因在于"低工资国家大学毕业生的暴增"。以菲律宾和中国为例，在菲律宾，每年有 38 万名大学毕业生；从2001 年开始发展服务外包产业以来，菲律宾政府为增强本地人才的竞争力，划拨专款设立面向服务外包企业的"应用型人才培训基金"①；中国的高校毕业生数量逐年增长，从1998 年的 82.98 万上涨到 2020 年的 874 万②。

**3. 市场需求**

这是企业选择知识流程外包的重要依据之一，尤其是在发达国家。市场需求越大，企业就越可以通过技术、知识控制以及扩大生产规模等，寻求更加合适的外部购买者。随着价值链低端的外包向高端 KPO 的转移，如信息咨询、产品研发等 KPO 的市场需求在逐年增加，投资银行、市场研究和咨询公司、金融服务机构的规划部门等是 KPO 市场的典型用户。

**4. 成本**

这同样是 KPO 发展的重要因素。KPO 的人力成本虽然较高，但是 KPO 可以使企业价值链中的高端环节大幅度降低成本，并获取更高的附加价值。将企业的知识流程外包到工资水平较低的国家可以明显地降低成本。例如，在发达国家从事 KPO 业务的平均成本在 35—40 美元/小时，在发展中国家，成本可降低为 25—35 美元/小时。尤其是在一些亚洲国家，外包成本甚至不到美国的 1/10，因此，越来越多的企业尤其是发达国家企业选择把自身的知识流程业务以外包形式展开。

**（三）社会因素**

语言在很大程度上影响了 KPO 的发展，尤其是离岸外包的发展。KPO 既是知识密集型产业又是劳动密集型产业，同时外包过程也需要接包方与发包方的不断协调沟通。这就使得在其他条件相当的情况下，发包方会优先选择本国甚至本地区的接包方。所以要想发展离岸外包，除了需要人才具有专业性，还需要人才具有较高语言能力要求。目前，印度是全球最大的离岸外包目的地，这与其以英语为第一语言有密切的关系。爱尔兰是英语国家又是欧盟成员国，可以充分利用其文化优势以及地缘优势发展 KPO。

地域上的优势是影响 KPO 发展的另一重要因素。以爱尔兰和俄罗斯为例，欧盟成员国公民在爱尔兰享有务工自由，劳动力流通成本低；俄罗斯地域辽阔，方便到达欧洲

---

① 菲律宾服务外包行业发展状况［EB/OL］．［2017 - 01 - 21］．http：//www.ph.mofcom.gov.cn.

② 国务院联防联控机制新闻发布会聚焦高校毕业生就业——多渠道保障高校毕业生就业"不掉线"［EB/OL］．［2020 - 07 - 31］．http：//www.moelgov.cn.

各个目标市场,这有利于俄罗斯承接欧洲各个国家企业的外包业务。

文化上的兼容度是 KPO 发展环境的主要构成因素。巴西具有接近欧洲国家和美国的时区及文化优势,巴西主要大城市所在的时区仅仅比纽约早1—3个小时,并且具有与美国相近的价值观和文化,这些要素构成了巴西 KPO 发展的天时和地利。

促进 KPO 发展的因素是多方面的,与此同时,KPO 的发展也反过来促进接包国的发展,从而进一步促进 KPO 的发展,形成一个良性循环。作为 KPO 接包国取得的成就使得接包国的国家形象在一定程度上得到提升。有些发展中国家作为接包方,在 KPO 贸易中表现突出。例如,印度抓住了"千年虫"问题、欧元转换以及电子商务兴起等带来的机会,在服务外包市场通过高质量的服务赢得了广泛的尊重。Sen 和 Shiel 等学者指出,以中国和印度为代表的部分发展中国家,在提供熟练劳动力方面已经赢得了广泛的认可,获得了良好的声誉[1]。

(四)技术因素

技术的发展以及技术特征的变化是 KPO 发展的前提条件[2]。电信、互联网、数据管理和办公软件等技术革新使得分散在全球不同地方的人可以实现无缝沟通[3],使得 KPO 具有高效性、经济性、安全性。

科技创新、技术进步引领服务外包产业优化升级。科技创新和研发的全球化适应了科技的要求和高科技发展的特点,这是经济全球化进一步深入的重要标志,同时也成为全球价值链拓展的关键节点,推动服务全球化蓬勃发展。20 世纪 90 年代以来,IT 及互联网革命使服务业发生重大的变革,服务业不断向专业化、知识化发展,KPO 也得以进一步发展。2012 年,中国承接 KPO 业务呈现较快增长趋势,同比增长 57.0%。仅 2013 年 1 月至 9 月,KPO 业务执行金额为 92.3 亿美元,在服务外包业务中占比达到 31.8%。

此外,技术教育也可以促进服务外包产业发展。印度比较发达的高等教育、技术教育为 KPO 发展营造了良好的技术环境。对于发展中国家来说,开展技术教育不仅能够直接优化人才结构,长远来说也会促进产业结构、经济结构、社会结构的良性发展。

---

① SEN F, SHIEL M. From business process outsourcing (BPO) to knowledge process outsourcing (KPO):some issues[EB/OL].[2015 – 02 – 21]. https://www. researchgate. net/publication/290692764_From_business_process_outsourcing_BPO_to_knowledge_process_outsourcing_KPO_Some_issues.

② 周俊,袁建新. 国外知识流程外包研究述评[J]. 外国经济与管理,2010(11):10 – 17.

③ GHOSH B. Knowledge process outsourcing[C]//Australasian Conference on Information Systems 2009 Proceedings,2009:541 – 549.

### 二、中观分析——区域和行业视角

**（一）区域发展**

KPO 的区域发展体现在区域的发展、示范城市的发展以及园区的发展三个方面。

1. 区域的发展

区域的发展主要是指环渤海、长三角、珠三角等区域的发展，往往与人才聚集、政策推动、地缘政治影响等因素相关。

以人才聚集为例，环渤海地区是指京津冀、辽东半岛、山东半岛环渤海滨海经济带，涵盖了北京、天津、大连、青岛等一大批城市，聚集了一大批高素质人才，这对于知识经济时代的产业发展来说是一大优势，为经济与行业发展提供了人才保障。

政策方面，区域发展已经上升到国家战略层次。2017 年 3 月，商务部等 13 部门正式印发《服务贸易发展"十三五"规划》的通知。2014 年，国务院印发的《国务院关于促进服务外包产业加快发展的意见》提出要加强政策措施，明确了"十三五"服务外包产业的重点领域、主要任务与保障措施。例如，明确提出要完善税收政策，从区域上扩大税收优惠政策实施范围。

地缘上的便利性则是 KPO 区域发展的基础。地缘优势使得区域具有人才多元、资源多样、产业集中、交通便利的特点，这为 KPO 的发展提供了灵活的空间与深厚的基础。

2. 示范城市的发展

示范城市 KPO 发展的主要动因是地理位置、基础设施、政策环境等。

地理位置方面，处于经济格局关键位置的地方，往往更有利于发展 KPO。山东是华北地区和华东地区的接合部，同时是沿黄河经济带和环渤海经济区两个经济区的交汇点，在全国经济格局中占据重要地位。北京是国家的首都，聚集了大量的外资企业、总部中心和研发中心，其中拥有世界 500 强总部将近 50 家，世界 500 强中超过一半的公司在中国有投资，这些都为北京 KPO 产业发展提供了机会和空间。上海作为国家服务外包中心城市，已经形成了以上海为中心、以跨国公司为载体，服务功能齐全的国际服务资源综合配置中心。

基础设施方面，交通以及信息化基础设施对 KPO 的发展影响较大。山东不仅具有完善便利的交通设施，"智慧山东"建设也使其信息化基础设施服务能力不断提高，既方便离岸外包的发展，也使得 KPO 具有完善的网络和信息安全保障。大连已建成 10 多个软件产业公共技术服务平台,有 IC 设计公共技术平台、软件和信息技术公共服务平台、嵌入式软件公共研发平台、软件保税研发测试中心等,为 KPO 产业高端化、规模化发展提供了重要支撑。

政策环境方面,示范城市一般都会从政策上扶持保障服务外包产业持续发展。北京、深圳、杭州等地对从事服务外包的企业都有相应的企业扶持政策、扶持载体与公共服务平台建设机制、人才引进与培训补贴、促进活动补贴等。山东省先后出台了《山东省技术性 KPO 业务认定办法》《山东省服务外包企业认定管理办法》等一系列文件,形成了较为完善的服务外包管理体系。济南是全国首批"知识产权保护示范城市"之一,建立了知识产权保护长效机制,为 KPO 的发展提供了政策保障。

3. 园区的发展

园区发展 KPO 往往受转型升级的需求驱动。以苏州工业园区为例,其自 1994 年开发建设以来,经历了学习借鉴期、扶持成长期、快速崛起期的不断发展,园区发展迅速,经济效益显著。但是要保持竞争优势,更好地发挥示范效应,带动区域发展,园区必须实现从制造业向高新产业的转型。自 2010 年起,苏州工业园区开始搭建外包服务平台、举办共享服务中心论坛,2013 年仅 KPO 业务产值比例就达 53%,快速升级为具有代表性的 KPO 园区,同时也带动了区域经济的转型升级。

(二)行业发展

1. 从行业生命周期视角分析

行业生命周期理论认为,行业的生命周期包括初创期、发展期、成熟期和衰退期。行业发展的影响因素是多方面的,行业生命周期理论可以帮助确定行业所处的阶段,明确行业在这一阶段发展的主要动因,然后制定相应的策略。处于不同时期的行业往往会因不同的动因发展 KPO,因而可以基于行业所处的时期对其 KPO 的动因进行分析。

(1)行业初创期——节省成本、提高核心竞争力。在行业初创期,整个市场处于完全竞争状态。这一时期企业之间差异不大,需要的是整个行业的突破。企业自身的技术创新能力等往往不能满足其自身的需要,所以在这个阶段选择将其部分知识流程外包出去,既可以节省成本,又可以提高自身的核心竞争力。

有效地节省成本的特点令各行业对 KPO 青睐有加。根据美国外包协会的估计,平均而言,服务外包能够节省 9% 的成本。总体来说,行业服务外包能够通过以下途径带来总额成本的节省:第一,通过供应商的规模经济节省成本;第二,通过供应商的范围经济节省成本;第三,通过供应商的学习效应节省成本;第四,虽然交易成本会随着服务外包程度增强而提高,但在具体实施过程中,各行业仍然可以依靠信息技术、长期契约等手段来降低交易成本。

行业或企业通过 KPO,着重发展核心业务,能够提高行业对核心竞争力的关注。大多数行业在服务外包过程中,都会通过以下途径充分利用资源、提高绩效:首先,培育或挖掘核心竞争力,确认核心竞争力的竞争优势;其次,着力发展核心竞争力;最后,外包其他"非核心竞争力"活动。这些活动对于行业而言,既不是关键战略的必需因素,也不是自己的特有能力,也就是说,行业在这些活动上不可能是世界最好的,或不需要是世界最好的。经过这些步骤,行业一方面通过把投资和能量集中于自己做得最好的部分来实现内部资源回报率最大化;另一方面能充分利用外部供应方的职业技能。这些技能对行业内部或者企业自身来说是高成本、难复制的,而发展良好的核心竞争力可以对现有和潜在竞争者产生强有力的障碍,阻止其进入企业的利益领域,从而增加市场份额,保持战略优势。所以,服务外包实现了行业对核心竞争力的关注,企业利用核心竞争力能够增强为自己和顾客创造价值的能力并提高资源配置效率,同时也可以有效实现绩效的提高。

(2)行业发展期——技术融合、优势互补。在行业发展期,市场逐步扩大,市场竞争开始由完全竞争向垄断竞争转变。行业内开始出现"领头羊"。产品大批量生产,生产成本降低。企业利润增长迅速,但是随着竞争者纷纷进入,企业利润增速逐步减慢,最后达到生命周期利润的最高点。

对于发展期的行业来说,大部分企业的内部组织或者环境尚未健全,通过外包可以尽快摆脱自身的能力局限。企业通过外包也可以获得高水平的、专业的服务;同时,与自己开发相应的能力或者技术相比较,外包也具有控制成本、节约资金的效果。

此外,在处于发展期的行业中,首先占据竞争高地的企业必将获得显著的竞争优势。如果企业在这个时期把能力分散到过多的业务或者产品上,必将导致泛而不精。而将一些成本高、收益慢、技术要求高的业务或产品外包出去,企业集中财力、物力、人力等资源到自己的某一项或者某些核心业务上,可以实现共赢。同时,将部分高要求的业务外包出去,可以快速地满足自己在技术创新方面的需求。以医药研发为例,为了能够在某一领域有所进展,将部分方向的研发外包给更有能力的机构,更有利于取得进展。

(3)行业成熟期——保持核心竞争优势、组织结构及产品组合优化。在这一阶段,垄断竞争市场格局基本形成,行业潜在的客户已经很少,市场需求趋于饱和。产品利润低，竞争加剧。

在行业成熟期，外包是保持高收益与核心竞争优势的一种重要手段。以营销外包为例，行业成熟期企业的市场空间变小，利润下降，潜在客户减少，但是营销所需投入增加。通过营销外包，企业可以仅在战略上进行全程监控，并且规定收益回报的下限，而不用承担全部的营销风险。同时，企业得以将核心能力集中到产品和品牌等关键性领域，从而保持自身的竞争优势和收益水平。

此外，在行业成熟期，外包也是产品和服务组合优化的一种重要手段。渠道对角线理论提出，在行业成熟期，渠道权利归消费者所有。企业的发展更多地取决于消费者的选择。企业一方面把自己的边缘业务外包给第三方，集中精力优化核心业务；另一方面，把消费者选择较少的产品或者服务部分外包，优化产品和服务组合。

（4）行业衰退期——产业转型与升级。当一种产品的市场发展到一定程度时，如果没有新产品出现，这个行业就会逐渐衰退，走向灭亡。这一时期，如果想要延缓行业衰退，就必须及时推出新产品。行业既可以把技术、创新等需求外包给第三方，寻求存活机会，也可以通过外包转而开发新的产品和服务。

对于行业内有创新能力与创新机会的企业来说，在衰退期，把自己的部分业务外包，给自身创造一定的资本空间，利用这些资本投入新产品或者服务的开发中，一旦开发成功，就可以实现转型，从而在行业内存活下来。

对于那些创新与创造能力不足的企业来说，要想存活就必须有所改变，所以就可以把自己的研发需求、创新需求等外包给有能力的企业或者研究机构，这样既降低了研发失败所需要承担的风险，又减少了自身人力、物力等的投入。

2. 具体行业发展分析——以医药研发外包和咨询业为例

（1）医药研发外包。医药领域的 KPO，主要体现为医药研发外包中的合同研究组织（CRO）。CRO 为各类医药企业提供新药临床研究等服务，并以此盈利。CRO 可以有效发挥自身的专业性和规模优势，为企业有效降低新药研发成本。CRO 除了具有高技术、高投入、高附加值等特点外，还具有周期长、不确定性、外包机构承接业务难以定价等高风险性的特征。

CRO 起始于 20 世纪 70 年代的美国，80 年代以后在美国、日本等国迅速发展。据统计，研制一种新药需要 8 年到 14 年，投资 8 亿到 10 亿美元。新药研发投资大、耗时长、风险高的特点对于每个制药企业都是巨大的负担。另外，随着国家医疗保障制度越来越完善以及对于药物安全问题越来越重视,新药研发更加困难。在这种情况下,将新药研发业务外包给有实力的医药研发外包公司,联合外部力量,既能缩短新品上市时间,又能节约成本、分散风险,提高企业的利润率,增强竞争优势。

（2）咨询业。咨询是商务服务的一种。经济全球化的发展促使各国政府间、企业间、各类组织之间的联系增多,各类商务活动增加,专业化的咨询服务的需求越来越多。中国服务贸易统计显示,咨询服务外包主要来源于美国和欧盟国家等,总计占咨询服务出口总额的70%以上。北美、欧洲和日本是咨询服务的主要发包地区。这些地区的企业为了降低服务成本将业务外包给专门的服务机构。在咨询领域,绝大部分市场都被麦肯锡（McKinsey）、摩根士丹利（Morgan Stanley）、波士顿（BCG）、贝恩（Bain & Company）等占领。

### 三、微观分析——企业视角

服务外包的发展动因可以从三个方面考虑,一是发包方,二是接包方,三是独立的第三方机构,其中第三方机构一般为国家政府、经济组织等。

知识外包是一种打破地域限制,将数据加工成知识的分工合作模式。从世界经济学的角度看,国际分工形成的知识外包兴起的基础一方面是劳动力、资本等生产资源在全球分布的不平衡,另一方面是专业化生产的优势。知识外包行业的兴起符合世界经济学的规律,与全球各地的生产资源分布不平衡有关,是建立在成熟的传统服务外包发展基础之上的。

#### （一）发包方

从发包企业的视角出发,在实施 KPO 的过程中需要考虑外包对自身的影响,已有研究认为 KPO 对发包方的影响体现在两个方面:一方面带来了利益,如提高财务收益、增加其他方面的投入时间和收益、降低成本[1]、增强企业的柔性和适应能力[2],在这一过程中,企业不仅仅希望降低成本,更希望获取长期的合作和战略利益[3];另一方面,发包企

---

① CURRIE W L,MICHELL V,ABANISHE O. Knowledge process outsourcing in financial services: the vendor perspective[J]. European management journal,2008(2):94 - 104.

② MIERAU A. Strategic importance of knowledge process outsourcing[EB/OL]. [2015 - 04 - 21]. https://www. researchgate. net/publication/265628098 _ Strategic _ Importance _ of _ Knowledge _ Process _ Outsourcing.

③ SEN F, SHIEL M. From business process outsourcing（BPO）to knowledge process outsourcing（KPO）:some issues[EB/OL]. [2015 - 02 - 21]. https://www. researchgate. net/publication/290692764 _ From_business_process_outsourcing_BPO_to_knowledge_process_outsourcing_KPO_Some_issues.

业面临的风险包括知识产权问题、失去核心流程的控制权、低质量产出带来的运营声誉损坏等。企业应当明确在发包决策之前需要权衡的因素,包括将遇到的挑战、交易过程、组织架构、实施过程以及与供应方的关系等。Sen 和 Shiel 就 KPO 流程的影响因素建立模型,见图 2 - 2。他们强调双方的互动和沟通在合作初期非常重要,另外,企业通过实施外包决策前对实施条件的考察,将出现两种类型的外包方式。

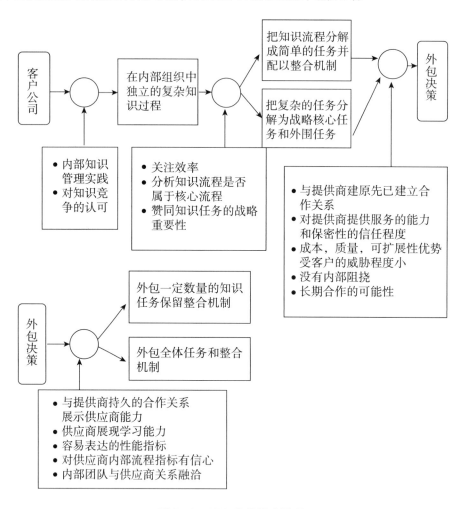

图 2 - 2　KPO 流程影响因素

资料来源:SEN F,SHIEL M. From business process outsourcing(BPO)to knowledge process outsourcing(KPO):some issues[EB/OL]. [2015 - 02 - 21]. https://www. researchgate. net/publication/290692764_From_business_process_outsourcing_BPO_to_knowledge_process_outsourcing_KPO_Some_issues.

　　一般而言,降低成本是服务外包最重要的推动力,但其他因素也正在逐渐成为推动外包的重要因素。根据毕马威 2014 年至 2015 年的外包调查报告,降低成本已经不是企业寻求外包的唯一目的。根据对企业高管的调查,在被问及未来 2 年到 3 年进行外包的根本原因时,26% 的企业高管回答是为了降低成本,21% 的企业高管回答是为了提升质量,19% 的企业高管回答是为了使用相关技能(access to skills),11% 的企业高管回答是为了获得更大的财务灵活性,11% 的企业高管回答是为了缩短投放市场的时间(time to market)①。根据 Nash Tech 对企业高管的调查结果(见表 2 - 8),如果外包能提升 IT 灵敏性(IT responsiveness),提供新的技术或者降低成本,企业高管们将会继续进行离岸外包项目的投资②。

表 2 - 8　IT 进行外包投资考虑的因素　　　　　　单位:百万美元

| | 预算小于 50 | 预算在 50—500 之间 | 预算大于 50 |
|---|---|---|---|
| 降低成本 | 2.85 | 2.97 | 3.3 |
| 获得新技能 | 2.94 | 2.82 | 2.58 |
| 增加灵敏性 | 2.87 | 2.88 | 2.61 |
| 获得技术 | 2.30 | 2.35 | 2.16 |

资料来源:Nash Tech 2015 年关于外包的调查报告。
注:平均值按照 5 分量表进行打分。

而荷兰发展中国家出口促进中心(Centre for the Promotion of Imports from Developing Countries,CBI)的报告认为,欧洲的发包企业在决定是否进行外包以及如何选择服务外包接包国时,会考虑如下因素:①是否能节约预算;②接包方的能力、灵活性和专业程度;③接包方尊重 IP、隐私和重视数据安全的程度;④接包企业的形象如何;⑤距离因素,即当距离会影响服务效果的时候,欧洲发包方更偏向距离更近的接包方;⑥寻求更高附加值;⑦是否有极好的在线服务;⑧是否有专业的项目管理者;⑨发包方是否能以伙伴的身份参与项目,是否能在接包方的人事选择等事务上拥有更大权利;⑩发包方是否能接受多种合同方案,接包方可以考虑提供多种方案;⑪接包方是否能了解清楚发包方所需,积极主动地沟通;⑫接包方是否能主动适应发包方,并为问题提供解决方案,有

①　KPMG's 2014/15 IT outsourcing SPPS study[EB/OL].[2015 - 01 - 12]. http://www. kpmg-institutes. com/content/dam/kpmg/sharedservicesoutsourcing institute/pdf/2015/spps-it-outsourcing-management-summary-2014-15. pdf.

②　In or out? The shape of IT outsourcing in 2015 [EB/OL]. [2015 - 01 - 12]. http://www. nashtechglobal. com/wp-content/uploads/2014/12/NashTech-Survey-2015. pdf.

时候发包方可能更喜欢一套完整的服务而不是更低的价格;⑬接包方是否能与发包方进行积极主动的交流;⑭接包方的语言能力是否能达到所需水平,大部分国家都要求英语语言能力突出,还有一些国家,如法国、意大利等要求使用它们国家的语言①。

发包方是否发包决定了服务外包发生与否,而这取决于发包企业对自身和所处环境的考虑。一些企业进行发包或取消发包往往会对接包国的服务外包总额产生显著影响。例如,Frost & Sullivan 咨询报告显示,2013 年巴西的业务流程外包和联络中心外包服务市场的价值已降至 51.9 亿美元,究其原因是出口公司 Tellus 和 Vidax 的退出以及一些重要的公司业绩变差②。

总体上,发包方降低成本、提升技能、改善投资布局等因素决定了其是否进行外包,而对接包企业的选择上,发包方也会考虑多项因素。

(二)接包方

由于大量发展中国家甚至发达国家都试图在服务外包市场上分一杯羹,各国竞争激烈。各国是否选择发包及选择哪一个发包目的地,受多种因素影响,见表 2 - 9 框架。

表 2 - 9　接包国竞争力框架

| 水平 | 框架 | 维度 | 方向 |
|---|---|---|---|
| 宏观视角 | 经济视角 | 是否能降低成本,增加收益。相比其他视角,该视角容易受企业、行业、国家等多个因素的影响,比如汇率,接包国相对于发包国汇率贬值有利于增强财税吸引力 | 成本越低吸引力越大。其中,由于多数情况下采用美元结算,如果接包国货币相对于美元贬值,将有利于该国吸引更多客户 |
| | 文化视角 | 语言等差异及教育水平发展程度 | 文化差异有多大,通常认为文化差异越大,培训、沟通成本和知识转移成本越高①,因而越小的文化差异越有利于进行外包 |

① Understanding european buyers:Europe outsourcing BPO/ITO[EB/OL]. [2015 - 01 - 12]. https://www. cbi. eu/sites/default/files/study/understanding-european-buyers-europe-outsourcing-BPO-ito - 2012. pdf.

② Frost & Sullivan:Brazilian BPO and contact center outsourcers shift focus from cost reduction to quality in a bid to boost performance[OB/OL]. [2015 - 12 - 01]. https://www. prnewswire. com/news - releases/frost - - sullivan - brazilian - bpo - and - contact - center - outsourcers - shift - focus - from - cost - reduction - to - quality - in - a - bid - to - boost - performance - 261519651. html.

续表

| 水平 | 框架 | 维度 | 方向 |
|---|---|---|---|
| 宏观视角 | 政治视角 | 接包国与发包国之间外交关系 | 政治越稳定,两国政治差异越小,越能减小风险,越有利于外包的发生;接包国与发包国外交关系越好,越能促成两国合作 |
| | 地理视角 | 与发包国之间的时区距离 | 距离越短越有利于合作,但也并不尽然。对于一些需要昼夜进行的服务,外包会给时区不同的国家减少劳动力成本。如印度与美国的时差刚好是 12 小时,恰好给了印度承接美国外包业务的机会。菲律宾也认为与发达国家的时区差异是一种优势 |
| | 法律视角 | 接包国法治环境 | 直接影响法务外包,也影响其他外包的合作 |
| | 基础设施视角 | 接包国的国际交通建设是否完善便利,与外国城市是否有航班往来 | 基础设施越完善便利越有利于外包的发生 |
| 微观视角 | 技术和管理水平 | 风险问题,是否能保证数据和隐私安全 | 技术发展程度制约了各国的接包能力。最终产品的质量既取决于公司的技术和研发能力,又取决于管理水平。风险的防范不只是一个技术问题,也是一个管理问题 |
| | 历史视角 | 接包方是否已经有过承接服务外包的历史,是否建立起良好的名声 | 品牌效应的积累能让公司获得更多效益 |

资料来源:① MISHRA D, MAHANTY B. A study of software development project cost, schedule and quality by outsourcing to low cost destination[J]. Journal of enterprise information management, 2016(3):454 – 478; DREESEN T, LINDEN R, MEURES C, et al. Beyond the border: a comparative literature review on communication practices for agile global outsourced software development projects[C]. 2016 49th Hawaii International Conference on System Sciences(HICSS), Koloa, HI, 2016:4932 – 4941.

从微观视角看,企业的技术和管理水平、名声等会影响该企业是否适宜接包。当然,很多时候外包采取的是直接投资的方式,企业的技术和管理由母公司决定,因而企业本身不重要,当地能提供的人才是根本。但人才受国家宏观因素的影响。企业选择外包,最重要的原因是强化核心能力,降低成本是主要原因但不是唯一目的。从外包的效果来看,企业将业务外包出去更多的是出于战略考虑,而这样的安排可以为其战略安排提供新的可能性。随着国际、国内竞争越来越激烈,企业都逐渐意识到核心业务的发展是保证企业竞争力的基石,将外围业务剥离出去有助于企业集中各方力量发展核心业务。企业考虑更多的是强化核心竞争力而不是降低成本。这有助于企业实现战略目标,例如更快地进入潜在市场、增强业务的连续性和安全性、获得稀缺技术支持等。另外,部分企业在不同的业务领域和环节上与不同的发包方合作,逐渐构建了符合自身发展需求的外包网络,从而产生了一种其他企业难以复制的核心竞争力的新来源①。

### (三)第三方

对于接包国家来说,发展服务外包有利于增加就业机会、增加经济收入、带动相关产业发展、创造外汇收入、改善投资环境,除此之外,还能改善国际商业文化、刺激教育发展等。因而很多政府鼓励服务外包的发展,尤其是在金融危机时期。不同国家根据其发展基础,分别选择鼓励 BPO、ITO、KPO 的发展。这也导致了一些发包大国鼓励外包业务的回流。例如,2014 年,咨询公司普华永道(PwC)的一份研究称,英工商企业如果把挪至海外的业务移回英国,那么 10 年内将可为英国带来 20 万个新增就业机会,英国经济 GDP 到 21 世纪 20 年代中期可提高 0.8%,按目前价值换算相当于 GDP 增加 120 亿英镑(相对于没有回流的情况而言)。类似的报告层出不穷,这是企业将服务外包到其他国家的一个阻力。

除了政府,一些具有公益性质的经济组织也在鼓励和推动服务外包的发展,包括世界性的、国家性的和地方类的组织。例如,世界银行等机构建议非洲发展业务流程外包,成立呼叫中心等来促进当地脱贫。大的咨询公司,如麦肯锡会免费公开一些为落后国家和地区所做的报告,也建议当地政府发展服务外包。

很多国家和地区的行业协会在推动服务外包发展上也发挥了非常重要的作用,例如欧洲外包协会(European Outsourcing Association,EOA)通过公开企业名录、评选最优接包国、提供其他服务外包信息或信息入口等来促进外包业务的发展。

## 第三节 知识流程外包发展效应

### 一、发达国家 KPO 发展的效应

发达国家指经济发展水平较高、技术较为先进、生活水平较高的国家。在 KPO 过程

---

① 王洛林. 全球化:服务外包与中国的政策选择[M]. 北京:经济管理出版社,2010:32 - 34.

中,发达国家不仅是以发包方的形式出现,部分国家也作为接包方出现,这对发达国家的经济结构、国际地位等产生了巨大的影响。

（一）KPO发展助力国家应对经济问题

KPO发展可以促进经济发展,改变传统的经济结构,优化经济发展模式。俄罗斯的软件开发商出现于20世纪90年代。当时的俄罗斯经济衰退,许多科技人才在大学的办公室里开始提供外包服务。市场在不断壮大的同时,发展方式也发生了转变,俄罗斯的服务外包由直接外包逐渐向提供成熟的整体解决方案和系统集成转变。目前,软件公司全球100强中俄罗斯占有7席,这7家公司每年的营业额超过5亿美元。俄罗斯提供IT软件相关服务的公司主要有系统集成商、为西方客户提供软件开发服务的公司、跨国公司的科学研究和研发中心。俄罗斯良好的经济环境、出色的教育机构、深厚的技术底蕴、训练有素的技术人员,吸引了大量出色的跨国公司,例如阿尔卡特、宝蓝公司（Borland）、戴尔、爱立信、克莱斯勒、谷歌、惠普、英特尔、摩托罗拉、华为、三星、西门子、太阳计算机系统（Sun Microsystems）、泰立嘉（Teleca）、德国电信（T-Systems）等均在俄罗斯设立研发中心。世界大型公司半数以上都与俄罗斯有着软件外包业务联系。

（二）KPO发展促进产业升级

发达国家是经济发展水平较高的国家,但是在全球经济融合局势下,其产业结构也需要不断升级,以应对激烈竞争的要求。

现有产业发展到一定水平时,升级转型是持续发展的根本途径。生命周期理论提出,产业都会经历初创期、发展期、成熟期和衰退期。在成熟期转型升级可以避免产业进入衰退期,同时也避免对产业与国家经济产生不良影响。爱尔兰从传统的农业国,到以ITO为代表的服务贸易大国,直至现在的KPO服务代表国家,产业结构实现了持续的优化升级。

以爱尔兰服务外包发展历程为例,爱尔兰是一个人口只有400多万的西欧岛国,在20世纪70年代以前,农业和畜牧业仍然是其主导产业。但是现在的爱尔兰已经成为欧洲的发达国家,并且成功摆脱了金融危机的影响,其成功的一个重要原因就是服务外包产业的不断发展。

1973年,爱尔兰加入欧盟,此后,爱尔兰充分利用特定地理优势,将自己建设成为欧洲高技术产品的组装分销集散地,其经济在之后的40余年取得了突飞猛进的发展。20世纪90年代以来,爱尔兰经济的年均增长率达到了8%,列欧盟各国之首,被称作"凯尔特之虎"。

爱尔兰的服务外包业经历了萌芽起步阶段（1970—1985 年）、发展阶段（1986—1995 年）、高速发展阶段（1996 年至今）。

在服务外包业的萌芽起步阶段，爱尔兰利用其地缘优势吸引国际软件企业进驻，促进了爱尔兰第一批本土的软件开发和服务公司诞生。

在发展阶段，爱尔兰的软件产业已经逐步发展成为一个新兴产业，其产品开始销往国际市场。自 20 世纪 80 年代中期以来，爱尔兰政府将新型材料技术、生物技术、信息通信技术这三个领域作为未来重点发展的领域，在投入规模、人才培养计划等方面制定了一系列的国家政策。到 20 世纪 80 年代末期，爱尔兰国内出现了许多新兴的软件和服务公司，也诞生了一些规模较大的软件公司，如 Adlo 等。

在高速发展阶段，本土企业迅速成长。在欧洲，爱尔兰成为吸引外资最多的国家之一。爱尔兰不仅仅是路特斯、IBM、英特尔等公司的欧盟总部所在地，世界知名的十大软件公司中有 7 家也在爱尔兰开设工厂，部分公司还在爱尔兰建立了研发中心。爱尔兰软件企业在这一高速发展环境中展开开发和定制、生产、销售等工作。

### （三）KPO 发展的负面效应

一方面是民众担忧 KPO 影响就业和利益分配，所以出现了一些负面声音。在以美国为代表的发达国家，这一现象尤其明显。美国民众曾将离岸外包看作工作丢失的同义词。他们认为，"大批受过良好教育而收入不高的印度人和中国人将窃取美国等富裕国家工程师、会计师等的就业机会"。美国等国家舆论将就业压力的矛头指向外包。与此同时，民众也比较关心利益分配问题。在新的国际分工体系下，技术、信息、人才和创新机制等知识要素的作用趋于增强，伴随而来的就是国际分工按照价值链增值环节重新进行分工以及整个价值链条的各个环节在不同国家或地区之间进行相应的空间配置。利益的重新分配使得发达国家对外包一度产生排斥心理。

另一方面，知识流程这一关键能力的外包会使发包方的创新能力受到损害。第一，发达国家在通过外包获得自身没有的资源和能力的同时，也使得发达国家企业可能丧失对自身能力的控制。第二，发达国家在将知识流程以外包方式承包给其他国家企业的同时，往往伴随着一定的知识转移。第三，现代企业的服务和产品往往是一项系统工程，部分或者全部的外包会使得发达国家企业丧失创新能力和对系统创新的控制能力。组织的片段化与关键内部技能的丧失会使利用外部资源实现创新变得非常困难，这使得企业对产品和服务的整体控制能力减弱,进而侵蚀自身的竞争能力和创新能力。第四,面对潜在的知识产权风险,缩小自身与发展中国家企业的技术差距,提高发展中国家企业的生产率和创新能力,可能会给自己培养潜在的竞争对手。

**二、发展中国家 KPO 发展的效应①**

发展中国家与发达国家相比,其经济发展水平、技术水平、人民生活水平程度较低。在服务外包贸易中,发展中国家往往扮演着接包方的角色。而服务外包,尤其是 KPO 的发展,对于发展中国家来说产生的影响是巨大的,主要体现在经济结构、社会结构、国际影响力等多个方面。

(一)KPO 发展对经济结构的影响

服务业已经成为产业结构优化的主导行业。据研究,在国际分工比较发达的制造业中,60％以上的增值发生在服务领域。印度是开展国际离岸服务外包的代表国家,被 Gartner 集团称为"离岸外包服务的无冕之王"。金融危机后,跨国公司面临更大的成本压力。但是印度的服务外包业却持续了之前的稳步增长态势,占 GDP 的比重不断提高。

在发展中国家,KPO 发展普遍成为新的经济增长点。处于价值链低端的信息服务业开始向着高端的 IT 和研发服务转移;编写代码和翻译向产品开发和工程设计转移;客户服务向专利受理、风险评估、保险受理等领域转移;数据处理向数据检索和分析转移。知识外包处于价值链的高端,已经成为一个新的经济增长点,并为各国带来新一轮的市场机会和竞争。

(二)KPO 发展对社会结构的影响

社会结构从广义上讲包含经济、政治、社会等多个领域多个方面的结构状况,狭义上则主要是指社会阶层结构,是指一个国家、部落、部族或地区占有一定资源、机会的社会成员的组成方式及其关系格局。本书中的社会结构是狭义上的意义。

承接服务外包对社会结构的影响是巨大的,印度就是典型代表。印度通过承接服务外包为社会民众创造了大量的就业机会,服务外包同时也为印度创造了一个中产阶

———————————

① 中国单独分析。

层,改变了印度的社会结构。KPO 作为服务外包重要的组成部分,其影响不言而喻。

第一,KPO 对就业数量增加有明显影响。最直接的是,承接 KPO 业务拓展的新业务需要员工完成,直接增加企业的员工人数。另外,KPO 外包也会增加上下游相关企业数量及员工数量,例如咨询服务需要一系列的配套软件、硬件等,从而增加就业人数,尤其是促进高层次人才就业。第二,KPO 可以促进高层次人才培养。KPO 的发展使得接包国某些特定行业的工作岗位,如信息技术、研发、金融等随之增加,在增加这些行业的高层次人才就业的同时,也增加了对这些高层次人才的需求,对高层次人才的培养也就越来越受重视。印度、中国等大多数国家都采用一系列的政策、制度措施等加强对高层次人才的培养。

(三)KPO 发展对国际影响力的影响

发展中国家想要打破原有的国际格局,在国际市场上得到重视,占据一席之地,依赖于其技术、经济、军事、政治等方面的实力。KPO 的发展既促进了发展中国家技术实力的增强,也促进了发展中国家经济地位的提高。

对于普遍为接包国的发展中国家来说,发达国家的技术外溢可以促进其技术水平不断提高。20 世纪 90 年代以前,印度还是一个贫困落后、年进出口总额不足 100 亿美元的国家,其技术实力也很落后。但是从 1992 年开始,印度的经济体制改革打开了服务外包的发展新格局,从价值链低端的软件外包开始,在这一过程中接包方只参与发包方所发包工作的某一模块而不参与发包方的系统设计;后期开始向业务流程外包 BPO 转型,多集中在金融服务、电信服务等领域的客户开发与服务,技术含量较高;现在 KPO 也占到了一定的比例,技术含量相较于 BPO 更高。印度就是在这一过程中不断地吸收发达国家的先进技术,并发挥本土优势,增强技术实力的。

同样,KPO 的发展不仅促进了服务行业的发展,也促进了 KPO 相关行业的发展,为各行业尤其是服务业创造了巨大的经济利益。印度、菲律宾等均通过 KPO 的发展推动了自身的经济发展,提高了经济实力,对自身国际影响力的提高起到了不可忽视的作用。

(四)KPO 发展的负面效应

发展中国家发展 KPO 也存在一定的隐患。最突出的是发展中国家 KPO 的发展可能引发贸易保护主义争端,出现贸易摩擦。KPO 的发展必然会引发全球价值链的更新,各方利益的调整和冲突很可能引发贸易保护争端。目前,贸易保护的作用点已经逐渐从货物贸易拓展到服务、投资、知识产权等多个领域。2009 年,奥巴马在国会发表演说时宣称"将工作外包到国外的美国公司将不再享有免税待遇"。在激烈的外包竞争中,各个发达国家对发展中国家在外包方面的反补贴政策、贸易保护政策等正在增多,一旦发展中国家的各类补贴政策遭遇发达国家的反补贴政策,KPO 产业的安全性就难以保障,这将对该行业的发展产生巨大影响。

同时,产业安全性缺乏保障。产业安全与相关政策、环境等密切相关。一旦各类外包补贴政策遭遇发达国家反补贴政策,对于行业的发展都将是巨大的冲击。

### 三、中国 KPO 发展的效应

自改革开放以来,中国在服务外包行业的发展较快,这与中国在市场规模、人才储备、生产成本、基础建设、配套能力、发展潜力等方面的诸多优势密不可分,使得中国有条件、有机会成为跨国公司服务外包的主要接包国。大力发展 KPO 也有利于改善中国贸易结构,转变发展方式,促进区域协调发展,拓宽就业渠道,实现"保增长、扩内需、调结构、促就业"的经济发展目标。目前,国内许多大型企业将自己的非核心知识密集型业务流程外包,并且形成了一些典型的示范城市和产业园区。国家也出台了一系列发展 KPO 的鼓励政策,"互联网 +"、《中国制造 2025》等国家战略,鼓励服务外包尤其是技术密集型服务外包,鼓励互联网与传统行业的融合,为 KPO 发展注入了新活力,使得 KPO 具有广阔的发展空间。

#### (一) 对产业结构的影响

发展 KPO 外包对中国产业结构的影响主要包括技术溢出效应和规模经济效应,总体来看都是正向的影响。技术溢出是指在经济行为中,先进技术拥有者有意识或无意识地传播或者转让其所拥有的技术。规模经济效应是指适度的规模所产生的最佳经济效益。

发展中国家吸收发达国家的先进技术和管理经验可以促进自身的发展,从而获得技术溢出效应。而决定技术外溢的因素包括多个方面:①东道国的教育和培训质量;②外国分支机构与本土服务提供商和需求方的联系程度;③竞争的激烈程度;④劳动力市场结构和灵活性;⑤跨国公司的培训和个人发展政策。在服务外包实践中,发包方拥有先进的技术、丰富的管理经验和突出的品牌优势等,处于产业价值链的高端。发包方将不属于自身核心竞争力的流程和环节外包给专业化的服务提供商;服务提供商即接包方与上下游企业形成垂直分工链或水平分工网,它们处于产业价值链的低端。在这个过程中,发包方的技术和管理经验对接包方都会有外溢效应。另外,技术的创新和管理经验的辐射效应往往也不是单向的,往往会在发包方和接包方之间交互和演化,从而促使产业价值链具有整体性的成长,如图2-3所示。

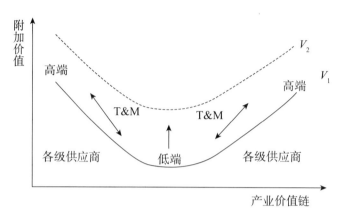

注:V1表示原来的价值链,V2表示提升后的价值链,T&M表示技术和管理经验。

图2-3 全球外包对产业价值链的提升作用

资料来源:胡军,陶锋,陈建林.珠三角OEM企业持续成长的路径选择——基于全球价值链外包体系的视角[J].中国工业经济,2005(8):42-49.

从改革开放至今,中国通过承接发达国家跨国公司的制造外包业务引入了大量的先进技术和管理经验,基于技术溢出效应使得自身的技术水平不断提升,产业结构不断优化升级,国际竞争力得到大幅度的提升。KPO也是如此,其技术溢出效应更加显著。在国际外包和接包过程中,发达国家的跨国公司的技术溢出效应使得中国企业学习了先进的技术标准、功能参数和管理经验等显性和隐性的技术。

此外,发展KPO还可以为中国产业结构带来规模经济效应。规模经济在微观经济学理论中指企业在单位时期内的产出量与平均成本的反向关系,即产出的量越大平均成本越低,产出的量越小则平均成本越高,所以企业可以通过扩大一定时期内的产出量来实现降低成本的目的。从发包方的角度看,规模较大的外包商需要在效率目标相一致的前提下,配备种类齐全和技术精湛的专家团队,用他们的知识和技能为众多客户服务。而随着接包方的行业拓展和进入外包领域的企业增多,接包国必然会形成规模经济效应。

在中国,KPO对产业结构升级的作用逐步推进,目前是不可能一蹴而就或者整体推进的,当前主要表现为某一价值链的某一功能、某一生产阶段、某一工艺流程、某一技术特征的升级①。中国积极地承接国际 KPO 业务,通过学习发包方的技术、理念、经验、模式等,能够获得技术溢出效应,并通过产业聚集实现规模经济效应,进而促进产业结构优化升级。

近几年,中国外包业务结构明显优化,以知识和研发为特征的 KPO 快速增长,服务模式不断创新。产业转型升级,需要通过新技术、新商业模式和新的组织架构来实现。随着国务院"互联网 +"行动指导意见的发布和实施,互联网与服务业不断创新融合发展。"互联网 +"为产业升级提供了技术空间、商业模式空间,使 KPO 市场潜力不断释放。KPO 和"互联网 +"相辅相成,共同促进产业转型升级。

(二)对就业的影响

发展 KPO 对中国就业的影响体现在就业拓展效应和技能提升效应方面。在服务外包中,有利于实现承接国的劳务出口,使得接包国的服务业的整体就业人数和就业比重呈现较为明显的上升状态,尤其是主要服务行业的就业人数和就业比重。

根据麦肯锡咨询公司的分析,全球范围内 13% 的制药业、19% 的保险业、25% 的金融业、44% 的信息技术服务、49% 的软件工程职位可以转移到低工资国家,31% 的会计工作、52% 的工程师工作都可以外包到海外。KPO 产业是智力密集型现代服务业,其发展可以促进人才培养与就业。2009 年,《教育部 商务部关于加强服务外包人才培养促进高校毕业生就业工作的若干意见》指出,各地要加强对"服务外包人才培训中心"、高校和社会培训机构的政策支持,推进企业与高校的战略合作,注重深化服务外包人才交流合作,坚持"走出去"和"引进来"相结合,加大全球高端人才引进力度,构建多层次、多渠道的服务外包人才培训体系。

改革开放以来,中国服务业就业人员的比例持续提高,1978—2006 年从 12.2% 提高到 32.2%,但是与发达国家服务业就业人口 70% 以上的占比相比还是有很大的差距。统计报告显示,截至 2012 年,中国服务外包从业人员 428.9 万人,约相当于 2008 年的 1.8 倍。这得益于中国的政策扶持、对教育的重视以及相对较低的工资水平。高素质劳动密集型工序,如 KPO,呈现出成本优势,处于价值链相对高端的环节开始向发展中国家转移,发展中国家的"白领"就业空间得以拓展。

---

① 原小能,石奇.服务外包与产业结构升级研讨会综述[J].经济研究,2008(2):158 - 160.

（三）对服务业的影响

服务业在社会经济发展中占有十分重要的地位,是国民经济的重要组成部分。服务业的发展水平标志着现代社会经济发达程度。在全球范围内的社会分工逐渐细化等诸多因素的推动下,KPO 所涵盖的领域越来越广泛,例如人力资源开发、金融保险、医药、信息技术产业、法律财会、产品研发与设计等专业技术服务行业。

按照佩蒂－克拉克定律,经济发展伴随着劳动力逐次地由农业、制造业转向服务业,即第一产业逐步转向第二产业、第三产业,最终由第三产业占据主导地位。中国2006 年服务业增加值占 GDP 的比重为 39.9%,2009 年也仅为 43.3%,而世界银行 2000年的统计资料已经显示当年 22 个高收入国家服务业增加值占 GDP 的平均比重为 71%,34 个低收入国家也达到了 43%,这表明中国服务业总体发展水平远远低于全球平均水平。

对于中国而言,抓住世界产业转移的重大机遇,加快承接服务外包,尤其是 KPO 等高层次的外包业务,可以带动相关行业的发展,进而更好地参与全球竞争;可以促进服务业进入全球产业链和国际经济大循环,并通过技术转移、优化、升级推动服务业中企业与产业的优化升级;促进中国服务业从传统型向现代型转变,推动中国以信息技术、业务流程为支撑的服务业跨越式发展为以知识为支撑的新型服务业。

国家统计局数据显示,2015 年全年第三产业增加值占 GDP 比重为 50.5%,是继2013 年服务业占比超过工业后,首次超过 50%。中国经济由工业主导型向服务业主导型的转型趋势还在延续。BPO、ITO、KPO 三者层层递进覆盖了多领域的服务行业,它们共同促进了服务行业地位的提升。同时,一些服务产业,如计算机服务、通信服务等也是基于研发网络及其外包产生的,知识外包可以催生新兴服务产业的崛起。

（四）对服务贸易的影响

KPO 对服务贸易的影响主要体现在:服务贸易以服务外包的形式得到发展;通过优化投资环境和提高服务商核心竞争力促进服务贸易进出口的发展等。

首先,服务贸易以服务外包的形式得以发展。根据联合国贸易和发展会议等对服务贸易的定义,服务贸易主要涵盖"运输、旅游、通信服务、建筑服务、保险服务、金融服务、计算机和信息服务、专利使用服务和特许服务、咨询、广告宣传、电影音像服务"等 11大行业,其中通信服务、金融服务、计算机和信息服务、专利使用服务和特许服务、咨询等行业的 KPO 占据了服务外包总额的重要部分。也就是说,KPO 的发展会直接促进这些行业的服务贸易的发展,这些行业的服务贸易额与 KPO 有着直接的关系。

其次,KPO 的发展会影响投资环境,提高服务商核心竞争力,进而促进服务贸易的发展。接包方可以通过学习发包方的先进技术和管理经验,纳为己用,从而不断优化自身的技术、管理结构,提高自己的竞争力,乃至于提高整个行业的竞争力;发包方将自己的非核心的知识流程以外包形式承包给其他公司,集中精力发展自身的核心业务,也可以提高自身的竞争力,这是一种双赢。而 KPO 的发展往往伴随着国家政策的支持、高素质人才的培养等,不管是政策环境还是人文环境都会吸引更多的优质投资商的青睐,KPO 发展使得投资环境不断优化,投资环境的优化也促进了 KPO 进一步地发展。

在自贸区、"一带一路"等国家战略下,KPO 发展促进服务贸易快速发展。与相关国家在 KPO 领域的合作,可以推进中国自贸区新议题的谈判,提升自贸区水平。中国与"一带一路"共建国家开展 KPO 合作,有助于整合和优化价值链,形成分工协作的新格局。

（五）存在的障碍与隐患

与其他发展中国家发展 KPO 相比,中国发展 KPO 面临着更加突出的贸易保护主义争端,潜在的贸易摩擦更加明显。在过去几十年中,中国的对外贸易不断遭受反倾销、反补贴、贸易保护等的阻碍。KPO 对价值链的影响以及就业、利益分配的影响,使得外包推进中存在着更大的阻碍。而制定更加安全、有效的促进政策,增加国内外贸易对话,是避免争端的必要措施。

此外,KPO 的快速发展在给行业发展带来巨大活力的同时,也伴随着较多的不稳定因素,外在影响作用大。进入经济、贸易的全球化链条,每一个环节的变化都会对行业的整体发展带来巨大的震荡。如果企业不具有完全的制度、政策保证以及自身良好的风险应变能力,却盲目参与 KPO,会阻碍行业的良性发展。同时,KPO 也需要完善的、与国际接轨的知识产权保护法。KPO 的发展,使得知识在国家或地区竞争中的地位越来越重要,保护好自身的知识产权,就是保护竞争优势。

# 本章小结

本章综合国内外理论研究及实践发展,对 KPO 与知识密集型服务业的分类与关系、KPO 发展动因、KPO 发展效应等问题进行探讨。本书发现:①KPO 与 ITO、BPO、知识密集型服务业概念关系密切,在区分和明确界定上存在一定难度。本书通过对各个概念的理论搜集、对比分类,分析其联系与差异,归纳国内外现有的 KPO 分类并提出了基于知识服务内容的 KPO 分类体系,在已有业务分类的基础上加入知识服务这个 KPO 的核心特征,把 KPO 分为关注知识内容、关注知识流程、关注知识成果 3 类,纵贯数据分析服务、管理咨询服务、工程技术服务、检验检测服务、工业设计服务、医药和生物技术研发、新能源技术研发服务、法律服务、文化创意服务 9 大重点领域。②KPO 发展动因多元化且涉及面广,本书按照宏观、中观、微观的思路,分别从全球和国家视角、区域和行业视角、企业视角分层对动因进行分析。研究结果显示,宏观上 KPO 的发展是政治、法律、经济、社会环境、技术等因素共同作用的结果;从行业视角看,外包业在不同的行业呈现不同的形态,并且其发展因素也与行业性质紧密相关;从区域视角看,KPO 目前已经形成了一定的规模效应,长三角、京津冀等区域化发展也为 KPO 的区域发展效应提供了支持;从企业视角看,KPO 发展对企业业务环节、业务领域产生影响,使得企业出于多种目的将业务外包出去。③KPO 的发展给国际、发达国家与发展中国家带来了正反两方面的效应,主要体现在经济、投资、收入分配与就业、政治等方面。发达国家 KPO 发展在助其应对经济问题、促进产业升级的同时,也面临着民众不理解不支持的问题;发展中国家一方面靠 KPO 发展对经济结构、社会结构进行优化,提高国际影响力,另一方面也需要应对越来越突出的贸易摩擦与贸易争端,要保证产业的安全性;KPO 在中国的发展同时面临着巨大的机遇与挑战,"互联网 + "、《中国制造 2025》、"一带一路"倡议等给 KPO 发展带来巨大的动力,促进了产业结构优化升级,拓展就业,促进技能提升,给服务贸易以及服务行业乃至传统行业都注入了新活力,但是中国也需要应对更加严峻的国际形势,保护知识产权、保证产业安全、避免贸易摩擦,促成稳步发展、可持续发展。

# 第三章　全球知识流程外包发展与经验启示

## 第一节　全球知识流程外包概览

### 一、知识流程外包发展背景

全球化的发展使得商品和服务得以在全球范围内分配和消费。一些发达国家因地价上涨、劳动力成本上升等因素将一些简单的业务外包给地价便宜、劳动力成本低的国家和地区,即将服务进行外包,这是商品和服务外包产生与发展的根源。

根据联合国亚洲及太平洋经济社会委员会公布的数据可知,2008 年服务业对国内生产总值(GDP)的贡献率和对就业提升的平均份额在高收入经合组织国家分别为 74%和 72%;对东亚和太平洋地区国家贡献率平均达到 65%和 39%;对南亚国家 GDP 的贡献所占比重为 54%,但对其就业的贡献较少(2005 年是 28%)①。

ITO 兴起于 20 世纪 80 年代中期,BPO 兴起于 20 世纪 90 年代中期,而 KPO 则兴起于 2005 年。近年来,KPO 的发展在一定程度上受到了金融危机的影响,2008 年印度 KPO 收入比预估值少了约 10%②。2008 年到 2011 年,金融危机对服务外包带来的影响主要体现在:①推迟项目决策;②整合供应商关系;③推迟做决定提交新合同;④在当前合同谈判降低利率;⑤寻找大幅节约成本的方法③。此后,全球 KPO 的发展开始提速,具体见图 3 - 1。

---

①　SAUVÉ P, PASADILLA G, MIKIC M. Service sector reforms Asia-Pacific perspectives[R]. Asian Development Bank Institute and Art-Net Secretariat,2012.

②　AGGARWAL A. KPO industry growth impacted by the great recession[EB/OL].[2016 - 03 - 05]. http://www. theinnovationgroup. it/wp-content/uploads/2012/04/KPO_Industry_Growth. pdf.

③　WILLCOCKS L P, GRIFFITHS C, KOTLARSKY J. Beyond BRIC:offshoring in non-BRIC countries: Egypt—a new growth market:an LSE outsourcing unit report January 2009[EB/OL].[2017 - 05 - 27]. https://core. ac. uk/download/pdf/2799732. pdf.

就与其他行业的对比来看,根据 fDi Markets 的最新统计报告(见图 3 - 2),软件和 IT 服务已经成为国际直接投资出口额最大的行业(根据项目数统计)。

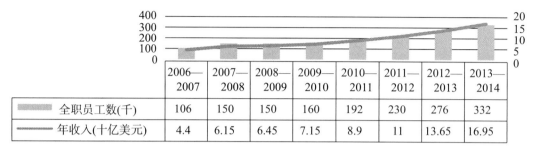

| | 2006—2007 | 2007—2008 | 2008—2009 | 2009—2010 | 2010—2011 | 2011—2012 | 2012—2013 | 2013—2014 |
|---|---|---|---|---|---|---|---|---|
| 全职员工数(千) | 106 | 150 | 150 | 160 | 192 | 230 | 276 | 332 |
| 年收入(十亿美元) | 4.4 | 6.15 | 6.45 | 7.15 | 8.9 | 11 | 13.65 | 16.95 |

图 3 - 1　2006 年至 2014 年全球 KPO 行业市场规模和全职员工数

资料来源:ALOK A. KPO industry growth impacted by the great recession[EB/OL].[2016 - 03 - 05]. http://www. theinnovationgroup. it/.

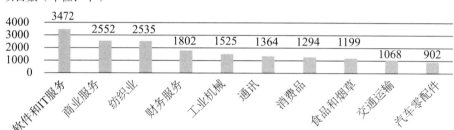

图 3 - 2　国际直接投资项目的行业分布

资料来源:fDi Markets, Top 10 sectors by number of projects[EB/OL].[2016 - 04 - 25]. http://www. fdimarkets. com/ explore/? p = sector.

## 二、知识流程外包发展概况

本章将关注 KPO 中的发包国和接包国,前者主要为美国、西欧、北欧等经济高度发达的国家或地区,它们决定了外包市场的规模与容量;接包国是全球服务外包的目的地,承接能力受到财务、从业人员和技能的可得性、国家环境、政策和经济的稳定性等诸多因素的影响。发展服务外包尤其是承接离岸服务外包业已成为诸多发展中国家的产业发展新战略。21 世纪以来,全球形成了以印度、中国、爱尔兰、菲律宾等为主体的离岸外包接包国的市场竞争格局。印度是全球最大的服务外包接包国,主要承接美国和欧洲的发包业务;继印度之后,中国已经跃升为全球第二大服务外包接包国。

（一）主要发包国家和地区

发包国一般为经济高度发达的国家和地区，如美国、西欧和北欧国家。根据国际数据公司（IDC）的统计，2013年美国离岸服务外包发包额居全球首位，约占全球离岸服务外包总额的60%；欧洲为第二大离岸服务发包市场，占比18%；日本为第三大发包市场，占比10%[①]。在ITO和BPO领域，由于劳动力成本和地价上涨，企业选择将部分业务向成本更低的国家和地区转移。而在KPO领域，技术和人才缺口成为重要的外包原因。美国部分企业在将业务离岸外包（offshore outsourcing）的同时，也会将部分商品进行在岸外包（onshore outsourcing）。在这方面，美国本土依旧具有竞争力。美国的科尔尼咨询公司公布的2016年全球服务外包目的地指数（Global Services Location Index™，GSLI）中，美国排名第15位，位居发达国家之首；其中一些城市，如圣安东尼奥市、圣路易斯市、伯明翰（亚拉巴马州）在投资公司索隆斯（Tholons）发布的全球接包城市竞争力排名中分别位列第68位、第79位、第80位。中东欧国家在进行业务接包的同时，也在将移动应用的开发进行外包[②]。而印度、中国等国，作为颇具服务竞争力的国家，随着工资水平和成本的上涨，也将低端的服务外包转移到成本更低的地区，或者外包到更为专业的地区。例如，中国的华为公司1999年就在印度的班加罗尔设立了研发中心，雇用了2700名工程师。据媒体报道，华为在2015年2月还宣布，投资1.7亿美元成立一个新的工业园区，该园区的雇员量能达到5000人[③]。可见，中国将会成为印度服务外包的潜在客户。科尔尼咨询公司甚至认为，在BPO领域，中国可能将成为重要的发包国。

1. 欧盟

安永2013年的评估显示，芬兰、英国、德国、荷兰、挪威、瑞典、丹麦是IT外包开放度较高的国家，15%—30%的IT业务被外包出去[④]。

Industry Experts评估和CBI报告认为（见图3-3），2014年，在欧盟国家中，英国、挪威、芬兰、丹麦、瑞典是对国际服务外包开放度最高的国家，而冰岛和中东欧国家对国际服

① 李庭辉. 全球服务外包市场发展概览[J]. 全球化，2017(4)：88-100，135.

② What trends offer opportunities on the European outsourcing market? [EB/OL]. [2016-05-03]. https://www.cbi.eu/market-information/outsourcing/trends/.

③ 华为将在印度班加罗尔投资1.7亿美元设研发中心[EB/OL]. [2016-05-04]. http://tech.huanqiu.com/original/2015-02/5672660.html.

④ CBI trade statistics：information technology outsourcing（ITO）[EB/OL]. [2016-05-19]. https://www.cbi.eu.

务外包开放度较低;英国、法国和德国有最大的市场,其中,德法会因为语言和文化相似性而对某些接包国有明显的偏爱,如德国偏爱邻近的中东欧国家,而法国偏爱北非国家①。

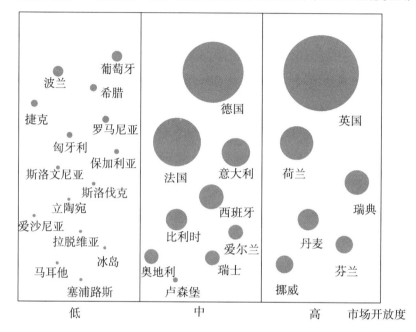

图 3 - 3　2014 年欧盟国家服务外包开放度与 IT 外包市场规模
资料来源:CBI 报告,转引自 Bitkom and interviews with industry experts(https://www.cbi.eu)。

中东欧国家的文化较为保守②,它们会将较为低端的手机应用开发进行外包,但一般不会外包到别的区域,而是在区域内相互外包。

欧洲的各种外包协会在欧洲国家发包与接包时发挥着重要的桥梁作用,欧洲离岸发展中心( European Centre for Offshore Development,ECODE)等。此外,各国也可能有自己的外包协会。例如,德国外包协会(German Outsourcing Association)是欧洲最大的服务外包协会之一,在非营利基础上运营;英国有国家外包协会( National Outsourcing Association,NOA),还有客户接触协会( Customer Contact Association)等。供应商可在外包协会注册,让自己的信息被潜在客户搜索到。

英国的发包业务发展得相当成熟,还存在专门给发包方和接包方提供咨询的公司,如 Alsbridge 公司、Orbys 公司。前者提供一个供应商名录,很多发展中国家的公司希望

①　CBI trade statistics:information technology outsourcing ( ITO ) [ EB/OL]. [ 2016 - 05 - 19]. https://www.cbi.eu/sites/default/files/trade-statistics-europe-ito-2014.pdf.

②　Eastern Europe[ EB/OL]. [ 2016 - 06 - 02]. http://businessculture.org/eastern-europe/.

能进入该名录,后者则是英国的外包咨询公司的领导者。

2.美国

美国是重要的服务外包国家,发包目的地非常多。近年来,近岸外包也成为其重要的趋势。美国面向的接包方主要是印度、加拿大、拉丁美洲国家、菲律宾,与英国略有差异,见表3-1。

表3-1　美国与英国发包对比

| 发包国 | 发包方式 | 发包目的地 | 原因 |
| --- | --- | --- | --- |
| 英国 | 主要的模式是单一合作伙伴关系,但多供应商外包模式(Multi Vendor Outsourcing)越来越受欢迎 | 印度(最大)、南非、菲律宾、巴基斯坦、斯里兰卡等 | 曾为英国殖民地,语言和文化都有较多联系 |
| | | 中东欧国家(所占份额在扩大) | 印度等国只能提供英语的服务,当英国需要其他语言的服务时,英国会向其他中东欧国家发包 |
| | | 马耳他、塞浦路斯、英属直布罗陀、爱尔兰和俄罗斯 | 近岸,相近的文化或语言等原因 |
| 美国 | 无特殊 | 印度 | 语言,与廉价劳动力等 |
| | | 加拿大 | 近岸,技术发达,市场成熟 |
| | | 拉丁美洲国家 | 同时区,西班牙语业务 |
| | | 菲律宾 | 低廉劳动力 |

(二)主要接包国家和地区

从世界服务外包发展格局看,当前领先国家以美国、加拿大、爱尔兰、以色列、印度、菲律宾为代表,墨西哥、巴西、欧洲中东部国家、中国拥有长期发展潜力,多米尼加、牙买加、尼加拉瓜、哥伦比亚、智利、西班牙、摩洛哥、突尼斯、巴基斯坦、尼泊尔、孟加拉国、马来西亚、越南、新加坡、澳大利亚、新西兰等都在积极发展服务外包行业。

本章依据科尔尼咨询公司的服务接包国家指数(见表3-2)和Tholons指数(见表3-3)对国家和城市的竞争力进行排名,综合分析不同国家和不同城市的综合实力和潜在实力。

科尔尼咨询公司的全球服务外包目的地指数考虑了如下标准:财税吸引力[占比40%,包括补偿成本(compensation cost)、基础设施成本、税费成本]、人力资源及质量(占比30%,包括ITO和BPO的经验积累、可获得劳动力、语言和文化适应能力)、商业环境

（占比30%,包括该国宏观政治经济风险、基础设施质量和规章）,是目前最为权威的、被广泛引用的服务外包竞争力指标。根据科尔尼咨询公司的评估,印度依旧是行业毋庸置疑的"老大"。中国排名靠前得益于教育和文化适应性以及人民币相对于美元贬值,增加了中国的财税吸引力。但是出于政治因素、法律因素的考虑,很多公司不愿意在中国成立研发中心,这在一定程度上限制了中国的竞争力。菲律宾之所以能够得到高分是因为其基础设施、环境、税收和监管成本。其他国家的情况不再一一列举,后文将会详述。

表3-2  2016年科尔尼咨询公司的服务接包国家指数(前55个国家)

| 排名 | 国家 | 财税吸引力 | 人力资源及质量 | 商业环境 | 总分 | 排名 | 国家 | 财税吸引力 | 人力资源及质量 | 商业环境 | 总分 |
|---|---|---|---|---|---|---|---|---|---|---|---|
| 1 | 印度 | 3.22 | 2.55 | 1.19 | 6.96 | 22 | 孟加拉国 | 3.34 | 1.10 | 0.87 | 5.31 |
| 2 | 中国 | 2.28 | 2.71 | 1.51 | 6.49 | 23 | 德国 | 0.84 | 2.14 | 2.32 | 5.31 |
| 3 | 马来西亚 | 2.75 | 1.42 | 1.89 | 6.05 | 24 | 乌克兰 | 3.03 | 1.14 | 1.12 | 5.29 |
| 4 | 巴西 | 2.34 | 2.07 | 1.59 | 6.00 | 25 | 联合王国 | 0.67 | 2.28 | 2.33 | 5.28 |
| 5 | 印尼 | 3.23 | 1.54 | 1.22 | 5.99 | 26 | 捷克 | 2.19 | 1.14 | 1.94 | 5.27 |
| 6 | 泰国 | 3.04 | 1.44 | 1.44 | 5.92 | 27 | 立陶宛 | 2.59 | 0.93 | 1.73 | 5.24 |
| 7 | 菲律宾 | 3.17 | 1.43 | 1.29 | 5.89 | 28 | 巴基斯坦 | 3.26 | 1.30 | 0.64 | 5.20 |
| 8 | 墨西哥 | 2.71 | 1.56 | 1.61 | 5.88 | 29 | 加纳 | 3.27 | 0.85 | 1.07 | 5.19 |
| 9 | 智利 | 2.58 | 1.26 | 1.88 | 5.72 | 30 | 毛里求斯 | 2.55 | 0.94 | 1.68 | 5.17 |
| 10 | 波兰 | 2.41 | 1.37 | 1.90 | 5.68 | 31 | 巴拿马 | 2.69 | 0.76 | 1.69 | 5.14 |
| 11 | 越南 | 3.19 | 1.25 | 1.22 | 5.66 | 32 | 匈牙利 | 2.28 | 1.14 | 1.71 | 5.14 |
| 12 | 保加利亚 | 2.99 | 0.94 | 1.66 | 5.60 | 33 | 爱沙尼亚 | 2.29 | 0.94 | 1.87 | 5.09 |
| 13 | 罗马尼亚 | 2.79 | 1.16 | 1.64 | 5.59 | 34 | 摩洛哥 | 2.80 | 0.93 | 1.34 | 5.07 |
| 14 | 斯里兰卡 | 3.37 | 1.03 | 1.14 | 5.54 | 35 | 约旦 | 2.86 | 0.89 | 1.31 | 5.07 |
| 15 | 美国 | 0.52 | 2.88 | 2.11 | 5.51 | 36 | 阿根廷 | 2.36 | 1.50 | 1.20 | 5.06 |
| 16 | 埃及 | 3.20 | 1.29 | 0.96 | 5.45 | 37 | 阿拉伯联合酋长国 | 1.93 | 1.06 | 2.07 | 5.06 |
| 17 | 俄罗斯 | 2.23 | 1.80 | 1.34 | 5.38 | 38 | 突尼斯 | 3.04 | 0.82 | 1.18 | 5.05 |
| 18 | 拉脱维亚 | 2.70 | 0.99 | 1.64 | 5.33 | 39 | 肯尼亚 | 3.06 | 0.86 | 1.11 | 5.03 |
| 19 | 哥斯达黎加 | 2.70 | 0.90 | 1.72 | 5.32 | 40 | 葡萄牙 | 1.72 | 1.26 | 2.05 | 5.03 |
| 20 | 哥伦比亚 | 2.48 | 1.38 | 1.46 | 5.32 | 41 | 法国 | 0.71 | 2.10 | 2.15 | 4.96 |
| 21 | 土耳其 | 2.37 | 1.40 | 1.54 | 5.31 | | | | | | |

续表

| 排名 | 国家 | 财税吸引力 | 人力资源及质量 | 商业环境 | 总分 | 排名 | 国家 | 财税吸引力 | 人力资源及质量 | 商业环境 | 总分 |
|---|---|---|---|---|---|---|---|---|---|---|---|
| 42 | 特立尼达和多巴哥 | 2.51 | 0.99 | 1.46 | 4.96 | 49 | 斯洛伐克 | 2.03 | 0.97 | 1.74 | 4.74 |
| | | | | | | 50 | 新加坡 | 0.74 | 1.48 | 2.45 | 4.67 |
| 43 | 牙买加 | 2.58 | 1.02 | 1.31 | 4.92 | 51 | 乌拉圭 | 1.97 | 0.94 | 1.62 | 4.53 |
| 44 | 加拿大 | 0.56 | 1.97 | 2.36 | 4.89 | 52 | 澳大利亚 | 0.36 | 1.64 | 2.34 | 4.34 |
| 45 | 塞内加尔 | 3.06 | 0.70 | 1.13 | 4.89 | 53 | 爱尔兰 | 0.44 | 1.71 | 2.09 | 4.25 |
| 46 | 西班牙 | 0.94 | 1.88 | 2.06 | 4.88 | 54 | 以色列 | 1.15 | 1.27 | 1.65 | 4.07 |
| 47 | 秘鲁 | 2.43 | 1.12 | 1.26 | 4.82 | 55 | 新西兰 | 0.64 | 1.22 | 2.19 | 4.05 |
| 48 | 南非 | 2.20 | 1.08 | 1.50 | 4.77 | | | | | | |

资料来源：Global services location index：on the eve of disruption［EB/OL］.［2016 - 06 - 20］. https://www. atkearney. com/.

注：因四舍五入，综合指数不一定等于前三项指标相加之和；"人力资源及质量"考核的是人才的能力和可获得性。

### 表 3 - 3　2016 年 Tholons 排名竞争力居前 100 的接包城市

| 排名 | 城市 | 排名 | 城市 | 排名 | 城市 |
|---|---|---|---|---|---|
| 1 | 班加罗尔 | 16 | 科伦坡 | 31 | 布尔诺 |
| 2 | 马尼拉（NCR） | 17 | 吉隆坡 | 32 | 成都 |
| 3 | 孟买 | 18 | 胡志明市 | 33 | 布宜诺斯艾利斯 |
| 4 | 德里（NCR） | 19 | 河内 | 34 | 蒙得维的亚 |
| 5 | 金奈 | 20 | 约翰内斯堡 | 35 | 多伦多 |
| 6 | 海得拉巴 | 21 | 深圳 | 36 | 斋浦尔 |
| 7 | 宿雾市 | 22 | 昌迪加尔 | 37 | 圣彼得堡 |
| 8 | 普纳 | 23 | 加尔各答 | 38 | 贝尔法斯特 |
| 9 | 克拉科夫 | 24 | 布达佩斯 | 39 | 广州 |
| 10 | 都柏林 | 25 | 华沙 | 40 | 阿克拉 |
| 11 | 圣荷西 | 26 | 库里蒂巴 | 41 | 布加勒斯特 |
| 12 | 上海 | 27 | 圣保罗 | 42 | 墨西哥城 |
| 13 | 北京 | 28 | 新加坡 | 43 | 蒙特雷 |
| 14 | 布拉格 | 29 | 圣地亚哥 | 44 | 麦德林 |
| 15 | 大连 | 30 | 哥印拜陀 | 45 | 里约热内卢 |

续表

| 排名 | 城市 | 排名 | 城市 | 排名 | 城市 |
|---|---|---|---|---|---|
| 46 | 天津 | 65 | 西安 | 83 | 马那瓜 |
| 47 | 瓜达拉哈拉 | 66 | 达沃市 | 84 | 伊斯坦布尔 |
| 48 | 波哥大 | 67 | 特里凡得琅 | 85 | 巴科洛德市 |
| 49 | 布拉迪斯拉发 | 68 | 得克萨斯州圣安东尼奥市 | 86 | 曼谷 |
| 50 | 巴西利亚 | 69 | 槟城 | 87 | 利兹(约克郡和亨伯) |
| 51 | 塔林 | 70 | 台北 | 88 | 坎皮纳斯 |
| 52 | 苏菲亚 | 71 | 科尔多瓦 | 89 | 瓦尔帕莱索 |
| 53 | 布巴内斯瓦尔 | 72 | 哈利法克斯 | 90 | 伊洛伊洛市 |
| 54 | 卢布尔雅那 | 73 | 布卡拉曼加 | 91 | 亚松森 |
| 55 | 雅加达 | 74 | 圣胡安 | 92 | 卡利 |
| 56 | 开普敦 | 75 | 珀斯 | 93 | 杜马格特 |
| 57 | 利马 | 76 | 危地马拉城 | 94 | 碧瑶市 |
| 58 | 弗罗茨瓦夫 | 77 | 累西腓 | 95 | 贝尔格莱德 |
| 59 | 格拉斯哥市 | 78 | 开罗 | 96 | 迪拜 |
| 60 | 下诺夫哥罗德 | 79 | 圣路易斯,密苏里州 | 97 | 克拉克 |
| 61 | 科克 | 80 | 伯明翰,亚拉巴马州 | 98 | 内罗毕 |
| 62 | 卡萨布兰卡 | 81 | 圣罗莎,拉古纳(或地铁拉古纳) | 99 | 巴拿马城 |
| 63 | 艾哈迈达巴德 | | | 100 | 德班 |
| 64 | 莫斯科 | 82 | 首尔 | | |

资料来源:Tholons 2016 top 100 outsourcing destinations rankings & executive summary[EB/OL].[2016 - 06 - 20]. https://doczz.net/doc/7546389/tholons - 2016 - top - 100 - outsourcing - destinations.

国家的排名能够反映一个国家的总体服务接包情况,但在一个国家内部,不同城市的工资水平、地价、政策、设施等存在差异。虽然国家整体的竞争力水平会影响接包吸引力,但实施发包的时候必须选择一个具体的城市,所以本章把城市竞争力也纳入进来。根据 Tholons 的排名,2016 年全球竞争力居前 100 的接包城市见表 3 - 3。

本章尝试对国家竞争力与城市竞争力进行综合考察,以一个国家进入全球竞争力前 100 的接包城市数量代表该国的综合竞争力。对表 3 - 2 和表 3 - 3 进行初步整理,可以得到表 3 - 4 中的各国竞争力排名。印度有 13 个城市入选,而且入选城市排名都比较靠前。国家排名上相近的国家中,菲律宾有 9 个城市入选,而马来西亚只有 2 个。这在一定程度上可以说明菲律宾外包分散化发展的策略,而马来西亚集中于吉隆坡、达沃两个城市。如果外包中心集中于少数城市,一般是所在国家的首都等大城市,容易面临成本上升的威胁。

表 3 - 4　由城市排名推演的各国竞争力排名

| 国家 | 城市数 | 国家 | 城市数 |
|---|---|---|---|
| 印度 | 13 | 加纳 | 1 |
| 菲律宾 | 9 | 罗马尼亚 | 1 |
| 中国 | 8 | 斯洛伐克 | 1 |
| 巴西 | 6 | 爱沙尼亚 | 1 |
| 哥伦比亚 | 4 | 保加利亚 | 1 |
| 波兰 | 3 | 斯洛文尼亚 | 1 |
| 英国 | 3 | 印度尼西亚 | 1 |
| 南非 | 3 | 秘鲁 | 1 |
| 俄国 | 3 | 摩洛哥 | 1 |
| 英国 | 3 | 波多黎各 | 1 |
| 美国 | 3 | 澳大利亚 | 1 |
| 越南 | 2 | 危地马拉 | 1 |
| 捷克 | 2 | 埃及 | 1 |
| 爱尔兰 | 2 | 韩国 | 1 |
| 马来西亚 | 2 | 尼加拉瓜 | 1 |
| 阿根廷 | 2 | 火鸡 | 1 |
| 加拿大 | 2 | 泰国 | 1 |
| 智利 | 2 | 巴拉圭 | 1 |
| 哥斯达黎加 | 1 | 塞尔维亚 | 1 |
| 斯里兰卡 | 1 | 阿拉伯联合酋长国 | 1 |
| 匈牙利 | 1 | 肯尼亚 | 1 |
| 新加坡 | 1 | 巴拿马 | 1 |
| 乌拉圭 | 1 | | |

资料来源:笔者根据 Tholons 排名整理。

注:如入选城市数相同,则按入选城市排名平均值由小到大排序。

服务接包方的服务质量反映了该国产业的管理水平和技术水平。目前,北美发包企业不仅将数据管理、呼叫中心等知识含量低的服务外包,而且金融分析、风险管理、研发等高知识密集型的知识流程外包也已成为主要趋势,增加了 KPO 的市场机会。KPO

契合了服务外包向产业链高端攀升的趋势,技术复杂性较 ITO 和 BPO 提高,对服务质量也更加敏感。

发达国家如加拿大、澳大利亚等国的国内服务外包已经相当成熟,能够提供高质量的外包服务,但由于缺乏人力资源成本优势,国际市场占有额逐年下降。而印度和爱尔兰接包企业提供的服务质量整体水平较高(既包括基础的 ITO,也包括技术含量更高的 BPO 以及 KPO 产业)。本章选取亚太地区与中国具有较为相近发展背景的印度及东南亚各国和代表近岸外包且具有发展潜力的中东欧国家展开分析。

1. 亚洲地区 KPO 发展特征分析

几乎所有的亚洲国家都积极谋求在服务外包中分得一杯羹,但各国发展的规模、范围存在差异。其中,日本、韩国等中高收入国家的信息技术服务市场发达,但其接包服务主要面向国内市场;进行国际接包服务的主要是印度、中国、马来西亚、菲律宾等国家。这些差异可以用时机和国家政策来部分解释,但不足以全部解释。

具体而言,除中国以外亚洲最有影响力的服务外包接包国家包括印度、马来西亚及菲律宾等,这些国家在地理位置、文化等方面与中国有许多相似之处,集中形成了汇聚效应,同时也是中国 KPO 发展的有力竞争对手。

印度以历经 30 年发展、运作成熟的信息技术外包为基础,不满足于以扩大规模和增加就业为服务外包行业的发展目标,还希望进入企业的核心研发领域,从而成为合作企业的战略伙伴。目前,印度不断向价值链上游争取机会,在 BPO 和 KPO 行业都具有领先优势。据印度工业联盟统计,2010 年印度 KPO 产值达到 170 亿美元,年复合增长率为 46%。科尔尼咨询公司报告显示,从财务成本、人力资源以及商业环境三个方面考虑,马来西亚服务外包竞争力仅次于印度和中国,排名第三。马来西亚服务外包产业以著名的多媒体走廊(Multimedia Super Corridor,MSC)为中心,在政府经济政策的大力扶持下,MSC 发展势头良好,截至 2006 年底已吸引外资 30 亿美元,提供了大量高端就业岗位,该中心也成为马来西亚产业升级至知识创新型国家的标志。菲律宾与马来西亚在服务外包行业的竞争力来源有较多相似之处,以塞克斯(SKYES)设于马尼拉的呼叫中心为起点,经过十年的聚集发展,逐渐从低端的呼叫中心向知识链高端的知识密集型外包业务发展。

2. 中东欧地区 KPO 发展特征分析

东欧国家俄罗斯作为"金砖国家"之一,与印度、中国等一同成为近年来服务外包产业的领导者。同时,欧洲地区有力的外包需求为欧洲本土服务外包企业提供了发展机会,波兰、匈牙利、乌克兰、捷克等国家逐渐成为领先的服务外包目的地。

随着服务外包价值链倾向知识密集型行业,发包国更需要与接包企业面对面地交流,与西欧发达国家具有相同文化背景的中东欧国家具有优势,这种外包形式又称为"近岸外包",与美国将业务承包给加拿大和南美国家情况相似。同时,2008 年初印度服务外包企业的财务丑闻使得印度的绝对优势地位受到挑战,给中东欧国家创造了机会。2004 年,东欧国家服务外包份额仅占全球份额的 1%,相关研究往往忽视了东欧国家,然而 2006 年其业务需求量就增长了一倍,并持续保持高增长,具有较大的发展潜力。其中,捷克的服务外包行业发展最为突出,吸引了来自美国、荷兰等国家和地区的投资,通过设立分支机构或者收购捷克本土公司的方式实现服务外包。行业集中于 IT 研发、生物研发、商业分析等领域,成为捷克经济发展的支撑要素。波兰的服务外包行业集中于服务外包垂直行业中的高科技领域,高科技服务外包占波兰外商直接投资份额的 25%。美国和欧洲的一些投资商逐渐将风险资本转移到匈牙利,如匈牙利承接美国大型医疗机构的临床科研项目,具有高知识复杂性。在中东欧国家内部,保加利亚、乌克兰和罗马尼亚等国家正努力争取占有市场份额。Gartner 发布的《全球前 30 个离岸外包目的地》研究显示,这些国家都有城市入选。

**三、知识流程外包发展趋势**

荷兰发展中国家出口促进中心咨询公司在预测未来欧洲市场的时候,提出 8 个趋势与挑战,包括:①对云计算的需求增长;②大数据革命;③对移动应用程序开发需求激增;④社会应用程序服务/解决方案市场的不断增长;⑤技能短缺;⑥寻求更高附加值;⑦专业化;⑧增加对企业社会责任的关注①。事实上,该趋势不但存在于欧洲,在世界范围内也存在。参考多个咨询公司或机构的预测分析,本书把全球 KPO 产业的未来发展趋势总结如下:

趋势 1:对技术设施要求不断提高

大数据、云计算都是重要的服务内容,但是这一类服务的提供对硬件设备的要求较高。云计算提供以网络为基础的设施服务(Infrastructure as a Service,IaaS)、平台服务(Platform as a Service,PaaS)、软件服务(Software as a Service,SaaS)或业务流程服务

---

①　What trends offer opportunities on the European outsourcing market? [EB/OL]. [2016 - 05 - 03]. https://www.cbi.eu/market-information/outsourcing-BPO-ito/trends-BPO/.

(Business Process as a service,BPaaS)。由于全套的云计算设备需要高额投资,大部分公司都向专业的云计算公司寻求服务。云计算的主要优势是成本的灵活性(客户只支付其需要/使用的服务对应的成本),业务扩展的灵活性和自助服务(客户可以在网上订购/创建新服务)。目前已经有很多大公司使用了云计算外包,规模较小的公司也越来越多地考虑其可能性。

趋势2:寻求更高附加值和更专业的服务的同时,技术人才缺口不断扩大

根据欧盟委员会委托 E-Skills 与欧洲工商管理学院(INSEAD)的联合调查结果(见表3-5),信息和通信技术产业(ICT)工作人员在不断增长,然而其增长速度跟不上潜在市场的增长,未来还存在大量人才缺口[1]。到2020年,欧盟对信息和通信技术产业行业工作者的需求缺口达到913000个。缺口最大的国家由大到小依次为英国、德国、法国、瑞典、荷兰、比利时、丹麦、芬兰等。这一趋势要求接包企业发展自己的专业领域,提供更高附加值的服务,同时国家、行业协会和企业有必要加强高技术人才的培养。

**表3-5 信息和通信技术产业(ICT)劳动力,实践工作者和需求缺口[2]** 单位:人

| 国家 | ICT 从业人数,2012 年 | ICT 从业人数,2015 年(预测值) | ICT 从业人数,2020 年(预测值) | 缺口数,2012 年(估计值) | 缺口数,2015 年(预测值) | 缺口数,2020 年(预测值) |
|---|---|---|---|---|---|---|
| 英国 | 1661000 | 1636000 | 1639000 | 47000 | 128000 | 249000 |
| 德国 | 1261000 | 1299000 | 1425000 | 82000 | 121000 | 156000 |
| 法国 | 888000 | 912000 | 898000 | 27000 | 47000 | 87000 |
| 瑞典 | 251000 | 246000 | 255000 | 10000 | 31000 | 57000 |
| 荷兰 | 328000 | 337000 | 374000 | 9800 | 23000 | 34000 |
| 比利时 | 187000 | 189000 | 196000 | 7600 | 16000 | 30000 |
| 丹麦 | 135000 | 133000 | 132000 | 5500 | 14000 | 27000 |
| 芬兰 | 135000 | 137000 | 148000 | 5500 | 12000 | 17000 |
| 捷克 | 153000 | 153000 | 156000 | 4700 | 8200 | 13000 |
| 奥地利 | 142000 | 145000 | 156000 | 5800 | 8700 | 11400 |

资料来源:欧盟委员会,间接引自 CBI 报告。

*该调查进行时,欧盟成员国还只有 27 个。

---

[1] E-Leadership skills for competitiveness and innovation[EB/OL]. [2016-06-21]. http://eskills-quality.eu.

[2] 调查结果公布于 2013 年。

趋势3：对企业社会责任的关注加强

欧洲，尤其是北欧或西欧国家的企业，越来越关注企业的社会责任。把对环境不够友好的服务承包给国外，也可能会对企业的名声带来不良影响。因而，未来环境友好型的、于自然和社会环境无损的服务会继续增长。

由上述的基本趋势，还可以引申出一些别的趋势。

（1）在外包模式上，多供应商模式（Multi Vendor Outsourcing）越来越受欢迎。多供应商模式指的是将同一个项目分割为多个更小的任务外包给不同的供应商。该方式有利于分散外包风险，同时有利于获得专业化的服务。

（2）在已有 BPO 和 ITO 发展经验的国家中，劳动力较少以及劳动力成本上升的国家面临更大的产业升级压力。在劳动力少的国家，通过扩大产业规模来促进发展已经变得不太可能，只能通过增加附加值来促进发展，这样的国家有智利、波兰等。面临劳动力成本上升的国家也必须通过增加附加值来获得竞争力，很多服务外包发展较为成熟的国家都面临这样的压力，如菲律宾等。这也意味着这些国家更有可能向价值链高端移动。

# 第二节　知识流程外包在亚洲国家和地区的发展

## 一、印度

### （一）概况

1.历史

从提供简单的后台服务如病案转录、接电话和数据录入算起，印度最早的业务流程外包开始于 20 世纪 90 年代。全球 ITO、BPO 进口开始于 1980 年晚期，而印度几乎在同一时间（1991 年）开始经济改革，这一点让印度获得了先行者优势；而与之并行的全面的 IT、管理人才的培养推动了其蓬勃发展。

早期，印度的花旗集团和美国运通公司在海外成立捕获式服务中心（captive service centers）来转换数据的媒介形式（如从一个文档转换成数据库），这些工作都要求较多的人为干预（如识别票据等非电脑所能完成的业务）。这种现象出现的原因一方面是电子技术的发展实现了数据的快速传输，另一方面是企业使用的数据平台的标准化（如关系数据库、网络标准等)。这些工作的特点是需要大量的信息工作者,印度低廉的劳动力是印度早期业务流程外包行业发展的重要驱动力。

2002年到2003年,印度公司开始提供更为复杂的服务,如解决问题、进行决策等。2006年到2007年,印度开始提供高知识密度的业务流程外包服务,形成了印度的第三代BPO服务。1998年到2014年,印度的外包行业年复合增长率达到21%,对GDP的贡献从1998年(财经年)的1.2%增长到2014年(财经年)的8.1%①。KPO被认为起源于印度,近年来印度还兴起了法务流程外包(企业将其全部或部分法律事务、法律培训委托给专业的法律服务机构和专业法律人士)。

由图3-4可知,到2014年,印度还占据全球KPO一半以上的市场份额,但因东欧等地的竞争,该份额相比早期已呈逐年下降的趋势。

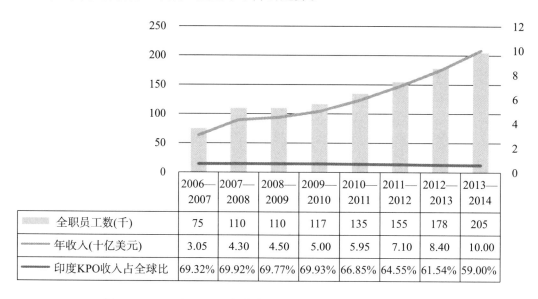

| | 2006—2007 | 2007—2008 | 2008—2009 | 2009—2010 | 2010—2011 | 2011—2012 | 2012—2013 | 2013—2014 |
|---|---|---|---|---|---|---|---|---|
| 全职员工数(千) | 75 | 110 | 110 | 117 | 135 | 155 | 178 | 205 |
| 年收入(十亿美元) | 3.05 | 4.30 | 4.50 | 5.00 | 5.95 | 7.10 | 8.40 | 10.00 |
| 印度KPO收入占全球比 | 69.32% | 69.92% | 69.77% | 69.93% | 66.85% | 64.55% | 61.54% | 59.00% |

图3-4 2006年至2014年印度KPO行业市场规模和全职员工数

资料来源:KPO industry growth impacted by the great recession[EB/OL].[2016-03-05].http://www.theinnovationgroup.it/wp-content/uploads/2012/04/KPO_Industry_Growth.pdf.

2. 现状

印度是世界上最大的,也是发展最快的接包国家。印度KPO的领先领域如下:研究和开发、动画和设计、业务和技术分析、远程学习解决方案(e-learning solutions)、商业和

---

① The IT-BPM sector in India:strategic review[EB/OL].[2016-06-23].http://www.nasscom.in/itbpm-sector-india-strategic-review-2014.

市场研究、制药和生物技术、医疗服务、写作和内容开发、法律流程外包、知识产权(IP)的研究、数据分析、网络管理、培训和咨询①。

印度最有名的 KPO 公司包括：Genpect，Evalueserve，Ugam Solutions，WNS Global Services，24/7 Customer，ICICI OneSource，EXL Service，Copal Partners，Pangea3，TechBooks 等②。这些公司的主营业务见表3－6。

表3－6　印度知名外包企业概览

| 企业 | 主营 |
|---|---|
| Genpect | 数据库生成、研究、客户价值映射、客户关系管理、项目跟踪、营销管理(campaign management)、竞争情报 |
| Evalueserve | 基于数学的项目 |
| Ugam Solutions | 市场研究,包括研究消费者的心理和客户行为习惯 |
| WNS Global Services | 商业研究、投资研究、市场研究 |
| 24/7 Customer | 客户分析,主要通过客户行为的研究、营销和竞选活动的相关数据分析 |
| ICICI OneSource | 通过商业研究和分析、账单及其汇总、客户关怀服务(customer care services)发掘新客户 |
| EXL Service | 对印度的 KPO 行业进行分析和研究 |
| Copal Partners | 为金融机构提供定制行业分析和公司研究报告 |
| Pangea3 | 业务信息研究、法律研究、合同起草管理、诉讼和尽职调查、文档评审、分析和诉讼支持、专利研究 |
| TechBooks | 出版事业服务 |

3. 预期

除了本身的发展潜力,印度 KPO 发展要考虑的因素是印度自身制订的发展战略。印度国家软件和服务业行业协会的一项提法不是鼓励 BPO 向 KPO 的过渡,而是从

---

① KPO services[EB/OL].[2016－06－23]. https://www. outsource2india. com/why_india/articles/KPO. asp.

② Top KPO companies in India[EB/OL].[2016－06－23]. http://entrance-exam. net/top-kpo-companies-in-india.

BPO 向业务流程管理(Business Process Management,BPM)的过渡。BPM 强调服务价值的提供,而不是在低端市场争夺①。印度国家软件和服务业行业协会表示重要的不是以外包、共享、管理、配置或捕获式,而是要让印度占据价值链的高端。印度将要提供更快速的、点对点的服务,如咨询、业务转型和优化服务。印度的战略是利用核心技术占据行业领先地位,而不是陷于和东欧国家或者中国、菲律宾、印尼、越南等国家的竞争中。

印度未来的发展动向包括两个方面,一方面,外包大城市谋划向价值链更高端移动;另一方面,增加二三线城市的基础设施投资,外包大城市将基础的 BPO 和 ITO 转移到二三线城市,以应对成本上升的压力。2015 年,印度政府启动"数字印度计划",在数字社会、知识经济、智慧政务等领域大幅投入,预计将给 ITO 和 BPO 领域带来 30 亿—40 亿美元的业务机会。印度政府在农村建立高速互联网连接等数字化基础设施,进一步吸引国际发包企业前往印度二三线城市建立交付中心,这些城市的运营成本预计比一线城市下降 25%—35%,这使得印度更具服务外包吸引力。

在行业层面上,无论是鼓励 BPO 向 KPO 过渡,还是向 BPM 过渡,印度都在谋求向价值链更高端移动;在国家层面上,如何能让知识外包业带动其他产业并拉动经济发展是印度要考虑的问题。

(二)SWOT 分析

1.优势与机会

印度具有的宏观环境优势是较高的教育水平、友好的政府政策、稳定的政治环境、良好的英语氛围以及随之吸引来的外资。在 2002 年,服务外包所吸引的国外直接投资占比就达到了 15%②。

在政策上,印度从 1985 年左右开始实施以软件产业为核心的信息技术发展战略,已有多个软件技术园。印度著名的软件园有印度软件技术园(Software Technology Parks of India,STPI)、班加罗尔国际科技园(International Tech Park Limited,ITPL)和电子城(Electronics City)。印度软件行业的成熟无疑对印度的外包具有直接的推动作用:一方面,促进印度软件外包销售;另一方面,吸引国外公司来印度投资。

---

① From BPO to BPM[EB/OL].[2016 - 06 - 23].http://www.nasscom.in/overview-9.

② FARRELL D,ZAINULBHAI A S. A richer future for India[J].McKinsey quarterly,2007(8):26 - 35.

印度的相关法律既有有利的一面,也有不足的一面。印度的劳动法不重视对劳动者利益的保护,这一定程度上阻止了外资对某些行业的投资,但同时也正是这一点拉动了外包业的发展。印度通过《著作权法》《专利法》《商业秘密保护法》等差异化保护手段为服务外包提供了良好的知识产权环境。

由于曾经是殖民地,印度等国家长期受西方思想的影响,沿用了英美教育体系。同时,印度的地理位置,对于文化的交流有独特的优势;文化交流如果出现障碍,将对知识密集型行业的运作效率产生较大的影响。

印度重视人才培养,具有丰富的人才储备。理工科毕业生的人数逐年递增并形成了成熟的理工类高等教育体系,发挥了印度人在数学和逻辑相关专业内容方面的优势;印度还利用大量职业培训机构储备实用性人才,如具有代表性的印度国家信息技术学院(National Institute of Information Technology,NIIT)和阿博泰科(APTECH),同时重视产学相结合和企业培训,企业培训支出约占薪酬4%。获得美国永久居留权的印度裔人口有60%是高技术人才职业移民,硅谷40%的网络公司由印度人创办——海外大量的科技人才显现了印度教育水平的竞争力。同时,专业人才与发包国家的密切交流接触有利于印度获得KPO投资机会。政府鼓励吸纳海外人才、创建科学人才库等政策举措也是印度成功发展服务外包的有力支撑要素。

印度中观层面的优势是,产业已经建立起良好的名声,并且具有成熟的软件和服务业企业行业协会——NASSCOM。印度国家软件和服务业行业协会成立于1998年,总部位于印度新德里,在孟买、金奈、海德拉巴、普纳、加尔各答设有分会,是印度信息技术和软件业最具有影响力的非营利性组织①。协会在帮助印度成为全球外包行业基地的过程中发挥了重要作用,被誉为印度IT服务产业的"市场部"②,拥有超过1500家会员单位,其中有超过250家公司来自美国、英国、日本和中国等国。印度的政策措施分为中央和地方两部分,地方政府根据自身的财政状况和发展规划制定了灵活的激励措施,如立法保证数据安全政策实施到位、承诺电力供应、建立风险投资公司、提供财政补贴以及由于服务外包行业的全球服务这一特殊性提供全天候的政务服务和实行"三班倒"的工作模式。

---

① NASSCOM[EB/OL].[2016-06-23].https://en.wikipedia.org/wiki/NASSCOM.
② Nasscom全球贸易拓展副主席Shivendra Singh先生将出席2016全球服务与外包领军者峰会[EB/OL].[2016-06-24].http://www.chnsourcing.com.cn/outsourcing-news/article/102835.html.

印度国家软件和服务业行业协会作为印度 IT 服务产业的"市场部"，拥有超过 1500 家会员单位，其会员企业的销售收入占印度 IT 行业的 95%，在印度乃至全球服务外包领域举足轻重，在市场调研、行业咨询、政策推动以及协调等方面作用显著，保证了印度在全球离岸服务外包中的领先地位①。

印度国家软件和服务业行业协会的愿景是："帮助印度的 IT 和 IT 产品及服务行业成为一个世界上值得信任的、受尊重的、创新的与和谐社会的产业。"②它们所做的事情包括：制订行业发展战略，为行业发展提供政策，促进最好的实践、分享和合作，促进国际合作，发展人力，保持可持续性③。

印度国家软件和服务业行业协会是非营利性非政府背景的行业协会，印度还有一个政府领导之下的软件行业促进协会 STPI（Software Technology Parks of India）。STPI 成立于 1991 年，隶属于信息技术部，旨在鼓励、增加印度的软件出口，其基本的任务是通过以下措施在印度各地成立软件园：基础设施修建和管理；促进软件及服务的出口和发展；负责软件评估、市场分析、市场分割等出口促进活动；负责软件技能领域的专业培训④。

在 KPO 的各行业发展方面，印度也具备优势。例如，印度在医药研发外包上的优势是多方面的：首先，该行业得到政府的大力支持，得以拥有较低的成本；其次，印度人口众多，环境差异较大，可以得到各种病人样本。

2. 不足与挑战

印度当前的服务外包面临着巨大的挑战。印度商贸业协会 2014 年的一份报告显示，印度当时的呼叫中心业务外包失去了 70% 的市场，竞争对手包括东欧和菲律宾，这两地的低价使得印度失去竞争优势。该报告强调，印度的 BPO 企业可以转移到小城市来降低成本，减少损失⑤。

印度面临着来自其他发展中国家的竞争，它们以更低廉的劳动力成本吸引发包方。这也导致印度不得不向价值链更高的 KPO 领域移动。在这个移动过程中，印度存在的

---

① 舒凯."尽快建立中国的 NASSCOM"——专访增厦科技大中国区总经理宋孔尧[J].服务外包，2014（1）：108 – 110.

② 原文为 To help the IT and IT enabled products and services industry in India to be a trustworthy, respected, innovative and society friendly industry in the world。

③ Vision[EB/OL].[2016 – 06 – 25].http://www.nasscom.in/about-nasscom.

④ About us[EB/OL].[2016 – 06 – 25].http://www.gnr.stpi.in/AboutUs.html.

⑤ 印度的呼叫中心业务外包失去了 70% 的市场[EB/OL].[2016 – 06 – 25].http://www.nnfwwb.gov.cn/index.php/view-506.html.

许多不足也是显而易见的。

首先,印度的教育发展成绩不容小觑,但其教育存在如下三方面的问题:①投入—产出率不高,麦肯锡报告显示,印度现有的教育效果只需其投入的一半即可达到;②教育普及率还很低,15 岁到 65 岁的人中有 70% 只接受过小学及以下水平的教育;③在不同收入水平之间存在教育鸿沟①(参考后文表 3 – 15)。知识外包所需的人才应受过更高等的教育,而印度 2010 年接受过高等教育的劳动力占劳动力总数的百分比仅为 9.8%,与之相似的国家阿根廷为 34.6%,泰国达到 16.0%。根据世界经济论坛做的教育评估,2015 年至 2016 年印度在 140 个国家或地区中的高等教育竞争力排名为 90,与印度存在类似问题的外包大国还有巴西、埃及、南非、墨西哥等国,其高等教育发展水平与经济发展水平不相称(见表 3 – 7)。

教育上存在的不足可能会造成印度知识外包中人才储备的不足。此外,印度存在较高的人才流失率,需要专业知识和密切合作的 KPO 行业对人才流动较为敏感。印度外包领先企业 Outsource2India 认为,专业人才的不足是制约印度 KPO 发展的重要因素②。

表 3 – 7　部分国家 2010 年接受过高等教育的劳动力占劳动力总数的百分比　单位:%

| 国家 | 俄罗斯联邦 | 加拿大 | 比利时 | 爱尔兰 | 塞浦路斯 | 芬兰 | 卢森堡 | 挪威 | 阿根廷 | 菲律宾 |
|---|---|---|---|---|---|---|---|---|---|---|
| 占比 | 54.5 | 48.4 | 38.9 | 38.9 | 37.6 | 37.3 | 37.2 | 35.8 | 34.6 | 29.3 |
| 国家 | 波兰 | 保加利亚 | 斯洛文尼亚 | 巴拿马 | 马来西亚 | 哥伦比亚 | 匈牙利 | 斯洛伐克 | 捷克 | 意大利 |
| 占比 | 25.9 | 25.6 | 25.4 | 24.4 | 24.2 | 22.9 | 22.6 | 18.3 | 17.6 | 17.1 |
| 国家 | 埃塞俄比亚 | 葡萄牙 | 泰国 | 古巴 | 土耳其 | 南非 | 罗马尼亚 | 印度 | 印度尼西亚 | |
| 占比 | 16.7 | 16.1 | 16.0 | 15.8 | 15.8 | 15.7 | 15.4 | 9.8 | 7.0 | |

资料来源:世界银行世界发展指标数据库。

注:其中中国缺乏这一项统计数据,一些国家因为与本书研究无关故并未列出;印度的最新数据为 2010 年故选取该年作为对比。

---

① GUPTA R, SANKHE S, DOBBS R, et al. From poverty to empowerment: India's imperative for jobs, growth, and effective basic services [EB/OL]. [2017 – 05 – 27]. https://www. researchgate. net/profile/Ashwin_Hasyagar/publication/281375210_From_Poverty_to_Empowerment_India's_imperative_for_jobs_growth_and_effective_basic_services/links/55e4760608ae6abe6e902440. pdf.

② KPO services[EB/OL]. [2016 – 06 – 23]. https://www. outsource2india. com/why_india/articles/KPO. asp.

其次，印度的知识产权保护仍有待加强。知识产权是许多跨国公司的重要资产，吸引外国投资的重要先决条件之一就是良好的知识产权保护环境。2014 年，印度只吸引了 2.7% 的全球研发支出；而近年来知识产权保护环境逐步改善的中国，吸引了近 18%；美国更是吸引了 31%①。印度、巴西、阿根廷和印尼都是知识产权保护较弱的国家，在吸引投资上的困难成为"通病"②。印度经济学家 Shapiro 和 Mathur 的研究认为，如果印度的知识产权保护可以达到中国的水平，则其每年的外国直接投资（FDI）流入可以增加 33%③。

## 二、马来西亚

### （一）概况

马来西亚及时抓住了服务外包的机会，服务外包发展迅速，甚至几乎没有受到 2008 年金融危机的冲击。后来的几年里，马来西亚积极寻求上移到产业链的更高端。根据马来西亚外包协会（Outsourcing Malaysia）统计，马来西亚服务外包在 2013 年至 2020 年达到 18% 的年均复合增长率。

马来西亚在一些高端附加值的行业上产出也较高，如银行、金融服务和保险，信息和通信技术，能源、化工和资源，物流和运输，医药卫生。截至 2020 年，马来西亚在法律流程外包、工程服务外包（Engineering Services Outsourcing，ESO）、财务研究外包（Financial Research Outsourcing，FRO）和市场调研方面的 KPO 做得较好。可以认为，马来西亚在知识流程外包方面比较具有发展潜力。

2010 年起，马来西亚实施的外包和数据中心入口点项目［Outsourcing and Data Center EPPs（Entry Point Projects）］加速推动了外包产业增长。该项目由多媒体发展公司（Multimedia Development Corporation，MDeC）和马来西亚外包（Outsourcing Malaysia）联合开展，专注于打造具有全球竞争力的外包商，达到贡献 21.285 亿美元 GNI 并创造

---

①③ 罗德·亨特. 保护知识产权，才能经济创新［EB/OL］.［2016 – 06 – 26］. http://www. hbrchina. org/2014 – 05 – 30/2076. html.

② SHAPIRO R J，MATHUR A. How India can attract more foreign direct investment，create jobs and increase GDP：the benefits of respecting the intellectual property rights of foreign pharmaceutical producers［EB/OL］.［2017 – 05 – 27］. https://www. sonecon. com/docs/studies/FDI_IP_and_the_Pharmaceutical_Sector_in_India-Shapiro-Mathur-Final-January2014. pdf.

43330 个高附加值工作机会。

马来西亚目前的外包中心是吉隆坡,如印度技术领先公司马恒达信息技术公司(Tech Mahindra)在吉隆坡承接了谷歌技术研发中心的业务。此外,槟城政府积极推进BPO 发展,吸引了丰益国际(Wilmar)、花旗集团、亚航、美国 HIS 公司、第一太阳能、拓领运输(TOLL)等公司的投资。2014 年,槟城政府与新加坡淡马锡签署了合资计划协议书,计划在峇都交湾建立国际科技园区、在峇央峇鲁设立 BPO 中心。

(二)SWOT 分析

马来西亚英语普及程度非常高,受教育的人群中 90% 可以熟练使用英语,并且多数人同时掌握了多种语言,有利于外贸交流。马来西亚有稳定的政治环境,2013 年的绿色和平指数在亚太国家中排名第五;商业环境宽松友好,根据世界银行的排名,2014 年商业环境友好度排名世界第六;2013 年世界经济论坛评估其人力资本在亚太国家中排名第五①。

马来西亚政府意识到,从成本竞争力及非成本环境因素考虑,相比起邻近国家,马来西亚并没有非常明显的竞争优势。因此,马来西亚政府希望抓住某一领域服务外包的集中优势,向价值链的高端移动,并通过承诺稳定的宏观环境、开明的政府办事风格、降低运营成本及提高效率等十项政策来达到这一目的。除了常见的税收豁免、知识产权保护和便利的政务服务等内容,马来西亚政府还重视网络通信相关的基础设施环境,如在多媒体走廊铺设超级光缆设施、降低电信费用,同时提高宣传力度,为满足市场需求,采取"官办民营"模式,交由非营利性机构运营,进一步提升市场化水平。

在政策环境上,1997 年,首相马哈迪在签署《多媒体超级走廊保证书》(*Bill of Guarantees*)时,做出了"确保不过滤网络"的承诺。该承诺为知识和信息共享交流提供了更开放的投资环境。该保证书对位于多媒体走廊的服务外包公司起到了重要的促进作用,主要内容包括:①提供世界级的基础设施;②外籍知识工作者到马来西亚就业无限制;③所有权的自主(freedom of ownership);④可自由地借贷资本;⑤承诺在 10 年内没有所得税且在 5 年内没有投资税;⑥对知识产权进行保护并出台网络空间法律;⑦没有互联网审查;⑧具有全球竞争力的电信税率;⑨对网络设施建设者而言较温和的合同招

---

① Why outsource to Malaysia? [EB/OL]. [2016 – 07 – 01]. http://outsourcingmalaysia. org. my/data/downloads/Why_Outsource_to_Malaysia. pdf.

标方式(tender MSC infrastructure contracts to web-shapers);⑩多媒体发展机构(Malaysia Digital Economy Corporation,MDeC),即管理多媒体走廊的国有控股公司,实施一站式服务。

与之相比,邻近的新加坡尽管在宽带网络设施、互联网发达程度等方面都超越了马来西亚,但其环境被认为是"发达而不自由"的。

目前,马来西亚的多媒体走廊已经逐渐发展成智慧城或被智慧中心所取代,马来西亚的智慧城(中心)已经遍布全国,共有 42 个(截至 2016 年 3 月)。其中最大的是位于梳邦再也的智慧城,面积约 7000 英亩①;最小的智慧中心仅为一幢楼。这 42 个智慧城(中心)的运营商大多是私人企业,由 MDeC 领导,是马来西亚国家信息化、数字化发展的领头羊②。

在科尔尼咨询公司公布的 2017 年全球服务外包目的地指数中,马来西亚位居全球第三位,仅次于印度和中国。在世界银行发布的《2020 年营商环境报告》(*Doing Business* 2020)中,马来西亚比 2019 年晋升了 3 位,位居全球第 12 名。但是,马来西亚国内环境也长期存在诸多问题,如国内政治党派斗争有所激化,这在一定程度上为马来西亚的投资环境带来了不确定因素和负面影响;马来西亚与其邻国,如菲律宾、文莱、中国都存在领土争端;马来西亚国内毒品交易长久以来一直威胁社会治安;外汇管理上的特殊政策,即外汇交易只能由政府授权的金融机构操作;法律环境复杂,等等。

### 三、菲律宾

菲律宾在外包业务发展上几乎与印度同时起步,凭借着廉价劳动力和政策扶持发展迅速,跻身成为接包份额位于前列的国家之一。

(一)概况

1993 年,菲律宾开始电信化改革,相应地,政府也采取了很多相关措施来鼓励 KPO 的发展。菲律宾抓住了业务流程外包的机会,马尼拉曾一度被认为是世界上最大的业

---

① 约合 $2.83 \times 10^7$ 平方米。

② 马来西亚多媒体走廊今天怎样了?[EB/OL].[2016 - 07 - 01]. http://blog. sina. com. cn/s/blog _5f6641a80102xap2. html.

务流程外包中心①,但 KPO 的发展却未尽如人意。

菲律宾最重要的三个外包中心分别是马尼拉、宿务岛和达沃市,这三个城市的 Tholons 排名分别为第 2 位、第 7 位和第 66 位。其中,达沃市属于二三线城市,它是菲律宾的"下一波城市项目"(Next Wave Cities Program)下发展起来的一座新兴城市。这个项目是由菲律宾信息技术和业务流程外包协会(Information Technology and Business Process Association of the Philippines)以及菲律宾贸易和工业发展部(The Department of Trade and Industry)合作发起的,旨在将位于马尼拉的外包中心分散到不同的城市去。目前,有 30% 的产业已经转移②。这个项目为菲律宾提供了 1 亿个新就业机会,有效缓解了当地居民需要到国外找工作的就业压力。

菲律宾积极争夺 KPO 市场。根据菲律宾外包协会 2016 年的预测,未来 5 年菲律宾希望在 KPO 领域的收入能达到 250 亿美元。目前,菲律宾把 KPO 主要定位在以下三个行业③:①市场调查。针对客户需求的不同视角,外包企业为客户提供市场调查分析报告,尤其是业务分析报告。②采购和供应管理,包括全部或部分外包公司的采购功能。外包企业针对高技术、消费品、制造、石油和天然气、金融服务、交通运输等领域提供外包服务。③税收准备和其他金融服务,包括表单填充和数据条目,此类行业有助于加速交付改善服务。

(二)SWOT 分析

菲律宾历史上是移民国家,文化汇聚使该国的文化包容能力更强,服务的思想和意识比较好,服务业占国民收入比重 50% 以上。同时,因为与美国的渊源,国民更容易接受西方思想。在语言上,英语是菲律宾的官方语言,它是除美国(英语为母语)以外的世界上第三大说英语的国家,72% 的国民可以流利地使用英语且口语表达优于印度。在教育上,菲律宾的高等教育系统为市场投放了足够多的劳动力,尤其是商科教育极大地加强了菲律宾的吸引力。

在政治上,菲律宾投资署负责整体监管和政策制定,先后建立了负责企业和政府之

---

① Business process outsourcing key lessons for developing countries[EB/OL].[2016 – 07 – 03]. http://www.carib-export.com/obic/documents/ITC_BPO-study.pdf.

② Next wave cities report 2016[EB/OL].[2016 – 07 – 03].http://www.ibpap.org/publications-and-press-statements/research-initiatives/next-wave-cities-report.

③ The future of the knowledge process outsourcing industry in the Philippines[EB/OL].[2016 – 07 – 03].http://www.outsource-philippines.com/philippine-knowledge-process-outsourcing/.

间沟通、对外宣传推广的商业流程协会(Business Processing Association of the Philippines，BPAP)，负责外包行业细化研究、为官员提供培训的外包服务研究所(Foreign Service Institute，FSI)。同时，菲律宾发展研究院和亚洲政策研究管理中心也为服务外包发展提供服务。

菲律宾政府在财政方面提供了增值税、所得税以及码头使用费用减免等政策。根据易唯思的报告，菲律宾的税收减免使行业成本降低了8%—10%[①]。在非财政方面如通关便利、岗位任职期限延长、保护知识产权及培养专业人才等政策也促使了菲律宾在多个领域服务外包获得成功。

近年来，菲律宾工资上涨，在亚洲地区失去竞争优势;同时地价上涨、电价升至亚洲最高、产业链不健全，增加了接包企业的运营成本;社会治安不稳定、劳资纠纷频繁且政府处理效率低，这些问题增加了企业的隐性成本。虽然菲律宾和马来西亚也采取了人才激励措施，如菲律宾设立专款成立"应用型人才培训基金"等，但其针对的是知识含量较低的ITO行业。菲律宾人口基数有限，高端人才供应不足，因此人才数量和质量潜力，特别是针对KPO的高知识含量专业人才不足将是制约其发展KPO的瓶颈。在这一点上，马来西亚也存在类似问题。

(三)一个城市案例:达沃

达沃(Davao)坐落在棉兰老岛的中心，它因长期处于菲律宾政府和摩洛民族解放阵线(Moro National Liberation Front，MNLF)之间的武装冲突下而闻名于世。在这样的形势下，达沃不太可能成为一个服务外包投资的理想目的地。但根据Tholons排名，达沃在全球城市中排名第66位。

达沃近年来吸引和留住了很多大公司，如Convergys、Ibex Global和Sutherland。达沃常被评为最好的外包目的地之一，尤其是在语音业务流程外包领域。根据ICT(信息和通信技术产业)达沃的执行副总裁Bert Barriga估计，2013年，达沃的BPO行业有超过20000位在职员工，年增长率超过20%。达沃的案例说明，即使是位于存在冲突的地区，良好的英语能力、训练有素的劳动力、良好的基础设施(如电力)、BPO企业扶植政策、良好的治安环境也能够有力地促进BPO的发展。

---

① Philippine IT-BPO road map 2016:driving to global leadership [EB/OL]. [2016 – 06 – 12]. http://www.ncc.gov.ph/files/lacdao_phil_it_BPO_roadmap.pdf.

政府在达沃的 BPO 发展中扮演了重要角色。Duterte 家族的统治保证了政策的连续性,Rodrigo Duterte 市长和他的女儿 Sara Duterte 从 2000 年开始交替执政。市长 Rodrigo Duterte 一直保持坚强和刚毅的治理风格,不惜使用强有力的手段解决毒品走私和其他社会问题,这使达沃虽然位于高度动荡地区,却拥有超过十年的和平与稳定环境。此外,达沃拥有相对马尼拉较低的工资水平且拥有大量受过良好教育的劳动力。以上因素使得达沃吸引了众多服务外包业务。

行业协会在吸引投资上也发挥了重要作用。ICT 达沃促进了达沃成为行业重要的呼叫中心,正如 Barriga 所说,"我多年来都在试着让主要的 BPO 公司来到达沃。起初它们害怕这里很危险,但是一旦我设法说服它们来这里考察,它们就知道这是一个有吸引力的目的地。"

当然,达沃还存在许多问题,老问题仍旧存在,新问题开始出现,如劳动力成本逐渐上升、研发能力欠缺等。

### 四、以色列

以色列是在 KPO 领域最受瞩目的国家之一,政府扶植政策、高技术人才、完善的基础设施等为 KPO 的发展提供了支持。

与印度相比,以色列的工资水平更高,一些有经验的高级工程师的工资水平甚至能赶上美国[1],但它凭借研发能力而非廉价劳动力来吸引外资。除此之外,政府还为供职于外资公司的员工提供补助。除了高额的教育投入和高效的教育体系,在军队受过复杂技术培训的退役人员以及海外爱国者也投入服务外包的大军,为服务外包发展注入了更多高技术人力资源。以色列在基础设施建设和电力供应上也非常出色,曾被国际电信联盟( International Telecommunication Union )评为世界第三大网络使用国。

### 五、其他国家和地区

除了前述的印度、马来西亚、菲律宾等知名的 BPO 和 ITO 国家,亚洲其他一些国家,如印度尼西亚、泰国、土耳其等,也具有服务外包发展的潜力。例如,土耳其借助该国在

---

① 　Israel［EB/OL］.［2016 – 07 – 05］. https://clutch. co/outsourcing-location/israel.

薪酬成本、基础设施成本和劳动力的可用性等方面的优势,使其服务外包行业处于稳步增长的状态。

最后,笔者对亚洲主要国家 KPO 发展潜力做了 SWOT 分析,见表 3 - 8。

表 3 - 8 亚洲主要国家 KPO 发展潜力 SWOT 矩阵对比

| 国家 | GSLI 排名 | 优势 | 劣势 | 机会 | 威胁 | 策略与预期 |
|---|---|---|---|---|---|---|
| 印度 | 1 | ①大量的人才储备;②优质的 IT 培训;③较低的劳动力成本;④BPO 的成功带来了名声和先机;⑤良好的知识项目管理经验;⑥政府的政策支持;⑦领域不断专业化;⑧对于国际标准的关注和遵守;⑨结算利率相比其他国家更低 | ①社会较为混乱;②关键数据处理中存在伦理失范的风险;③工资上涨;④大城市房地产价格上涨,导致无法统一开发和提供基础设施;⑤知识产权保护制度不足;⑥比 BPO 更高的结算利率 | ①专业领域知识积累;②更多专业领域可能进入 KPO 市场;③中小企业拥有更多的发展机会 | ①人才储备的不足;②不断上升的工资成本;③人才流失;④劳动力市场供小于求 | 未来相当一段时间内,还是 BPO、ITO 和 KPO 领域的领头羊;将低端外包从大城市转移到小城市;继续提高研发能力,与发达国家的外包服务竞争 |
| 马来西亚 | 3 | ①大量的人才储备;②完善的基础设施建设;③一定的 BPO 和 ITO 发展经验及名声;④较低的劳动力成本;⑤稳定的宏观环境;⑥开明高效的政府办事风格;⑦知识产权保护制度(IPR);⑧宽松的商业环境;⑨入境工作和旅行门槛低 | 研发能力还有待提升 | 从多媒体走廊到智慧城市的建设项目 | 国内执政党的变化会导致政策的变化 | 提升技术能力,增强竞争力 |
| 印尼 | 5 | ①大量的劳动力储备;②拥有较强吸引力的金融形象;③良好的基础设施 | BPO 和 ITO 发展经验和名声不足 | 印度等竞争对手的成本上涨 | | 谋求 BPO 和 ITO 发展,可能需要政府采取一些鼓励措施 |

续表

| 国家 | GSLI 排名 | 优势 | 劣势 | 机会 | 威胁 | 策略与预期 |
|---|---|---|---|---|---|---|
| 泰国 | 6 | ①受过良好教育的劳动力；②国家具有较好的财务金融状况；③成熟的公司组织形式 | 没有抓住 BPO 和 ITO 发展机会,经验和名声不足 | 印度等竞争对手的成本上涨 |  | 加紧发展,如有可能,实现跨越式发展,尽快追上其他国家 |
| 菲律宾 | 7 | ①英语和文化优势；②较低的劳动力成本；③基础设施完善；④BPO 的成功带来了名声和先机；⑤良好的知识项目管理经验；⑥政府的政策支持；⑦美国到菲律宾的交通成本相比其他亚洲国家是最低的；⑧放松管制的本地通信使带宽成本下降了40% | ①社会治安不稳定；②高端人才供应不足 | 新一轮的 KPO 转移 | ①人才储备的不足；②不断上升的工资成本；③地价和电价上升；④南部地区较难维持稳定的政治经济环境 | 扩大基础设施建设 |
| 越南 | 11 | 廉价劳动力,低于印度和中国,几乎是印度工资水平的二分之一 | 国际通信成本非常高 | 对日本和欧洲国家具有一定的吸引力 | 经济发展带来的成本上升 | 处于 BPO 向 ITO 升级的过程,可能还会继续升级；规模偏小,未来可能还会继续扩大 |

## 第三节　知识流程外包在欧洲国家和地区的发展

欧洲国家的接包方主要有中东欧国家群、爱尔兰和英国,它们以劳动力受教育水平高、配套基础设施全面、能承接高端服务外包为特点。本节先论述包括波兰、捷克、斯洛伐克、匈牙利、罗马尼亚、保加利亚在内的六个中东欧国家,它们在服务外包领域的起步、现状和优劣势上具有很多相似之处;乌克兰由于有自己的特征,本节将单独论述;爱尔兰、英国作为经济发达国家,没有与附近国家和地区构成地域集群,将在最后论述。

### 一、六个中东欧国家

#### (一)概况

中东欧国家包括爱沙尼亚、拉脱维亚、立陶宛、波兰、捷克、匈牙利、罗马尼亚和保加利亚等国,这一地区是欧洲的服务外包中心,正在逐渐成为大量跨国公司开展服务外包业务的新的目的地。这些国家有较为相近的文化,且有统一的外包行业协会——中欧和东欧外包协会(Central and Eastern European Outsourcing Association, CEEOA)协调和促进当地的外包发展,中东欧各国独自的外包协会均作为成员参与进 CEEOA。总体上而言,这些国家主要服务于欧盟成员国,以"近岸外包"(nearshore outsourcing)出名。这几个国家主要的外包中心为克拉科夫、布达佩斯、布加勒斯特、华沙、布拉格、弗罗茨瓦夫、索非亚等城市(以城市外包员工雇佣量计算)。

东欧国家俄罗斯作为"金砖国家"之一,与印度、中国等一同成为近年来服务外包产业的领导者。捷克的服务外包行业发展最为突出,吸引了来自美国、荷兰等国家和地区的投资。以波兰、匈牙利为代表的中东欧国家既是重要的发包方又是接包方,正在积极鼓励本国的服务外包行业向更高端层次发展①。波兰集中于服务外包垂直行业中的高科技领域,高科技服务外包占波兰外商直接投资份额的 25%。匈牙利是东欧国家中 IT 接包量最大的国家②,而根据仲量联行(Jones Lang Lasalle)统计,波兰是欧洲最大的外包国③,波兰正在从 BPO 向 KPO 转变,面临的竞争对手不止罗马尼亚,还有乌克兰。罗马尼亚凭借其更低的劳动力成本成为后起之秀,其首都布加勒斯特 2015 年的劳动力成本

---

① LABAYE E,SJATIL P E,BOGDAN W, et al. A new dawn:reigniting growth in central and Eastern Europe[EB/OL]. [2017 - 05 - 27]. http://static. forbes. pl/2013/12/12/635224436584580000. pdf.

② Hungary – country with the highest share of outsourcing in IT services,from the eastern Europe region [EB/OL]. [2016 - 09 - 15]. http://www. nasscom. in/hungary-country-highest-share-outsourcing-it-services-eastern-europe-region.

③ BLOMMESTEIN M V. Poland feels the outsourcing heat as Romania,Ukraine step up the competition [EB/OL]. [2016 - 09 - 15]. http://www. zdnet. com/article/poland-feels-the-outsourcing-heat-as-romania-ukraine-step-up-the-competition/.

为 21000 美元,全负荷成本为 43000 美元,比其他中东欧首都城市低①。

中东欧主要的服务对象为美国和其他欧洲国家(见表 3 - 9)。根据 ABSL 报告,2015 年中东欧服务外包主要的发包方为美国,占比 41%;其次是德法,各占比约 12%;英国 10%;北欧国家 7%;瑞士 4%;印度 3%;其他国家和地区占比 11%(根据外资规模计算)。除保加利亚主要面向美国市场,捷克、波兰主要面向欧洲市场外,斯洛伐克、匈牙利、罗马尼亚的美国市场份额与欧洲市场份额不相上下。美国和欧洲的一些投资商逐渐将风险资本转移到匈牙利,如美国大型医疗机构的临床科研项目,具有高知识复杂性。

表 3 - 9　中东欧服务外包主要国家规模参数

| 国家 | 外资商业服务中心(个) | 欧洲份额(%) | 美国份额(%) | 其他份额(%) |
|---|---|---|---|---|
| 波兰 | 150.0 | 56 | 37 | 7 |
| 捷克 | 40.5 | 63 | 32 | 5 |
| 斯洛伐克 | 29.4 | 49 | 47 | 4 |
| 匈牙利 | 45.4 | 49 | 45 | 6 |
| 罗马尼亚 | 50.9 | 44 | 42 | 14 |
| 保加利亚 | 18.9 | 25 | 69 | 6 |

资料来源:Business services In Central & Eastern Europe 2015[EB/OL].[2017 - 09 - 15]. https://www. absl. cz/docs/CEE_report_final. pdf.

中东欧国家的主要接包形式为外国在当地设立子公司,而不是外包给当地的独立公司。在行业分布上,IT 服务(包括软件开发)占比 33%,财会占比 20%,客户运营 18%,金融(银行、保险、财经服务)10%,人力 5%,供应链管理 3%,其他 11%(根据雇员数统计)。

(二)SWOT 分析

中东欧国家在发展 KPO 上,主要有如下优势:

(1)较高的教育水平,较低的工资水平,语言优势。作为欧盟成员国,与欧盟内发包国之间较为统一的法律环境使得这些中东欧国家具有先天优势,而建立起的多个配送中心又让中东欧国家具有了后天优势。劳动力的高质量,当地成员的多语言能力,国际

---

① LASALLE J L. Onshore, nearshore, offshore:unsure? [EB/OL].[2016 - 09 - 15]. http://www. joneslanglasalle. com/MediaResources/EU/Marketing/Poland/2012_Romania_Shoring_Paper_FINAL. pdf.

一流的管理水平又让中东欧在发展更高端更复杂的知识流程外包上极具潜力。同样的工作,KPO 在西欧国家的劳动力成本为 83000 美元,美国凤凰城为 60000 美元,而布加勒斯特、索菲亚分别为 21000 美元和 23000 美元,能大幅降低劳动力成本。布达佩斯、华沙和布拉格的劳动力成本也比西欧国家和美国低(见表 3 - 10)。中东欧国家的主要语言优势体现在英语和德语上,但会法语、西班牙语和俄语的人也不在少数。有 38% 的服务中心使用了至少 10 种语言。

表 3 - 10　2015 年各地知识外包行业工资水平、全负荷成本　　　单位:万美元

| 地区 | 西欧 | 美国(凤凰城) | 布加勒斯特 | 索菲亚 | 布达佩斯 | 华沙 | 布拉格 |
|---|---|---|---|---|---|---|---|
| 会计文员劳动力成本 | 5.1 | 3.7 | 0.8 | 1.1 | 1.8 | 1.7 | 2.1 |
| 会计文员全负荷成本 | 9.6 | 6.5 | 1.9 | 2.4 | 3.6 | 3.9 | 4.3 |
| KPO 劳动力成本 | 8.3 | 6.0 | 2.1 | 2.3 | 4.2 | 3.2 | 4.2 |
| KPO 全负荷成本 | 14.9 | 10.0 | 4.3 | 4.6 | 7.8 | 6.5 | 8.0 |

资料来源:笔者根据 ABSL 报告整理。

注:全负荷成本包括劳动力成本、办公室租金、管理费用估值、公共设施与一般行政费用。

(2)地理优势、政策扶植和外交便利。利用临近西欧、北欧、北美的地理优势,部分国家进一步实施了对欧盟国家的低税率,如罗马尼亚①。金融危机时期,中东欧国家为了创造更多就业机会和促进经济发展,加大了基础设施建设的力度和对外包行业的补贴。同时,中东欧国家与西欧国家之间通常具有较好的关系,除了签署各种合作项目,还能获得财政补贴。例如,罗马尼亚获得欧洲区域发展基金( the European Regional Development Fund)的资金支持,该资金又被称为结构资金和合作资金(Structural Funds and the Cohesion Fund)。

(3)国际交通便利。中东欧国家国内区域基础设施完善,与外国往往也有良好的交通网络。例如,波兰有 12 个国际机场,与很多欧洲、美国、亚洲城市之间都有业务往来。

(4)教育发达。在教育上,中东欧国家相对于发展中国家来说具有优势,提供的劳动力技艺水平也更高。例如,俄罗斯具有强大而深厚的理工科技人才基础,这是它区别于印度等服务外包大国的重要特征。但是也存在缺乏出色的研究型高校,高端型人才培养不足的问题。在教育和研究上还需要更多投入。2010 年中东欧国家的研发投入占

---

① LASALLE J L. Onshore, nearshore, offshore:unsure? [EB/OL]. [2016 - 09 - 15]. http://www. joneslanglasalle. com/MediaResources/EU/Marketing/Poland/2012_Romania_Shoring_Paper_FINAL. pdf.

GDP 的比重为 0.9% ,而美国为 2.9% ,欧盟 15 国为 2.1% ,金砖国家为 1.4% 。

相比起印度及东南亚国家,中东欧国家拥有更为完善的基础设施建设,不仅降低了运营风险还降低了隐性成本。当然,也有部分中东欧国家处于经济和政治动荡时期。例如,2011 年,俄罗斯被世界银行评选为全球营商难度最大的国家之一(排名第 12 位),尽管近年来营商环境有所改善,但俄罗斯企业仍然不得不面对来自政府官员腐败带来的各种难题;基建设施落后,如保加利亚和波兰的通信设施就不够完善;另外,劳动力成本上升和人才短缺已经成为中东欧国家服务外包产业发展的主要障碍。

### 二、乌克兰

（一）概况

乌克兰的发展与其他中东欧国家相比还有差距,但却是中东欧国家中 IT 外包增长最快的国家,因而值得引起注意。2015 年,乌克兰的软件出口额达到 25 亿美元。乌克兰有良好的 IT 生态系统,是非常有潜力的国家①。乌克兰目前有超过 500 个外包公司和超过 100 个全球研发中心。乌克兰格里夫纳的贬值和税费改革让乌克兰的外包吸引力有了提升,2016 年乌克兰主要城市的科尔尼全球城市指数有了一定提升。

（二）SWOT 分析

乌克兰现有的 IT 人才在中东欧国家中是最多的,并且未来的人才储备也处于优势地位。与相邻国家比,乌克兰有充足的劳动力和较低的工资水平;表 3 - 11 展现了 2015年乌克兰 IT 外包业月平均工资,这一水平与印度、中国、菲律宾等国相比,具有更高的性价比②。

表 3 - 11　2015 年乌克兰 IT 外包业月平均工资水平　　　　单位:美元

| | Script | C#/. NET | C ++ | Obj. C | PHP | Python |
|---|---|---|---|---|---|---|
| 初级软件工程师 | 650 | 900 | 700 | 400 | 650 | 700 |
| 软件工程师 | 1800 | 1500 | 1800 | 1500 | 1800 | 1600 |

---

①　IT services and software R&D in Europe's rising tech nation. [EB/OL]. [2016 - 09 - 15]. http://www. uadn. net/files/ukraine_it. pdf.

②　Salaries in it:2015 overview[EB/OL]. [2017 - 05 - 27]. https://outsourcingreview. org.

续表

| | Script | C#/. NET | C ++ | Obj. C | PHP | Python |
|---|---|---|---|---|---|---|
| 高级软件工程师 | 3000 | 2800 | 3200 | 2700 | 3000 | 3500 |
| 软件技术主管 | 3100 | 3500 | 3300 | 3200 | 3500 | 4500 |
| 系统架构师 | 4500 | 4000 | N/A | 3500 | 3800 | N/A |

资料来源:IT outsouring review:Ukraine[EB/OL].[2017 - 05 - 27]. https://outsourcingreview. org.

在政策方面,乌克兰政府对 IT 行业实施了相比发达国家更低的税收。独立员工(individual contractor)通常无须支付工资税,只固定地上缴收入的 4% 作为税收。一般员工的收入所得税率为 18%。此外,也不征收增值税。

在教育方面,乌克兰传统的教育方式、偏重理论的课程和薄弱的政府投资,让乌克兰的教育存在欠缺。但是,乌克兰重视技术教育的传统让乌克兰每年有大量的 IT 毕业生进入市场。乌克兰是中东欧国家中每年新进入市场 IT 劳动力数量最多的国家。乌克兰致力于培养更多的 IT 人才,非营利性组织 BrainBasket 基金会的主要任务是鼓励学生学习 IT,对学校在培养 IT 高端人才上所需的设施和资源给予支持,以改变乌克兰在 IT 教育上偏理论轻实践的缺陷。

表 3 - 12 显示,乌克兰与邻近国家相比,主要缺点是英语水平相对较差,经商容易度(ease of doing business)排名靠后。乌克兰在经济方面的不足主要表现为乌克兰一直有较高的通货膨胀率,但这一点对 IT 行业的影响较小,因为 IT 行业在支付工资时一般与员工约定以美元计价,发工资时则根据当时汇率换成乌克兰货币。

在政治方面,与其他中东欧国家对比,乌克兰紧张的政治局势影响了乌克兰的服务外包业的发展。2015 年底,乌克兰经历了较大的地缘政治动荡。这种地缘政治的影响让大量技术人员流往邻近的波兰、保加利亚、罗马尼亚、斯洛文尼亚等国,直接削弱了乌克兰的竞争力。在法律方面,乌克兰法律程序繁杂,存在许多的法律漏洞,知识产权保护不力。

表 3 - 12　乌克兰与相邻国家竞争力对比

| 指标 | 乌克兰 | 波兰 | 捷克 | 保加利亚 | 白俄罗斯 | 斯洛伐克 |
|---|---|---|---|---|---|---|
| 劳动力(百万人) | 22 | 18.5 | 5.3 | 2.5 | 4.5 | 2.7 |
| 经商容易度* | 83 | 25 | 36 | 38 | 44 | 29 |
| 创业容易度* | 30 | 85 | 93 | 52 | 12 | 68 |

续表

| 指标 | 乌克兰 | 波兰 | 捷克 | 保加利亚 | 白俄罗斯 | 斯洛伐克 |
|---|---|---|---|---|---|---|
| 生活成本** | 19 | 25 | 27 | 21 | 29 | 29 |
| 英语专业度 | 中等 | 极高 | 高 | 暂缺 | 暂缺 | 一般 |

资料来源：经商容易度和创业容易度（ease of starting business）来自世界银行报告（*Doing business* 2016：*Measuring regulatory quality and efficiency*：*Ranking out of 189 countries*）；生活成本来自 Numbeo 2015 年生活成本指数（Numbeo cost of living index 2015）；英语专业度来自英孚教育 2015 年英语专业度指数（EF English proficiency index 2015）。

＊：在 189 个国家中的排名。

＊＊：以纽约为 100 计算。

### 三、爱尔兰

爱尔兰和印度一样同属于服务外包发展较早且占据着产业链高端的国家，被誉为"欧洲硅谷"。爱尔兰的工资水平在全球名列前茅。与大多数国家靠相对较低的劳动力成本吸引服务和知识外包不同，爱尔兰是凭借其高新技术水平吸引服务外包，服务于高端服务外包市场。与爱尔兰定位类似的国家还有加拿大、澳大利亚。

爱尔兰制造业经济不算发达，但政府积极采取各项措施让爱尔兰借力于高新技术从而提升了经济发展速度。爱尔兰 KPO 的发展具有如下优势：其一，爱尔兰重视教育、科研以及二者的结合。早在二十世纪六七十年代，爱尔兰政府就开始实施免费义务制教育；到了 90 年代，爱尔兰的劳动力素质得到了大幅度提升；爱尔兰的高等教育收费也低于英国等国。同时，爱尔兰重视科研，政府寄希望于大学和研究机构，如都柏林圣三一学院（Trinity College Dublin）的目标是成为"爱尔兰的斯坦福或麻省理工学院"[①]。其二，地理和语言文化优势。爱尔兰地处大西洋北部，欧洲大陆和北美均是世界上主要的发包国所在地，其政治、地缘、文化、语言都与发包国相近。

### 四、英国

英国的外包目的地主要是在南威尔士，主要的模式是单一合作伙伴关系，但多供应商模式（Multi Vendor Outsourcing）越来越受欢迎。当前，英国服务外包面临的主要问题是如何降低成本和增加劳动力，现实是劳动力成本持续上涨，技术与管理人才供需不平

---

① 爱尔兰成"欧洲硅谷"：最穷的国家如何一步步翻身成了欧洲第一创业之国［EB/OL］．［2016 - 10 - 01］．http://newseed. pedaily. cn/201507/201507311320805. shtml.

衡。同时，英国过于严格的数据保护法律也在一定程度上制约了外资的进入。

英国本为欧盟国家，但 2016 年的"脱欧"可能给英国服务外包行业带来一定的损失。在脱欧之前，英国国家外包协会（National Outsourcing Association）组织的一项服务外包企业调查显示，将近四分之三（73%）的受访者希望英国留在改革后的欧盟体系中，其中有 35% 的人认为这样做会保护服务外包的贸易关系①。

## 第四节  知识流程外包在拉丁美洲、非洲国家与地区的发展

拉丁美洲和非洲国家目前处在全球服务外包市场较为低端的位置，还有一定的发展空间。拉美国家是重要的外包承接地，重要的国家包括巴西、哥伦比亚、智利、哥斯达黎加等。它们的一些共同特点是：与北美同时区，是美国的重要发包目的地；整体而言，拉美国家有较为稳定的政治和经济环境；大部分拉美国家主打西班牙语市场；研发能力较差。但也有一些国家有自己的特点。非洲国家，除埃及、南非两个相对发达的国家外，其他非洲国家服务外包额度低于非洲以外国家和地区。2013 年，撒哈拉非洲服务贸易出口仅 500 亿美元，落后于其他发展中地区②。

世界银行发布的 2014 年《非洲脉搏》（Africa's Pulse）报告指出，为实现减贫目标，次撒哈拉非洲应加大对基础设施建设的投入，并加快发展业务流程外包、软件开发、呼叫中心等服务外包行业。服务外包行业与制造业一样，能创造就业岗位，有利于减贫。除南非和埃及已具有一定的服务外包基础，服务外包达到了一定规模，可以考虑发展知识流程外包的发展，其他国家和地区离知识流程外包还有很长的路要走。

### 一、哥伦比亚

（一）概况

2008 年至 2012 年，哥伦比亚的西班牙语语言服务相对英语的语言服务比值为

---

①  英国服务外包企业普遍反对脱离欧盟［EB/OL］.［2016 - 10 - 01］. http://coi. mofcom. gov. cn/article/y/gjdt/201604/20160401288527. shtml.

②  世界银行建议非洲加快发展服务外包行业以减贫［EB/OL］.［2016 - 10 - 03］. http://www. nnfwwb. gov. cn/index. php/view-668. html.

49∶1,哥伦比亚已经成为西班牙语语言服务的行业领先者,这一阶段,国家把服务外包业的发展放在主要大城市的基础设施建设上;2012 年至 2019 年,哥伦比亚西班牙语语言服务相对英语语言服务比值为 3∶1,继续保持西班牙语语言服务的行业领先地位,基础设施建设从大城市转向中型城市;2019 年至 2032 年,预计西班牙语语言服务相对英语语言服务比值为 1∶1,这一阶段国家把服务外包重点转向 KPO,旨在使人员技能产生溢出效应。

哥伦比亚的服务外包是在 2008 年经济危机之后开始发展的,目前还处于比较低端的服务外包阶段,其发展过程伴随着与巴西、墨西哥和阿根廷的激烈竞争。在 2008 年全球经济危机中,其服务外包的表现相对于其他拉美国家更好一些,业已成为该国拉动经济增长的主要力量之一。2016 年,哥伦比亚的科尔尼指数相对于 2014 年有大幅上升,得益于其货币的贬值。近年来,政府开始鼓励服务外包由呼叫中心向 KPO 转变。目前,哥伦比亚主要服务外包定位在西班牙语市场,但也在积极寻求向英语市场拓展。

(二)SWOT 分析

哥伦比亚服务外包业的发展得益于其语言优势以及政府在经济压力下采取的多种利于服务外包业发展的措施,如发展人力资源,开设专业的英语能力认证网(www.ispeak.gov.co),方便知识外包公司招纳人才;对服务外包出口公司的增值税进行减免;采纳《国际财务报告准则》(*International Financial Reporting Standards*),这为金融服务出口提供了便利;在波哥大和麦德林两座城市附近建立自由贸易区①。哥伦比亚在北部沿海地区设立了大量的自由贸易区,数量在拉美国家中是最多的。

政府为进一步提升哥伦比亚服务外包吸引力,采取了诸多措施②:①简化监管框架,修改会阻碍公司入驻的法律,高效地解决投资者面临的问题;②提高高等教育的质量,经常更新课程和职业培训计划,应对行业对人才需求的变化;③国家有针对性地帮助促销,打造国家优势,加强与投资者的沟通。

多年来,哥伦比亚在基础设施建设上的投入、不断积累的服务外包行业经验使其竞

---

① LUIS A, ANDRES C. Colombia's lesson in economic development[EB/OL]. [2016 – 10 – 04]. http://www.mckinsey.com/global-themes/americas/colombias-lesson-in-economic-development.

② 2016 Global services location index[EB/OL]. [2016 – 10 – 04]. https://www.atkearney.com/strategic-it/global-services-location-index.

争力逐渐上升,但整体来说其基础设施建设还有待完善,在人才储备上也略差于同区域的其他几个国家。根据美国科尔尼咨询公司公布的全球服务外包目的地指数,哥伦比亚的人力储备在全球排名第21位,位于巴西(第7名)、墨西哥(第13名)、阿根廷(第15名)之后。

## 二、巴西

### (一)概况

根据2016年美国科尔尼咨询公司的全球离岸服务外包目的地指数(Global Services Location Index,GSLI),巴西位居全球第4位,主要得益于其货币贬值。从20世纪90年代开始,巴西大幅投资于信息和通信技术产业基础设施建设,目前成效显著。巴西主要的外包中心为库里奇巴、圣保罗等城市,在Tholons排名中分别位列第26和第27。此外,里约热内卢和累西腓也在Tholons排名中位列前100个最具竞争力的外包城市。

巴西的服务外包是面向国内市场发展起来的,这一点与中国类似;目前以低端市场为主,IT和业务流程外包虽有所发展,但经验不足。

### (二)SWOT分析

经济方面:首先,巴西的人工成本并不低。根据PayScale的估计,在2010年,一个有4年工作经验的软件工程师或网页开发人员的年均工资是25600美元,这相当于美国同类岗位人员工资的43%;而菲律宾同业竞争者的工资水平相当于美国的10%,印度相当于美国的12%,中国是23%。如果是高级软件工程师,其年均工资水平可以达到美国同业者的56%;IT项目管理者的工资则可高达71000美元,相当于美国工资水平的70%[1]。其次,高人工成本使得巴西服务外包市场对税收优惠非常敏感,如果实行税收减免优惠,巴西的服务外包竞争力会迅速提高;一旦取消税收优惠,巴西的竞争力就会下降。目前巴西的企业所得税是34%,税收政策不具备竞争力。再次,巴西一直有较高的通货膨胀率水平、外债率水平(见表3-13),这些增加了潜在的财务风险,降低了投资信心。未来几年内,巴西可能还会继续处于通胀时期。此外,巴西在宏观财经、政府行政管理上的表现也没有优势,如政府常陷入腐败传闻、国内收入分配不平等、过于依赖国外投资、国内投资和基础设施建设不足等。这些问题在短期内难以改革,势必影响巴西经济的健康发展。

① Brazil[EB/OL]. [2016-09-20]. https://clutch.co/outsourcing-location/brazil.

表 3 - 13　巴西宏观经济变量　　　　　　　　单位:%

| 年份 | 2012 | 2013 | 2014 | 2015 |
|------|------|------|------|------|
| 通胀率 | 5.4 | 6.2 | 6.3 | 9 |
| 外债占 GDP 水平 | 20 | 22 | 25 | 30 |

资料来源:Economy Brazil[EB/OL].[2016 - 09 - 20].https://www.cia.gov/library/publications/the-world-factbook/geos/br.html.

教育方面:多项调查表明,巴西的教育水平落后于其经济发展水平,如世界经济论坛的高等教育竞争力排名,2015 年至 2016 年巴西的排名是 93;根据经合组织国际学生项目(PISA)的调查,巴西人在书本阅读量、数学成绩和识字率(90%)上的表现都相对落后。巴西的大学每年毕业的 820000 名学生中只有 13% 有科学或技术学位。究其原因,政府在教育上的投入仅占其 GDP 的 4%。

整体而言,巴西在成本、研发水平等方面存在明显劣势。一方面,巴西迫切需要改革国内法律政治,创造一个公平的竞争环境,为服务外包业的发展创造条件。另一方面,巴西在服务外包领域的优势也很突出。政治稳定、处于与北美较近的时区,这些原因让巴西成为一些北美企业外包的选择①。巴西政府也积极采取措施促进服务外包业的发展,如实施 IT Major 项目。

### 三、墨西哥

#### (一)概况

墨西哥是世界上服务出口额最大的国家之一,服务出口额排名在第三名或第四名。整个服务业占 GDP 比重为 60% 以上,其中服务外包行业一直是墨西哥增加就业的重要途径。根据 2015 年的统计数据,在墨西哥的 20 个州中,共有 30 个技术园区;26 个州共有 32 个产业集群,年营业额超过 20 亿美元;全国共有 639 个经过认证的发展中心。这些优势提升了墨西哥服务外包领域的外资吸引力。例如,花旗集团计划花费超过 15 亿美元来加强其在墨西哥的技术系统并提升后台支持;华为决定建立一个新的研发中心,这个中心将创造 1100 个新的就业机会;IBM 将在此建造一个新的地方云计算中心。

#### (二)SWOT 分析

墨西哥拥有许多优势,这使它成为最受美国公司欢迎的近岸外包目的地。具体包

① ANGELICA M. Tax hike hurts competitiveness of Brazilian IT firms[EB/OL].[2016 - 09 - 25]. http://www.zdnet.com/article/tax-hike-hurts-competitiveness-of-brazilian-it-firms/.

括:高度发达的电信基础设施;大量的信息和通信技术产业人员和工程师;与美国相近的时区和较低的出差成本;处于北美自由贸易区,对外与美国、加拿大具有相同的贸易政策,对内与美国和加拿大有关税减免;实行同样的知识产权保护制度。因而,在服务外包领域,墨西哥对于美国和加拿大具有极大的吸引力。与美国相比,墨西哥能在软件设计、视频游戏开发、支持服务和共享服务方面带来28.7%到46%的成本节约。对服务于美国国内的拉丁人口的公司,和其他拉美国家的公司,墨西哥同样具有吸引力。

在未来发展中,墨西哥较大的人口基数提供了劳动力保障。而且墨西哥每年在教育上的投入占GDP的比重仅在以色列和美国之后①。墨西哥每年从大学毕业的计算机工程师超过10万人,是世界上年产计算机人才最多的国家之一②。这些人才分布在墨西哥城、瓜达拉哈拉、蒙特雷等大城市,也分布在梅里达、提华纳等小城市,这给投资企业在选择目的地的时候提供了多个选择。此外,与其他拉美国家类似,墨西哥政府也采取了很多扶植政策和税收优惠措施。

墨西哥外包行业发展面临的主要问题有:外包企业规模小,难以吸引外资,也缺少KPO开发所需要的高技术和投入;政府高层存在腐败现象,这一问题延伸到商业领域,迫使国外公司"入乡随俗";墨西哥与美国存在政治纷争。

### 四、南非

2008年起,南非作为重要的接包国迅速崛起;2012年,南非获得英国国家外包协会(National Outsourcing Association,NOA)离岸目的地年度奖;2013年,南非获得欧洲外包协会(European Outsourcing Association,EOA)的离岸外包目的地年度奖③。

根据南非业务流程外包促进协会(Business Process Enabling South Africa,BPeSA)统计,该国超过210000人在业务流程外包或呼叫中心工作,其中超过25000个工作岗位服务于国际市场。南非作为大英联邦成员国,主要的服务对象是英国和澳大利亚,其服务外包业务主要处于ITO和BPO阶段。在同等成本情况下,南非的优势在于能够提供高质量的服务。其主要外包中心为约翰内斯堡、开普敦和德班,Tholons排名分别为第20

① Mexico[EB/OL].[2016-09-25].https://clutch.co/outsourcing-location/mexico.
② BACHIT. Mexico is a world Leader in engineering and computer science grads[EB/OL].[2016-09-25].http://mexico-it.net/mexico-become-world-leader-engineering-computer-science-graduates/.
③ LACITY M C, Willcocks L P, Craig A. South Africa's business process outsourcing services sector:lessons for western-based client firms[J]. South African journal of business management,2014(4):45-58.

名、第 56 名和第 100 名。

南非的优势为服务外包业的发展提供了有力支持,具体包括:南非教育系统的发达程度在非洲独一无二;南非使用英语的人较多;商业环境和司法系统能为外国投资者提供一个高度安全的环境。不足之处在于,南非对服务外包征税非常高;尽管南非在教育上投入高,但文盲率相对较高,南非的教育歧视、种族歧视一直是其经济发展中的痼疾。

## 五、埃及

以埃及为代表的北非国家是全球重要的外包市场。北非国家与欧洲国家直线距离近,而且没有时差,作为曾经的英国、法国殖民地,其语言和文化也与欧洲文化有较强的适应性,可以凭借低廉的劳动力吸引大量的服务外包业务。

2016 年,Gartner 集团将埃及确定为欧洲、中东、非洲地区的外包"主要地"(primary location)。根据 Everest Group 估计,埃及全球离岸服务行业每年以 7.5% 的速度增长。埃及之所以成为颇具吸引力的外包目的地,是因为其具备以下优势:埃及主要面向的是欧洲市场,与欧洲国家时区相近,空间距离较短,且有一个较为相近的文化;埃及的各项资源成本低于国际水平,服务外包的成本具有明显竞争优势;在价格方面,埃及与作为世界两大外包服务国的印度和菲律宾基本持平;埃及拥有较强的熟练技术人员队伍,很多人通晓阿拉伯语和英语;埃及拥有大量受到高等教育的人口,每年约有 50 万名毕业生从 35 所大学和 100 多家研究所毕业,成为从事服务外包业务的后备力量;埃及教育部门在 16 所大学成立了专门培训机构,培训了 6000 多名 BPO 人才,确保他们能胜任外包服务业的中层管理工作[①]。

阻碍埃及服务外包发展的因素除基础设施较为落后外,还包括较高的经济风险,较高的通货膨胀率。此外,人们大都认为埃及较容易受到恐怖主义袭击(实际统计数据并非如此),这在一定程度上限制了埃及的吸引力。近年来,政府采取了一系列措施来改善投资环境,如改善基础设施(交通等);建立"智慧村"(Smart Village)吸引公司落户;加强了知识产权立法;行政上精简管理,建立了"一站式"服务;等等。

---

① 埃及外包业收入规模已达 11 亿美元竞争力凸显[EB/OL].[2016 – 10 – 25]. http://www.nnfwwb.gov.cn/index.php/view-1116.html.

### 六、其他国家和地区

以下几个国家没有在接包市场上占据引人注目的份额,但是在发展经验上有值得借鉴的地方。

(一)哥斯达黎加

哥斯达黎加服务外包领域的主要投资方有沃尔玛、亚马逊、嘉吉公司等,沃尔玛将其在中美洲的供应链中心设在哥斯达黎加;亚马逊的高端英文客户支持服务由哥斯达黎加提供;2015 年 6 月,嘉吉公司在哥斯达黎加新设了一个共享服务中心,除了具备处理财务和人力资源功能,还计划增加战略采购和物流方面的功能;2015 年,Indecomm 在哥斯达黎加成立了一个操作中心,雇用 100 名软件工程师来支持北美客户。

根据联合国的观察,与其他拉美国家相比,哥斯达黎加最主要优势在于基础设施投资占 GDP 比重最高,这一方面已经取得了良好的成效,如在东西海岸都铺设了海底光缆,手机渗透率在 2013 年已达到 151%①。哥斯达黎加社会环境稳定和谐,有与美国相近的文化,商业环境友好。此外,哥斯达黎加设立了自由贸易区,出口服务的公司可以申请享受优惠的税收政策。

哥斯达黎加的缺点在于劳动力较少,成本也相对较高,但劳动力的质量较高且年轻化弥补了这一点不足。根据 2013 年的统计,哥斯达黎加 15—34 岁的人口占该国总人口的 34%②。

(二)智利

智利可能是世界上服务外包行业规模最小的国家之一,但智利是拉美国家中 KPO 发展非常引人注目的国家。智利政府积极鼓励 KPO 的发展,智利生产力促进局(CORFO)的政策措施有效引导智利向高附加值上发展。

智利的税率水平远远低于拉美平均水平③,税收结构最为简单。以 2008 年为例,智

---

① Costa Rica infrastructure facilities[EB/OL].[2016 - 10 - 30]. http://cdn. cinde. org. s3. amazonaws. com/content/resources/3. pdf?1416440933.

② A cradle of human talent for those who seek the value of excellence [EB/OL]. [2016 - 10 - 30]. http://www. cinde. org/en/why.

③ Chile:a top destination for global services[EB/OL].[2016 - 10 - 30]. https://www. atkearney. com/documents/10192/317620/CORFO_2009. pdf.

利总体税率为 25.9%,阿根廷为 108.1%,巴西为 69.4%,哥伦比亚为 78.4%,乌拉圭为 58.5%,墨西哥为 51.5%,哥斯达黎加为 55.7%。此外,智利还有相对透明的投资环境。近年来,智利政府还鼓励英语教育,以提升其在英语市场的竞争力。

根据上述分析,本书对拉美国家 KPO 的发展潜力进行了比较,见表 3 - 14。

表 3 - 14　拉美国家 KPO 发展潜力 SWOT 矩阵对比

| 国家 | GSLI 排名 | 优势 | 劣势 | 机会 | 威胁 | 策略与预期 |
|------|------|------|------|------|------|------|
| 巴西 | 4 | ①大量人口和劳动力;②国内市场是强大的驱动力 | ①相对较高的工资水平、税率;②较差的宏观经济环境;③无语言优势;④波动的政治环境 | ①2016 年奥运会促进基础设施建设;②逐渐积累的经验 | 教育体系的建立和完善仍需时间才能见效 | 改善国内政治环境,稳定经济 |
| 墨西哥 | 8 | ①大量的 BPO 和 ITO 劳动力;②服务外包发展经验 | ①经济腐败;②公司规模较小 | ①与美国邻近的时区和地理距离,对美国很有吸引力;②北部地区的移民进入带来了技术人才 | 美国为鼓励国内就业,可能不把外包转移到国外 | 站稳西班牙语言市场的位置,逐渐打入英语市场 |
| 智利 | 9 | ①稳定的政治经济环境;②高效透明的政府管理风格;③拉美国家中最友好的商业环境;④发达完善的教育体系培养的人才;⑤已有的服务高端市场经验;⑥与北美相同的时区 | 劳动力较少 | ①政府有志于吸引 KPO 落户智利;②智利生产促进局(CORFO)的政策措施有效引导智利向高附加值上发展 |  | 在 KPO 发展上有极大潜力 |

续表

| 国家 | GSLI 排名 | 优势 | 劣势 | 机会 | 威胁 | 策略与预期 |
|------|------|------|------|------|------|------|
| 哥斯达黎加 | 19 | ①重基础设施建设；②商业环境友好 | ①劳动力较少；②成本相对较高 | 相近美国的文化和友好的商业环境 | 劳动力缺乏 | 向价值链更高端发展以弥补劳动力较高的成本，来获得竞争力 |
| 哥伦比亚 | 20 | 基础设施的完善 | 英语人才的不足，进入英语市场的难度较大 | 逐渐积累的服务外包经验 | | 处于较稳定的发展中 |

# 第五节  国外知识流程外包经验启示与趋势预测

## 一、知识流程外包经验启示

参考各个国家或者地区的发展，本书归纳出导致国外服务外包发展情况不同的因素，以供中国发展 KPO 借鉴。

（1）先行优势。先行者能让行业在国际竞争较弱的时候快速发展，印度的服务外包就是在这样的背景下发展起来的，并在惯性优势下，率先积累更多的客户资源。因此，预测未来的发展趋势并抢先布局，会给本国产业发展带来较大优势。相比较而言，起步晚的国家尽管可能具备行业发展的诸多优势，但在占有市场时仍会面临更多困难，如南非。

（2）人才与教育。具有行业人才的国家当然是最受欢迎的，但人才优势较难造就。一方面，培养人才需要几年的周期才能为市场输入员工；另一方面，随着经济的发展，工资水平也随之上涨，一些曾经凭借廉价人才吸引发包方的国家，很快会丧失优势。最理想的情况是，国家拥有较低物价水平的同时有高质量的人才；或者至少是，同等人才水平下工资水平相对于发包方较低。爱尔兰和东欧多国都属于具有人才竞争优势的情况，但也面临着工资水平上涨可能带来的威胁。稀缺的人才是最有竞争力的因素，拥有这类人才的国家在外包价格上涨的时候可以留住客户。

（3）语言环境。有的国家由于殖民时期的历史原因，大量当地人可以讲其他语言，尤其是英语，这会为该国带来天然的语言优势。印度、菲律宾、南非等国都有这种优势。由于发包方主要是美国、西欧各国等母语为英语的国家，像巴西这样讲葡萄牙语的国家则不具有这种优势。当然，语言劣势可以通过教育弥补。同理，本国语言属于印欧语系的国家也会因为较容易培养英语人才而具有优势，如中东欧国家。拉丁美洲国家中，除巴西外，西班牙语的语言优势也能有一定的吸引力，但这取决于西班牙语外包占据的市场份额。目前来看，在高端的知识流程外包上，西班牙语的影响有限。发展了西班牙语市场的国家正在积极打入英语市场。

（4）基础设施。良好的基础设施利于发展外包，尤其是对外包行业有重要影响的网络通信方面的基础设施以及跨国交通设施。前者使得软件服务等行业的存在成为可能，后者利于发包接包中跨国交易的进行。同时，建设与前者相配套的开放的网络环境也具有重要的促进意义，如菲律宾。此外，凭借良好的基础设施吸引发包方的国家还有哥伦比亚等。

（5）政治环境。服务外包行业是一个较容易受到政治风险冲击的行业，一国的政治环境稳定，更利于吸引发包方；国家政治动荡，会对该行业造成负面冲击，菲律宾的达沃是个非常典型的例子。中国在政治环境上具有优势；相对而言，以色列在这方面就不是绝佳选择。

（6）经济商业环境。这与一国的对内和对外经济政策都有关系，包括汇率制度、税收制度等。稳定的汇率制度，在长远上可能更利于吸引外包。在汇率波动较大的制度下，汇率的短期波动对接包吸引力会有相应的影响。例如，乌克兰近年的吸引力得益于其汇率能给发包方带来的额外福利。税收优惠则是很多国家吸引接包采取的政策。国家财务可以负担的时候，采取一定的税收福利可以促进接包发展。还有一个非常重要的方面是，公平、开放、透明的商业环境利于吸引外资。巴西在这方面就是一个反例。

（7）行业协会。行业协会对于协调本行业的发展、一致对外等方面发挥着重要的作用。印度的行业协会运营成熟，在引导行业发展上是个良好的范例；此外，中东欧国家等结成的协会也在发挥作用。

通过上述分析可以看出，一个国家或地区的软硬实力与其外包产业的成长息息相关。

### 二、知识流程外包趋势预测

本书对于各个国家的发展潜力的预测,既考虑了该国自己制定的目标,也考虑了该国凭借现有的潜力是否有可能支撑其目标实现。就各国的现有发展目标来看,有同有异,某些区域的国家会存在类似之处。

（1）BPO 发展较早的国家积极开展行业的升级和重新布局。因为劳动力价格、地价上涨导致很多 BPO 大国失去优势,BPO 已经发展起来的区域积极谋求向 KPO 升级,把曾经的 BPO 业务向国内物价低廉的区域转移。例如,印度、菲律宾等国,当然,中国也在此列。这些国家的共同点都是 BPO 发展较早,但在国内的各区域之间发展不平衡。

（2）拉丁美洲的西班牙语区国家积极寻求英语市场。考虑到这些国家语言上本来就有一定优势,而且在语言学上,英语与西班牙语同为印欧语系,其学习和培养成本应该比语言差异大的国家更低。

（3）传统上只面向某个国家的接包国,如作为英联邦成员国的南非主要面向英国,会寻求扩大客户服务市场。

（4）发包市场总体上会扩大,但也不排除某些发包方国内就业形势紧张,可能会减少外包,或实行优惠的财税政策,将外包业务留在国内。

相对应地,要实现上述目标,很多国家必须要有与之配套的基础设施建设和人才培养制度。

（一）教育投入比较

人才是吸引外包业务的核心要素,一国的教育状况对于竞争力有着长远的影响。根据世界经济论坛(World Economic Forum)发布的 2015—2016 年部分国家和地区高等教育竞争力排名(见表 3－15),捷克、乌克兰、匈牙利、罗马尼亚等中东欧国家在高等教育方面都很有竞争力。此外,如智利、委内瑞拉、墨西哥等拉丁美洲国家也具有相当好的表现。由于教育的回报周期比较长,该数据具有长远的参考价值。

表 3－15　2015—2016 年部分国家和地区高等教育竞争力排名

| 国家/地区 | 排名 | 国家/地区 | 排名 | 国家/地区 | 排名 | 国家/地区 | 排名 |
|---|---|---|---|---|---|---|---|
| 新加坡 | 1 | 荷兰 | 3 | 比利时 | 5 | 挪威 | 7 |
| 芬兰 | 2 | 瑞士 | 4 | 美国 | 6 | 澳大利亚 | 8 |

续表

| 国家/地区 | 排名 | 国家/地区 | 排名 | 国家/地区 | 排名 | 国家/地区 | 排名 |
|---|---|---|---|---|---|---|---|
| 丹麦 | 9 | 俄罗斯 | 38 | 厄瓜多尔 | 67 | 多米尼加 | 96 |
| 新西兰 | 10 | 阿根廷 | 39 | 中国 | 68 | 波黑 | 97 |
| 冰岛 | 11 | 卢森堡 | 40 | 伊朗 | 69 | 肯尼亚 | 98 |
| 瑞典 | 12 | 塞浦路斯 | 41 | 哥伦比亚 | 70 | 阿尔及利亚 | 99 |
| 中国香港 | 13 | 马耳他 | 42 | 塞尔维亚 | 71 | 博茨瓦纳 | 100 |
| 中国台湾 | 14 | 希腊 | 43 | 亚美尼亚 | 72 | 玻利维亚 | 101 |
| 爱尔兰 | 15 | 巴林 | 44 | 特立尼达和多巴哥 | 73 | 危地马拉 | 102 |
| 奥地利 | 16 | 意大利 | 45 | 圭亚那 | 74 | 不丹 | 103 |
| 德国 | 17 | 马其顿 | 46 | 塔吉克斯坦 | 75 | 加纳 | 104 |
| 英国 | 18 | 阿尔巴尼亚 | 47 | 突尼斯 | 76 | 萨尔瓦多 | 105 |
| 加拿大 | 19 | 乌拉圭 | 48 | 巴拿马 | 77 | 摩洛哥 | 106 |
| 爱沙尼亚 | 20 | 沙特阿拉伯 | 49 | 赞比亚 | 78 | 海地 | 107 |
| 日本 | 21 | 约旦 | 50 | 摩尔多瓦 | 79 | 科特迪瓦 | 108 |
| 斯洛文尼亚 | 22 | 克罗地亚 | 51 | 吉尔吉斯斯坦 | 80 | 纳米比亚 | 109 |
| 韩国 | 23 | 毛里求斯 | 52 | 佛得角 | 81 | 塞内加尔 | 110 |
| 立陶宛 | 24 | 斯洛伐克 | 53 | 秘鲁 | 82 | 埃及 | 111 |
| 法国 | 25 | 黑山 | 54 | 南非 | 83 | 老挝 | 112 |
| 葡萄牙 | 26 | 土耳其 | 55 | 牙买加 | 84 | 尼泊尔 | 113 |
| 卡塔尔 | 27 | 泰国 | 56 | 科威特 | 85 | 喀麦隆 | 114 |
| 以色列 | 28 | 匈牙利 | 57 | 墨西哥 | 86 | 巴拉圭 | 115 |
| 捷克 | 29 | 黎巴嫩 | 58 | 格鲁吉亚 | 87 | 莱索托 | 116 |
| 西班牙 | 30 | 罗马尼亚 | 59 | 阿曼 | 88 | 津巴布韦 | 117 |
| 波兰 | 31 | 哈萨克斯坦 | 60 | 阿塞拜疆 | 89 | 斯威士兰 | 118 |
| 拉脱维亚 | 32 | 委内瑞拉 | 61 | 印度 | 90 | 尼加拉瓜 | 119 |
| 智利 | 33 | 蒙古国 | 62 | 冈比亚 | 91 | 卢旺达 | 120 |
| 乌克兰 | 34 | 菲律宾 | 63 | 塞舌尔 | 92 | 贝宁 | 121 |
| 哥斯达黎加 | 35 | 保加利亚 | 64 | 巴西 | 93 | 孟加拉国 | 122 |
| 马来西亚 | 36 | 印尼 | 65 | 洪都拉斯 | 94 | 柬埔寨 | 123 |
| 阿联酋 | 37 | 斯里兰卡 | 66 | 越南 | 95 | 巴基斯坦 | 124 |

续表

| 国家/地区 | 排名 | 国家/地区 | 排名 | 国家/地区 | 排名 | 国家/地区 | 排名 |
|---|---|---|---|---|---|---|---|
| 加蓬 | 125 | 埃塞俄比亚 | 129 | 马拉维 | 133 | 几内亚 | 137 |
| 利比里亚 | 126 | 乌干达 | 130 | 缅甸 | 134 | 乍得 | 138 |
| 马里 | 127 | 马达加斯加 | 131 | 坦桑尼亚 | 135 | 布隆迪 | 139 |
| 尼日利亚 | 128 | 塞拉利昂 | 132 | 莫桑比克 | 136 | 毛里塔尼亚 | 140 |

资料来源:The global competitiveness report 2015-2016[EB/OL]. [2016 – 10 – 30]. http://www3. weforum. org/docs/gcr/2015 –2016/Global_Competitiveness_Report_2015 – 2016. pdf.

在实现 BPO 向 KPO 升级方面,中东欧国家相对省力;印度的教育投入可能是与其目标不能匹配的;菲律宾要实现该发展也不容易;而以色列在这一方面,尤其是在发展高端的知识外包方面,具有不容忽视的潜力;拉丁美洲的智利和哥斯达黎加在未来发展中也不容小觑。

(二)其他因素比较

(1)基础设施投入比较。基础设施建设对于要进一步发展 BPO 区域的发展中国家来说,还是不可欠缺的。基础设施投入力度取决于政府的财政情况和对于外包行业的重视力度。大多数国家对此的重视程度会影响本国基础设施发展,主要体现在建设速度等方面的差异。这方面,巴西是例外。有分析报告认为,非洲一些国家如果能发展服务外包业,能在一定程度上解决当地的就业问题,但目前非洲国家发展服务外包的瓶颈是基础设施建设落后。

(2)商业环境建设比较。主权信用评级可以作为经济环境的一种参考,它能反映出主权国家是否存在债务危机等经济风险。拉丁美洲国家和印度在近年的主权信用评级上都偏低。这意味着国内基础设施建设可能拿不出或者贷不到足够的资金,也能反映该国商业信用环境状况。中国有着良好的主权信用评级,经济运行稳健;菲律宾近年来的主权信用评级也相对较好。

(3)政治环境比较。政治环境分为国际政治环境和国内政治环境。但政治环境变化较难预测。总体来看,中国是很稳定的国家,政策上也有较长的延续性。

综合来看,印度、中东欧国家都会是中国在升级 KPO 过程中强有力的竞争对手,菲律宾则是我国在 BPO 市场上非常强大的对手。

# 本章小结

本章简要介绍了全球整体的发包和接包格局,特别选取了一些有代表性或者有特色的国家和地区的接包发展情况进行详细论述和 SWOT 分析,对未来发展趋势做出了预测,并从中得出了可以参考的经验和启示。本书发现:①印度、菲律宾、马来西亚等几个亚洲国家抢占了服务外包发展的先机,在世界服务外包市场上占据着较大份额。其中,印度在 KPO 行业也占有较大份额,但随着中东欧国家的进入,其份额在不断缩小。而菲律宾、马来西亚对中国构成的威胁较小。②中东欧国家以及爱尔兰的人才具有较高的知识和技能水平,一开始就走在了中高端市场上。尽管与亚洲大部分国家比,它们的工资水平较高,但与作为发包方的美国、德国等相比,其工资水平还是有竞争优势的。它们在 KPO 发展中,会有相当的竞争力,却也面临着劳动力较少的威胁。③拉丁美洲国家较晚进入市场,但它们在西班牙语的服务外包业务上占有较多优势,近年来正在积极寻找机会进入英语市场;智利、哥斯达黎加虽为两个小国,但具有发展 KPO 的潜力,未来或许会成为黑马,尤其是智利。④中国可以从这些国家学习的经验是:充分发挥行业协会的作用,建设完善的基础设施,构建便利的网络环境,在教育上重视语言培养,与发包方打造良好的经济外交关系等。

# 第四章　中国知识流程外包发展的现状分析与前景展望

## 第一节　中国知识流程外包发展的现状分析

### 一、总体状况

20 世纪 80 年代,具有知识流程外包特点的软件外包已经开始出现,但在技术、政策等因素的影响下,中国服务外包产业中的 KPO 业务在 20 世纪 90 年代后期才逐步发展起来①。现今,在经济全球化、知识经济及全球服务外包产业转移这一大背景下②,KPO 作为一种潜力巨大的高端服务外包类型,在业界和政界逐渐得到重视,呈现出快速发展的趋势。这为知识密集型服务产业的发展带来了新契机,并将引领服务外包产业发展的第三次浪潮。

（一）政策发展

发展 KPO 产业是培养国家创新能力的重要途径,是培养自主创新能力的重要组织平台,是吸引创新型人才自主创业、吸纳人才就业的重要手段③。从中国服务外包产业兴起至今,国家各部委已在资金、人才、税收、产业政策等多个方面出台了一系列优惠政策,用于扶持服务外包产业的发展。这些优惠政策奠定了中国服务外包业的发展基础,并推动了中国服务外包产业向高端业务——KPO 的转移。

"十一五"期间,为促进服务外包产业发展,2006 年 10 月 16 日商务部发布了《商务部关于实施服务外包"千百十工程"的通知》,其工作目标是在"十一五"时期,在全国建

---

① 徐辉.知识流程外包产业发展模式研究[D].哈尔滨:哈尔滨工程大学,2011.
② 刘蕤,王伟军.知识流程外包研究进展[J].图书情报工作,2010(12):13 – 16.
③ 徐辉,孙东生.知识流程外包业的界定及功能研究[J].学习与探索,2011(3):182 – 184.

设 10 个服务外包基地城市,推动 100 家世界著名跨国公司服务外包业务的转移,培育 1000 家大中型服务外包企业取得国际资质,具体涉及了人才培训、支持服务外包企业做强做大(国际认证、资金支持等)、服务外包基地城市建设、中国服务外包信息公共服务平台创建、鼓励和支持中西部服务外包业务的发展等九个方面的工作内容①。2009 年 1 月 15 日,中国将北京、天津、上海、重庆等 20 个城市确定为中国服务外包示范城市。2009 年 9 月 23 日,国家九部委联合颁发了《关于鼓励政府和企业发包促进我国服务外包产业发展的指导意见》②,推进了政府和企业从低端服务外包业务向高端服务外包需求的转型升级。"十一五"期间,中国政府将服务外包产业作为未来推动经济增长的重点,坚持科学发展,发挥示范城市带头作用,形成产业园区,推动产业集聚,促进了外包企业竞争力的提高、外包人才队伍的壮大。"十一五"是中国服务外包各类产业要素萌芽的基础培育阶段,基础设施及服务体系建设不断推进,产业环境不断优化③。

在"十二五"规划制定建议中,中国再次将发展服务行业作为未来五年的一个重要任务。在商务部和发改委联合发布的《中国国际服务外包产业发展规划纲要(2011—2015)》中明确提出,鼓励发展具有高知识含量、高附加值、高创新性的 ITO、BPO 和 KPO 业务,力争在软件和通信、金融、医药研发等国际服务外包领域实现较大发展,在文化创意、商务、物流等领域实现较大突破。"十二五"是中国服务外包产业快速积累资源的阶段,也是中国形成统一的服务外包产业生态系统的升级发展阶段。

2016 年是"十三五"的第一年,"一带一路"倡议、"互联网 +""工业 4.0"等发展战略必将促进中国经济的增长,为中国服务外包产业带来"十三五"市场的发展机遇。2016 年 1 月,商务部会同有关部门研究提出了《服务外包产业重点发展领域指导目录》,该目录共涉及 23 个重点发展领域 ITO 10 个、BPO 5 个以及 KPO 8 个。KPO 范畴的 8 个领域分别为工业设计服务、数据分析服务、医药和生物技术研发服务、检验检测服务、新能源技术研发服务、文化创意服务、工程技术服务及管理咨询服务④。"十三五"将是中

①　商务部关于实施服务外包"千百十工程"的通知[EB/OL].[2015 – 11 – 03].http://www. mofcom. gov. cn/aarticle/h/redht/200610/20061003465554. html.

②　关于鼓励政府和企业发包促进我国服务外包产业发展的指导意见[EB/OL].[2015 – 11 –03]. http://www. gov. cn/zwgk/2009 – 10/20/content_1444298. htm.

③　鼎韬见解:中国服务外包"十三五"期间将转型升级推动智慧产业发展[EB/OL].[2015 – 11 – 03]. http://www. chnsourcing. com. cn/outsourcing-news/article/100225. html.

④　关于《服务外包产业重点发展领域指导目录》公示的通知[EB/OL].[2016 – 03 – 03]. http:// chinasourcing. mofcom. gov. cn/policy/47/64887. html.

国服务外包产业转型升级阶段,在互联网平台的支持下,要以创新研发为核心,实现产业的升级及可持续发展。

综上,从"十一五"到"十三五",中国的服务外包产业不断发展,产业结构不断优化,KPO 业务的发展越来越受到重视。

(二)规模发展

"十二五"时期,中国服务外包进入了跨越式发展阶段,而中国也已经成为全球第二大离岸接包国①,中国服务外包主要呈现以下特点:

(1)服务外包总体规模不断扩大。商务部公布的资料显示(见图 4 - 1),2011 年至2015 年中国承接服务外包合同的执行金额分别为 323.9 亿美元、412.9 亿美元、638.5亿美元、813.4 亿美元及 966.9 亿美元。

单位:亿美元

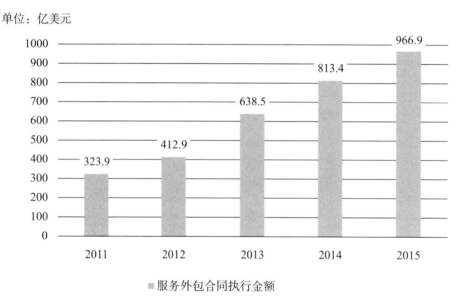

图 4 - 1 2011 年至 2015 年中国承接服务外包情况

资料来源:中华人民共和国商务部。

由图 4 - 1 可知,2011 年至 2015 年中国服务外包合同的执行金额不断增长,从 2011年的 323.9 亿美元增长至 2015 年的 966.9 亿美元,共增长 643 亿美元,增长了约两倍。2015 年,签订服务外包合同金额达 1309.3 亿美元,同比增长 22.1%。其中,离岸、在岸

① 王晓红,李德军.中国服务外包产业发展报告(2013—2014)[M].北京:社会科学文献出版社,2014:1.

的服务外包合同金额分别为 872.9 亿美元、436.4 亿美元,执行金额分别为 646.4 亿美元、320.6 亿美元①,可见,离岸外包市场占据了主导地位。2016 年第一季度,中国服务外包合同金额达 2189.9 亿元人民币(同比增长 25.4%),执行金额 1328.1 亿元人民币(同比增长 10.8%),其中离岸服务外包合同金额 1562.7 亿元人民币(同比增长 44.6%),执行金额 876.6 亿元人民币(同比增长 11.3%)②。

(2)KPO 业务增长,离岸外包产业结构优化。目前,商务部历年发布的数据显示,中国服务外包产业仍以 ITO 为主,但 KPO 业务发展迅速,外包产业结构逐步优化,并向高端业务拓展。

根据商务部公布的统计数据(见图 4-2),相比 2013 年、2014 年,2015 年中国服务外包产业中 KPO 业务的离岸合同执行金额上升,但所占比重较 2013 年有所下降。2014 年,中国经济发展进入新常态,服务外包领域的新技术、新业态、新应用模式不断涌现,服务外包业逐步从规模快速扩张向量质并举转变。中国承接 ITO、BPO 和 KPO 离岸执行金额分别为 293.5 亿美元、79.0 亿美元和 186.7 亿美元,占比分别为 52.5%、14.1% 和 33.4%,同比分别增长 18.3%、34.5%、30.9%,以知识和研发为主要特征的离岸 KPO 业务比重稳步提升。其中,生物医药研发、产品技术研发、工业设计等高附加值的业务成为主要领域,且数据挖掘服务成为产业焦点③。2015 年,中国承接 ITO、BPO 和 KPO 的离岸外包执行金额同比分别增长 8.0%、16.0% 和 27.4%,占比分别为 49.0%、14.2% 和 36.8%,其中 KPO 的离岸外包执行金额为 237.8 亿美元。KPO 业务快速发展,业务比重增大,带动服务外包业务结构的优化。例如,东莞市利用雄厚的制造业基础,积极开展工业设计、检验检测外包业务,KPO 比重超过 70%④。2016 年一季度,KPO 离岸外包增速放缓,ITO、BPO 和 KPO 的执行金额分别为 457.7 亿、137.0 亿元和 281.9 亿元人民币,同比增长分别为 16.2%、19.6% 和 0.9%,占比分别为 52.2%、15.6% 和 32.2%。医药和生物技术研发外包、动漫及网游技术研发领域外包同比下

---

① 商务部:2015 年中国服务外包情况[EB/OL].[2016-03-04]. http://chinasourcing. mofcom. gov. cn/news/91/65160. html.

② 商务部召开例行新闻发布会通报 2016 年一季度服务外包发展情况[EB/OL].[2016-04-28]. http://coi. mofcom. gov. cn/article/y/gnxw/201604/20160401298986. shtml.

③ 商务部中国服务外包研究中心. 中国服务外包发展报告 2015[M]. 北京:中国商务出版社,2015.

④ 1—9 月企业签服务外包合同 854 亿美元同比增长 16%[EB/OL].[2015-11-07]. http://www. chinanews. com/cj/2015/10-20/7578833. shtml.

降 11.2% 和 14.9%，影响了知识流程外包的整体增速，这是 KPO 增速放缓的主要原因。

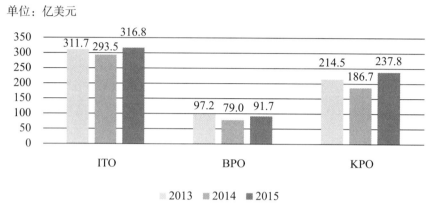

单位：亿美元

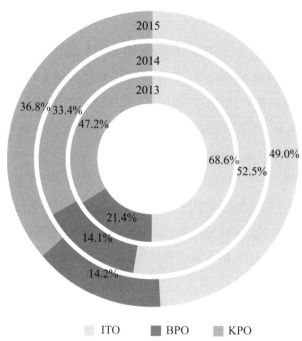

图 4 - 2　2013 年至 2015 年中国服务外包离岸业务的发展情况

资料来源：中华人民共和国商务部。

此外，"一带一路"倡议极大地促进了中国服务外包的发展与结构优化。据商务部统计，2015 年"一带一路"共建国家服务外包市场，合同金额和执行金额分别为 178.3 亿美元和 121.5 亿美元，分别同比增长 42.6% 和 23.4%，主要涉及信息技术服务、工程设计外包和工业设计外包领域[①]。2016 年 1 月,中国企业承接"一带一路"相关国家服务外包合同增长超三成,其中企业承接 KPO 离岸合同的金额达 131.8 亿元人民币,同比增长 47.8%,其增长率多于 ITO( − 0.3% ),少于 BPO(146% ),但其合同金额要多于 BPO(129.1 亿元人民币)[②]。

(三)企业发展

由图 4 − 3 可知,2011 年至 2015 年,中国服务外包企业的数量不断攀升,为中国服务外包产业的发展及优化升级奠定了基础。2014 年,全国新增外包企业 3309 家,同比增长 13.3%,其中民营企业和外商独资企业占据主要地位;2015 年,全国新增外包企业 5644 家,同比增长 20.1%。在国际认证方面,全国服务外包企业新获得开发能力成熟度模型集成(CMMI)、信息安全管理(ISO/IEC 27001/BS 7799)等[③]相关国际认证 1491 个,同比增长 7.3%。

图 4 − 3　2011 年至 2015 中国服务外包企业数量

资料来源:中华人民共和国商务部。

---

① 1—7 月中国与"一带一路"沿线国家签订服务外包合同额 82.3 亿美元[EB/OL].[2015 − 11 − 04]. http://www.chnsourcing.com.cn/outsourcing-news/article/100326.html.

② 1 月中国企业承接"一带一路"相关国家服务外包增长 31.6% [EB/OL].[2016 − 03 − 04]. http://chinasourcing.mofcom.gov.cn/news/91/65379.html.

③ 2015 年商务工作年终综述之十八:服务外包产业健康快速发展[EB/OL].[2016 − 03 − 04]. http://coi.mofcom.gov.cn/article/y/gnxw/201602/20160201250060.shtml.

## (四)人才发展

同 2011 年至 2015 年服务外包企业规模的发展情况一致,2012 年至 2015 年四年间中国服务外包的从业人数也在不断攀升,且大学以上学历人员逐年增长(见图 4-4)。根据商务部统计数据,截至 2014 年底,服务外包从业人员中大学毕业生占比 66.7%;新增从业人员 71.1 万人,其中大学毕业生(含大专)占新增从业人员的 68.6%(48.8 万人),经专业培训后就业人数达 11.7 万人,累计受训后就业人数为 57.9 万人。随着服务外包产业规模的稳步扩张,2015 年新增从业人员同比增长 79.3%(127.5 万人),其中大学毕业生(含大专)同比增长 37.1%(66.9 万人)。此外,受益于京津冀协同发展以及产业转移,河北、河南、湖北、江西等省新增从业人员增幅较大①。综上可见,中国服务外包从业人员不断增长的同时,从业人员中高学历人员的数量也在不断上升。服务外包中 KPO 业务对高学历人才的需求增加,将进一步促进服务外包产业向高端业务发展,并促进产业结构优化升级。

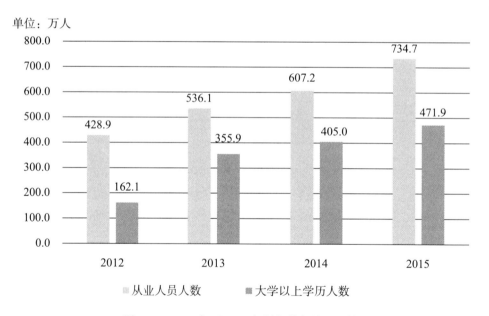

单位:万人

图 4-4 2012 年至 2015 年服务外包从业人数

资料来源:中华人民共和国商务部。

---

① 1—9 月企业签服务外包合同 854 亿美元同比增长 16% [EB/OL]. [2016-01-07]. http://chinasourcing. mofcom. cn/contents/129/60799. html.

（五）发展特征

在起步阶段，中国服务外包的产业模式相对来说较为单一，以软件开发和数据处理为主的业务仍然处于较为基础的层面。在上升阶段，中国服务外包的业务范围虽然已经开始出现结构分层的明显变化，但基础层面的软件外包、服务、数据处理和呼叫中心业务仍然占据主导地位，而对知识需求较高、高附加值的数据挖掘、动漫设计、医药研究等知识流程外包活动仍然较少。现今，在全球经济复苏、国内政治环境稳定的大背景下，中国服务外包产业总体发展向好，KPO 业务发展主要呈现以下几个特点：

（1）产业规模不断扩大，离岸市场占主导，在岸市场持续增长。前文已经对中国服务外包产业承接合同的执行金额进行了总体分析，从中可见中国 KPO 业务规模不断扩大，在服务外包产业结构中的占比持续升高。随着中国经济转型步伐的加快，国内的外包需求进一步加大，并且由于在岸外包靠近目标市场、无文化差异、不存在汇率风险等原因，许多外包企业特别是中小型服务外包企业积极开拓国内的外包市场，离岸、在岸的 KPO 业务规模差距在逐渐缩小，2010 年离岸与在岸 KPO 合同金额执行比值为 4.7，而 2014 年已经下降至 3.3。

（2）亚洲是 KPO 离岸合同的主要发包方。亚洲是中国 KPO 业务的主要来源地，2014 年中国 KPO 离岸合同数量占比排在前三位的发包方分别为亚洲、北美洲和欧洲，分别为 42.2%、24.2% 及 22.7%。在 KPO 离岸合同金额上，排在前三位的同样为亚洲、北美洲和欧洲，分别为 48.8%、21.4% 及 17.6%。由此可见，亚洲在中国离岸合同发包市场上占有绝对的主导地位，且发包方主要来自中国、日本、韩国等国家或地区，发包业务主要集中在检测检验、数据挖掘及分析、工程设计及医药研发等领域。

（3）我国各地广泛重视 KPO 业务的发展。2012 年，中国部分城市的 KPO 业务占比就已超过 40%，其中哈尔滨、广州、苏州、济南、天津的 KPO 业务占比相继超过 ITO，成为服务外包的主要业务领域①。2015 年，山东服务外包结构持续优化，海外市场呈现新格局，超额完成"十二五"规划目标，软件研发、技术服务、动漫设计等领域成为外包业务的主要增长点②。2016 年，天津着力于医药、大健康产业和金融外包等方面，在

---

① 王晓红，李德军. 中国服务外包产业发展报告（2013—2014）［M］. 北京：社科文献出版社，2014：77–79.

② 1 月山东服务外包合同执行金额 2.9 亿美元同比增两成［EB/OL］.［2016–03–17］. http://chinasourcing. mofcom. gov. cn/news/91/65248. html.

"互联网＋"、大数据、物联网、云计算、人工智能应用等方面加强产学研合作,不断创新外包商业模式①。

(4)工业设计、产品技术研发、生物及医药研发占主导,新兴业务发展迅速。据统计,2012 年中国 KPO 业务主要集中于工业设计、产品技术研究、医药及生物技术研发和测试等领域。2014 年,KPO 合同数最多的三个细分业务依次为产品技术研发、工业设计、医药及生物技术研发和测试,共占据 KPO 业务总合同的 60%。2015 年,在医药和生物技术研发、动漫及网游设计研发、工业设计等业务的快速发展下,服务外包业务结构逐渐优化。此外,由于大数据、"互联网＋"等技术的影响,服务外包与信息服务业、金融业、医药健康业等众多的垂直行业深度融合,从而带动了数据挖掘和分析、知识产权研究、医药和生物技术业务的快速增长。

## 二、市场结构解析

### (一)产业业态解析

本书根据商务部会同有关部门研究提出的《服务外包产业重点发展领域指导目录》②,对 KPO 的 8 个重点发展领域做如下解析。

#### 1. 工业设计服务

"十一五"及"十二五"规划纲要将工业设计作为服务业的重要内容,这是加快转变经济发展方式,实施创新驱动发展战略,实现工业由大变强的重要举措③。

(1)发展现状。目前,工业设计服务外包业务是 KPO 产业的主要业务之一,且增长速度较快。据统计,2014 年,在工业设计业务上,中国共承接合同 12091 份,占 KPO 市场的 18.2%,同比增长 74.7%,执行金额达 44.8 亿美元,占整个 KPO 业务的 14.6%,同比增长 121.8%。从离岸市场来看,工业设计合同占 KPO 市场的 22.4%,同比增长 96.9%,离岸执行金额占比 16.3%,同比增长 120.7%。现今,中国已经形成了一些工业设计服务外包聚集区,如位于广东省佛山市的广东工业设计城是以工业设计为

---

① 天津服务外包产业创新发展会召开力促行业发展[EB/OL]. [2016 - 05 - 17]. http://china sourcing. mofcom. gov. cn/city/155/67199. html.

② 关于《服务外包产业重点发展领域指导目录》公示的通知[EB/OL]. [2016 - 03 - 17]. http://www. mofcom. gov. cn/article/b/xxfb/201601/20160101244265. shtml.

③ 王泽新. 工业设计的发展迎来历史新起点[J]. 工业设计,2012(12):2.

核心的现代服务业聚集区,被工信部授予"国家新型工业化产业示范基地"称号,已经纳入《广东省建设文化强省(2011—2020)规划纲要》,目前已入驻来自国内大城市如北京、深圳、成都等,以及意大利、日本、韩国等国的50余家工业设计公司及设计大师①。据《2015年中国服务外包发展报告》分析,随着工业4.0战略的推进及《中国制造2025》的实施,工业设计外包需求加速释放,呈现出绿色化、智能化、综合化及个性化的发展特点。

(2)政策支持。2007年,温家宝总理就做出了"要高度重视工业设计"的重要批示,且在《国务院关于加快发展服务业的若干意见》②中强调,要鼓励发展专业化的工业设计服务业,建设工业设计、研发服务中心,同时积极承接国外的工业设计外包业务。随后,在2010年,工业和信息化部等部门联合印发了《关于促进工业设计发展的若干指导意见》,指出要充分认识大力发展工业设计的重要意义,同时确立了促进工业设计发展的指导思想、基本原则和发展目标。

2. 数据分析服务

随着网络技术的发展及企业对科学决策的重视,如何进行大数据分析与挖掘成为众多企业需要解决的问题,因此数据分析也成为一项服务外包业务。数据分析、数据挖掘是数据分析服务的两个重要业务类型。

(1)发展基础。首先,中国大数据存储行业蓬勃发展。2016年,工业和信息化部通信发展司副司长陈家春在"2016年中国大数据技术与应用研讨会暨联盟成立大会"上表示,"我国数据总量正在以年均50%的速度增长,预计2020年将占全球21%,中国正在成为真正的数据资源大国,这也为大数据产业发展提供了坚实的基础"③。具体表现在中国的信息化发展水平日益提高,政府部门、互联网企业、大型集团企业积累沉淀了大量的数据资源,且类型丰富。其次,在技术方面,国内骨干企业也具备建设和运维大数据平台的技术实力,在智能分析方面也有重大突破,推进了数据分析服务的发展。

---

① 姜红梅. 对接国际服务外包业创新型外语人才培养模式研究——以广东工业设计城为例[J]. 沈阳农业大学学报(社会科学版),2013(5):548-551.

② 国务院关于加快发展服务业的若干意见[EB/OL]. [2016-03-17]. http://www.gov.cn/zwgk/2007-03/27/content_562870.htm.

③ 中国大数据存储行业呈爆炸式增长[EB/OL]. [2017-05-17]. http://chinasourcing.mofcom.gov.cn/news/113/74584.html.

(2)政策支持。2015年8月31日,国务院印发了《促进大数据发展行动纲要》①,将推动产业创新发展、培育新兴业态、助力经济转型作为一项主要任务,为培育数据分析服务,提升大数据资源的采集、处理及挖掘、分析能力等提供了重要推力。2016年12月,工信部发布了《大数据产业发展规划(2016—2020年)》,明确指出要加大大数据产业的政策扶持力度,建设多层次人才队伍,推动其国际化发展。

3.医药研发外包服务

医药研发外包是一种技术含量高、投入高、附加值高的新兴产业,涉及的领域十分广泛,几乎覆盖了新药研发的全过程。医药研发外包起源于国外并且已经发展得较为成熟,中国的医药研发外包起步较晚,但经过近年来的快速发展,中国的医药研发外包服务经过萌芽、探索、快速发展阶段,逐渐步入正轨,也形成了具有中国特色的发展模式。

(1)医药研发外包的类型与机构。《中国服务外包产业发展报告(2013—2014)》根据涉及的业务范围,将医药研发外包分为三类:临床前研究类、临床试验类、新药研发管理咨询类(详见表4-1)。

表4-1 中国医药研发外包的类型与机构

| 类型 | 主要业务 |
| --- | --- |
| 临床前研究类 | 主要从事与新药研发有关的化学、临床前的药理学及毒理学实验等 |
| 临床试验类 | 主要从事与临床试验相关的业务内容 |
| 新药研发管理咨询类 | 主要从事与新药品咨询、报批、审核等业务相关的内容 |

资料来源:王晓红,刘德军.中国服务外包产业发展报告(2013—2014)[M].北京:社会科学文献出版社,2014.

2016年,药明康德公司宣布投资1.2亿美元在上海总部园区,建设世界领先的生物药一体化研发服务中心,旨在为全球生物药发现、开发及临床生产提供一体化解决方案,为推动生物药研发从创新想法到临床实践提供一站式服务②。

---

① 国务院关于印发《促进大数据发展行动纲要》的通知[EB/OL].[2016-05-17].http://www.gov.cn/zhengce/content/2015-09/05/content_10137.htm.

② 药明康德投资1.2亿美元在上海建设生物药一体化研发服务中心 加速全球生物药从创新想法到临床的研发进程[EB/OL].[2016-04-17].http://coi.mofcom.gov.cn/article/y/qyyq/201601/20160101233232.shtml.

（2）医药研发外包的市场发展特征。目前,医药研发外包服务已成为北京、上海、天津等多个城市的重点发展领域。在北京,超过 200 家外包企业聚集在中关村生命科学园,占有中国 1/4 的市场份额。而上海医药研发外包服务主要集中在张江药谷,聚集了超过 300 家企业,占据约 1/3 市场。据统计,2011 年中国的临床前外包及临床研究外包市场规模就分别达到 51 亿美元及 72 亿美元左右。2014 年中国医药研发外包服务的外包合同和执行金额分别增长 79.3% 和 127.6%,其中离岸合同和执行金额分别增长41.4% 和 109.7%。

（3）医药研发外包的区域发展现状。中国医药研发外包服务经过多年的发展,已经形成了一定的布局架构,以上海为中心的长三角区域及以天津为中心的环渤海经济区是两个主要的医药研发外包服务地区,这两个区域都有明显的区位特征、人才特点和资源特点。其中,长三角区域国际化的发展模式,吸引了大量的跨国企业与优秀人才,不断涌现出大批极具发展潜力的企业。环渤海经济区拥有特有的地理位置优势、交通物流优势、政策优势及基础资源优势,医药研发外包服务因此得到快速发展。此外,中国医药研发外包服务的集聚示范效应开始显现,目前在北京、上海、江苏、湖北、四川等 25个省份建有 100 多个医药研发外包服务产业园区,比较著名的有北京的中关村生命科学园、上海浦东的张江生物医药基地、江苏的泰州医药高新区、辽宁的本溪生物医药产业基地等。

（4）医药研发外包的发展趋势。国际竞争力逐步增强。中国生物技术外包服务联盟（Alliance of Bio-Box Out sourcing, ABO）成立于 2005 年 9 月,是中国第一家致力于生物医药创新服务的产业联盟,其采用资源整合、品牌共享、联合营销等方式有效地推动了联盟企业的服务能力。2014 年,ABO 联盟收入突破 23 亿元,整体利润 3.6 亿元,平均利润率为 14.5%[①]。

（5）医药研发外包的发展瓶颈。业务单一,技术含量低,趋同化现象严重。由于相关人才密集、成本低廉、疾病谱丰富,中国成为众多跨国制药公司的首选地之一,但仍存在服务内容主要集中在临床前研究和临床试验阶段,缺少自主创新的专利药物,无法形成规模的创新医药的产业链等问题。此外,2013 年,来自美国病理学家学会（College of

① 中国生物技术创新服务联盟[EB/OL].[2016 - 04 - 17]. http://www. abo. org. cn/about/index. aspx? nodeid = 25.

American Pathologist,CAP)的数据显示,中国仅有 18 家实验室通过 CAP 认证①。

4. 检验检测服务

(1)发展现状。2015 年 3 月,全国检验检测服务业统计信息由国家市场监督管理总局、国家认证认可监督管理委员会首次发布。统计结果显示,截至 2013 年底,除香港、澳门特别行政区和台湾,全国上报数据的各类检验检测机构共计 24847 家,检验检测报告共 2.83 亿份,共计营业收入 1398.51 亿元,从业人员 775953 人。而 2014 年至 2015 年底,全国各类检验检测机构增长 6275 家,营业收入增长 401.47 亿元,从业人员共计 945073 人。例如,无锡作为第一批服务外包示范城市,近年来高度重视检验检测服务外包的发展,现共有检验检测服务外包企业 30 家,2015 年服务外包合同执行金额 3.8 亿美元,同比增长超过 20%,并设立了"无锡太湖保护区——国际质量技术服务集聚园"中国服务外包示范园区及三个重点检验检测基地②。

(2)发展特点。本书通过对全国检验检测服务业统计信息的解读发现,中国的检验检测服务业主要呈现以下特点③:检验检测服务业继续保持快速增长态势,从机构数量、营业收入、吸引就业来看,近三年的年增长率均超过了 10%;检验检测服务业发展质量明显提升,获得高新技术企业认定的检验检测机构数为 1689 家,较 2014 年增长 70.7%,各类仪器设备、实验室配置都有大幅提升;事业单位制检验检测机构的比重下降,民营类的检验检测机构数保持高速增长,检验检测服务业结构布局持续优化,国内的检验检测市场竞争不断加强。

5. 新能源技术研发服务

近年来,中国可再生能源技术快速进步,产业实力显著提升④。2016 年 12 月 28 日召开了国务院常务会议,会议提出一系列举措,如修订《外商投资产业指导目录》及相关政策法规,鼓励外商更多地投资高端、智能、绿色等先进制造业和工业设计、现代物流等生产性服务业。此外,为放宽外资准入领域,国家发改委取消了公路客运、新能源汽车

① CAP 中国业务独家授予 BD 掘金 30 亿新药外包市场[EB/OL].[2016 - 04 - 17].http://coi.mofcom.gov.cn/article/y/gnxw/201308/20130800270401.shtml.

② 检验检测服务外包助推无锡"产业强市"[EB/OL].[2017 - 04 - 17].http://www.chnsourcing.com.cn/outsourcing-news/article/105565.html.

③ 质检总局召开新闻发布会通报国家检验检测服务业统计信息[EB/OL].[2017 - 05 - 23].http://www.aqsiq.gov.cn/zjxw/zjxw/xwfbt/201606/t20160612_468267.htm.

④ 可再生能源亟待政策和创新制度支持[EB/OL].[2017 - 02 - 23].http://chinasourcing.mofcom.gov.cn/news/115/74247.html.

电池等领域的准入限制①。

在示范城市中,天津成立了新能源协会,以推进新能源产业发展为方向,推动会员单位技术协同创新和产品质量提升,目前已拥有 70 多家会员单位,并召开了"互联网＋新能源协同创新知识服务平台"培训会、"第二届京津冀区域空气能、太阳能与电采暖技术应用和管理研讨会暨产品展示会""高新技术企业认定培训"等多项活动,促进了新能源技术研究服务的发展。2014 年,大连高新区助推产业优化升级,在新能源汽车及储能技术方面加快研发和产业化,加速新能源汽车的商业化②。

此外,在企业方面,银隆近年来在新能源电池行业、电动车行业和储能行业引领行业的技术输出,不断地引导行业前进,2016 年 12 月在北京人民大会堂举行的中国制造高峰论坛上,珠海银隆董事长魏银仓表示,银隆新能源已掌握全球顶尖钛酸锂核心技术,攻克了业内公认的"五大问题"③。

6. 文化创意服务

动漫产业是文化创意产业中的一个重要内容,中国是动漫产业的后起国家。作为文化产业的标志性产业,动漫产业近年来也呈现出迅猛的发展势头。

(1)动漫产业发展向好得益于税收政策的支持。2013 年,为促进中国动漫产业发展,财政部发布了《关于动漫产业增值税和营业税政策的通知》④,在增值税、营业税上给予动漫产业一定的扶持政策。

(2)动漫产业服务外包的发展局限主要是动漫人才流动性较大。动漫创作属于文化创意,具有很强的流动性,是一种无形资产。技术娴熟、经验丰富的创意者成为各企业争相挖掘的人才,由于从业人员的流动性较大,一定程度上影响了企业的稳定发展。

7. 工程技术服务

现今,随着全球经济的发展以及中国对工程技术服务业发展的重视,中国的固定资产投资和工程建设规模不断扩大,从而带动了中国工程技术服务业的快速发展。其中,

---

① 打造"制度高地"促引外资再上新台阶[EB/OL].[2017 – 02 – 23]. http://news. xinhuanet. com/politics/2016-12/30/c_129425737. htm.

② 科技创新让大连研发走向世界[EB/OL].[2017 – 02 – 23]. http://www. chnsourcing. com. cn/outsourcing-news/article/83040. html.

③ 董明珠携万达入股珠海银隆增资 30 亿支持"中国制造银隆钛"[EB/OL].[2017 – 01 – 23]. http://chinasourcing. mofcom. gov. cn/news/115/73948. html.

④ 关于动漫产业增值税和营业税政策的通知[EB/OL].[2017 – 05 – 23]. http://szs. mof. gov. cn/zhengwuxinxi/zhengcefabu/201312/t20131231_1031446. html.

工程咨询、规划设计是工程技术服务中两个重要的业务类型。

(1)发展现状。工程技术服务业与固定资产投资规模密切相关,据国家统计局 2016 年的统计①,近五年中国的全社会固定资产投资额呈逐年上升的趋势,2016 年全社会固定资产投资比上年增长 7.9%(606466 亿元),伴随着固定资产投资的快速增长,2006 年到 2014 年工程技术服务营业额增加了 6285.68 亿元。与此同时,据住房城乡建设部统计②,近年来工程勘察设计机构及从业人员数量也不断增加:2015 年工程勘察设计企业总数同比增长 6.3%,其中,工程设计企业 14982 个,占企业总数的 73.2%;从业人员304.3 万人,同比增长 21.6%,具有高、中级职称人员约占从业人员总数的 28%。

(2)发展前景。住房和城乡建设部在《建筑业发展"十二五"规划》中提出大力发展专业工程咨询服务,营造有利于工程咨询服务业发展的政策和体制环境,推进工程勘察、设计、监理等工程咨询服务企业规模化、品牌化、网络化经营;"十二五"期间发布的《关于推进文化创意和设计服务与相关产业融合发展的若干意见》《关于推进建筑业发展和改革的若干意见》《关于加快发展生产性服务业促进产业结构调整升级的指导意见》等一系列产业政策文件均体现了国家对工程技术服务业的关注与支持。

8. 管理咨询服务

战略咨询、业务咨询和综合解决方案三个业务类型是管理咨询服务的重点。政府在管理咨询方面已出台了多项支持措施,如《国务院办公厅关于政府向社会力量购买服务的指导意见》③、《关于政府购买服务有关预算管理问题的通知》④、《政府购买服务管理办法(暂行)》⑤、《国务院关于加快科技服务业发展的若干意见》⑥,为促进管理咨询服务的合理性、规范性发展提出了指导意见。

---

① 中华人民共和国 2016 年国民经济和社会发展统计公报[EB/OL].[2017 – 05 – 23]. http://www.stats.gov.cn/tjsj/zxfb/201702/t20170228_1467424.html.

② 2015 年全国工程勘察设计统计公报[EB/OL].[2017 – 06 – 01]. http://www.mohurd.gov.cn/wjfb/201608/t20160830_228721.html.

③ 国务院办公厅关于政府向社会力量购买服务的指导意见[EB/OL].[2016 – 09 – 24]. http://www.gov.cn/xxgk/pub/govpublic/mrlm/201309/t20130930_66438.html.

④ 关于政府购买服务有关预算管理问题的通知[EB/OL].[2017 – 06 – 01]. http://www.gov.cn/zwgk/2014-02/11/content_2587140.htm.

⑤ 财政部关于印发《政府购买服务管理办法(暂行)》的通知[EB/OL].[2017 – 06 – 01]. http://www.gov.cn/xinwen/2015-01/04/content_2799671.htm.

⑥ 国务院关于加快科技服务业发展的若干意见[EB/OL].[2017 – 06 – 01]. http://www.gov.cn/zhengce/content/2014-10/28/content_9173.htm.

随着中国经济的高速发展和互联网技术的不断更新,管理咨询行业的市场需求越来越大,中国的管理咨询企业数量也不断增长。《中国管理发展报告(2015)》①指出,近十年间中国的管理咨询企业总数年均增长率超过16%,截至2014年,管理咨询企业已超过20万家。目前,中国从事管理咨询服务的企业与机构可分为三个梯队:第一梯队是以麦肯锡、IBM为代表的外资咨询公司,占据了中国管理咨询市场50%的份额;第二梯队为国内的大中型咨询公司,其市场份额有10%—20%;第三梯队为广泛存在的小微型咨询公司,质量参差不齐,占有35%左右的市场份额。此外,中国的管理咨询市场呈现出客户多样化、服务内容多元化、参与主体增多、技术与工具转变等多方面的变化趋势。

(二)企业现状剖析

1. 企业性质及地域分布

据商务部统计,2014年的服务外包合同执行金额中,民营企业与外商独资企业占据了主导地位,所占比重分别达到了42.9%和30.2%,离岸合同执行金额占比分别达到35.4%和38.2%,这两种企业承揽了中国70%以上的服务外包合同业务。

从表4-2可知,截至2014年底,中国服务外包企业数量超过1000家的省份共有8个,其中江苏省企业数量最多,共有8167家。从区域分布来看,长三角地区(上海、江苏及浙江)由于经济及地理优势,其服务外包企业共达13396家,约占全国企业总数的47.6%,是中国主要的服务外包企业聚集地,其中上海、南京、无锡、杭州等五个示范城市的外包企业总数约占全国的31.2%。

表4-2　2014年中国服务外包企业地区分布

| 省、自治区、直辖市 | 企业数(家) | 省、自治区、直辖市 | 企业数(家) |
|---|---|---|---|
| 江苏省 | 8167 | 福建省 | 444 |
| 浙江省 | 3672 | 河北省 | 376 |
| 山东省 | 2294 | 吉林省 | 184 |
| 广东省 | 2248 | 河南省 | 138 |
| 上海市 | 1557 | 新疆维吾尔自治区 | 53 |

① 张晓东.中国管理发展报告(2015)[M].北京:社会科学文献出版社,2015.

续表

| 省、自治区、直辖市 | 企业数(家) | 省、自治区、直辖市 | 企业数(家) |
|---|---|---|---|
| 辽宁省 | 1134 | 广西壮族自治区 | 43 |
| 江西省 | 1056 | 山西省 | 30 |
| 北京市 | 1052 | 云南省 | 30 |
| 重庆市 | 908 | 甘肃省 | 20 |
| 黑龙江省 | 890 | 贵州省 | 16 |
| 天津市 | 837 | 宁夏回族自治区 | 16 |
| 湖南省 | 676 | 海南省 | 11 |
| 湖北省 | 626 | 内蒙古自治区 | 6 |
| 四川省 | 591 | 西藏自治区 | 0 |
| 陕西省 | 541 | 青海省 | 0 |
| 安徽省 | 511 | 新疆生产建设兵团 | 0 |

资料来源:刘春生,等.服务外包蓝皮书:中国服务外包竞争力报告(2015—2016)[M].北京:社会科学文献出版社,2016:3-10.

2.企业规模与利润

中国服务外包研究中心2015年8月发布的《中国服务外包企业国际竞争力调研分析》①显示,中国服务外包企业仍以中小型企业为主,100人及以下的企业占31.08%,101—500人的企业占33.78%,500人以下的中小规模企业占到一半以上。从企业的服务外包收入情况来看,年收入1000万—5000万美元的企业最多,占比22.97%。此外,2014年中国服务外包企业的业务利润与上年基本持平,50%以上的企业利润率都在10%以下。

3.企业业务领域分布

同样根据《中国服务外包企业国际竞争力调研分析》,2014年,ITO仍然是企业的主营业务,但业务占比较2013年有所下降;BPO较2013年上升幅度较大,从7.2%攀升至16.2%。在主营KPO业务的企业中,医药研发外包及知识产权研发外包均稳定增长,增幅分别为1.4%和1.5%。

———————————————

① 中国服务外包企业国际竞争力调研分析[EB/OL].[2017-06-01].http://www.comagazine.cn/article/? i=79744.

4. 服务外包企业客户行业及市场分布

根据《中国服务外包发展报告2015》统计的2014年中国服务外包企业的客户行业分布,KPO业务的客户来源为医疗保健(22.9%),传媒、出版和教育(13.3%),会计、法律等专业服务(5.7%)。在企业的市场分布方面,中国服务外包企业的国际市场主要分布在日本和美国两个国家。此外,国内市场主要集中在华东及华北地区,东部沿海地区成为中国服务外包在岸客户最为集中的区域。

### 三、地域分布

从《中国大额合同分析报告(2015年3季度)》来看,2015年1—3季度,中国离岸服务外包业务的发包方主要来自美国、爱尔兰、新加坡、韩国、瑞士等,占比分别为23.6%、8.9%、7.9%、6.7%和3.0%,合计占比50.1%。接包方面,离岸合同的接包方主要在江苏、北京、广东、上海和河北,占比分别为22.7%、21.7%、19.2%、13.2%和5.4%。在岸方面,江苏、广东、浙江、陕西和山东签约金额位居前列,分别为52.8%、22.0%、4.4%、3.7%、3.3%①。本书将从区域产业集群发展的角度分析区域、示范城市及服务外包产业园区的发展情况与特点,对中国KPO发展的地域分布进行详细介绍。

(一)区域布局

现今,中国立足现有的产业基础、区位优势、政治经济环境等要素,积极打造服务外包集群和国际服务外包产业带。目前,中国的东部沿海城市已经形成了一定的服务外包产业聚集优势,如环渤海、长三角、珠三角地区,基本形成"三大集群、东西映射"的发展格局。

1. 环渤海地区

(1)基本情况。"环渤海地区"狭义上是指京津冀、辽东半岛、山东半岛环渤海滨海经济带,位于中国华北、东北、西北三大区域接合部,包括三省二市,即辽宁、河北、山东三省及北京、天津两大直辖市。该地区总面积达186万平方公里,约占全国总面积的19.4%,人口总量约为3.14亿(截至2014年),约占全国总人口数的23%。该地区区位

---

① 服务外包研究动态(第三十一期)[EB/OL].[2016-06-21].http://coi.mofcom.gov.cn/article/bt/u/201601/20160101225833.shtml.

条件便利、自然资源丰富、产业基础雄厚,是中国最具综合优势和发展潜力的地方①。

(2)政策条件。在《国务院关于促进服务外包产业加快发展的意见》的指导下,环渤海地区各示范城市都在税收、人才、金融等方面相继出台了一系列配套政策措施。此外,2015年10月12日,国家发改委印发了《环渤海地区合作发展纲要》,该纲要提出了加快跨区域重大基础设施建设、加强生态环境保护联防联治、推进产业对接合作、构建开放型经济新格局、完善统一市场体系及统筹城乡区域协调发展的六个方面的重点任务,为中国服务外包产业的发展奠定了市场基础,对环渤海地区服务外包产业的快速发展起到推动作用。

(3)市场经济。环渤海地区具有较高的经济发展水平,2014年,环渤海五省市的GDP达15.45万亿元,占全国的24.3%,其中第三产业的增加总值达7.32万亿元。此外,2015年,在京津冀协同发展战略的支持下,京津地区的服务外包产业开始有序转移,如河北省的秦皇岛、石家庄和保定等开始分担京津地区的服务外包业务压力,全省的执行金额达11.6亿美元,同比增长了30倍。同时,依托于原有的工业基础,环渤海地区在生物制药、电子信息、新材料等高新技术产业方面具有较大的发展潜力②。

(4)KPO业务发展现状。北京、天津、青岛、大连、济南五个服务外包示范城市是环渤海地区主要的服务外包产业发展地。近年来,北京的KPO市场,特别是高端的生物医药研发业务正在迅速兴起,2012年KPO执行金额为3.5亿美元,服务外包提供商能力不断提升③。青岛作为今年新被纳入的服务外包示范城市,2016年第一季度,全市登记承接服务外包合同684份,合同额6.6亿美元,执行额5.6亿美元。其中,KPO合同额2.8亿美元,执行额2.2亿美元④。环渤海地区服务外包涉及的领域较为广泛,除传统的服务外包业务外,近年来发展较快的KPO业务领域主要有生物医药与金融电信、动漫等。

---

① 环渤海地区合作发展纲要[EB/OL].[2016 - 06 - 21].http://www.gov.cn/foot/site1/20151024/84371445667586814.pdf.

② 王谦,魏冬梅,贾巳梦.京津冀协同发展战略下保定市高校培养服务外包人才的路径研究[J].知音励志,2016(15):259 - 260.

③ 王晓红,李德军.中国服务外包产业发展报告(2013—2014)[M].北京:社会科学文献出版社,2014:229.

④ 青岛市服务外包公共信息服务平台[EB/OL].[2017 - 05 - 27].http://www.qingdaoao.com/?p = 1458.

（5）发展条件。①基础设施。基础设施持续完善，为服务外包产业及相关行业提供了良好的发展基础。如 2014 年，北京在交通运输方面全年货运量为 29513.4 万吨（同比增长 4.3%），全年客运量为 71745 万人（同比增长 1.0%）；在邮电方面，全年的邮电业务总量达 750.8 亿元，比上年增长 15.1%[①]。天津在全年交通运输、仓储和邮政业方面的增加值为 753.19 亿元，同比增长 8.8%[②]。②产业支持。环渤海地区设有大量的产业基地及产业园，成功引领了产业增长、优化了产业及人才结构，并吸引了大量外资的注入，如北京中关村软件园、大连软件园、济南齐鲁软件园等。③人力资源与技术。环渤海地区是大量高校与科研院所的聚集地，其不但为服务外包产业的发展提供了良好的人才保障，也为新技术的应用与开发提供了强大的科研创新能力。④需求状况。依托于优越的地理位置及良好的产业基础，北京、大连已成为众多跨国企业总部的最佳选择。⑤政府支持。为保证服务外包产业稳固快速地发展，各地市都相继出台了一系列扶持措施。

2. 长三角地区

（1）基本情况。长三角地区位于中国大陆东部沿海，包括江苏省、浙江省和上海市两省一市，区域面积 21.07 万平方公里，占国土总面积的 2.19%，总人口约为 1.56 亿。改革开放以来，受益于区域的区位优势、资源优势及众多的机遇，长三角地区的经济社会发展取得了巨大成就[③]。

（2）政策条件。自 2007 年国家开始实施"千百十工程"，长三角地区各省市也相继出台了各类服务外包发展的扶持政策。上海作为中国的金融中心，在 2006 年出台了《关于促进上海服务外包发展的若干意见》。2008 年，江苏省通过了《江苏省促进国际服务外包产业加快发展的若干政策措施》。2010 年，浙江省推出了《浙江省人民政府关于支持和鼓励国际服务外包产业加快发展的意见》。此外，2014 年，国务院发布了《国务院关于依托黄金水道推动长江经济带发展的指导意见》，提出了以创新驱动促进产业转型升级的部署要求，为长江经济带服务外包的区域融合和转型升级提供了广阔的发

①　北京市第三次全国经济普查主要数据公报（第三号）[EB/OL]. [2015 – 11 – 21]. http://tjj. beijing. gov. cn/tjsj_31433/tjgb_31445/jpgb_31447/202002/P020200216793110402473. pdf.

②　2014 年天津市国民经济和社会发展统计公报[EB/OL]. [2015 – 11 – 21]. http://stats. tj. gov. cn/tjsj_52032/tjgb/202007/t20200705_2780583. html.

③　长江三角洲地区区域规划[EB/OL]. [2016 – 06 – 21]. http://www. gov. cn/gzdt/att/att/site1/20100622/001e3741a2cc0d8aa56801. pdf.

展空间①。

（3）市场经济。长三角地区以上海为龙头,江浙为两翼,是中国重要的经济发展区。据统计(见表4-3),2014年,长三角地区两省一市的GDP达12.88万亿元,占全国GDP总量的20.26%。其中第三产业的生产总值达65.1万亿元,全国占比10.24%,占地区总量的50.53%。

表4-3 长三角地区GDP分布情况

|  | GDP(亿元) | 全国占比(%) | 第三产业GDP(亿元) | 全国占比(%) |
|---|---|---|---|---|
| 上海 | 23567.70 | 3.71 | 15275.73 | 2.40 |
| 江苏 | 65088.32 | 10.24 | 30599.49 | 4.81 |
| 浙江 | 40173.03 | 6.32 | 19220.79 | 3.02 |
| 合计 | 128829.05 | 20.26 | 65096.01 | 10.24 |

资料来源:国家统计局、各省市统计局。

（4）KPO业务发展现状。上海市作为中国经济最发达的地区,其服务外包产业的发展始终处于领先地位,且其外包范围更广泛,层次更高端。据统计"2015年1—11月,上海离岸服务外包合同和执行金额分别达61.56亿美元和44.26亿美元。其中,KPO合同和执行金额分别达16.78亿美元和8.86亿美元,分别同比增长48.1%和31.4%"②。同时,在企业和从业人员方面,2014年全市服务外包企业达1246家,吸纳就业人员23.34万人,其中大专以上学历人员占全部从业人员的85.9%③。此外,上海市政府为促进现代信息服务业的发展,建立了多个产业基地,其中上海多媒体产业园、张江文化科技创意产业基地都属于KPO业务范畴。

（5）发展条件。优越的地理位置与交通条件。长三角地区由于地处中国中部,上连中国北部下至南部地区,不但内部具有便利的交通网络,且与区域外地区联系也较为紧密,拥有三纵一横(京沪线、京杭大运河、沿海航道及长江)的交通网。此外,作为沿海地区,长三角地区与国际也有频繁的交流,如上海的贸易伙伴从改革开放初期的20多个国家扩展到200多个国家和地区。2017年,上海口岸进出口额达1.2万亿美元,占全国外

① 国务院关于依托黄金水道推动长江经济带发展的指导意见[EB/OL].[2016-06-22].http://www.gov.cn/zhengce/content/2014-09/25/content_9092.htm.

② 上海加快推进服务外包转型升级取得积极成效[EB/OL].[2016-06-22].http://chinasourcing.mofcom.gov.cn/news/91/64049.html.

③ 汪胜洋,王果.上海市服务外包产业发展的现状与思考[J].全球化,2014(2):103-112,127.

贸进出口总额的 28.5%、全球的 3.2%，位居世界城市首位①。

3. 珠三角地区

（1）基本情况。珠三角地区是中国的"南大门"，与东南亚地区隔海相望，包括 9 个城市（广州、深圳、珠海、佛山、惠州、东莞、中山、江门、肇庆）、2 个特别行政区（香港、澳门）及 1 个特别合作区（深汕特别合作区），占地面积 5.6 万平方千米，人口约5616.39 万（2012 年常住）。

（2）政策支持。广东省一直是中国服务产业发展的重点区域，早在 2005 年②和2007 年③就出台了加快发展服务产业的指导意见，并制定了服务外包产业专项资金的管理办法④，出台了示范城市、示范园区及示范企业的认定办法⑤。2016 年，广东省印发了《广东省促进大数据发展行动计划（2016—2020 年）》，这将促进其服务外包产业的创新与结构优化。此外，2016 年国务院印发的《国务院关于深化泛珠三角区域合作的指导意见》和广东省印发的《实施珠三角规划纲要 2016 年重点工作任务》旨在提高珠三角区域的经济合作程度，促进创新驱动发展，有助于共同培育对外开放新优势。

（3）市场经济。珠三角地区的制造业及现代服务业在全球都具有一定的影响力，同时在科技创新和技术研究方面也具有突出的优势，佛山和东莞是制造业大市，深圳则是科技创新的重要基地。以广州和深圳为例，2014 年其生产总值分别为 16706.87 亿元和16001.82 亿元，分别占全国生产总值的 2.63% 和 2.52%。其中，第三产业的增加值分别为 10897.20 亿元、9173.65 亿元，占全市生产总值的比重分别为 65.23% 和 57.33%。

① 2017 年上海市国民经济和社会发展统计公报［EB/OL］.［2018 – 06 – 01］. http://www.shanghao. gov.cn.

② 广东省人民政府关于加快我省服务业发展和改革的意见（粤府〔2005〕1 号）［EB/OL］.［2016 – 06 – 30］. http://www.gdsoa.org/Article/20111130/175.html.

③ 广东省人民政府关于加快发展我省现代信息服务业的意见（粤府〔2007〕95 号）［EB/OL］. ［2016 – 06 – 30］. http://www.gdsoa.org/Article/20111130/176.html.

④ 省外经贸厅、财政厅关于做好 2011 年广东省推动服务外包产业发展专项资金管理工作的通知（粤外经贸规财字〔2011〕15 号）［EB/OL］.［2016 – 06 – 30］. http://www.gdsoa.org/Article/20111130/174.html；广东省财政厅，商务厅. 关于印发《广东省省级加快发展服务外包产业专项资金管理办法（2014 年修订）》的通知［EB/OL］.［2016 – 06 – 30］. http://www.gdsoa.org/Article/20140620/2697.html.

⑤ 广东省外经贸厅关于印发《广东省服务外包示范城市认定暂行办法》和《广东省服务外包示范园区认定暂行办法》的通知［EB/OL］.［2016 – 06 – 30］. http://www.gdsoa.org/Article/20130410/847. html；广东省商务厅. 广东省外经贸厅关于服务外包示范企业和重点培育企业认定暂行办法［EB/OL］. ［2016 – 06 – 30］. http://www.gdsoa.org/Article/20140429/2561.html.

(4)KPO 业务发展现状。珠三角地区拥有多个优秀的服务外包产业园区且 KPO 业务分布广泛。如以动漫产业为主的广东动漫城、南沙服务外包示范园区,以工业设计为核心的广东工业设计城,还有广州市番禺示范区形成了十大主导产业,2009 年至 2012 年,其离岸外包执行额年均增长 11 倍①。其中,2015 年广州服务外包合同金额为 91.13 亿美元,同比增长 16.03%,离岸合同金额为 54.19 亿美元,同比增长 113.6%,且在服务外包示范城市综合评价中排名第三,是全国服务外包产业发展的第一梯队,并将以研发设计服务为重点进行产业转型升级②。

(5)发展条件。①区位优势。珠三角地区具有天然的海道良港,基础设施建设完善。此外,广东省发改委发布的《珠江三角洲基础设施建设一体化规划(2009—2020 年)》③进一步推动区域的互联互通、共建共享。②教育及人才优势。珠三角地区有大量高水平的高等院校及科研院所,仅广州市就拥有包括中山大学、暨南大学等国内外知名大学 63 所。此外,其区域经济的高速发展,也吸引了众多海内外优秀人才。③语言及文化优势。因是华侨之乡,优越的人缘优势可以极大地促进珠三角地区的招商引资。

(二)服务外包示范城市布局

1.服务外包示范城市总体状况

2016 年之前,中国共有 21 个服务外包城市,分别为北京、天津、上海、重庆、大连、深圳、广州、武汉、哈尔滨、成都、南京、西安、济南、杭州、合肥、南昌、长沙、大庆、苏州、无锡、厦门。在相关的税收优惠政策支持下,示范城市的服务外包产业不断做大做强。2014 年,示范城市的离岸服务外包合同承接金额达 641.4 亿美元,执行金额达 497.1 亿美元,分别同比增长 15.5% 和 23.4%,全国占比分别为 89.3% 和 88.9%,在中国服务外包产业发展中发挥了主导作用。2016 年 5 月,为统筹中、东、西部服务外包产业的整体发展,国务院等九个部门联合发布了《关于新增中国服务外包示范城市的通知》,新增服

---

① 中国服务外包示范城市番禺示范区[EB/OL].[2016 - 06 - 30].http://www.gdsoa.org/Topic/111/index.html.

② 服务外包研究动态(第三十三期)[EB/OL].[2016 - 07 - 21].http://coi.mofcom.gov.cn/article/bt/u/201606/20160601340760.shtml.

③ 印发《珠江三角洲基础设施建设一体化规划(2009—2020 年)》的通知[EB/OL].[2016 - 07 - 11].http://zwgk.gd.gov.cn/006939748/201008/t20100810_12099.html.

务外包示范城市 10 个(沈阳市、长春市、南通市、镇江市、宁波市、福州市、青岛市、郑州市、南宁市及乌鲁木齐市),至此中国的服务外包城市共计 31 个①。

据《中国服务外包发展报告 2015》分析,示范城市的发展特点可以总结为:①同质化发展逐渐转为差异化发展。示范城市持续探索差异化竞争之路,加快促进服务外包的转型升级,其中包括发展定位差异化、市场定位差异化及精细深耕差异化。②从政策推动到服务推动。各示范城市逐渐从依靠政策红利向依靠精准化服务转变,具体包括强化产业战略研究、开展多层次的市场推介、重视示范区动态考评及优化行政审批事项。③从孤立布局到合作联动,包括产业规划联动、公共服务联动及比较优势联动。示范城市逐渐从孤立布局向合作联动转变,区域布局明显改善,在优势互补、协调有序的发展态势下,开始形成特色鲜明的布局模式。

此外,由于经营成本和人力成本上升较快,二三线城市逐渐受到企业青睐。据统计,2015 年 1—9 月,非示范城市承接离岸服务外包执行金额 44.9 亿美元,同比增长19.7%,高于全国平均增速②。

2. 北京

(1)北京 KPO 发展概况。北京作为中国的政治、经济及文化中心,在服务外包产业发展上居于领先地位。2013 年 1—6 月,北京的离岸外包执行金额达 20.65 亿美元,同比增长 35.7%。其中,ITO 的执行额为 12.24 亿美元,占比 59.3%;BPO 的执行额为 4.17 亿美元,占比 20.2%;KPO 的执行额为 4.24 亿美元,占比 20.5%。发包额位居前 5 位的国家依次为美国、芬兰、日本、新加坡与爱尔兰③。此外,在大数据、物联网、云计算等大环境下,新兴业务快速发展,北京的服务外包产业向高端化转型,打造了包括基础设施、数据资源、数据应用等关键环节的完整大数据产业链,并形成了中关村大数据产业集群。

(2)北京 KPO 发展基础:环境保护与绿化。北京既有传统的文化底蕴,也具有现代的商业气息,融合了中西方文化,是中国旅游资源最为丰富的城市。2015 年,城市绿化

---

① 关于新增中国服务外包示范城市的通知[EB/OL].[2016 – 07 – 11].http://www.mofcom.gov.cn/article/b/xxfb/201605/20160501317300.shtml.

② 1—9 月企业签服务外包合同 854 亿美元同比增长 16%［EB/OL］.[2016 – 07 – 17].http://www.chinanews.com/cj/2015/10-20/7578833.shtml.

③ 1—6 月北京市离岸服务外包执行额 20.65 亿美元[EB/OL].[2016 – 07 – 17].http://coi.mofcom.gov.cn/article/y/gnxw/201307/20130700197754.shtml.

覆盖率达到 48.0%。

3. 天津

(1)天津 KPO 发展概况。天津市作为中国的四大直辖市之一,是中国北方的国际港口城市,是环渤海经济区的核心城市之一。作为服务外包示范城市,2014 年,天津服务外包产业在创新驱动、转型升级等方面实现了较快发展,新增服务外包企业 147 家,执行额同比约增长 30%①。2015 年,天津市服务外包行业围绕打造产业新优势,着力调整结构、促进发展,全年服务外包执行额近 22 亿美元,同比增长 7.1%②。此外,天津市 KPO 示范园区众多,2014 年天津市创意产业协会会员大会公布了第六批市级创意产业园名单,泰达服务外包产业园、天津东方环球影城科技文化创意产业基地等 10 家创意产业园区入选,加快了服务外包的产业转型升级③。

(2)天津 KPO 发展基础:政府的鼓励政策。自成为中国首批服务外包示范城市以来,天津制定了一系列有关人才培训与引进、产业扶植、财政税收等方面的优惠扶持政策。此外,2013 年,天津市知识产权局发布了《关于加强知识产权工作促进战略性新兴产业发展的实施意见》④,提高战略性新兴产业知识产权的创造、运用、保护及管理能力,弥补了中国服务外包产业在知识产权保护方面所存在的不足。

4. 大连

(1)大连 KPO 发展概况。2015 年,大连离岸服务外包合同执行金额 15.23 亿美元,拥有服务外包企业 1071 家,从业人员 13.7 万人。大连的动漫游戏产业发展较好,已经形成了以游戏产业为龙头,以动漫原创、应用和外包为基础的动漫游戏综合产业基地,动漫服务外包产业集群已初步形成。

(2)大连 KPO 发展基础:政府的鼓励政策。除了从资金、人才、税收等方面给予优惠政策,大连市还是国内第一个建立了个人信息保护行业规范的城市,这为大连市服务

---

① 天津政务网[EB/OL]. [2016 - 07 - 10]. http://www. tj. gov. cn/zwgk/zwxx/zwdt/wbjdt/201504/t20150416_264951. htm.

② 天津服务外包产业去年执行额 22 亿美元增长 7.1% [EB/OL]. [2016 - 07 - 23]. http://china sourcing. mofcom. gov. cn/city/155/67594. html.

③ 天津:第六批市级创意产业园公布[EB/OL]. [2016 - 07 - 23]. http://chinasourcing. mofcom. gov. cn/city/155/41185. html.

④ 天津市人民政府办公厅转发市知识产权局关于加强知识产权工作促进战略性新兴产业发展实施意见的通知[EB/OL]. [2017 - 06 - 12]. http://www. tj. gov. cn/zwgk/wjgz/szfbgtwj/201304/t20130407_190104. htm.

外包产业的进一步优化升级提供了发展条件。

5. 济南

(1)济南 KPO 发展概况。济南是 2006 年中国首批认定的"中国服务外包示范基地城市"之一,也是工信部认定的中国三大软件名城之一,并且在第六届全球外包大会上被评为"中国服务外包最具特色城市"。2015 年,山东省离岸外包执行金额达 66.07 亿美元,同比增长 20.1%。其中,ITO 的执行额为 23.56 亿美元,同比增长 18.7%,占比 35.7%;BPO 的执行额为 7.17 亿美元,同比增长 47.6%,占比 10.8%;KPO 的执行额为 35.34 亿美元,同比增长 16.7%,占比 53.5%。离岸市场主要是日本、印度及欧洲国家,KPO 业务发展迅速。济南作为山东省服务外包产业的主要示范城市,其离岸服务外包合同的执行额达 30.04 亿美元,约占全省执行额的 50%,上半年离岸知识流程外包附加值较高,同比实现 153.7% 的超高速增长,占比也进一步增加至 54%,首次处于主力位置,服务外包的业务结构进一步优化。目前,济南拥有国家级服务外包园区齐鲁软件园以及市中区、长清区、槐荫区三个省级服务外包基地。其中,长清区、槐荫区为该地区动漫游戏服务外包产业的发展提供了良好的发展环境,市中区则以金融为核心形成商务服务区、企业创业区及人才培训区,使金融服务外包产业得到大力发展。经过多年发展,KPO 领域中的金融财务、医药研发、动漫游戏、研发设计等业务已经在济南形成一定的产业格局。

(2)济南 KPO 发展基础:政府的鼓励政策。济南 2007 年出台了《关于促进服务外包产业发展的意见》,2009 年出台了《关于进一步促进服务外包产业的发展意见》。此外,济南是中国首批"知识产权保护示范城市"之一,制定了《济南市知识产权战略纲要》《济南市人民政府关于加强专利工作的意见》《济南市专利评奖办法(暂行)》《济南市保护知识产权专项行动方案》等政策和法规,这为服务外包企业发展高技术、高附加值业务提供了良好的知识产权保护机制。

6. 沈阳

(1)沈阳 KPO 发展概况。沈阳的服务外包规模也在一直不断扩张,截至 2012 年底,服务外包企业达到 362 家,外包合同额超过 15 亿美元,执行额 10 亿美元,日本、美国、欧盟、韩国是主要的国际市场。此外,沈阳市的服务外包产业结构调整步伐也在加快,2012 年,KPO 的合同执行金额达 4300 万美元,同比增长 35.2%,形成了沈阳国际软件园、东软软件园、沈阳软件出口基地等数据中心,以及研发设计、动漫创意等各具特色的服务外包园区。

（2）沈阳 KPO 发展基础:政府的鼓励政策。政策支持体系日趋完善,形成了国家、省、市三级政府政策扶持体系。2013 年发布的《沈阳市服务外包产业发展规划(2013—2017 年)》,从发展回顾、面临形势、发展目标、重点任务、保障措施五个方面,指明了未来的发展方向。随后,2015 年又出台了《沈阳市支持重点产业发展专项资金管理办法(修订)》。

（三）KPO 示范园区发展现状与特征

中国政府重视利用服务外包示范园区培育、孵化服务外包企业、承载和促进服务外包企业发展,已形成"国家级—省级—市级"服务外包园区的梯度结构,推进服务外包园区建设,充分发挥服务外包园区的引领和示范作用,从而发挥外包产业的集聚效应,为中国发展外包产业提供重要支撑及保障①。现今,随着中国服务外包产业结构的不断优化,KPO 业务领域不断扩展,基于原有软件园或高新技术开发区的 KPO 园区不断涌现。

1. KPO 示范园区发展现状

《中国服务外包发展报告 2015》显示,KPO 业务作为服务外包产业的高端业务,不断地发挥着产业集聚效应、龙头示范效应及创新孵化效应,尤其是在创新孵化方面,KPO 将在未来起到主导作用。

中国的服务外包产业以示范城市与示范园区相结合的模式发展,31 个示范城市下相应地都设有多个产业园区。据《中国服务外包发展报告 2013》统计,截至 2012 年,示范城市认定的服务外包示范园区总计有 164 个,且上海、杭州、无锡、南京及苏州五个示范城市中的服务外包园区总量占全国服务外包示范园区总量的近 30%,达 48 个。《中国服务外包发展报告 2015》中列出的较为典型的服务外包园区有北京中关村软件园、上海浦东软件园、大连软件园、深圳软件园、广州天河软件园、武汉软件新城、哈尔滨中国云谷、南京白下高新技术产业园区、西安工业设计产业园、济南齐鲁软件园、合肥蜀山新产业园区、长沙国家高新技术产业开发区、大庆高新区服务外包产业园、苏州国际科技园、无锡惠山软件外包园等。大多数典型的服务外包园区都为软件园区,但随着服务外

---

① 毛才盛.服务外包产业园集群创新能力的影响因素及创新能力评价研究[M].杭州:浙江大学出版社,2012:39.

包产业优化转型的步伐进一步加快,也不乏典型的 KPO 服务外包产业园区的出现,如在医药研发方面,比较著名的有北京中关村生命科学园、上海浦东的张江生物医药基地、辽宁的本溪生物医药产业基地等。

2. KPO 示范园区发展特征

(1)园区功能逐步完善。园区作为服务外包产业发展的主要载体,需要拥有良好的生态环境,这不仅体现在园区基础设施的不断完善,更体现在园区的产业化与城市化相互协调发展上。例如,大连软件园始终坚持贯彻产城融合思维,进行了产业、居住、教育、生活的综合规划,建设形成了人口规模在 15 万—20 万人之间的全新一体化城区,使工作生活和谐统一。

(2)管理体制机制创新。为更好地促进高端服务外包产业的发展,各服务外包园区在管理体制上都采取了不同的创新方式。例如,重庆、广州、西安等建立了服务外包园区考评体系,厦门、大连、上海则与城市拥有的开发区、保税港区等优势产业集群合作发展。

(3)政策服务体系完善。在国家服务外包产业的发展政策及各服务外包示范城市优惠政策的指导下,各服务外包园区也建立了相应的政策扶持体系。例如,长沙、哈尔滨、济南设立了专项政策支持园区发展,北京、大连、天津搭建了人才培养、融资、信息技术等公共服务平台,苏州和深圳开展园校合作、园企合作以提供优秀的人力资源服务。

(4)定位清晰的合作发展。KPO 业务的发展需要投入大量的人力、物力与财力,因此在业务发展的规划上需要具有清晰的定位,以形成自身独有的差异化竞争力。例如,西安、合肥、上海及无锡中的多个园区错位发展,天津、大连利用自身的地缘优势开展园区间的国际合作,广州和成都制定清晰的园区发展规划,明确发展方向和发展定位。

# 第二节 中国知识流程外包发展的 SWOT 分析

**一、内部优势分析**

(一)人才供应与专业培训

1. 人才供应

在人力资源竞争力方面,能够持续提供高素质人才以及逐年增加的留学生数量是中国承接 KPO 业务的有力保障。中国高等教育在校生规模庞大,近年来每年大学毕业生人数约 680 万,且读研人数在逐年上升,这将有利于满足知识密集型服务业的发展需求。中国同时是世界上最大的留学生生源国,这一方面有助于高端专业人才培养,另一方面这些优秀人才将是中国和发达国家经济合作发展的重要桥梁。

2. 专业培训

KPO 行业对从业人员的综合能力要求较高,从业人员既需要精通技术、市场及客户需求,也需要具有国际视野、丰富的项目经验及语言能力。对此,中国会针对不同 KPO 行业的从业人员进行相关的专业培训,以适应 KPO 业务对高端人才的需求。

(二)技术支撑

1. 知识产权和科研创新

科学研究和创新能力是知识密集型服务业得以可持续发展的因素之一。《2014 年全球创新指数报告》显示,中国的全球创新指数排名逐年上升,2014 年中国全球创新指数排在第 29 位,较 2013 年提高 6 位。从中国自主测评的结果来看,中国在创新资源和知识创造成果上具有规模优势,体现在研究与试验发展( R&D )经费投入和参与人数、SCI 数据库收录论文数量、发明专利授权量、高科技产值和出口量方面,但在质量和效率指标上较为落后,仍然依赖国外先进技术和外资企业的带动作用。

2. 成本

基础建设条件好(包括高质量、稳定的具有扩展性的通信设施,便捷发达的交通运输能力,可靠的电力保障等)以及政治稳定是中国的优势,降低了企业的隐性运营成本。

## 二、内部劣势分析

(一)语言文化环境

KPO 行业对语言能力要求很高,虽然英语教育已在中国普及,但与其他竞争国家相比中国仍处于劣势,缺乏精通英语的专业人才是中国进入欧美市场的障碍。此外,语言环境与文化环境密切相关,东西方文化在思维和逻辑方式上的差异也是 KPO 沟通过程中的阻碍。中国受到语言文化的限制,国际市场的开拓能力相对较低。

(二)企业发展能力

在中国,大部分从事服务外包业务的企业规模较小,市场狭窄且产品单一,抗风险的能力较差,没有规模经济优势。因此难以形成有竞争力的规模企业,这一问题一直以来都是中国服务外包发展的阻碍。

（三）知识产权保护、数据和信息安全

现今,在知识密集型服务产业中,企业的整体运营过程都涉及了大量的信息技术及数据内容,对企业来说,商业秘密泄露和知识流失是最大的威胁。因此,发包企业在 KPO 中会对知识风险的控制提出较高的要求,会根据接包国知识产权及数据保护的法律法规判定是否进行合作。在知识产权及数据安全保护方面,中国的相关措施严重不足,助长了服务外包企业不负责任的行为,对中国服务外包产业特别是 KPO 发展产生了巨大障碍。

（四）高端从业人员

虽然中国的劳动力成本较低,但在人才成本上并不具有明显优势,且高端服务外包人才严重缺乏,特别是金融咨询类服务外包行业,这对 KPO 行业的发展是极大的阻碍。

## 三、外部机遇分析

（一）政策支持

中国服务外包整体的快速发展离不开政策的推动,政策支持是中国服务外包产业稳定发展的基础,更是服务外包产业结构逐渐优化、KPO 成为市场主导方的有力保障。自 2016 年 5 月以来,在原有的 21 个服务外包示范城市上新增了沈阳等 10 个示范城市,中国现今共有 31 个示范城市。这 31 个示范城市是中国服务外包产业的主力军,现今公开的政府公告、文件、法规等从资金、人才等各方面给予了大力支持。①税收方面。在技术先进型服务企业的认定标准上降低了门槛,在示范城市减征所得税和免征营业税。②财政方面。在人才方面投入资金支持,包括对加入服务外包企业的高素质人才以及相关培训投入资金支持。③金融方面。鼓励海外并购,鼓励担保机构辅助提升外包企业信用等级,鼓励企业间金融创新产品服务的整合,试点跨境人民币结算。④产业政策方面。包括扩大特殊工时的适用范围、实行保税监管模式、放宽外资股权比例以及试点培养相关人才。此外,在给予优惠政策的同时,也出台了相应的监管体制,以此保证了中国服务外包业在快速发展的同时,形成良好的产业环境,进一步加快产业升级。

（二）产业环境

1. 产业布局

中国政府试图通过聚集效应形成产业规模,宽松的环境、良好的基建支撑等促使企业快速发展,一些示范城市也因此依托自己的优势,形成了一定的 KPO 行业发展布局。其中,深圳以 ITO 发展的优势和规模为基础,对 KPO 行业中的金融咨询、新能源和生物研发、动漫制作等文化产业着重部署了发展方案;天津结合自身发展规划,重视金融服务和咨询的 KPO 项目;大连具有地缘优势,具有较完整的产业链,发展目标是成为"中国服务外包之都";江苏省具有 ITO 发展的基础优势,KPO 项目中的电子科技研发、信息产品增值是其发展目标,目前江苏省非常重视知识产权和数据安全保护,这将为服务外包的长期发展提供支持。此外,中国高技术产业和知识密集型服务业发展迅猛。2013 年,中国高技术产业出口占制造业出口的比重达到 26.3%,比 21 世纪初提高 7.3 个百分点;中国知识密集型服务业增加值占全球比重由 2000 年的 2.7% 提高到 8.8%。

2. 相关产业支持

中国知识密集型服务业若想在国际竞争中获得持续优势,需要同样具有竞争力的完善的产业链配备。首先,中国制造业规模巨大,不仅为知识密集型服务业发展提供了良好的基础设施和供应配备,也造就了潜力巨大的内需市场,这是中国发展 KPO 的优势。其次,在经济改革的过程中,第三产业在快速发展的同时,中国知识密集型服务业也逐渐得到重视,新的知识、技术、生产管理方式往往能够成为中国各地区发展经济的新引擎,在绿色 GDP 中占有重要比重,形成了日益增长、具有雄厚潜力的本土消费市场。

### 四、外部威胁分析

一方面,中国 KPO 发展受到的外部威胁主要来自其他国家的激烈竞争:①印度等发展中国家的服务外包产业起步较早,具有相对来说较为成熟的管理体系,且市场需求较大,具有一定的客户基础。②一些发达国家在政策支持、基础设施、教育体系、技术能力、文化兼容性及法制体系方面都具有较强的基础或保障,具体分析见下文。

另一方面,随着经济全球化的发展,国际贸易对国家经济发展的作用越发重要,企业对国际资源的依赖也越来越强;同时,相关的政策支持在带来机遇的同时也加剧了国家间的竞争,如在"一带一路"倡议的影响下,共建国家也获得了更多的资源,并有更多机会进入服务外包市场。此外,随着全球服务外包的参与者越来越多,发包方对于外包服务的需求已转向获取人才,开发新产品、新业务及新技能等方面,服务外包的交易结构也愈发复杂,这对于接包国来说也是一大挑战。

### 五、与印度、中东欧主要接包国的比较研究

本书根据 Michael E. Porter 的国家竞争优势理论,选取了生产要素、需求状况、相关产业支持、企业竞争状态、政府方面的相关要素来分析中国和其他国家服务外包竞争力的差异。

（一）中国与印度比较

发展中国家 KPO 发展的条件具有一定的相似之处,其中印度等东南亚国家的竞争力不容忽视,特别是印度的发展势头最为强劲。

1. 政策、人才储备及产业环境

相比印度等东南亚国家来说,在政策、劳动力、教育及技术方面,中国需要进一步提高。在政策上,印度以软件产业为核心的信息技术发展战略促进了软件外包的销售也吸引了外来资金的注入,增加了进入价值链上游的机会,从而推动了 KPO 行业的发展;同时,地方政府根据自身的财政状况和发展规划制定了灵活的激励措施,如立法保证数据安全政策实施到位、承诺电力供应、建立风险投资公司为 KPO 服务、提供财政补贴以及由于服务外包行业的全球服务特殊性,而为其提供全天候的政务服务和批准"三班倒"的工作模式。而中国虽然也在服务外包产业出台了较多的扶持政策,但相关的配套措施落实较慢,系统性及协调性不足,没有顺应政策环境的变化,且在开拓国际市场方面的政策配套扶持相对滞后,扩展国际市场出现瓶颈,如在税收政策方面的减免力度还不够大。

印度的人才供应充沛,不易造成人力成本上涨,其重视产学相结合和企业培训,具有较多的高技术人才职业移民,并与发包国家密切交流。同时,印度理工科毕业生的人数逐年递增并形成了成熟的理工类高等教育体系,发挥了印度人在数学和逻辑方面的优势,并在人才成本上较中国具有一定优势。

中国大部分服务外包企业规模较小,市场狭窄且产品单一,抗风险能力较差,难以形成有竞争力的规模企业,这一问题一直以来都是中国服务外包发展的阻碍。相比之下,印度的企业大部分规模较大、集中度高,形成了聚集优势。同时,虽然中国在创新资源和知识创造成果上具有规模优势,但在质量和效率指标上仍较为落后,仍然依赖国外先进技术和外资企业的带动作用。此外,印度软件和服务业行业协会为印度奠定服务

外包市场地位做出了很大贡献,而中国的相关行业协会还处于发展阶段,统一性、协调性有待加强。

2. 基础设施、国内需求状况

中国的制造业等相关行业的发展优于印度,这使得我国的基础设施建设水平高于印度。自改革开放以来,中国的交通、通信、电力等基础设施建设加快,现今已经拥有大规模且高质量的交通、通信等现代化基础设施。2015 年,中国各种运输方式的货物运输总量达到 417 亿吨,相比上年增长 0.2%。其中,铁路货物运输量 33.6 亿吨,公路 315亿吨。港口的货物吞吐量达 114.3 亿吨,相比上年增长 1.6%,其中外贸货物占有 35.9亿吨,相比上年增长 1.1%。此外,CNNIC 最新发布的《第 37 次中国互联网络发展状况统计报告》显示,截至 2015 年 12 月中国网民规模近 7 亿人,全年共计新增网民数量达 3951 万人,互联网普及率已达 50.3%,同比增长 2.4%。由此可见,优良的基础设施水平为中国服务外包产业的生产、运营、管理等方面提供了有力的保障,特别是通信方面是知识密型产业不可或缺的基础。而印度在基础设施建设方面,投入较少,除了一线城市,其他城市的基础设施水平较为薄弱,这将严重阻碍其服务外包产业的进一步优化升级。

近年来,大量的跨国企业看中中国广阔的市场空间,纷纷在中国设立公司,注入大量的外资。随着跨国企业的做大做强,其为提高自身的竞争力会将部分业务进行外包,这为中国服务外包产业带来了巨大的潜在市场。根据联合国贸易和发展会议( United Nations Conference on Trade and Development,UNCTAD)发布的外商直接投资( Foreign Direct Investment,FDI)数据来看①,2014 年中国吸收的外资占全球的 10.46%,而印度仅为 2.80%,可见中国吸收 FDI 的能力远高于印度,这在一定程度上表明中国的跨国企业数量要多于印度,换言之,中国的服务外包内需多于印度。

3. 文化兼容性、法制体系

中国在文化兼容性及法制体系的建设方面处于劣势。虽然英语教育已在中国普及但与其他竞争国家相比仍处于劣势,缺乏精通英语的专业人才是中国进入欧美市场的障碍。此外,语言环境与文化环境密切相关,东西方文化在思维和逻辑方式上的差异也是 KPO 沟通过程中的阻碍。而印度经过英国长达 200 年的殖民统治,英语已经成为其

---

① Foreign direct investment: inward and outward flow and stock, annual[EB/OL]. [2016 – 08 – 03]. http://unctadstat. unctad. org/wds/TableViewer/tableView. aspx? ReportId = 96740.

官方语言甚至是通用语言,印度在语言沟通与文化理解上并无较大的障碍,对欧美企业有着较大的吸引力。而中国受到语言文化的限制,国际市场的开拓能力则相对较低。此外,印度政府于2015年启动数字印度计划,在数字社会、知识经济、智慧政务等领域大幅投入,这使得印度的服务外包在国际更具吸引力①。

在知识产权及数据安全保护方面,中国的有关措施相对不足,导致部分服务外包企业做出不负责任的行为,对中国服务外包产业特别是 KPO 发展制造了巨大障碍。而印度的知识产权制度建设起步较早,现已形成一定的知识产权体系,具有差异化的保护手段,在国际市场上具有较高的信誉水平,吸引了大量的发包方。

（二）中国与中东欧国家比较

1. 政策、教育及人才

由于临近西欧、北欧、北美的地理优势及语言文化的兼容性,中东欧国家与西欧国家之间通常具有较好的关系,较易签署各种合作项目,获得财政补贴,部分国家还实施了对欧盟国家的低税率。而中国与发包国之间不具备地缘优势,缺少合作项目及优惠政策。

在教育上,中东欧相对于发展中国家等来说具有优势,提供的劳动力技艺水平也更高。欧洲地区拥有一流的教育体系,受过良好教育的劳动力资源丰富;同时该地区的工资上涨缓慢,知识密集型行业平均劳动力成本与印度的人力资源成本相当。而中国虽然重视人才的培养,但教育体系仍有一定的局限性,且人才流失现象较为严重,劳动力成本也在不断上升。

2. 行业成本

中国的劳动力成本颇具竞争力,加上相关产业的有力支持,其行业成本相比中东欧国家来说具有一定的吸引力,而中东欧国家承接服务外包的资源成本普遍高于亚太地区国家和南美国家。

3. 文化兼容性及法制体系

中东欧国家在语言和文化上与西欧国家以及美国等西方发达国家有更多的共通点,因此有助于彼此的沟通和协调,建立互利互信的伙伴关系。中东欧国家在法语、德语、意大利语上的语言优势以及对西方文化的敏感度是中国、印度等国家所不具备的。

---

① Everest 发布全球服务外包最新动向［EB/OL］.［2016 – 08 – 03］. http://coi. mofcom. gov. cn/article/y/gjdt/201605/20160501321996. shtml.

中东欧地区获得西欧国家青睐还源于其在关键因素上的风险较低,包括可靠的基础设施、健全的法律法治系统和稳定的政治环境。尽管现在中东欧国家有关知识产权保护的体系仍有待完善,但随着部分中东欧国家加入欧盟,它们的法律体系与欧盟整体接轨,意味着服务外包行业在知识产权以及数据安全方面的利益获得更有力的保护。而中国在这方面的建设还需要投入较多的人力、财力,进一步完善监管体制。

## 第三节　中国知识流程外包发展的前景展望

### 一、知识流程外包发展的全球态势

2007年至今,服务外包产业以KPO为重要载体,处于向多元化、高端化的战略转型阶段[①]。许多大型公司为进一步提高企业的核心竞争力,开始建立高增值服务供应体系及外包平台,专门从事高端的KPO业务,带动了知识密集型服务业的高速发展。

趋势一:全球服务外包产业的KPO业务规模增长迅速

虽然金融危机后全国经济增长放缓,但在物联网、云计算、大数据等平台技术的驱动下,服务外包产业的市场规模仍在进一步扩大,特别是KPO行业作为高端的服务外包业务,其增长速度远高于ITO及BPO业务,且所占比重在不断提高。据《中国服务外包发展报告2015》统计,2014年全球服务外包发展保持平衡增长,其中ITO、BPO、研发服务外包(R&D)占比分别为54.1%、27.2%、18.7%,ITO仍是全球服务外包市场的主要构成,但R&D的占比进一步上升,同比增长8.2%,是增长最快的业务领域,且离岸服务外包市场增长仍旧显著,同比增长18.6%,全球知识和技术的流动性增强。

趋势二:发包国与接包国的合作性增强,市场格局基本稳定

由于KPO业务属于知识密集型服务业,在发包国与接包国的合作过程中知识的流通与共享显得尤为重要,因此发包国与接包国之间合作的广度与深度进一步增强。目前,从国际服务外包产业的整体格局来看,服务外包发包国主要集中在北美、日本

---

① 王晓红,刘德军.中国服务外包产业发展报告(2013—2014)[M].北京:社会科学文献出版社,2014.

和西欧等发达国家。其中，美国是主要的发包国，2012 年其离岸服务外包的市场规模达 754.8 亿美元，同比增长 18.8%，KPO 业务占 22.8%。而拉美、亚太地区是服务外包业务的主要承接地区，2015 年拉美地区的巴西和哥伦比亚的服务外包产业收益增加是由于货币贬值，吸引力得到提升，中国和印度在"2016 全球服务外包目的地指数"①中仍然位居前二。

趋势三：接包国间呈现差异化竞争

伴随着服务外包产业向多元化、高端化发展，服务外包的接包国越来越多，承接量越来越大。其中，马来西亚、越南、菲律宾、墨西哥等发展中国家凭借自己的人才成本低廉、地理优势等给印度和中国的全球接包市场地位带来了极大的挑战。在上述情况下，接包国间的竞争逐渐增大，各接包国呈现出差异化竞争优势，多数接包国会结合自身的产业结构、语言优势、政策经济环境等进行明确的产业定位，确定自身的发展方向，呈现了有序的服务外包竞争态势。

**二、知识流程外包在中国的发展基础**

现今，中国已经具备了较好的服务外包产业的政策环境及发展环境，具体体现在政策、人才、市场和基础设施等方面，这也是 KPO 在中国的发展基础。

(一)完善的政策环境

政治环境的稳定是一个国家经济发展的前提，自"十一五"规划开始，服务外包产业就已成为中国未来经济发展的重点领域及核心。现今，中国已设立 31 个服务外包示范城市，建立大量的服务外包产业园区，在资金、人才引进、税收减免、基础设施、技术认定等方面出台大量的优惠政策推动了服务外包产业的快速发展，同时吸引大量跨国企业的投资入驻。

(二)强大的制造业基础

强大的制造业基础是中国承接服务外包业务的巨大优势，不但为中国服务外包产业的发展提供坚实的产业基础，也带来了巨大的内需市场，带动在岸服务外包的发展。从地域来看，中国东部沿海地区，尤其是长三角、珠三角、环渤海地区已经形成了

---

① 中国服务外包全球吸引力全面提升[EB/OL].[2016 - 08 - 03]. http://coi. mofcom. gov. cn/article/y/gjdt/201603/20160301280850. shtml.

配套程度相当高的产业集群。虽然中国的制造业在近年来发展困难,但 2015 年两化融合体系的大力推进、《中国制造 2025》的颁布等,将会推动制造业的转型升级。此外,中国在"2016 年国家制造业竞争力指数"①排名位居第一,这足以说明中国制造业的强大。

(三)丰富的人才资源与强大的科研实力

截至 2015 年,中国的在校大学生数量已达 2625.3 万,且近几年来高校毕业生人数持续增长,2015 年,全国的高校毕业生总数约达到 750 万人,比 2014 年同比增长 2%。由此可见,中国有着丰富的高学历人才资源,这将是服务外包产业发展的软实力。特别是对于 KPO 业务来说,大量的人才储备极大地满足了高端业务的需求。此外,中国的教育科研实力也不容小觑,自 1986 年以来中国就一直实施九年义务教育,极大地推动了国民的综合文化程度提升。在科研方面,据统计,2014 年中国的 R&D 经费总量为 13015.6 亿元,排名居世界第 2 位,这将进一步提高中国的科技实力与技术能力,进而使中国具有承接高端服务外包业务的实力与能力。

(四)潜在的广阔市场

作为人口大国,中国的经济总量在发展中国家中排在前列,因此对于服务外包业务具有较大的市场需求。此外,由于地理及文化的相融性,中国与日本、韩国合作较为紧密,中国已经成为日本最大的服务外包的接包方,日本也是中国主要的离岸外包市场。而且许多跨国企业都看重了中国与东亚地区历史与文化的相承性,地理位置的邻接性,纷纷以中国为跳板建立与日本、韩国的联系,潜在地为中国带来了广阔的内需市场。

(五)良好的基础设施

基于中国制造业的良好基础,中国已经拥有了比较成熟的现代化基础设施,部分基础设施水平已经达到发达国家水平,且相比之下中国的基础设施的建设成本更加低廉,这将是中国承接服务外包业务不可比拟的优势。2013 年及 2014 年,中国在通信能力、通信服务水平、互联网、交通运输等基础设施的建设情况如表 4 - 4。

---

① 德勤最新报告:2016 年中国制造业竞争力排名全球第一[EB/OL].[2016 - 08 - 03]. http://chinasourcing.mofcom.gov.cn/contents/128/67525.html.

表 4 - 4　中国基础设施建设水平

| 基础设施状况 | 2013 年 | 2014 年 |
|---|---|---|
| 1. 通信能力 | | |
| 固定长途电话交换机容量(路端) | 12805074 | 9829082 |
| 局用交换机容量(万门) | 41089.3 | 40517.1 |
| 移动电话交换机容量(万户) | 196557.3 | 205024.9 |
| 移动电话基站(万站) | 241.0 | 350.8 |
| 光缆线路长度(公里) | 17453709 | 20612529 |
| 2. 通信服务水平 | | |
| 固定电话普及率(部/百人) | 19.62 | 18.24 |
| 移动电话普及率(部/百人) | 90.33 | 94.03 |
| 互联网普及率(%) | 45.8 | 47.9 |
| 3. 互联网主要指标 | | |
| 互联网上网人数(万人) | 61758 | 64875 |
| 域名数(万个) | 1843.6 | 2059.6 |
| 网站数(万个) | 320.2 | 334.9 |
| 4. 交通运输能力(万公里) | | |
| 铁路营业里程 | 10.31 | 11.18 |
| 公路里程 | 435.62 | 446.39 |
| 定期航班航线里程 | 410.60 | 463.72 |

资料来源:中国统计年鉴(2015)。

### 三、知识流程外包在中国的前景预测

#### (一)产业规模扩大

伴随着服务外包产业总量的持续高速增长,KPO 业务规模也将进一步扩大,且伴随着服务外包产业结构优化升级的进程,KPO 业务将有望占据服务外包产业的主导地位。2016 年 2 月,国务院常务会议决定开展服务贸易创新发展试点,在试点地区推广技术先进型服务企业税收优惠政策,并扩大到高技术、高附加值的其他服务行业,这将进一步

推动 KPO 业务的发展与转型①。据中国服务外包研究中心预测,2016 年中国服务外包产业整体增速在 15% 左右②。此外,2015 年人民币相对美元贬值了 4%,2016 年人民币贬值加剧,2017 年继续贬值,2018 年全年贬值 5.43%。近年来,人民币持续贬值,为我国的离岸服务外包企业和在中国运营的跨国买家带来更多机会。

### (二)人才结构优化

目前,中国正积极培养更多从事服务外包产业 KPO 业务的高素质人才。国家大力支持服务外包从业人员的专业培训,人才培养的体制、机制更加完善,已经初步建立了宽领域、多层次、多渠道的培训体系,并且从政策、资金等方面积极吸引大量的海归人才与国际的高端人才。因此,在大力培养与引进人才的环境下,中国的人才资源将更加契合 KPO 业务的需求,并将形成具有中国特色的高素质人才队伍。

### (三)运行环境改善

在发挥原有的基础设施水平、示范城市的带动效应及服务平台的水平等基础上,中国将会进一步建立健全服务外包产业的政策支持体系,完善及规范市场规则,同时建立合理的统计及综合评价体系。更重要的是针对在知识产权保护、数据与信息安全方面的薄弱现状,中国将会做出一系列有针对性的整改举措。

# 本章小结

本章从中国 KPO 的发展现状、竞争力以及发展前景三个方面勾勒了中国知识流程外包业务的概貌,分析了其发展所具有的优劣势和未来的发展趋势。本书发现:①中国的 KPO 业务兴起较晚,但呈现出较快的发展趋势,所占比重呈上升趋势。同时,企业的技术创新能力逐渐加强,高学历、高素质人才储备量增多。在环渤海、长三角、珠三角地区,形成"三大集群、东西映射"的发展格局,服务外包示范城市及园区显现自身的示范带头作用,进行差异化发展,创新管理体制机制,开始形成产业聚集优势。②在竞争力

---

① 国务院决定开展服务贸易创新发展试点[EB/OL].[2016 - 08 - 03]. http://www.mofcom.gov. cn/article/ae/ai/201602/20160201255415.shtml.

② 2016 年中国服务外包产业规模预测[EB/OL].[2016 - 08 - 03]. http://coi.mofcom.gov.cn/ article/bt/u/201605/20160501316802.shtml.

方面,中国发展 KPO 业务的优势及机遇主要体现在人才供应与专业培训、技术与成本、政策及产业环境方面,而在语言文化、企业发展能力、知识产权保护、数据和信息安全及高端人才储备方面存在劣势,并受到国际经济态势和其他接包国激烈竞争的威胁。中国相比印度在基础设施及内需市场方面具有优势,而相比中东欧国家则在行业运行成本上占有优势。③在发展前景方面,中国在政策、人才、市场和基础设施等方面有一定的发展基础,完善的政策环境、强大的制造业基础、丰富的人力资源与强大的科研实力、潜在的广阔市场以及良好的基础设施将进一步扩大中国服务外包产业特别是 KPO 业务的服务规模。

# 第五章　中国知识流程外包产业竞争力

## 第一节　产业竞争力研究回顾

KPO 对于中国是一个重要的发展机遇,在提高中国整体服务水平的进程中,必然会面对来自世界各国的激烈竞争。本节结合知识密集型行业服务外包以及产业竞争力元素,就中国 KPO 产业面对全球竞争和挑战,如何从地区建设的角度做好应对展开研究。具体而言,本节在对全球与中国 KPO 历史、现状与发展趋势分析的基础上,以挖掘影响中国 KPO 竞争力的影响因素为目标,结合中国实际,为中国城市提高 KPO 承接竞争力提出合理化建议,促进城市产业调整,把握新的发展机遇。

### 一、产业竞争力相关概念

产业竞争力也被称为产业国际竞争力,体现在产业的生产能力、市场份额和盈利能力等方面。产业竞争力影响因素和测评研究是该领域的重要组成部分,对竞争力测评指标的组成和评价结果的价值一直存在不同观点,究其根源,对竞争力概念定义的分歧是引起争议的主要原因之一。本节首先对代表性产业竞争力概念进行梳理(见表 5 – 1)。

表 5 – 1　国内外学者对产业竞争力概念的认识

| | |
|---|---|
| 世界经济论坛(World Economic Forum,WEF)① | 一个国家的企业能够提供比国内外竞争对手更优质和更低成本的产品与服务的能力 |
| 瑞士洛桑国际管理开发学院(International Institute for Management Development,IMD)② | 一个国家的公司在世界市场上均衡地生产出比其竞争对手更多财富的能力 |

续表

| | |
|---|---|
| Michael E. Porter③ | 国际竞争力是指一国特定产业通过在国际市场上销售其产品所反映出来的生产率 |
| 金碚④ | 在国际自由贸易条件下(或在排除了贸易壁垒因素的假设条件下),一个国家某特定产业的产出品所具有的开拓市场、占据市场并以此获得利润的能力 |
| 裴长洪⑤ | 产业竞争力是区域产业的比较优势和它在一般市场绝对竞争优势的总和 |

资料来源:① 康纳利斯,波特,施瓦布.世界经济论坛 2002—2003 年全球竞争力报告[M].方丽英,罗志先,等译.北京:机械工业出版社,2003:25 - 40.

② World competitiveness yearbook [R].[2017 - 02 - 15].https://www. ceibs. edu/imd-world-competitiveness-online,1994.

③ PORTER M E. The competitive advantage of nations[J]. Harvard business review,2001(2):12 - 20.

④ 金碚.中国工业国际竞争力——理论、方法与实证研究[M].北京:经济管理出版社,1997:23 - 29.

⑤ 裴长洪.利用外资与产业竞争力[M].北京:社会科学文献出版社,1998:67 - 79.

以上定义反映出产业竞争力内涵的若干特征:与国家(区域)之间的经济关系相关,竞争力的高低通过对手的表现体现;涉及生产力和生产率,受到政府政策、辅助产业、国际环境等多种因素的影响;是一种通过市场占有率等体现的能力。本节参考中国社科院工业经济研究所金碚博士的定义,认为产业竞争力指一个国家的某个特定产业能够比其他国家的同类产业更有效地向市场提供产品或者服务的能力。

产业竞争力与国家竞争力和企业竞争力有着密不可分的联系。世界经济论坛认为,国家竞争力是一个国家达到永续经济增长及提高国民平均所得目标的总体能力①;企业竞争力是指一个企业所具有的能够持续比其他企业更有效地向市场提供产品或服务,并获得盈利和自身发展的综合素质。产业竞争力与宏观层面的国家竞争力和微观层面的企业竞争力有相互促进作用。

**二、产业竞争力研究进展**

国外已有研究主要通过国家产业之间的差距比较来挖掘影响因素的作用。国内已有的研究成果主要分为两类,一类对产业竞争力的基本问题展开研究,如定义、内涵、影

---

① 徐光瑞.中国高技术产业竞争力研究[D].长春:吉林大学,2011.

响因素和改进模型;另一类侧重结合实际情况构建竞争力测评指标体系。本节主要对产业竞争力相关理论基础及竞争力影响模型进行文献回顾。

(一)产业竞争力相关理论

产业竞争力的研究由多个领域的研究成果支撑构成,如具有完善和成熟体系的区域经济学和产业经济学等,已有文献引用了多领域的理论基础以支撑影响因素的挖掘和测评指标的建立,本节将代表性理论归纳为四种类型(见表5－2)。

表5－2 产业竞争力研究的理论基础示例

| 竞争理论<br>● 马克思主义竞争理论<br>● 西方古典及现代竞争理论<br>● 西方当代竞争理论(如 Michael E. Porter 的竞争理论) | 集聚理论<br>● 马歇尔外部经济理论<br>● 韦伯工业区位理论<br>● 新经济地理学理论 |
|---|---|
| 贸易理论<br>● 绝对优势理论<br>● 比较优势理论<br>● 要素禀赋理论 | 创新理论<br>● 熊彼特及其创新理论<br>● 创新理论的后续发展 |

1.竞争理论

马克思对于竞争的思考贯穿于他的许多理论当中,为竞争理论体系中竞争来源的一般学说奠定了基础。马克思提出生产劳动率是竞争力的根本来源,并通过说明科学技术、产业关联、产业结构、供求关系等对劳动生产率的影响间接揭示了竞争力的影响因素。现代竞争理论经过不断修正于20世纪50年代形成第一个完整体系,即有效竞争理论,强调竞争在企业间"突击行动"和"追踪反应"间动态前进[1],其中技术创新是关键因素。哈佛大学商学院教授 Michael E. Porter 是竞争战略与竞争力研究领域的权威,他提出了国家竞争力影响要素理论,该理论试图整合多个学派的观点并产生了广泛的影响[2]。然而也有学者提出该模型并不完全适用于发展中国家。

2.贸易理论

产业竞争力问题研究者十分重视贸易理论,亦有很多学者采用贸易理论作为研究

[1] 孟繁龙.有效竞争理论的探讨及其基础框架的构建[D].长春:吉林大学,2005.
[2] 田秀华.中国承接国际服务外包业竞争优势分析:钻石模型[J].经济经纬,2010(3):61－64.

的理论基础。其中竞争优势相关理论从绝对优势理论(以区位优势表示绝对成本优势为特征,认为国际分工对提高劳动率有重要意义)发展到比较优势理论(以多个生产要素生产率的动态相对差异作为优势来源)①。20世纪90年代,Michael E. Porter为竞争优势理论提出了新的视角,即比较优势作为潜在因素,与其他因素共同构成了竞争优势,以体现各国在贸易中的实际地位,强调同一产业或替代产品间的关系②。要素禀赋论从更实际的角度对国际贸易的形成原因和结构进行解释,强调成本的差别取决于生产过程中该国相关生产要素的丰裕程度。

3. 集聚理论

产业的集聚是竞争力优势的重要来源之一。马歇尔从宏观角度③认为企业之间为了提高人才、原材料、信息等资源的使用效率聚集在一起,扩大了外部规模。韦伯④从微观角度把产业集聚又分为企业自身扩展和大企业领衔聚集两个阶段,影响要素包括技术设备、劳动力、经常性开支和市场化规模因素。Krugman的新经济地理学理论⑤较严谨地论证了产业集聚发生的机制,重视了可量化的规模报酬、运输成本等因素,但忽视了难以量化的部分信息。Michael E. Porter从竞争优势的角度思考产业集群的理论,认为产业的集群通过促进产业竞争而提升了地区产业的整体竞争力。

4. 创新理论

熊彼特⑥提出了创新改革是产业经济发展的内在推动力,通过引进新产品或新质量标准,引进新技术和生产方法,开辟新市场和拓展材料来源以及革新企业组织来促进经济增长和提高竞争力。英国的Cooke⑦对创新体系的组成部分展开研究,认为创新人才培育机构、银行等创新研发机构、支持创新的政策法规以及创新生产企业群组在相互作用下共同形成了创新网络体系。

---

① 李翀. 比较优势与超比较优势——论我国经济的发展战略[J]. 学术研究,2006(3):49-54.
② PORTER M E. Competitive advantage[M]. New York:Simon & Schuster Ltd,2004:44-48.
③ 马歇尔. 经济学原理[M]. 朱志泰,译. 北京:商务印书馆,1965:395.
④ 韦伯. 工业区位论[M]. 李刚剑,陈志人,张英保,译. 北京:商务印书馆,1997:43-50.
⑤ KRUGMAN P. Increasing returns and economic geography[J]. Journal of political economy,1991(3):483-499.
⑥ 熊彼特. 经济发展理论[M]. 何畏,易家祥,等译. 北京:商务印书馆,1990:88-102.
⑦ COOKE P. Regional innovation systems:competitive regulation in the New Europe[J]. Geoforum,1992(3):365-382.

（二）产业竞争力影响因素模型

在分析特定地区产业竞争力影响因素以及建立测评指标模型的研究中，国内外一些著名的竞争力影响因素模型被广泛研究和借鉴。本节首先列举引用频率较高的几个影响因素模型，同时归纳和总结已有研究文献中针对服务外包产业的竞争力影响因素分析。

1. Michael E. Porter 国家钻石模型及其改进模型

Michael E. Porter 在对国家竞争力的研究基础上提出了影响力因素钻石模型（见图 5 - 1），该模型包括各个方面的生产要素、本国市场的需求、相关产业链的支撑表现、公司战略组织及国内的竞争对手状况、机遇和突发事件、跨国公司、政府政策七个方面。该模型突破了以往研究的局限性，强调了产业集群、市场需求和外部环境的重要性，但同时也存在仅针对发达国家而不具有广泛适用性的问题。

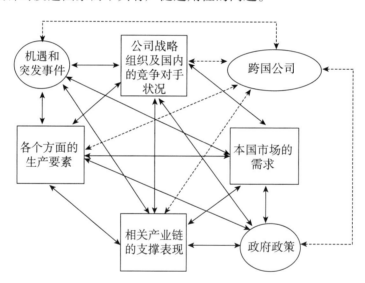

图 5 - 1　PORTER-DUNNING 国际化钻石模型

资料来源：DUNNING J H. Internationalizing porter's diamond[J]. Management international review,1993(33) :7 - 15.

20 世纪 90 年代后，许多学者对钻石模型提出了修正意见，如卡特赖特（Cartwright）提出的多因素钻石模型，把 Michael E. Porter 的国家基础模型扩展到包括海外变量的模型；Dunning J. H. 引进了跨国公司的概念，将跨国公司的活动看作第三个外生变量添加到 Michael E. Porter 的钻石模型中，构建了他的国际化钻石模型；Rugman A. M. 和 D'Cruz J. R. 对 Michael E. Porter 的模型进行了修改，提出了双钻石模型；Moon H. C. , Rugman

A．M．和 Verbeke 又把双钻石模型修正为一般化的双钻石模型。

2．乔东逊九要素模型

韩国学者 Dong-Sung Cho 立足于欠发达国家和地区的角度,提出九要素模型(见图 5-2),关注发展中国家的竞争力来源和变化趋势。该模型将国际竞争力的决定因素分为两大类:①物质要素,包括资源禀赋、商业环境、相关支持性产业、国内需求,这些因素相互作用、共同决定一定时间内一国的国际竞争力水平。②人力要素,包括工人、政府和官僚、企业家、职业经理人和工程师,他们创造、激发和控制物质要素,促使一国经济的发展和国家竞争力的提高。此外,机遇作为一个外部要素与上述 8 大要素共同构成一国国际竞争力的新的经济分析范式。这一模型在要素分类上和钻石模型有明显的差异,强调了各类型的参与者组成了人力这一要素。

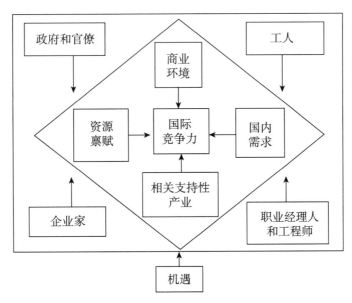

注：◇内代表物质要素， □外代表人力要素。

图 5-2 Dong-Sung Cho 九要素模型

资料来源:CHO D S,MOON H Cn,From Adam Smith to Michael Porter:evolution of competitiveness theory[J]. World scientific publication,2000.

3．金碚工业品竞争力模型

金碚以中国国情为基础,从工业产品着手提出了竞争力影响因素研究框架(见图 5-3),对中国学者的研究模式和方向具有指导意义。其中间接因素指生产要素成本、企业规模等;直接因素指产品价格、品牌营销等;实现指标指在国际市场上的竞争力表现。参照该分析框架,本节的主体研究部分涉及的内容为 KPO 竞争力影响因素中的间接因素,构成对潜在的竞争力的评价指标。

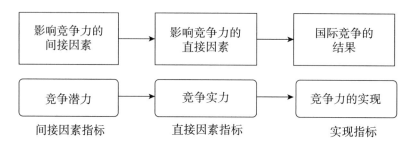

图5-3　工业品竞争力模型

资料来源:金碚.中国工业国际竞争力——理论、方法与实证研究[M].北京:经济管理出版社,1997:60-68.

国内外研究者针对各个行业的产业竞争力影响因素展开了研究,涵盖了制造业和服务业的多个方面,下文将回顾和总结有关服务外包产业的竞争力影响因素研究文献中对影响因素的挖掘。

(1)咨询公司建立测评指标。国际数据公司(International Data Corporation,IDC)设立目前公认程度较高的全球交付指数(Global Delivery Index,GDI),从劳动力成本、租金成本、语言能力和员工离职率等方面测量不同国家离岸交付的城市竞争力。科尔尼管理咨询公司从财务(薪酬、基础设施和税收及管理成本)、人员技能和可用性(服务外包行业规模、质量、人员可用性、语言和教育技能及流失风险)以及商业环境(经济、政治环境、基础设施水平、文化氛围以及知识产权)三个方面构建全球服务区位指数,该指标通过多年的实证分析和信息确认具有较高的可信度和适用性。

(2)以发包动因作为切入点分析。有部分学者从发包方的发包动因角度,以发包方的要求来评价接包方的竞争力影响因素。鄂丽丽[①]从外生因素(政策、国家风险和基础设施)、催化因素(地理和时区差异、文化兼容性、语言环境和人力资源)、商业环境因素(成本优势、知识产权保护、信息安全和服务提供商的能力)三个方面建立竞争力影响因素模型。

(3)以钻石模型为基础。李华宇[②]针对 IT 服务外包以钻石模型的组成要素为基础

①　鄂丽丽.服务外包竞争力影响因素研究:基于中国的分析[J].经济问题探索,2008(3):151-154,166.

②　李华宇.中国承接 IT 外包竞争力影响因素实证分析[D].沈阳:沈阳工业大学,2010.

细化影响因素,以初级要素(内外部资金投入、劳动力成本和结构)、高级要素(基础设施、人力资源和知识资源)、需求条件(良好的宏观经济环境和稳定的社会秩序)、相关产业支持(第二、三产业的发展水平)、政府支持(政策和法规)以及机会(汇率变动)构成竞争力影响因素模型。

## 第二节　中国知识流程外包产业竞争力实证研究

### 一、面板数据模型与研究方法

（一）面板数据模型原理

面板数据是指包含多个截面个体成员在某段时间内的样本数据集合,既能反映某一特定时期各类数据的规律,也能描述每个数据个体随时间变化的规律。而基于面板数据的回归模型被称为面板数据模型、Panel-Data 模型,也称之为 TS/CS(Time Series / Cross Series)模型,是近年来经济计量学的重要发展成果。面板数据模型可分为基于时间区间特定系数的面板数据模型和基于横截面特定系数的面板数据模型,这两种形式的面板模型在估计方法上趋同。因此本章只讨论基于横截面特定系数的面板数据类型,即由 N 个界面成员方程组成的模型,用双下标表示其一般形式如下:

$$y_{it} = \alpha_i + \beta_{1i} x_{1it} + \beta_{2i} x_{2it} + \cdots + \beta_{ki} x_{kit} + \mu_{it}$$
$$i = 1,2,3,\cdots,N \qquad t = 1,2,3,\cdots,T \tag{1}$$

其中,$y_{it}$是因变量,$x_{1it}$、$x_{2it}$,$\cdots$,$x_{kit}$是 $k$ 个解释变量,$N$ 是横截面个体成员的个数,$T$ 表示每个横截面成员的样本观测时期总数,参数 $\alpha_i$ 表示面板数据模型的截距项,$\beta_{1i}$,$\beta_{2i}$,$\cdots$,$\beta_{ki}$表示对 $k$ 个解释变量的系数。通常假定随机误差项 $\mu_{it}$ 之间相互独立,且满足均值为零、方差同为 $\delta_u^2$ 的假设。

面板数据可被分为三种类型,分别为混合回归模型、变截距模型和变系数模型。混合模型假设截距项 $\alpha_i$ 和解释变量系数 $\beta_{1i}$,$\beta_{2i}$,$\cdots$,$\beta_{ki}$ 对于所有的截面个体都是相同的,即假设在个体成员上既无个体影响,也无结果变化。由于只有中国 KPO 产业发展情况唯一一个截面样本,因此本章选用混合回归模型,这一模型只要使用普通最小二乘法(Ordinary Least Square,OLS)回归分析对模型参数进行估计。其形式为:

$$y_{it} = \alpha + \beta_1 x_{1it} + \beta_2 x_{2it} + \cdots + \beta_k x_{kit} + \mu_{it}$$

$$i = 1,2,3,\cdots,N \qquad t = 1,2,3,\cdots,T \tag{2}$$

本章将中国 KPO 产业竞争力指标作为因变量、影响因素作为自变量,构建面板数据模型进行回归分析。

（二）实证研究方法

第一步:研究首先明确以面板数据模型作为模型构建基础,以中国 KPO 产业竞争力作为因变量,以影响因素作为自变量,对两者之间的因果关系和影响程度进行研究和分析。

第二步:根据修正后的钻石模型理论,结合中国实际发展情况确定因变量和自变量,对数据进行简要的分析,并说明数据的来源。

第三步:定量分析前的数据准备。要充分考虑各个自变量的特征并进行合理的分组,因为变量数目过多,要考虑解决多重共线性的问题,用主成分分析法提取公因子,达到缩减自变量的目的。通过 ADF( Augmented Dickey-Fuller test)单位根检验,对数据序列的平稳性进行检验。利用 Johansen 协整检验对数据序列进行修正,为因果检验做准备。

第四步:对自变量和因变量之间进行格兰杰因果检验。格兰杰因果关系理论由著名经济学家格兰杰( Granger)提出,该理论从时间序列意义上判断因素间因果关系,适用于面板数据[①]。格兰杰因果检验用以估计以下回归结果:

$$x_t = \sum_{i-1}^{s} \lambda_i x_{t-i} + \sum_{j-1}^{s} \delta_j y_{t-j} + \mu_{2t} \tag{3}$$

$$y_t = \sum_{i-1}^{q} \alpha_i x_{t-i} + \sum_{j-1}^{q} \beta_j y_{t-j} + \mu_{1t} \tag{4}$$

等式(3)假设 X 值与 X 值自身和 Y 的过去值有关,等式(2)同理反之。

对于等式(3),其零假设即 $\delta_1 = \delta_2 = \cdots\cdots = \delta_S = 0$;

对于等式(4),其零假设即 $\alpha_1 = \alpha_2 = \cdots\cdots = \alpha_q = 0$。

检验结果出现四种可能,即 X 是引起 Y 变化的原因,Y 是引起 X 变化的原因,X 和 Y 互为因果关系,X 和 Y 相互独立。

格兰杰因果检验的前提为时间序列的平稳性,否则很可能出现伪回归现象,使因果关系检验结果出现偏差。为避免出现伪回归现象,采用 Dickey 和 Fuller 于 1981 年提出的 ADF 单位根检验法对取对数后的数据进行单位根检验判别变量的平稳性,对于非平

---

[①] 杨渺.格兰杰因果关系的多元推广及应用研究[D].成都:西南财经大学,2002.

稳的变量进行差分处理。如变量间在进行差分处理后同阶单整,利用 Johansen 协整检验法确定自变量与因变量间是否存在长期协整关系①。变量间存在长期协整关系也能够满足格兰杰检验需求。最后,根据格兰杰因果检验理论筛选出与因变量有显著因果关系的自变量,显著性判定标准为 10%。

第五步:变量间影响程度和方向的检验。在因果关系分析的基础上,以得到的因变量和自变量建立最终 OLS 多元线性回归模型,一方面利用回归方程的拟合度结果对因果关系再检验,一方面通过系数确定量化影响程度②。

第六步:对回归分析结果进行分析。

### 二、自变量与因变量的选择

#### (一)因变量的设定

产业竞争力指在国际自由贸易条件下(或在排除了贸易壁垒因素的假设条件下),一个国家某特定产业的产出品所具有的开拓市场、占据市场并以此获得利润的能力③。常用的显性指标包括产业的市场份额(市场占有率)或产业盈利能力(产业平均资产利润率)。本节以中国 KPO 产业国际市场占有率为因变量。国际市场占有率指国家或地区某类产品或服务出口额占世界该类服务或商品出口额的百分比,可体现中国 KPO 产业的竞争力。根据中国服务贸易统计分类,KPO 出口额统计范围包括保险服务、金融服务、专有权利使用费和特许费以及咨询、广告和文化产业项目。

本节采集数据的时间区间为 2000 年到 2015 年。在此期间,中国和世界 KPO 出口额见表 5 – 3 所示。中国 KPO 出口额一直保持高速增长,平均增长率为 46%。2008 年至 2009 年,受世界经济环境的影响,中国 KPO 出口额几乎无增长,但是同期世界 KPO 出口额下降 9.8%,因此中国 KPO 的国际占有率仍增加了 13%。2010 年之后,随着世界经济环境的好转,中国 KPO 出口额迅速恢复高速增长的态势,并且增长速度也有较大程度的提升,2015 年的 KPO 出口额和国际占有率均达到 2009 年的两倍以上。

① 张晓桐.经济计量学基础[M].3 版.天津:南开大学出版社,2007.

② 贾俊平.统计学[M].3 版.北京:中国人民大学出版社,2006.

③ 金碚.中国工业国际竞争力——理论、方法与实证研究[M].北京:经济管理出版社,1997:12 – 24.

表 5 - 3    2000 年至 2015 年中国和世界 KPO 出口额

| | 2000 | 2001 | 2002 | 2003 | 2004 | 2005 | 2006 | 2007 |
|---|---|---|---|---|---|---|---|---|
| 中国/亿美元 | 8.6 | 16.3 | 20.8 | 29.8 | 47.5 | 73.8 | 103.1 | 152.9 |
| 世界/亿美元 | 2292 | 2223 | 2376 | 2854 | 3493 | 3856 | 4680 | 5871 |
| 占有率/% | 0.37 | 0.73 | 0.88 | 1.04 | 1.36 | 1.91 | 2.20 | 2.6 |
| | 2008 | 2009 | 2010 | 2011 | 2012 | 2013 | 2014 | 2015 |
| 中国/亿美元 | 230.3 | 234.9 | 296.7 | 371.4 | 445.9 | 534.1 | 578.7 | 794.2 |
| 世界/亿美元 | 6286 | 5669 | 7077 | 8031 | 8068 | 8644 | 9106 | 8767 |
| 占有率/% | 3.66 | 4.14 | 4.19 | 4.62 | 5.53 | 6.18 | 6.35 | 9.06 |

资料来源:中华人民共和国商务部[DB/OL].[2013 - 03 - 16]. http://www.mofcom.gov.cn;联合国贸易及发展协会[DB/OL].[2013 - 03 - 16]. http://www.unctad.org 2010.

(二)自变量的设定

自变量选择以钻石模型理论为基础。Michael E. Porter 在其著作《国家竞争优势》中提出的钻石模型理论[①]主要用于分析国家的产业竞争力,被研究者广泛应用于分析国家产业竞争力。钻石理论基础模型包括四项环境因素,分别为初级和高级生产要素、需求、相关产业支持和企业的战略及同业竞争,后来又加入机会和政府两个变动影响因素。该模型突破了以往研究的局限性,强调了产业集群、市场需求和外部环境的重要性。然而,该理论模型提出后受到质疑和修正性应用,研究者认为该模型并不能适用于所有类型的国家,相比于发展中国家,此模型更适用于发达国家的产业发展状况。考虑到这一点,本节在钻石模型的基础上结合 Dong - Sung Cho 针对发展中国家产业竞争力提出的九要素理论[②],即突出"人力"在欠发达国家的作用,在考虑钻石模型初级要素和高级要素的同时,着重分析人力资源的作用。因为中国 KPO 市场仍处于发展的初级阶段,竞争企业的格局还没有形成,因此不把国内竞争因素纳入影响因素指标当中。为此,本节提出了修正的钻石模型,该模型包括初级要素(重视劳动力作用)、高级要素(重视劳动力作用)、需求、政府支持、产业支持和机会六个组成部分,如图 5 - 4 所示。各具体指标的选取将以此模型的构成为基础,由于 KPO 的产业范围较小,因此数据来源合理

① PORTER M E. Competitive advantage[M]. New York:Simon & Schuster Ltd,2004:11 - 16.

② CHO D S. A dynamic approach to international competitiveness:the case of Korea[J]. Journal of far eastern business,1994(1):17 - 36.

贴近 KPO 辐射行业,以求增大数据的解释能力。

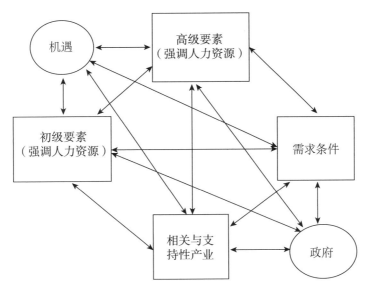

图 5 – 4　修正后的钻石模型

1. 初级要素

Michael E. Porter 钻石模型中的初级生产要素是指天然资源、劳动力和资金投入等。与 KPO 发展密切关联的初级要素为内部和外部资本投入、劳动力成本和结构。内部投资是产业发展的基础,同时有利于调整产业结构和生产力地区分布,促进经济发展和创造良好的产业环境。本节选取与知识密集型行业发展密切关联行业的社会固定资产投资额(即固定资产再生产的活动量)代表内部资金投入强度,单位为亿元,包括金融保险业、科学研究技术和服务、教育和文化行业。外资投入强度体现了中国与外资企业的合作交流水平,关系到财政收入、技术进步、就业岗位和产业升级。对于 KPO 来说,外商在华资本促进了外包需求,有利于文化交融和知识密集型项目合作。本节选取外商直接投资实际利用额(即外国组织或个人在中国境内开办独资企业或与中国企业共同经营合作的投资)作为外商资金投入指标。有关劳动力的影响因素包括了劳动力成本和从业结构。即使成本套利已经不是 KPO 的唯一目标,但同等知识水平下的人力资源成本仍然影响着发包方的合作决策。本节选用知识密集型行业全国城镇就业人员平均工资反映劳动成本,包括金融和保险、科研技术和咨询服务、文化和教育行业。选取以上行业城镇就业人数占总就业人数比重来体现知识密集型服务业劳动力比重,相关行业劳动力数量反映了 KPO 行业发展的生命力和吸引力。

2000 年至 2015 年(见表 5 - 4),中国内部对于知识密集型行业投资额的绝对值持续增长,但增长率波动较大,受国家短期财政政策影响明显,2003 年和 2009 年同比增长率最高;外部投资直接利用额整体呈上升趋势,且平均增长率高于内部投资额增长率,受国际金融环境影响明显,2005 年外部投资增长率出现大幅回落,2009 年、2013 年出现小幅调整。

表 5 - 4　2000 年至 2015 年内外部资本投资情况

| 年份 | 内部投资额(亿元) | 同比增长率(%) | 外部投资(万美元) | 同比增长率(%) |
|---|---|---|---|---|
| 2000 | 1016.66 | — | 18778 | — |
| 2001 | 1170.21 | 15.10 | 19167 | 2.07 |
| 2002 | 1369.10 | 17.00 | 34196 | 78.41 |
| 2003 | 2218.11 | 62.01 | 54852 | 60.40 |
| 2004 | 2750.90 | 24.02 | 73398 | 33.81 |
| 2005 | 3038.80 | 10.47 | 67966 | -7.40 |
| 2006 | 3204.90 | 5.47 | 92434 | 36.00 |
| 2007 | 3507.20 | 9.43 | 135846 | 46.97 |
| 2008 | 4096.40 | 16.80 | 220057 | 61.99 |
| 2009 | 5876.20 | 43.45 | 224914 | 2.21 |
| 2010 | 6387.19 | 8.70 | 421978 | 87.61 |
| 2011 | 7445.38 | 16.57 | 500601 | 18.63 |
| 2012 | 9795.23 | 31.56 | 578591 | 15.58 |
| 2013 | 11864.07 | 21.12 | 591973 | 2.31 |
| 2014 | 15093.36 | 27.22 | 828117 | 39.89 |
| 2015 | 17051.25 | 12.97 | 2031660 | 145.33 |

2000 年至 2015 年,中国知识密集型行业劳动力成本和数量见表 5 - 5。劳动力成本增速较快,2009 年工资绝对值约为 2000 年工资额的 4.3 倍,2015 年的工资绝对值约为2000 年工资额的 7 倍。就业人数总体变化不明显,但自 2007 年同比增长率开始超过2%,到 2013 年同比增长率均处于 2%—4%,2014 年、2015 年增速开始放缓。

表 5 - 5　2000 年至 2015 年中国知识密集型企业（KIBS）劳动力和数量情况

| 年份 | KIBS 人均劳动力成本（元） | 同比增长率（%） | KIBS 就业人数（万人） | 同比增长率（%） |
|---|---|---|---|---|
| 2000 | 12193.33 | | 2066.0 | |
| 2001 | 14722.00 | 20.74 | 2069.0 | 0.15 |
| 2002 | 17179.33 | 16.69 | 2068.0 | - 0.05 |
| 2003 | 20370.00 | 18.57 | 2145.0 | 3.72 |
| 2004 | 23525.00 | 15.49 | 2168.0 | 1.07 |
| 2005 | 27399.67 | 16.47 | 2192.0 | 1.11 |
| 2006 | 32224.00 | 17.61 | 2229.0 | 1.69 |
| 2007 | 39498.00 | 22.57 | 2278.0 | 2.20 |
| 2008 | 46875.33 | 18.68 | 2334.0 | 2.46 |
| 2009 | 52556.33 | 12.12 | 2401.0 | 2.87 |
| 2010 | 54229.50 | 3.18 | 2475.6 | 3.11 |
| 2011 | 59108.25 | 9.00 | 2556.6 | 3.27 |
| 2012 | 65072.25 | 10.09 | 2649.6 | 3.64 |
| 2013 | 71885.25 | 10.46 | 2759.9 | 4.16 |
| 2014 | 77871.75 | 8.32 | 2847.1 | 3.15 |
| 2015 | 85885.75 | 10.29 | 2903.0 | 1.96 |

2. 高级要素

高级要素是指现代信息通信、交通等基础设施以及专业劳动力要素，包括高等技术人才、科研机构能力等。Michael E. Porter 认为，随着产业升级，高级要素作为生产要素占的比重越来越大。现代信息通信技术是服务外包实现的前提条件，先进的通信技术有利于 KPO 中合作双方的知识交流和共享，能够有效提高效率。本节选取移动电话交换机容量作为反映电信通信能力的指标。KPO 作为服务外包的高端形式，企业高级技术和管理人员常需要用到航空服务往返接包国和发包国，良好的交通环境和承载能力可以为 KPO 提供便利，同时体现了基础设施的完善和可靠性，给予投资者信心。本节选取民航旅客运输量作为代表指标。高级要素中与 KPO 相关的软件方面包括人才资源和知识资源。KPO 对从业人员有高质量要求，不仅需要一般知识密集型行业所要求的专业知识、学习能力、良好的分享和沟通能力，还需要高水平的语言能力以及国际视野。

中国 KPO 高端人才的缺乏正是阻碍发展的原因之一。本节选取普通高等院校毕业生人数、研究生毕业生人数和留学生回国人数总和占总人口百分比反映人才的供给能力,选取参与科研人员数目占第三产业就职人员数目反映高端人才比例①,选取 SCI 数据库收录论文数量反映知识资源的支撑能力。

表 5-6 显示,2000 年至 2015 年,中国高等教育人才资源储备绝对值逐年增长,2002 年开始保持较高增长率;但受人口政策影响,2007 年以来增速放缓,特别是 2009 年以后增速迅速降低。但普通高等院校毕业生总体基数庞大,2008 年后每年毕业生达 500 万人以上。加之国家与社会对研究生教育的重视和鼓励,研究生人数增速较快,2015 年的研究生人数约为 2000 年的 10 倍。同时留学归国人数也有扩张趋势,特别是自 2008 年起,留学归国人数迅速增多。

表 5-6　2000 年至 2015 年中国高等教育人才资源情况

| 年份 | 普通高等院校当年毕业生(万人) | 研究生当年毕业生(万人) | 留学归国(万人) | 总计(万人) | 同比增长率(%) |
|------|------|------|------|------|------|
| 2000 | 95.0 | 5.9 | 0.9 | 101.8 | |
| 2001 | 103.6 | 6.8 | 1.2 | 111.6 | 9.69 |
| 2002 | 133.7 | 8.1 | 1.8 | 143.6 | 28.64 |
| 2003 | 187.7 | 11.1 | 2.0 | 200.8 | 39.84 |
| 2004 | 239.1 | 15.1 | 2.5 | 256.7 | 27.79 |
| 2005 | 306.8 | 19.0 | 3.5 | 329.3 | 28.29 |
| 2006 | 377.5 | 25.6 | 4.2 | 407.3 | 23.69 |
| 2007 | 447.8 | 31.2 | 4.4 | 483.4 | 18.68 |
| 2008 | 511.9 | 34.5 | 6.9 | 553.4 | 14.47 |
| 2009 | 531.1 | 37.1 | 10.8 | 579.1 | 4.64 |
| 2010 | 575.4 | 38.4 | 13.5 | 627.3 | 8.32 |
| 2011 | 608.2 | 43.0 | 18.6 | 669.8 | 6.78 |
| 2012 | 624.7 | 48.6 | 27.3 | 700.6 | 4.59 |

① 游苏宁,李贵存,付晓霞,等. 从 2000—2009 年我国在 SCI 收录期刊发表的论文数看 SCI 对我国科技期刊的影响[J]. 编辑学报,2011(3):209-214.

续表

| 年份 | 普通高等院校<br>当年毕业生<br>（万人） | 研究生<br>当年毕业生<br>（万人） | 留学归国<br>（万人） | 总计<br>（万人） | 同比增长率<br>（%） |
|---|---|---|---|---|---|
| 2013 | 638.7 | 51.4 | 35.4 | 725.5 | 3.55 |
| 2014 | 659.4 | 53.6 | 36.5 | 749.5 | 3.31 |
| 2015 | 680.9 | 55.2 | 40.9 | 777.0 | 3.67 |

图 5-5 反映中国 1999 年至 2015 年知识资源储备情况，数据几乎呈线性高速增长，2009 年数值约为 1999 年数值的 6 倍，2015 年数值约为 2000 年数值的 9.5 倍，同时 2008 年之后收录论文数量增速有所提升，侧面反映中国对知识创新和科学研究的投入度也在不断增强。

单位：篇

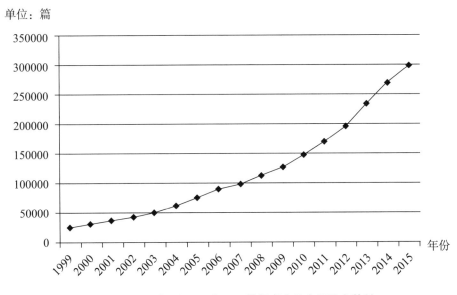

图 5-5 1999 年至 2015 年 SCI 数据库收录中国论文数量

3. 需求条件

钻石模型中的需求主要指国内需求，虽然 KPO 面向的是国外市场，但这并没有降低国内需求的重要性。国内知识密集型服务的需求数量能够带动知识密集型行业的整体规模、产业规模的扩大，有利于形成规模效应。规模效应一方面能够吸引资金投入和资源支撑，降低成本；另一方面能够促使产业内竞争以提高效率和竞争力。在知识密集型行业能够很好地满足国内需求的前提下，国内的质量需求越高，中国 KPO 行业越能更好地应对国际市场的挑战。内部需求以良好的宏观经济环境为基础,同时需要国家经济稳定发展提供积极的需求环境,本书以人均国内生产总值为反映指标。扩大消费需求和投资需求是中国拉动内需的重要手段。整体经济水平、社会文化和价值观的改变、个人需求的变化等都影响着人们的消费需求,由于缺乏针对知识密集型服务的支出数据统计,本章分别以最终消费支出和资本形成总额体现消费需求和投资需求。

表5-7显示,2000年至2015年,在扩大内需经济政策的拉动下,中国消费需求和投资需求总额快速增长。2000年以来,中国消费需求和投资需求总额快速增长,大部分年份增长率均在10%以上。特别是2007年、2008年和2011年增速都在20%左右。但自2011年开始,投资和消费的增速逐步放缓,并于2014年、2015年回落至10%以下。2015年社会消费支出已达2000年的5倍,社会资本形成总额已达2000年的9倍,不难发现投资需求的增长速度较快。

表5-7　2000年至2015年内部需求情况

| 年份 | 社会最终消费支出(亿元) | 社会资本形成总额(亿元) | 总和(亿元) | 同比增长(%) |
|------|------------------|------------------|----------|-----------|
| 2000 | 63668 | 34526 | 98194 | |
| 2001 | 68547 | 40379 | 108926 | 10.93 |
| 2002 | 74068 | 45130 | 119198 | 9.43 |
| 2003 | 79513 | 55837 | 135350 | 13.55 |
| 2004 | 89086 | 69421 | 158507 | 17.11 |
| 2005 | 101448 | 77534 | 178982 | 12.92 |
| 2006 | 114729 | 89823 | 204552 | 14.29 |
| 2007 | 136229 | 112047 | 248276 | 21.38 |
| 2008 | 157466 | 138243 | 295709 | 19.10 |
| 2009 | 172728 | 162118 | 334846 | 13.23 |
| 2010 | 198998 | 196653 | 395651 | 18.16 |
| 2011 | 241022 | 233327 | 474349 | 19.89 |
| 2012 | 271113 | 255240 | 526353 | 10.96 |
| 2013 | 300338 | 282073 | 582411 | 10.65 |
| 2014 | 328313 | 302717 | 631030 | 8.35 |
| 2015 | 359516 | 313070 | 672586 | 6.59 |

4. 相关和支持产业

相关和支持产业与 KPO 之间的关系密不可分,KPO 的发展建立在第二、第三产业的发展基础之上,第二、第三产业一方面提供了基础环境的支撑,另一方面拉动了内部需求。产业间的集群效应带来了共赢,良性竞争以及密切的互动合作能够促进竞争力的提高,这也是马来西亚和菲律宾等国家服务外包占据领先地位的立足点。零售、制造、医药、物流、金融、能源等垂直行业都是知识密集型服务业的需求来源,尤其是金融行业的高端服务需求近年来成了需求关注的热点。KPO 作为知识密集型服务业的一部分,与上下游产业链之间的交流高度个性化、知识流动性和交互性强,需要有效的沟通渠道和信任基准。本节选取第二产业中的工业产值占国内生产总值比重代表能源和制造业的支持力度,选取第三产业占国内生产总值比重代表第三产业的支持力度。

图 5-6 显示,1999 年至 2015 年,中国积极进行产业转型,KPO 所处的第三产业比重稳步上升;2012 年第二、第三产业占比持平,随后几年第三产业比重超过第二产业,并将差距逐步拉开。

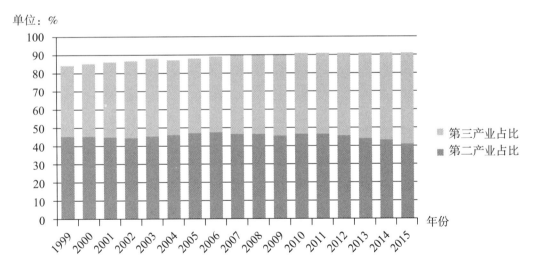

图 5-6　1999 年至 2015 年第二、第三产业占国内生产总值比重情况

5. 政策支持

在各国 KPO 发展现状的分析中可以发现,政府政策在 KPO 发展过程中扮演重要角色。ITO 产业虽然已在中国形成规模,但各项法律法规仍不健全,在 ITO 向 KPO 转型的过程中更加需要政府的监督和支持。中国政府采用产业集群、税收优惠、财政拨款、鼓励创新等途径鼓励服务外包整体市场的发展,同时引导产业链向 KPO 攀升。本节用政

府政策中的财政手段量化政策支持力度,选用国家科研支出以及教育文化支出占财政支出比重的两个指标反映政策对 KPO 竞争力的影响程度。

表 5 – 8 显示,从 2000 年开始,国家对于教育文化的支出快速增长,同比增长率平均高达 16.56% ;但受经济危机的影响,2007 年国家教育文化支出增速锐减,从 2006 年的22.10% 下降到 7.62% ;随后几年的同比增长率恢复高速增长。在国家科技研发支出上,绝对值一直在增加,但同比增长率呈现出波动。对国家财政、国家教育文化、国家科技研发三项支出的同比增长率进行分析可知,平均同比增长率基本持平。国家对于教育文化的支出持续快速增长,如 2011 年同比增长率为 30.50%。2000 年至 2015 年,科技研发方面支出的绝对值基本上一直保持增长,但同比增长率呈现出波动,2012 年甚至出现负增长,平均同比增长率(17.34%)略小于国家财政支出(17.47%)和教育文化支出(17.39%)。

表 5 – 8　国家对科研、教育文化财政支出情况

| 年份 | 国家财政支出 | | 国家教育文化支出 | | 国家科技研发支出 | |
| --- | --- | --- | --- | --- | --- | --- |
| | 金额(亿元) | 同比增长率(%) | 金额(亿元) | 同比增长率(%) | 金额(亿元) | 同比增长率(%) |
| 2000 | 15886.50 | | 2736.88 | | 575.62 | |
| 2001 | 18902.58 | 18.99 | 3361.02 | 22.80 | 703.26 | 22.17 |
| 2002 | 22053.15 | 16.67 | 3979.08 | 18.39 | 816.22 | 16.06 |
| 2003 | 24649.95 | 11.78 | 4505.51 | 13.23 | 975.54 | 19.52 |
| 2004 | 28486.89 | 15.57 | 5143.65 | 14.16 | 1095.34 | 12.28 |
| 2005 | 33930.28 | 19.11 | 6104.18 | 18.67 | 1334.91 | 21.87 |
| 2006 | 40422.73 | 19.13 | 7452.98 | 22.10 | 1688.50 | 26.49 |
| 2007 | 49781.35 | 23.15 | 8020.96 | 7.62 | 1783.04 | 5.60 |
| 2008 | 62592.66 | 25.74 | 10105.92 | 25.99 | 2611.00 | 46.44 |
| 2009 | 76299.93 | 21.90 | 11830.61 | 17.07 | 3276.80 | 25.50 |
| 2010 | 89874.16 | 17.79 | 14092.72 | 19.12 | 4196.70 | 28.07 |
| 2011 | 109247.79 | 21.56 | 18390.69 | 30.50 | 4797.00 | 14.30 |
| 2012 | 125952.97 | 15.29 | 23510.45 | 27.84 | 4452.63 | − 7.18 |
| 2013 | 140212.10 | 11.32 | 24546.15 | 4.41 | 5084.30 | 14.19 |
| 2014 | 151785.56 | 8.25 | 25733.18 | 4.84 | 5314.50 | 4.53 |
| 2015 | 175877.77 | 15.87 | 29348.52 | 14.05 | 5862.57 | 10.31 |

6. 机会

机会要素不仅对竞争力有影响,对钻石模型中的其他要素也会产生影响。形成机会的原因很多,对于 KPO 来说,首先,基于知识密集型企业特性,科技发明的投入增加、创新能力提高以及知识产权和数据安全环境保护力度的增强都有利于形成机会;其次,基于服务贸易出口特性,金融市场或汇率的变化、贸易开放度、国家风险系数等都影响着 KPO 的发展机遇。本节采用国内外三种专利申请授权数代表创新能力;选用知识产权民事诉讼案件一审受理量反映知识产权司法保护强度和国民知识产权保护意识程度;采用服务贸易进出口额占第三产业增加值的比重反映中国服务贸易开放度;采用汇率变化反映内外部经济环境对比变化①。

从图 5 – 7 可知,2006 年后中国发明专利申请授权数量急剧上升,体现了知识创新的活跃性;2012 年至 2014 年增速放缓,出现平台期;之后又恢复高速增长态势。同时,可以看到知识产权司法保护力度逐渐增强,特别是 2007 年之后,知识产权民事诉讼一审受理增速显著提升,知识产权保护意识和维护环境自觉度有一定程度提高,司法保护初见成效。虽然中国知识产权保护程度有所改善,但依然远不及创新活动的发展,可以认为司法保护力度仍然有待提升。

单位: 项

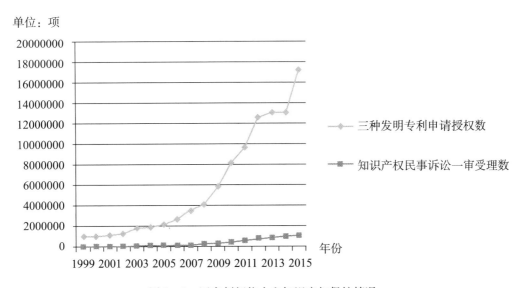

图 5 – 7　国家创新能力和知识产权保护情况

① 国家知识产权局统计数据[DB/OL].[2017 – 05 – 27]. http://www.sipo.gov.cn.

通过以上分析,本节对自变量和因变量指标进行汇总,见表5-9:

表5-9 计量指标汇总

| | | 指标名称 | 指标简称 | 指标含义 | 单位 |
|---|---|---|---|---|---|
| 因变量 | | 中国承接KPO产业竞争力 | DEP | 中国KPO出口占世界KPO出口值比率 | % |
| 自变量 | (1)初级要素 | 内部资本投入 | ININV | 中国知识密集型相关产业的固定资产投资额 | 亿元 |
| | | 外部资本投入 | OUTINV | 外商对中国知识密集型产业的直接投资实际利用额 | 亿美元 |
| | | 劳动力成本 | LACOST | 城镇知识密集型行业从业人员平均工资 | 元 |
| | | 劳动力结构 | LASTRU | 城镇知识密集型行业从业人数占总就业人数比率 | % |
| | (2)高级要素 | 信息通信设施水平 | COMM | 移动电话交换机容量 | 万门 |
| | | 现代交通等基建水平 | TRANS | 民航旅客运输量 | 万人 |
| | | 高等教育人才资源 | LAEDU | 当年高等教育毕业生人数及留学回国人数占总人口比率 | ‰ |
| | | 高端科研人才资源 | LASCIE | 科研参与人员数量占第三产业就业人数比率 | ‰ |
| | | 知识资源 | INTEL | SCI数据库收录论文数量 | 篇 |
| | (3)需求 | 宏观经济环境 | MACRO | 人均国内生产总值 | 元 |
| | | 消费需求 | COSUM | 社会最终消费支出 | 亿元 |
| | | 投资需求 | INVEST | 社会资本形成总额 | 亿元 |
| | (4)相关产业支持 | 工业支持 | SUPSE | 工业占国内生产总值比重 | % |
| | | 第三产业支持 | SUPTH | 第三产业占国内生产总值比重 | % |
| | (5)政府 | 政府科研支持 | GOVSCI | 政府科研支出占财政支出比重 | % |
| | | 政府教育文化支持 | GOVEDU | 政府教育文化支出占财政支出比重 | % |
| | (6)机会 | 创新能力 | INNOV | 国内外三种专利申请授权数 | 个 |
| | | 知识产权保护 | PROT | 知识产权民事诉讼一审受理量 | 件 |
| | | 外部经济波动 | CURRE | 人民币兑美元汇率取倒数 | 元 |
| | | 贸易开放度 | TRADE | 服务贸易进出口额占第三产业增加值比率 | % |

### 三、实证分析步骤与结果

#### (一)主成分分析

为对研究问题有较全面的考虑,上文细化选取了 20 个自变量作为影响因素的代表指标,当回归模型中使用两个或两个以上自变量时,这些自变量往往提供多余的信息,导致多重共线性使回归模型结果偏离。为避免回归模型构建过程中产生多重共线性,本节首先以钻石模型分组为单位,根据因素之间的关联程度,利用 SPSS 统计软件进行主成分分析,以达到尽可能保留信息归类意义的同时减少自变量数量的目的。

本节对 2000 年至 2015 年的数据进行主成分分析(见表 5 - 10),以 85% 为显著性判定标准,若不能以单一主成分代表该组信息,则保留原自变量。原 20 个自变量经过以上步骤被简化为:初级要素、高级要素、需求、相关产业支持、政府科研支持、政府教育文化支持和机会共 7 个自变量组别。

表 5 - 10　主成分分析后简化计量指标

| 自变量组名称 | 指标简称 | 指标组成 | 累计贡献率(%) |
|---|---|---|---|
| 初级要素 | ELELOW | $ELELOW = 0.973INV + 0.935OUTINV + 0.989LACOST + 0.965LASTRU$ | 87.04 |
| 高级要素 | ELEHIGH | $ELEHUGH = 0.964COMM + 0.990TRANS - 0.865LAEDU + 0.939LASCIE + 0.994INTEL$ | 96.12 |
| 需求 | DEMAND | $DEMAND = 0.996MACRO + 0.999COMSU + 0.996INVEST$ | 99.80 |
| 相关产业支持 | RELSUP | $RELSUP = 0.931SUPSE - 0.931SUPTH$ | 86.59 |
| 政府科研支持 | GOVSCI | — | N |
| 政府教育文化支持 | GOVEDU | — | N |
| 机会 | OPP | $OPP = 0.975INNOV + 0.970PROT - 0.959CURRE - 0.805TRADE$ | 86.49 |

#### (二)ADF 单位根和 Johansen 协整检验

分析变量之间的协整关系、因果关系及构建回归模型,首先需要对变量进行平稳性检验。时间观测的序列多数不具有平稳性,可能由于共同变化趋势的存在而导致伪回归问题,因此要对序列进行平稳性检验。平稳性检验又被称作单位根检验,主要有 DF 法、PP 法和 ADF 法三种,本节选用常用的 ADF( Augmented Dickey-Fuller Test) 法。根据 ADF 单位根检验理论,检验假设为零假设,即拒绝原假设代表不存在单位根,序列为平稳序列;反之为不平稳序列。若序列检测结果为不平稳,则进行一阶或二阶差分后再检测。

利用 EVIEWS 软件对 2000 年至 2015 年数据的 7 组自变量的单位根检验结果如表 5 – 11 所示,结果显示原序列 7 个变量在 10% 显著水平下不能拒绝原假设。变量分别在 1% 、5% 和 10% 的显著水平下,二阶差分后平稳。

表 5 – 11　ADF 单位根检验结果

| | 变量名 | 检验统计量 | 临界值 | 结论 |
|---|---|---|---|---|
| 取对数后原序列 | ELELOW | − 1.29 | − 3.39(10%) | 不平稳 |
| | ELEHIGH | − 3.53 | − 3.34(10%) | 平稳 |
| | DEMAND | − 2.44 | − 3.32(10%) | 不平稳 |
| | RELSUP | − 0.66 | − 3.32(10%) | 不平稳 |
| | GOVSCI | − 1.67 | − 3.32(10%) | 不平稳 |
| | GOVEDU | − 2.03 | − 3.32(10%) | 不平稳 |
| | OPP | − 3.07 | − 3.34(10%) | 不平稳 |
| | DEP | − 0.50 | − 3.32(10%) | 不平稳 |
| 一阶差分 | ELELOW | − 2.16 | − 3.42(10%) | 不平稳 |
| | ELEHIGH | − 4.07 | − 3.79(5%) | 平稳 |
| | DEMAND | − 1.63 | − 3.34(10%) | 不平稳 |
| | RELSUP | − 3.05 | − 3.34(10%) | 不平稳 |
| | GOVSCI | − 4.42 | − 3.79(5%) | 平稳 |
| | GOVEDU | − 3.40 | − 3.34(10%) | 平稳 |
| | OPP | − 2.11 | − 3.34(10%) | 平稳 |
| | DEP | − 3.19 | − 3.34(10%) | 不平稳 |

| | 变量名 | 检验统计量 | 临界值 | 结论 |
|---|---|---|---|---|
| 二阶差分 | ELELOW | -3.52 | -3.46(10%) | 平稳 |
| | ELEHIGH | -4.53 | -4.01(5%) | 平稳 |
| | DEMAND | -4.43 | -3.87(5%) | 平稳 |
| | RELSUP | -5.28 | -4.88(1%) | 平稳 |
| | GOVSCI | -3.84 | -3.46(10%) | 平稳 |
| | GOVEDU | -5.35 | -4.89(1%) | 平稳 |
| | OPP | -3.94 | -3.39(10%) | 平稳 |
| | DEP | -4.14 | -3.87(5%) | 平稳 |

协整分析(co-integration analysis)是处理不平稳序列的有力工具。协整关系是指单个序列可能是不平稳的,但两个或两个以上序列存在长期均衡的稳定关系,对于不稳定的原序列,协整关系的存在是格兰杰因果检验的前提。协整关系检验主要有两种方法,一种是 Granger 和 Engle 提出的基于协整回归残差的检验;一种是 Johansen 提出的基于 VAR(Value at Risk)模型的协整检验。本书依据 Johansen 协整检验理论对因变量和自变量进行协整检验。Johansen 协整检验的原理是以最小二乘法对协整检验结果进行估计,进而检验回归方程的残差平稳性。

表 5-12 为 Johansen 协整检验结果,滞后阶数根据 SIC 准则确定。从检验结果可以看到,变量 DEP 和 ELELOW、DEP 和 RELSUP 不存在协整关系的假设成立,因此它们之间不存在协整关系,不能用来解释 DEP 的变化规律。而因变量 DEP 和其他变量均存在长期协整关系。

**表 5-12 Johansen 协整检验结果**

| 假设 | Eigenvalue | Trace statistic | 0.05critical value | Prob. |
|---|---|---|---|---|
| ELELOW 和 DEP 不存在协整关系 | 0.437 | 8.567 | 15.494 | 0.4070 |
| ELEHIGH 和 DEP 不存在协整关系 | 0.523 | 18.271 | 15.494 | 0.0190 |
| DEMAND 和 DEP 不存在协整关系 | 0.522 | 18.171 | 15.494 | 0.0190 |
| RELSUP 和 DEP 不存在协整关系 | 0.596 | 12.511 | 15.494 | 0.1340 |
| GOVSCI 和 DEP 不存在协整关系 | 0.864 | 34.333 | 15.494 | 0.0000 |

续表

| 假设 | Eigenvalue | Trace statistic | 0.05critical value | Prob. |
|---|---|---|---|---|
| GOVEDP 和 DEP 不存在协整关系 | 0.787 | 32.047 | 15.494 | 0.0001 |
| OPP 和 DEP 不存在协整关系 | 0.772 | 34.428 | 15.494 | 0.0000 |

（三）格兰杰因果检验

在信息计量模型的建立过程中,回归分析的实质是体现一个因素对其他因素的依存度,但并不表明信息因素之间存在必然的因果关系。没有因果关系的变量之间往往也能够存在较好的拟合度,从统计意义上看,在回归模型中被解释的变量可能是解释变量的产生原因。格兰杰因果关系理论提出,当两个建立在时间序列上的因素通过格兰杰因果检验,说明包含了影响因素后,对被影响因素的预测效果优于单独考虑被影响因素的历史信息的预测效果。

本节通过利用 EVIEWS 软件,分别在具有协整关系的 5 组自变量和因变量之间引入格兰杰因果检验,目的是从数据统计角度发掘出引起因变量变化的自变量。同样以 10% 为判定标准,以下 5 个自变量:高级要素、需求、政府科研支持、政府教育文化支持以及机会没有对 KPO 竞争力产生格兰杰因果关系的假设成立概率 PROB 均小于 0.01,因此它们与因变量之间存在较明确的因果关系,见表 5 - 13。

表 5 - 13　格兰杰因果检验筛选结果

| 假设 | F-STATISTIC | PROB |
|---|---|---|
| 高级要素没有对 KPO 产业竞争力产生格兰杰因果关系 | 3.6010 | 0.0030 |
| 需求没有对 KPO 产业竞争力产生格兰杰因果关系 | 8.3210 | 0.0090 |
| 政府科研支持没有对 KPO 产业竞争力产生格兰杰因果关系 | 8.3146 | 0.0002 |
| 政府教育文化支持没有对 KPO 产业竞争力产生格兰杰因果关系 | 5.8390 | 0.0005 |
| 机会没有对 KPO 产业竞争力产生格兰杰因果关系 | 4.3927 | 0.0016 |

（四）OLS 多元回归模型分析

通过对 2000 年至 2015 年的数据进行分析,证明 5 个自变量与因变量之间存在长期协整的因果关系,本节希望进行相应的回归分析得到自变量对因变量的影响程度并确立影响关系式。本节根据面板数据模型选择 OLS 多元回归分析作为分析工具,通过变量间的相关系数矩阵发现高级要素、需求、国家教育文化支持和机会之间由于相同的经济趋势仍然存在共线问题,对因变量产生了重叠贡献。由于本书的目的不是建立预测模型,因此不能通过舍弃自变量解决共线问题。故以一个主成分因素(MAIN)代替以上四个因素,使用主成分回归法解决多重共线问题数据有少量偏失。

$$MAIN = 0.986ELEHIGH + 0.897DEMAND + 0.791OPP + 0.432GOVEDU \qquad (5)$$

利用 SPSS 统计软件,根据最小二乘法使残差平方和最小,以 MAIN 和 GOVSCI 为自变量得到回归方程系数。结果显示,因变量的总变异性中被自变量解释的百分比为94%(R Square = 0.949),具有很高的拟合度,包含所有解释变量的回归模型能够显著地预测因变量(P = 0.000 < 0.05)。单个解释变量方面,变量 MAIN(t = 15.312,P = 0.000)和 GOVSCI(t = 15.082,P = 0.000)都具有显著性。回归分析结果验证了因果检验结果,并得到了自变量对因变量的影响程度。根据 Y 轴截距和标准回归系数建立回归方程如下:

$$DEPt = 5.702 + 2.385MAINt + 0.587GOVSCIt + u$$

$$(t = 1,2,3,\cdots\cdots 表示样本观测时期) \qquad (6)$$

代入 MAIN 变量的组成部分,回归方程展开如下:

$$DEPt = 5.702 + 2.352ELEHIGH + 2.139DEMAND + 1.887OPP + 1.030GOVEDU$$
$$+ 0.587GOVSCI + u \qquad (7)$$

(五)实证数据结果分析

研究假设 7 个自变量组与中国 KPO 竞争力具有显著因果关系,见图 5 - 8。实证结果发现,从统计学意义上看共 5 个因素组(包括 14 个因素)假设成立。且 4 个因素组都与因变量呈正相关关系。其中,高级因素自变量组的影响程度最大,需求组、机会组和国家教育文化支持组也十分重要,政府科研支持也具有一定影响。

Michael E. Porter 在钻石模型中指出,随着社会经济发展和产业升级,初级要素扮演的角色将逐渐淡化。本节的实证分析也显示,从统计数据上验证,初级要素(包括资金投入、劳动力成本和劳动力结构)对于中国 KPO 产业竞争力的提高并没有显著贡献,整体经济环境大范围资金投入和普通素质劳动力数量的增多并不能对 KPO 产业有集中的促进作用。在传统服务外包领域,低廉的劳动力成本一直是竞争力的来源,本节研究发现,对于服务外包高端产业,劳动力成本变动产生的影响并不明显。

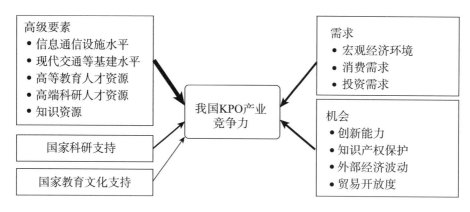

注:箭头线条越粗代表影响程度越大。

图 5 - 8  中国 KPO 产业竞争力

实证结果证实高级要素对中国 KPO 竞争力的影响最为突出,包括信息通信设施水平、现代交通等基建水平、高等教育人才资源、高端科研人才资源以及知识资源 5 个自变量。从数据经济意义来看,高级要素与因变量之间为显著正相关关系,该要素每增加 1% 导致中国 KPO 产业竞争力增加 2.352%。其中,高等教育人才资源和知识资源占比最大。研究证实了高级要素对提高 KPO 产业竞争力有积极的作用,其中教育和知识资源表现出特别的重要性。

需求要素组代表的内部市场需求也被证实为影响因素之一,包括宏观经济环境、消费需求和投资需求。需求要素每增加 1%,中国 KPO 产业竞争力增加 2.139%。这说明近年来国内经济环境较为稳定,扩大内需和鼓励投资的政策,对 KPO 产业的发展起到积极的促进作用。

实证结果依然没有体现工业和第三产业对我国 KPO 竞争力具有支持作用。这与中国的第二、三产业的整体发展情况有直接关联。虽然第二、三产业生产总值的绝对值一直不断攀升,但比重变化不是十分明显,对 KPO 产业的支持作用也没有预期中那么强烈。

代表政府支持力度的科研和教育文化财政支出由于数据相关系数较小而无法提取主成分,因此作为单独的变量与因变量进行因果关系检验。但实证研究又发现属于政府支持力度因素组的两个成分显示了相似的实证结果,其中国家教育文化投入对 KPO 竞争力的影响较大,具有明确的因果关系,该变量每增加 1%,中国 KPO 竞争力增加 1.030%。另外,国家科研投入对 KPO 的竞争力也具有一定程度的影响,具有明确的因果关系,该变量每增加1%,中国KPO竞争力增加0.581%。研究结果表明,现阶段国家在教育文化和科研方面的投入和支持对KPO竞争力的增长具有促进作用。

机会要素包括创新能力、知识产权保护强度、汇率变化和贸易开放度,研究证实,机会要素整体每增加1%,中国KPO竞争力增加0.587%,其中创新和知识产权保护对结果的贡献占比高于汇率和贸易开放度因素,营造知识经济发展和壮大的良好环境会对中国KPO发展产生重要影响。

### 四、研究发现与结论

本节以明确中国KPO产业竞争力影响因素为目标,首先搜集竞争国家和中国KPO发展现状相关信息,以钻石模型为理论基础,结合中国实际发展情况选取20个影响因素指标,在数据选取上力求科学与精准,并将其分为初级要素、高级要素、需求、政府作用、相关产业和机会六个方面。通过格兰杰因果检验分析筛选出符合因果假设的五组因素,并通过多元线性回归模型确定因果关系式,最终研究发现如下:

(1)明确KPO发展的影响因素。研究首先发现KPO发展与多方面因素相关,涉及政治、经济、文化和技术等方面。①政治方面:要求国家具有良好的社会稳定性,为KPO的突破发展提供财政和政策上的支持,完善知识产权和数据安全相关法律法规,并提供有力的司法监管环境。②经济方面:通货膨胀水平、汇率变化等内外部经济波动,知识密集型行业就业失业率、内部市场需求制约或推动作用,基础设施的支撑能力,外资利用合作水平影响下的企业双方交流和信任程度。③文化方面:影响服务外包价值链向高端延伸的语言能力、文化相融能力,高等教育人才资源储备以及能够推动国际文化和商业交流互动的国际交流开放程度。④技术方面:人才、设施和管理成本,影响KPO核心竞争力的创新和研发能力、知识交流和共享能力,本地知识密集型服务业技术水平以及ITO和BPO发展程度。

(2)评估中国KPO产业竞争力。结合以上影响因素以及中国国情,本节以钻石模型为理论基础,选取20个影响因素指标作为自变量,假设自变量对中国KPO竞争力有显著影响。通过格兰杰因果检验和多元线性回归检验,验证影响因素对竞争力的影响作用是否成立,并分别对2000—2015年数据序列进行分析。研究发现:初级要素对KPO产业竞争力没有显著的影响,高级要素包括信息通信技术、现代交通等基础设施、高等教育人才资源、高端科研人才资源以及知识资源对KPO竞争力提升贡献最为明显;需求和机会对 KPO 产业竞争力也有一定程度的影响,其中需求包括宏观经济环境、投资需求和消费需求,机会包括创新能力、知识产权保护力度和贸易开放度,这些要素均会对中国 KPO 产业竞争力产生影响;在政府支持方面,国家的教育文化支持与科研支持也会对 KPO 产业竞争力产生影响,同时教育文化的支持对 KPO 产业竞争力的影响程度要高于科研投入的影响;在相关产业的支持方面,工业与第三产业对 KPO 产业的影响也没有预期中强烈。

本节力求通过深入的理论研究和务实的实证分析过程,为中国 KPO 产业的发展提供实证研究基础,然而,由于本人的能力有限以及研究条件可行性的限制,仍然存在一些不足。例如,对于情报学科关注的知识密集型行业和国际贸易学科关注的服务外包行业来说,KPO 都是一个新兴产业,针对中国国情的理论和实证研究较少。本节在选择影响因素指标时尝试以钻石模型为基础,结合各国 KPO 发展现状的定性研究、已有的服务外包和知识密集型服务业影响因素研究成果划定指标选择范围,在理论依据的严谨性上还需进一步研究;数据针对的是国家宏观信息,忽视了地方之间的发展差异。

在后续研究中,一方面可以扩大样本区间,与竞争国家的数据做比较。对 KPO 发展影响因素的研究可以扩展到各个竞争国家,获得样本区间更大的面板数据。对 KPO 产业领先国家、与中国发展阶段相同的国家、发达国家、发展中国家的 KPO 发展影响因素进行对比研究,结合竞争国家的发展现状,找到对比差距和发展方向。另一方面,细化研究对象,贴近中国服务外包示范城市的具体发展事实。中国 KPO 产业的发展落到实处是各个示范城市、产业园区知识密集型服务业的发展,由于中国幅员辽阔,经济发展程度不同,KPO 产业发展背景也不尽相同,因此,本书在影响因素挖掘的基础上,针对具体城市和地区的 KPO 发展进行研究,有助于细化指标,提高研究指标的合理性和准确性。

**五、实践启示**

本节结合实证结果得到的中国 KPO 竞争力影响因素及中国 KPO 实际发展情况,对中国 KPO 未来发展提出建议。

（一）加快 KPO 高端专业人才培养

本节研究发现,生产力高级要素中的高等教育人才资源、高端科研人才资源以及知识资源因素对中国 KPO 竞争力的提高产生较大影响,而知识密集型行业的整体从业人员数量以及人力资源成本变化对 KPO 并没有明显的促进或者抑制作用。因此,本节认为,中国知识密集型行业服务外包的过程能够提供大量就业岗位,使更多人参与该类产业的运营,然而,其中具有相应专业知识能力的高端人才才是促进该产业发展的关键。高端专业人才应当具有相关知识储备和学术背景、高水平语言沟通能力以及服务交付能力,同时具有针对高知识含量的项目实践、管理经验以及国际视野。

本节研究还发现高级要素中的人力资源和知识资源是核心影响要素,但同时也是中国发展 KPO 的瓶颈。中国高等教育人力资源数量自 2002 年以来快速增长,其中普通高等院校毕业生人数仍然占绝对优势,近年来,出国留学及回国人数也有逐步增加的趋势。中国高等教育水平不断提高,结构趋向优化,然而适用于 KPO 产业的高端专业人才仍然稀缺,如科研技术人员占第三产业总人数比例较低。

(二)合理利用资源发展产业园区

本节研究证明相比起生产力初级要素中广泛的内外部资金投入,高级要素中的现代通信和交通等基础建设为 KPO 竞争力的提高创造了更有利的环境。丰富的资源和资金供给往往不能被高效利用和配置,对产业的发展不一定产生促进作用。反之一定的资源短缺,能够促使企业在逆境中突破。例如,印度的服务外包企业在发展中需要经常面对狭小的办公空间和落后的基础设施,但这些同时也成就了其出色的生存能力。

中国服务外包发展规划了 21 个示范城市,相应的服务外包产业园区也快速建立起来。产业园区的建立能够促进信息沟通和交流,提升硬件配套服务水平和公共设施的利用率,如马来西亚和菲律宾已在这一点上获得成功。值得注意的是中国各地政府为了抢占市场率并取得优势地位,将大量的资金和资源投入园区建设中,这容易造成资源冗余和盲目比拼基础资源的恶性竞争。因此,园区的建设应当有合理的规划,注重现代通信和交通设施等高级要素中的关键环节,降低信息传递成本;发现自身的薄弱点和优势领域,提高资源分配和利用效率,控制资源浪费现象;为 KPO 发展制定特定的产业配备,与 ITO 和 BPO 发展有所区别,打造有特色的高效园区。另外,按照研究结果推导,配套的人文和商业环境等软件因素,如绿化系统、娱乐和休憩场所等也是高级要素的组成部分,对 KPO 的竞争力发展也应当有一定的影响作用。

(三)立足国内需求,抓住机遇扩展市场

研究发现,在稳定积极的宏观经济环境下,内部扩大的消费和投资需求对 KPO 的竞争力提高有促进作用,因此中国 KPO 的发展不能够忽视国内市场需求。关注和满足国内知识密集型服务业客户提出的意见和预测性需求将有利于 KPO 企业在国际市场中取得竞争优势。KPO 发展不是一个单一的进程，需要建立在国内知识密集型服务业的整体市场质量提升的基础上。

中国 KPO 产业的发展过程一方面要关注国内知识密集型服务业市场需求，另一方面要积极拓展海外目标市场，发挥扩大贸易开放度的促进作用。新一轮的国际金融危机导致一部分国家经济发展速度放缓或者下滑，但给予了中国经济转型和产业调整的机会。中国应当抓住这次机会大力拓展 KPO 的目标市场。与当地商业文化的融合和交流更有利于增加知识含量高的服务外包合作机会，企业海外并购和在近岸国家的直接投资将有利于中国深入发包国家内部。国家一方面应当给予企业海外扩张合作的政策优惠，给予企业一定的外汇支配权；另一方面可以学习服务外包领先国家系统建立 KPO 行业协会，由协会牵头打造统一的市场扩展平台，形成有力的海外宣传，同时推动国家间产业交流。

（四）加大对科技创新的支持力度和知识产权保障力度

本节研究证明，国家在财政上对科技研发的投入能够有效促进 KPO 的竞争力提高，同时，机会要素中创新能力和知识产权保护的重要性也强调了国家关注科研创新方面对 KPO 发展的必要性。中国服务外包是否能从产业链低端向高端攀升，取决于行业的核心知识技术水平和整体方案交付能力，取决于是否有足够的资金投入到核心技术的研发上。将 KPO 企业的研发项目纳入国家科研扶持计划，由国家和企业共同培养技术研发型、知识创新型领军企业，能够促使中国在药物研发、临床试验和工程设计等 KPO 领域实现跨越式发展。国家一方面应加强基础研发领域投入，一方面应充分挖掘各类知识创新资源的潜能，完善产学研合作机制，简化发明专利的审批过程，促使科研成果尽快产业化。

在知识产权保护方面，政府在知识产权和个人信息保护体系的立法工作中，以及加大打击知识产权侵权力度上扮演重要角色。同时，企业和产业园区自身在与发包方沟通的过程中，应当了解和尊重相关的法律法规，企业员工也应当对知识产权保护等法律制度有所认识并服从企业内相关规定。

## 第三节　环渤海地区知识流程外包产业竞争力实证研究

### 一、区域知识流程外包产业竞争力测量指标设计

本节对北京和天津两个城市的知识流程外包产业竞争力进行实证研究。根据上文

中提出的修正后的钻石理论模型,将地区 KPO 产业竞争力作为因变量,将影响因素作为自变量进行研究。选取思路与变量类型与第五章实证研究变量基本相同,但也根据地区的实际情况做细微的调整,使之更加符合地区发展的实际情况,具体研究变量如表5 - 14所示。同时,本节对具体的研究方法和思路不再赘述,重点叙述实证研究的过程及研究结果分析。

表 5 - 14　测量指标汇总

| | | 指标名称 | 指标简称 | 指标含义 | 单位 |
|---|---|---|---|---|---|
| 因变量 | | 地区承接 KPO 产业竞争力 | DEP | 地区 KPO 出口占中国 KPO 出口值比率 | % |
| 自变量 | (1)初级要素 | 内部资本投入 | ININV | 地区知识密集型相关产业的固定资产投资额 | 亿元 |
| | | 外部资本投入 | OUTINV | 外商对地区知识密集型产业的直接投资实际利用额 | 亿美元 |
| | | 劳动力成本 | LACOST | 城镇知识密集型行业从业人员平均工资 | 元 |
| | | 劳动力结构 | LASTRU | 城镇知识密集型行业从业人数占总就业人数比率 | % |
| | (2)高级要素 | 信息通信设施水平 | COMM | 地区移动电话交换机容量 | 万门 |
| | | 交通基建水平 | TRANS | 地区民航旅客运输量 | 万人 |
| | | 高等教育人才资源 | LAEDU | 当年高等教育毕业生人数及留学回国人数占地区总人口比率 | ‰ |
| | | 高端科研人才资源 | LASCIE | 科研参与人员数量占第三产业就业人数比率 | % |
| | | 知识资源 | INTEL | SCI 数据库收录论文数量 | 篇 |
| | (3)需求 | 宏观经济环境 | MACRO | 人均地区生产总值 | 元 |
| | | 消费需求 | COSUM | 社会最终消费支出 | 亿元 |
| | | 投资需求 | INVEST | 社会资本形成总额 | 亿元 |
| | (4)相关产业支持 | 工业支持 | SUPSE | 工业占地区生产总值比重 | % |
| | | 第三产业支持 | SUPTH | 第三产业占地区生产总值比重 | % |
| | (5)政府 | 地区科研支持 | GOVSCI | 地区科研支出占财政支出比重 | % |
| | | 地区教育文化支持 | GOVEDU | 地区教育文化支出占财政支出比重 | % |

续表

| | 指标名称 | | 指标简称 | 指标含义 | 单位 |
|---|---|---|---|---|---|
| 自变量 | （6）机会 | 创新能力 | INNOV | 国内外三种专利申请授权数 | 个 |
| | | 知识产权保护 | PROT | 知识产权民事诉讼一审受理量 | 件 |
| | | 外部经济波动 | CURRE | 人民币兑美元汇率取倒数 | 元 |
| | | 贸易开放度 | TRADE | 地区服务贸易进出口额占第三产业增加值比率 | % |

## 二、北京地区知识流程外包产业竞争力分析

### （一）主成分分析

首先，按照修正后的钻石模型的 6 个分组，共细分出 20 个自变量。由于自变量过多，因此首先使用主成分分析的方法，以钻石模型的 6 个分组为单位，提取主成分，达到缩减自变量的目的。依然以 85% 为显著性判断的标准，若不能以单一主成分代表该组变量，则保留原来的自变量。经过主成分提取，20 个自变量被简化为：初级要素、高级要素、需求、工业支持、第三产业支持、地区科研支持、地区教育文化支持、机会、贸易开放度共 9 个组别，具体见表 5 - 15。

表 5 - 15　主成分分析后简化计量指标

| 自变量组名称 | 指标简称 | 指标组成 | 累计贡献率（%） |
|---|---|---|---|
| 初级要素 | ELELOW | $ELELOW = 0.992ININV + 0.920OUTINV + 0.942LACOST - 0.874LASTRU$ | 93.25 |
| 高级要素 | ELEHUGH | $ELEHUGH = 0.991COMM + 0.996TRANS - 0.939LAEDU + 0.993LASCIE + 0.982INTEL$ | 88.65 |
| 需求 | DEMAND | $DEMAND = 0.956MACRO + 0.998COMSU + 0.999INVEST$ | 99.56 |
| 工业支持 | SUPSE | | N |
| 第三产业支持 | SUPTH | | N |
| 地区科研支持 | GOVSCI | | N |
| 地区教育文化支持 | GOVEDU | | N |
| 机会 | OPP | $OPP = 0.932INNOV + 0.984PROT - 0.970CURRE$ | 92.544 |
| 贸易开放度 | TRADE | | N |

（二）ADF 单位根和 Johansen 协整检验

在协整检验、因果检验和回归分析之前，首先对数据进行平稳性检验。利用 ADF 方法，利用 EVIEWS 软件对 9 组自变量进行检验，结果如表 5 - 16 所示。9 组自变量分别在 1%、5%、10% 的显著性水平下，二阶差分后平稳。

表 5 - 16　ADF 单位根检验结果

| | 变量名 | 检验统计量 | 临界值 | 结论 |
|---|---|---|---|---|
| 取对数后原序列 | ELELOW | - 2.74 | - 3.59（10%） | 不平稳 |
| | ELEHIGH | - 1.61 | - 3.51（10%） | 不平稳 |
| | DEMAND | - 3.65 | - 3.59（10%） | 平稳 |
| | SUPSE | - 3.90 | - 3.59（10%） | 平稳 |
| | SUPTH | - 3.76 | - 3.59（10%） | 平稳 |
| | GOVSCI | - 3.21 | - 3.51（10%） | 不平稳 |
| | GOVEDU | - 2.21 | - 3.51（10%） | 不平稳 |
| | OPP | - 1.07 | - 3.51（10%） | 不平稳 |
| | TRADE | - 3.54 | - 3.59（10%） | 不平稳 |
| | DEP | - 1.27 | - 3.59（10%） | 不平稳 |
| | 变量名 | 检验统计量 | 临界值 | 结论 |
| 一阶差分 | ELELOW | - 2.78 | - 3.70（10%） | 不平稳 |
| | ELEHIGH | - 5.06 | - 4.45（5%） | 平稳 |
| | DEMAND | - 1.88 | - 3.59（10%） | 不平稳 |
| | SUPSE | - 1.66 | - 3.59（10%） | 不平稳 |
| | SUPTH | - 1.61 | - 3.59（10%） | 不平稳 |
| | GOVSCI | - 2.58 | - 3.70（10%） | 不平稳 |
| | GOVEDU | - 3.62 | - 3.59（10%） | 平稳 |
| | OPP | - 9.50 | - 6.29（1%） | 平稳 |
| | TRADE | - 10.41 | - 5.84（1%） | 平稳 |
| | DEP | - 2.84 | - 3.70（10%） | 不平稳 |

续表

| | 变量名 | 检验统计量 | 临界值 | 结论 |
|---|---|---|---|---|
| 二阶差分 | ELELOW | -3.98 | -3.88(10%) | 平稳 |
| | ELEHIGH | -3.59 | -3.21(10%) | 平稳 |
| | DEMAND | -6.86 | -4.77(5%) | 平稳 |
| | SUPSE | -3.61 | -3.51(10%) | 平稳 |
| | SUPTH | -3.87 | -3.63(10%) | 平稳 |
| | GOVSCI | -3.70 | -3.66(10%) | 平稳 |
| | GOVEDU | -6.79 | -6.29(1%) | 平稳 |
| | OPP | -12.02 | -7.01(1%) | 平稳 |
| | TRADE | -14.27 | -6.29(1%) | 平稳 |
| | DEP | -4.12 | -3.70(10%) | 平稳 |

接下来是使用 Johansen 提出的基于 VAR 的协整检验,处理不平稳的数据序列。本节依次对每个自变量和因变量数据序列进行协整检验,滞后阶数根据 AIC、SC 准则来确定。从表 5 - 17 中的假设检验结果不难发现,ELELOW 和 DEP、DEMAND 和 DEP、TRADE 和 DEP 不存在协整关系的假设成立,因此它们之间不具有协整关系,其他变量与因变量 DEP 之间存在协整关系。

表 5 - 17　Johansen 协整检验结果

| 假设 | Eigenvalue | Trace statistic | 0.05critical value | Prob. |
|---|---|---|---|---|
| ELELOW 和 DEP 不存在协整关系 | 0.437 | 8.567 | 15.494 | 0.4070 |
| ELEHIGH 和 DEP 不存在协整关系 | 0.818 | 15.430 | 15.494 | 0.0150 |
| DEMAND 和 DEP 不存在协整关系 | 0.631 | 8.874 | 15.494 | 0.3710 |
| SUPSE 和 DEP 不存在协整关系 | 0.516 | 5.798 | 3.841 | 0.0160 |
| SUPTH 和 DEP 不存在协整关系 | 0.499 | 5.533 | 3.841 | 0.0187 |
| GOVSCI 和 DEP 不存在协整关系 | 0.839 | 14.653 | 15.494 | 0.0000 |
| GOVEDU 和 DEP 不存在协整关系 | 0.498 | 5.508 | 3.841 | 0.0189 |
| OPP 和 DEP 不存在协整关系 | 0.858 | 19.417 | 15.494 | 0.0122 |
| TRADE 和 DEP 不存在协整关系 | 0.762 | 11.496 | 15.494 | 0.1830 |

（三）格兰杰因果检验

利用 EVIEWS 软件,分别对 ELEHIGH、SUPSE、SUPTH、GOVSCI、GOVEDU、OPP 与 DEP 之间进行因果检验,探究各个自变量与因变量之间是否存在数理统计意义上的因果关系。研究以 10% 为判定标准,工业支持、第三产业支持、地区科研支持、地区教育文化支持、机会没有对 KPO 产业竞争力产生格兰杰因果关系的假设成立概率小于 0.01,因此这五个自变量与 KPO 竞争力之间存在明确的因果关系,见表 5 - 18。

表 5 - 18　格兰杰因果检验筛选结果

| 假设 | F-STATISTIC | PROB |
|------|-------------|------|
| 工业支持没有对 KPO 产业竞争力产生格兰杰因果关系 | 8.3210 | 0.0090 |
| 第三产业支持没有对 KPO 产业竞争力产生格兰杰因果关系 | 13.7570 | 0.0030 |
| 地区科研支持没有对 KPO 产业竞争力产生格兰杰因果关系 | 8.3145 | 0.0002 |
| 地区教育文化支持没有对 KPO 产业竞争力产生格兰杰因果关系 | 28.0420 | 0.0014 |
| 机会没有对 KPO 产业竞争力产生格兰杰因果关系 | 1.9920 | 0.0016 |

（四）OLS 多元回归模型分析

经过格兰杰因果检验,发现工业支持、第三产业支持、地区科研支持、地区教育文化支持、机会与 KPO 竞争力之间存在长期协整的因果关系。根据面板数据选择 OLS 多元回归的方法对变量进行回归。通过变量间的相关系数矩阵发现工业支持、第三产业支持和机会的经济趋势相似,它们之间依然存在多重共线性的问题。由于本研究不能通过舍弃变量来解决问题,因此,用主成分回归法解决多重共线性的问题,用 MAIN 一个主成分因素代替上述三个变量。

$$MAIN = 0.896SUPSE + 0.794SUPTH + 0.797OPP \tag{8}$$

利用 SPSS 统计软件,以 MAIN、GOVSCI、GOVEDU 三个变量作为自变量,进行多元回归分析。结果显示,因变量被自变量解释的回归百分比为 97%,拟合度较高。同时,因变量能够被自变量显著地预测($P$ 值 $= 0.000 < 0.05$)。在单个变量方面,MAIN($t = 3.199, P = 0.019$),GOVSCI($t = 3.674, P = 0.000$),GOVEDU($t = 1.269, P = 0.015$)均具有显著性。因此,得到如下回归方程:

$$DEP_t = -1.16 + 0.403MAIN + 0.759GOVSCI + 0.254GOVEDU$$

$$(t = 1, 2, 3, \cdots\cdots, T; T \text{ 表示样本观测时期}) \tag{9}$$

代入 MAIN 变量的组成部分,得到最终的回归方程:

$$DEPt = 1.16 + 0.759GOVEDU + 0.361SUPSE + 0.320SUPTH$$
$$+ 0.321OPP + 0.254GOVSCI + u \tag{10}$$

**(五)实证数据分析结果**

图 5 - 9 显示,研究假设 6 个变量组(共 20 个自变量)会影响北京地区 KPO 竞争力。经过实证研究发现,从统计学意义上来看,共有 5 组变量,包含 8 个因素会对 KPO 竞争力产生显著的正向影响。其中,地方政府教育文化支持的影响程度最大,此外还有工业支持、第三产业支持、机会和地区科研支持。

实证结果表明,初级要素(包括内部和外部资本投入、劳动及结构和成本)对北京地区 KPO 竞争力的促进作用并不显著。在全市范围中的资本投入以及就业人数的增加、人均工资的提升并不会对 KPO 产业的发展产生很强的促进作用。

高级要素对北京地区 KPO 竞争力没有显著的正向影响作用。其中包括信息通信设施水平、现代交通等基建水平、高等教育人才资源、高端科研人才资源以及知识资源 5 个自变量。北京作为全国的政治文化中心,是一个交通通信设施建设水平极高、教育资源和科研资源集中且优越的城市。这些优质资源和人才散布在北京的各行各业之中,促进各类产业的迅猛发展。KPO 产业作为新兴、高端的知识型产业,享受并利用北京各类优质的资源,但这些资源的普适性较广,在统计学意义上没有对 KPO 竞争力的提升起到促进作用。

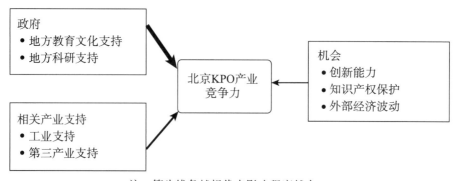

注:箭头线条越粗代表影响程度越大。

图 5 - 9 北京 KPO 产业竞争力影响因素示意图

需求包括宏观经济环境、社会消费需求和投资需求,但对北京地区 KPO 竞争力的正向影响作用也没有得到验证。这说明人均地区生产总值并不会对 KPO 产业有直接的影响,而全市范围的社会消费及投资需求也没有对 KPO 这一具体产业产生影响。

相关产业支持对北京 KPO 竞争力的提升具有支持作用。实证研究表明,第二产业要素提升 1%,KPO 竞争力会提升 0.361%,第三产业要素提升 1%,KPO 竞争力会提升 0.320%。通过查看北京市工业和第三产业的数据资料发现,工业和第三产业的总体产值一直在不断攀升,而工业和第三产业所占比重呈此消彼长的趋势,但整体而言,第三产业的占比呈上升趋势,并且产值增长速度不断提升,极大促进了 KPO 竞争力的提升。而工业作为重要的后备支持力量,也为 KPO 产业的不断发展起到推动作用。

体现政府支持的教育文化投入和科研投入均会促进 KPO 竞争力的提升,特别是教育文化投入会对 KPO 产业的发展起到极大的促进作用。实证研究表明,政府教育文化支持要素提升 1%,KPO 竞争力会提升 0.759%,政府科研支持要素提升 1%,KPO 竞争力会提升 0.254%。研究结果显示,政府的教育文化支持对 KPO 竞争力的影响是最为显著的,说明政府对教育的重视程度会促进 KPO 的发展。而政府对科研的投入也会在一定程度上推动 KPO 的发展。这都能证明政府支持在北京 KPO 产业发展中起到重要作用。

机会要素包括创新能力、知识产权保护力度、汇率变化和贸易开放度。机会要素提升 1%,KPO 竞争力会提升 0.321%。其中创新能力、知识产权保护程度和外部经济环境的波动程度都会影响到 KPO 产业的发展,因为 KPO 需要集中高知识人才,需要面向国际市场,更需要创新意识和创新能力。而贸易开放度对 KPO 的影响作用在统计学意义上没有通过检验,说明二者的关系并没有预期的紧密。

**三、天津地区知识流程外包产业竞争力分析**

(一)主成分分析

首先,按照修正后的钻石模型的 6 个分组,共细分出 20 个自变量。由于自变量过多,因此首先使用主成分分析的方法,以钻石模型的 6 个分组为单位,提取主成分,达到缩减自变量的目的。依然以 85% 为显著性判断的标准,若不能以单一主成分代表该组变量,则保留原来的自变量。经过主成分提取,20 个自变量被简化为:初级要素资金投入、劳动力成本、高级要素、需求、工业支持、第三产业支持、地区科研支持、地区教育文化支持、机会共 9 个组别(见表 5 - 19)。

表 5 - 19　主成分分析后简化计量指标

| 自变量组名称 | 指标简称 | 指标组成 | 累计贡献率(%) |
|---|---|---|---|
| 初级要素资金投入 | ELELOW1 | ELELOW1 = 0.922ININV + 0.995OUTINV + 0.951LASTRU | 91.55 |
| 劳动力成本 | LACOST | | N |
| 高级要素 | ELEHIGH | ELEHUGH = 0.928COMM + 0.954TRANS - 0.937LAEDU - 0.977LASCIE + 0.958INTEL | 90.46 |
| 需求 | DEMAND | DEMAND = 0.997MACRO + 0.996COMSU + 0.999INVEST | 99.50 |
| 工业支持 | SUPSE | | N |
| 第三产业支持 | SUPTH | | N |
| 地区科研支持 | GOVSCI | | N |
| 地区教育文化支持 | GOVEDU | | N |
| 机会 | OPP | OPP = 0.946INNOV - 0.908.984PROT + 0.939CURRE + 0.917TRADE | 92.54 |

（二）ADF 单位根和 Johansen 协整检验

在协整检验、因果检验和回归分析之前,首先对数据进行平稳性检验。利用 ADF 方法,利用 EVIEWS 软件对 9 组自变量进行检验,结果如表 5 - 20 所示。9 组自变量分别在 1%、5%、10% 的显著性水平下,二阶差分后平稳。

表 5 - 20　ADF 单位根检验结果

| | 变量名 | 检验统计量 | 临界值 | 结论 |
|---|---|---|---|---|
| 取对数后原序列 | ELELOW1 | - 4.09 | - 3.59(10%) | 平稳 |
| | LACOST | - 2.62 | - 3.51(10%) | 不平稳 |
| | ELEHIGH | - 2.16 | - 3.59(10%) | 不平稳 |
| | DEMAND | - 1.20 | - 3.59(10%) | 不平稳 |
| | SUPSE | - 0.88 | - 3.52(10%) | 不平稳 |
| | SUPTH | - 1.06 | - 3.52(10%) | 不平稳 |
| | GOVSCI | - 2.39 | - 3.52(10%) | 不平稳 |
| | GOVEDU | - 0.84 | - 3.52(10%) | 不平稳 |
| | OPP | - 2.37 | - 3.59(10%) | 不平稳 |
| | DEP | - 1.92 | - 3.51(10%) | 不平稳 |

| | 变量名 | 检验统计量 | 临界值 | 结论 |
|---|---|---|---|---|
| 一阶差分 | ELELOW1 | －3.48 | －3.70(10%) | 不平稳 |
| | LACOST | －4.92 | －4.24(5%) | 平稳 |
| | ELEHIGH | －2.30 | －3.59(10%) | 不平稳 |
| | DEMAND | －1.91 | －3.59(10%) | 不平稳 |
| | SUPSE | －2.12 | －3.59(10%) | 不平稳 |
| | SUPTH | －2.05 | －3.59(10%) | 不平稳 |
| | GOVSCI | －1.94 | －3.59(10%) | 不平稳 |
| | GOVEDU | －1.20 | －3.59(10%) | 不平稳 |
| | OPP | －2.47 | －3.70(10%) | 不平稳 |
| | DEP | －5.27 | －4.45(5%) | 平稳 |
| | 变量名 | 检验统计量 | 临界值 | 结论 |
| 二阶差分 | ELELOW1 | －3.87 | －3.02(10%) | 平稳 |
| | LACOST | －4.39 | －3.88(10%) | 平稳 |
| | ELEHIGH | －3.70 | －2.94(10%) | 平稳 |
| | DEMAND | －3.88 | －3.87(10%) | 平稳 |
| | SUPSE | －29.74 | －7.01(1%) | 平稳 |
| | SUPTH | －21.81 | －7.00(1%) | 平稳 |
| | GOVSCI | －3.87 | －3.70(10%) | 平稳 |
| | GOVEDU | －3.70 | －3.25(10%) | 平稳 |
| | OPP | －3.87 | －3.59(10%) | 平稳 |
| | DEP | －4.67 | －3.87(10%) | 平稳 |

接下来是使用 Johansen 提出的基于 VAR 的协整检验,处理不平稳的数据序列。本节依次对每个自变量和因变量数据序列进行协整检验,滞后阶数根据 AIC、SC 准则来确定。从表 5－21 中假设检验结果不难发现,ELELOW1 和 DEP、SUPSE 和 DEP、OPP 和 DEP 不存在协整关系的假设成立,因此它们之间不具有协整关系,其他变量与因变量 DEP 之间存在协整关系。

表 5 – 21　Johansen 协整检验结果

| 假设 | Eigenvalue | Trace statistic | 0.05critical value | Prob. |
|---|---|---|---|---|
| ELELOW1 和 DEP 不存在协整关系 | 0.530 | 6.794 | 15.494 | 0.601 |
| LACOST 和 DEP 不存在协整关系 | 0.453 | 4.829 | 3.841 | 0.003 |
| ELEHIGH 和 DEP 不存在协整关系 | 0.872 | 16.682 | 15.494 | 0.003 |
| DEMAND 和 DEP 不存在协整关系 | 0.914 | 22.702 | 15.494 | 0.004 |
| SUPSE 和 DEP 不存在协整关系 | 0.090 | 0.753 | 3.841 | 0.386 |
| SUPTH 和 DEP 不存在协整关系 | 0.792 | 12.994 | 15.494 | 0.017 |
| GOVSCI 和 DEP 不存在协整关系 | 0.922 | 22.477 | 15.494 | 0.004 |
| GOVEDU 和 DEP 不存在协整关系 | 0.472 | 5.108 | 3.841 | 0.024 |
| OPP 和 DEP 不存在协整关系 | 0.623 | 7.826 | 15.494 | 0.484 |

（三）格兰杰因果检验

本节利用 EVIEWS 软件,分别对 ELEHIGH、SUPSE、SUPTH、GOVSCI、GOVEDU、OPP 与 DEP 之间进行因果检验,探究各个自变量与因变量之间是否存在数理统计意义上的因果关系。研究以 10% 为判定标准,高级要素、第三产业支持、地区科研支持、地区教育文化支持、机会没有对 KPO 产业竞争力产生格兰杰因果关系的假设成立的概率小于 0.01,因此,这五个自变量与 KPO 竞争力之间存在明确的因果关系,见表 5 – 22。

表 5 – 22　格兰杰因果检验筛选结果

| 假设 | F-STATISTIC | PROB |
|---|---|---|
| 高级要素没有对 KPO 产业竞争力产生格兰杰因果关系 | 1.750 | 0.0031 |
| 第三产业支持没有对 KPO 产业竞争力产生格兰杰因果关系 | 1.306 | 0.0039 |
| 地区科研支持没有对 KPO 产业竞争力产生格兰杰因果关系 | 4.851 | 0.0011 |
| 地区教育文化支持没有对 KPO 产业竞争力产生格兰杰因果关系 | 3.244 | 0.0018 |
| 机会没有对 KPO 产业竞争力产生格兰杰因果关系 | 3.958 | 0.0016 |

（四）OLS 多元回归模型分析

经过格兰杰因果检验,发现高级要素、第三产业支持、地区科研支持、地区教育文化支持、机会与 KPO 竞争力之间存在长期协整的因果关系。根据面板数据选择 OLS 多元回归的方法对变量进行回归。通过变量间的相关系数矩阵发现高级要素、第三产业和机会的经济趋势相似,它们之间依然存在多重共线性的问题。由于本研究不能通过舍弃变量来解决问题,因此,用主成分回归法解决多重共线性的问题,用 MAIN 一个主成分因素代替上述三个变量。

$$MAIN = 0.981SUPTH + 0.944ELEHIGH + 0.797OPP \quad (11)$$

利用 SPSS 统计软件,以 MAIN、GOVSCI、GOVEDU 三个变量作为自变量,进行多元回归分析。结果显示,因变量被自变量解释的回归百分比为 98%,拟合度较高。同时因变量能够被自变量显著地预测(P 值 = 0.000 < 0.05)。在单个变量方面,MAIN( t = 7.195,P = 0.000),GOVSCI( t = 3.485,P = 0.005),GOVEDU( t = 3.156,P = 0.011)均具有显著性。因此,得到如下回归方程:

$$DEPt = 3.612 + 0.709MAIN + 0.438GOVSCI + 0.263GOVEDU$$

$$( t = 1,2,3,\cdots\cdots 表示样本观测时期) \quad (12)$$

代入 MAIN 变量的组成部分,得到最终的回归方程:

$$DEPt = 3.612 + 0.696SUPTH + 0.669ELEHIGH + 0.565OPP$$

$$+ 0.438GOVSCI + 0.263GOVEDU + u \quad (13)$$

(五)实证数据分析结果

研究假设 6 个变量组(共 20 个自变量)会影响天津地区 KPO 竞争力。经过实证研究发现,从统计学意义上来看,共有 5 组变量,包含 13 个因素会对 KPO 竞争力产生显著的正向影响。其中,第三产业支持的影响程度最大,其他影响因素有高级要素、地方科研支持和地方教育文化支持等(见图 5 - 10)。

初级要素包括资金投入、劳动力成本和劳动力结构,其对天津地区 KPO 产业竞争力的促进作用没有得到验证。此结论与全国和北京实证研究结果相似。这说明整体经济环境的资金投入、劳动力数量和成本对 KPO 这样的高端产业来说,不会产生明显的促进作用。

高级要素会对天津地区 KPO 产业竞争力产生强烈的促进作用,包括信息通信水平、现代交通等基建水平、高校教育人才资源、高端科研人才以及知识资源。从数据分析结果来看,高级要素每增加 1%,天津地区的 KPO 产业竞争力会提升 0.669%,而其中,教育人才、科研人才和知识资源又占据了较大的比重。这充分说明,就天津而言,人才和知识对 KPO 的发展起到至关重要的作用。同时城市的通信、交通方面基础建设水平提高也会对 KPO 产业的发展起到一定的促进作用。

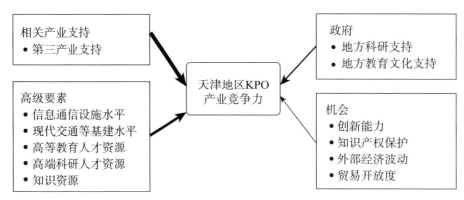

注:箭头线条越粗代表影响程度越大。

图 5-10 天津地区 KPO 产业竞争力影响因素示意图

需求对天津地区 KPO 产业竞争力的促进作用没有得到验证。其中包括地区的宏观经济环境、社会消费需求和投资需求。通过观察天津地区人均生产总值等指标,不难发现,天津经济发展基本呈现平稳且良好的状态,无太大波动,因此,对于 KPO 产业的影响没有预期中的那么强烈。

第三产业支持对天津地区 KPO 产业竞争力会产生促进提升作用,工业支持对 KPO 竞争力的促进作用则不是非常明显。数据表明,第三产业支持要素每增加 1%,天津地区的 KPO 产业竞争力会提升 0.696%,第三产业支持对 KPO 产业的促进作用也是所有要素中最显著的。近年来,天津第三产业占地区生产总值的比重逐年上升,第三产业的绝对产值不断攀升,产值增幅不断扩大,对 KPO 产业的促进效果十分明显。反之,第二产业占地区生产总值的比重在逐年下降,产值的增加比例不及第三产业,对 KPO 产业的促进作用也不显著。

政府对教育文化和科研的支持会对 KPO 产业的发展起到积极的促进作用。政府科研支持要素每增加 1%,KPO 产业竞争力提升 0.438%。政府教育文化支持每增加 1%,KPO 产业竞争力提升 0.263%。说明天津 KPO 发展对地区科研支持比对地区教育文化支持更加敏感。

机会对 KPO 产业竞争力的提升会起到积极的促进作用。机会要素每增加 1%,KPO 产业竞争力提升 0.565%。机会要素包括创新能力、知识产权保护、外部经济波动和贸易开放度。上述结论说明,随着天津地区专利申请数量的不断提升,知识产权司法保护工作的不断进步,加之平稳开放的国际环境,天津地区的 KPO 产业能够获得健康良好的发展。

# 本章小结

本章首先构建面板数据模型,以 Michael E. Porter 的钻石模型理论作为产业竞争力分析的理论基础,根据 KPO 产业影响因素的挖掘情况以及中国国情,选取 20 个影响因素指标作为自变量,将数据分为初级要素、高级要素、需求、政府作用、相关产业和机会 6 个方面,以中国 KPO 出口占世界 KPO 出口值比率(环渤海地区则采用地区 KPO 出口占中国 KPO 出口值比率)作为因变量。分别采集全国和环渤海地区(北京与天津两个服务外包示范城市)2000 年到 2015 年的数据,通过格兰杰因果检验分析筛选出符合因果假设的四组因素,并通过多元回归分析法分别对两组数据序列进行分析,探究影响因素和中国 KPO 竞争力之间的因果关系,并比较两组数据的结果,挖掘异同点。本书发现:①KPO 发展受政治、经济、社会文化、技术等多因素的综合影响,并提炼出了 20 个关键影响因素。其中,政治因素包括要求国家具有良好的社会稳定性,为 KPO 的突破发展提供财政和政策上的支持,知识产权和数据安全相关法律法规的完善,并提供有力的司法监管环境;经济因素包括通货膨胀水平、汇率变化等内外部经济波动的影响,知识密集型行业的就业失业率、内部市场需求制约或推动作用,基础设施的支撑能力,外资利用合作水平影响下的企业双方交流和信任程度;社会文化因素包括影响服务外包价值链向高端延伸的语言能力、文化相融能力,高等教育人才资源储备以及能够推动国际文化和商业交流互动的国际交流开放程度;技术因素包括人才、设施和管理成本,影响 KPO 核心竞争力的创新和研发能力、知识交流和共享能力,本地知识密集型服务业技术水平以及 ITO 和 BPO 发展程度。②提炼出来的 20 个关键影响因素对中国 KPO 产业竞争力的影响程度存在差异,教育人才资源、知识资源、需求、国家教育文化投入和科技投入等 14 个要素对中国 KPO 产业竞争力有不同程度的显著影响,据此本章提出加强高端专业人才培养等 4 个发展建议。③环渤海地区 KPO 竞争力及其影响因素呈现出差异。从统计学意义上来看,共有 5 组变量,包含 8 个因素会对北京 KPO 产业竞争力产生显著的正向影响。其中地方政府教育文化支持的影响程度最大,其次是工业支持、第三产业支持、机会和地方政府科研支持。对于天津而言,共有 5 组变量,包含 13 个因素对天津 KPO 产业竞争力产生显著的正向影响。其中第三产业支持的影响程度最大,其次是高级要素、机会、地区科研支持和教育文化支持。利用实证数据进一步验证了环渤海地区 KPO 发展的区位优势,也为服务外包示范城市 KPO 发展的精准定位与战略选择提供了支持。

# 第六章　中国服务外包产业政策驱动力

各地政府和企业已经意识到了 KPO 的发展潜力和趋势,然而目前缺乏符合中国国情并针对 KPO 特性的研究基础。本节尝试将中国已经颁布的 KPO 政策文本作为研究对象,通过量化分析,期望发现政策措施的空白与薄弱环节,为进一步推进和改善政策措施提供数据支撑。目前,中国 KPO 产业规模较小,市场结构松散,国外企业在进行接包方选择时往往难以确定有影响力且风险较小的目标企业。在产业发展初期如果政府能够为企业提供合适的有利环境,将有助于本国知识密集型企业在国内外的竞争中率先取得优势地位并逐渐形成规模体系。

## 第一节　国家产业政策文本的量化分析

### 一、国家服务外包产业政策现状

自 20 世纪 90 年代以来,许多跨国公司开始将国际服务外包作为其未来发展战略选择之一,一些发展中国家和地区就成了服务外包的承接地,中国即是其中之一。为积极承接国际服务外包转移,促使现代服务业加速发展,实现经济转型,早在 2006 年,中国就推出“千百十工程”,以此来加大政府对服务外包产业的支持力度。2009 年,国家批准北京等城市作为服务外包的示范城市,并在这些试点城市实行一系列鼓励和支持措施加快中国服务外包产业发展的步伐①。

---

① 方琳,冯雷鸣.国内外服务外包政策研究及应用启示——兼对天津等 3 示范城市服务外包政策的对比[J].当代经济管理,2011(7):30 – 34.

近年来,中国政府逐步把发展服务外包放在促进发展方式转变、推动产业结构优化升级、转变外贸发展方式、解决高校大学生就业的重要战略地位加以高度重视,在政策层面不断加大支持力度。"为鼓励和促进服务外包产业发展,近年来,国务院办公厅先后多次下发文件给予支持,同时为贯彻落实国务院关于促进服务外包产业发展的精神,国家发展和改革委员会、教育部、科学技术部、工业和信息化部、财政部、人力资源和社会保障部、商务部、海关总署、国家税务总局以及银监会、证监会、保监会等十多个部委通过部际协调机制,也制定了一系列配套的服务外包产业扶持政策。"①本节将商务部下属的中国服务外包研究中心网站中国务院、部委政策和地方、园区政策作为研究对象,对中国服务外包产业政策进行分析。

## 二、政策文本选择与分析维度确定

### (一)服务外包产业政策文本选择

本节所选取的政策文本均来源于公开的数据资料,主要从商务部下属的中国服务外包研究中心网站进行搜集,以国务院、部委政策作为研究对象。政策表现形式为通知、意见、公告、复函、规定、报告等,详见附录 A。

### (二)二维三层分析框架的构建

服务外包产业政策的制定必须要符合产业发展的规律,进而才能充分发挥市场的作用,达到资源有效配置,加速产业发展,同时兼顾社会公平。本节构建了一个"二维三层"政策文本分析框架:"二维"是指从"产业发展维度"和"政策支持维度"两个方面对中国服务外包政策进行综合分析,"三层"是指从国家、服务外包示范城市、服务外包产业园区三个层面多方位展现中国服务外包政策。

### (三)政策文本的内容分析单元编码

1. 政策文本编码

本节选取"自然编码"与"结构化编码"的形式,并将两者进行结合,以政策文本的自然属性为主要编码规则,同时结合中国服务外包产业政策发布的时间顺序,将 38 项国家政策文件进行编码。

---

① 陈伟权.上海服务外包政策探析[D].上海:上海交通大学,2008.

2. 提炼政策内容主题词

政策内容分析法对主题词的选择有较高的要求。因此,本节按照"服务外包产业政策二维分析框架"下的"产业发展"和"政策支持"两个维度来选择主题词,并提前确定了四条"标准化原则":①选择在政策文本中出现频次较多的正式用词,使统计数据的集中性增强;②在一定的理论基础与研究假设上选择主题词,例如,在研究服务外包企业主体间关系时,选取"中小型企业""高校"等主题词;③编码构建的时候要尽量"全面",能够包含编码系统中所有相关内容,从而体现研究过程的系统性与深度;④保证主题词间的相互独立性,确保主题词之间没有包含重复的关系,且不产生歧义,如"人才培养"与"人才队伍建设"可以合并到一起。

按照以上原则,本节确定了 22 个主题词,产业发展维度(Industry Development Dimension),用 I 代表,包括:研发(I-1)、推广(I-2)、产业化/产业链(I-3)、创新(I-4)、知识产权(I-5)、信息技术(I-6)、产业发展(I-7)、信息安全(I-8)、技术服务(I-9)、合作(I-10);政策支持维度(Policy Support Dimension),用 P 代表,包括:规划(P-1)、协调(P-2)、政府采购(P-3)、人才培养/人才队伍建设(P-4)、资金/财政支持(P-5)、中小型企业(P-6)、高校(P-7)、示范城市(P-8)、所得税(P-9)、保税监管(P-10)、社会保障(P-11)、国际市场/国际化(P-12)。

### 三、政策文本的定量分析

(一)国家服务外包政策文本的定量分析

1. 年度发布数量

从政策发布时间上来看,中国从 2008 年开始发布服务外包产业政策,2009 年和 2010 年达到峰值。2011 年数量急速下降,之后小幅上升,保持较少的状态。从原因上来分析,可能是 2008 年政策颁布数量较多,后续主要进行政策的补充与细化,数量也随之减少(具体信息见图 6-1)。

2. 发布主体

本节按照政策文本发布主体出现频次进行统计,发现存在一个政策由几个主体联合发布情况。图 6-2 显示,商务部和财政部是最主要的政策发布主体。

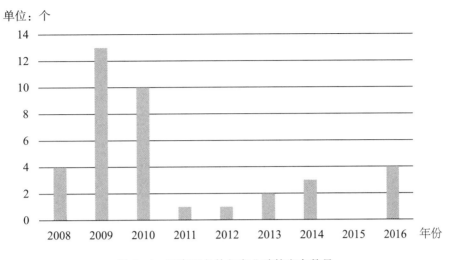

图 6-1　国家服务外包产业政策发布数量

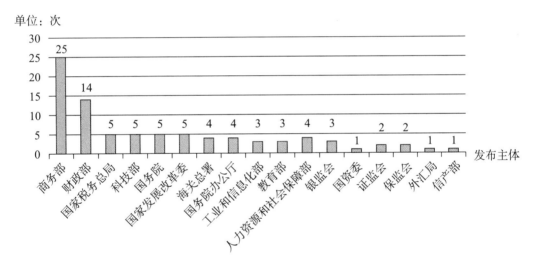

图 6-2　国家服务外包产业政策发布主体出现频次

3. 主题分布

在服务外包产业政策样本编码和主题词提炼的基础上,本节采用计算机统计(主要运用 BlueMC 网站词云统计)和人工统计相结合的方式进行频数统计,统计结果如表 6-1 所示。

表 6-1  国家性服务外包产业政策主题的频数统计

| 频数排序 | 编码 | 主题类别 | 频数合计 | 占比 | 文档出现频数 | 占比 |
|---|---|---|---|---|---|---|
| 1 | P-8 | 示范城市 | 136 | 10.80% | 26 | 68.42% |
| 2 | I-7 | 产业发展 | 98 | 7.78% | 30 | 78.95% |
| 3 | P-7 | 高校 | 92 | 7.31% | 10 | 26.32% |
| 4 | I-6 | 信息技术 | 78 | 6.20% | 16 | 42.11% |
| 5 | I-4 | 创新 | 59 | 4.69% | 13 | 34.21% |
| 6 | P-4 | 人才培养/人才队伍建设 | 56 | 4.45% | 8 | 21.05% |
| 7 | P-5 | 资金/财政支持 | 56 | 4.45% | 14 | 36.84% |
| 8 | I-1 | 研发 | 54 | 4.29% | 10 | 26.32% |
| 9 | I-10 | 合作 | 50 | 3.97% | 11 | 28.95% |
| 10 | I-9 | 技术服务 | 43 | 3.42% | 12 | 31.58% |
| 11 | P-11 | 社会保障 | 41 | 3.26% | 6 | 15.79% |
| 12 | P-9 | 所得税 | 31 | 2.46% | 9 | 23.68% |
| 13 | P-12 | 国际市场/国际化 | 31 | 2.46% | 15 | 39.47% |
| 14 | P-1 | 规划 | 29 | 2.30% | 10 | 26.32% |
| 15 | P-2 | 协调 | 29 | 2.30% | 12 | 31.58% |
| 16 | I-8 | 信息安全 | 25 | 1.99% | 12 | 31.58% |
| 17 | I-5 | 知识产权 | 24 | 1.91% | 10 | 26.32% |
| 18 | I-2 | 推广 | 23 | 1.83% | 10 | 26.32% |
| 19 | P-6 | 中小型企业 | 19 | 1.51% | 7 | 18.42% |
| 20 | P-10 | 保税监管 | 13 | 1.03% | 4 | 10.53% |
| 21 | P-3 | 政府采购 | 4 | 0.32% | 1 | 2.63% |
| 22 | I-3 | 产业化/产业链 | 3 | 0.24% | 1 | 2.63% |

## 四、研究发现与结论

### (一)示范城市是政策关注的焦点

2009 年 1 月,国务院办公厅颁布了《国务院办公厅关于促进服务外包产业发展问题的复函》,同时批复了商务部及有关部委共同制定的促进服务外包发展的政策措施,将北京、天津、上海、重庆、广州、深圳、武汉、大连、南京、成都、济南、西安、哈尔滨、杭州、合肥、长沙、南昌、苏州、大庆、无锡、厦门这 21 个城市确定为中国服务外包示范城市,鼓励其更加深入地开展承接国际服务外包业务,作为服务外包产业发展的试点。2014 年,国务院发布《国务院关于促进服务外包产业加快发展的意见》,"根据服务外包产业集聚区布局,统筹考虑东、中、西部城市,将中国服务外包示范城市数量从 21 个有序增加到 31 个"。

服务外包示范城市作为中国地方服务外包产业发展的领军城市,其相关政策及发展过程中存在的问题,必然对中国其他地方服务外包政策的发展存在一定的借鉴意义。

(二)政府重视财税政策

为鼓励中国服务外包产业的发展,近年来,中国政府将扶持优惠对象逐步具体化、针对化,财政支持认定条件逐步放宽,不断扩大税收优惠受众范围。从扶持对象上来看,国务院在《国务院关于加快发展服务业的若干意见》中,将财政优惠对象主要定义为各类高新技术服务企业。在财政部、商务部颁布的《财务部 商务部关于做好 2011 年度承接国际服务外包业务发展资金管理工作的通知》中,规定了重点支持中国服务外包示范城市中的服务外包企业以及列入商务部重点服务外包企业名录的企业。从以上政策可以看出,国家将税收支持对象逐步细化,有重点地进行资金支持。从税收优惠条件上来看,2008 年财政部和商务部共同颁布的《财务部 商务部关于支持承接国际服务外包业务发展相关财税政策的意见》中提到,"鼓励和支持我国服务外包企业获取国际通行的资质认证,中央财政安排相应资金来鼓励国际服务外包企业加快发展"。2010 年,《国务院办公厅关于鼓励服务外包产业加快发展的复函》中规定:取消企业需获得国际资质认证的要求,简化申报核准程序,认定工作由示范城市人民政府科技部门会同相关部门组织实施。由此可以看出,中国对外包服务企业逐步放宽税收优惠条件,让更多的外包服务企业享受政府支持。税收优惠受众范围也在逐步扩大中,例如,财税〔2010〕64 号《财务部 国家税务总局 商务部关于示范城市离岸服务外包业务免征营业税的通知》规定:自 2010 年 7 月 1 日起至 2013 年 12 月 31 日,对注册在 21 个中国服务外包示范城市的企业从事离岸服务外包业务取得的收入免征营业税。国发〔2014〕67 号《国务院关于促进服务外包产业加快发展的意见》提出:从区域和领域上扩大对技术先进型服务企业减按 15% 税率缴纳企业所得税和职工教育经费不超过工资薪金总额 8% 部分税前扣除的税收优惠政策实施范围。根据服务外包产业集聚区布局,统筹考虑东、中、西部城市,将中国服务外包示范城市数量从 21 个有序增加到 31 个。实行国际服务外包增值税零税率和免税政策。

总的来看,大部分的税收优惠政策主要为技术先进型服务外包企业,但由于技术先进型服务外包企业标准门槛较高,大多数服务外包企业很难在实际的经营过程中享受到优惠,针对此问题,国务院颁布了《国务院办公厅关于进一步促进服务外包产业发展的复函》,延续并完善示范城市发展服务外包的政策措施,以此保证更多服务外包企业能够享受到税收优惠政策。

(三)政府对外包服务产业加大资金/财政支持

投资是资本形成的关键,对于改变产业发展的要素具有重要意义,如公共技术平台建设、基础设施建设等。例如,《商务部关于促进中国服务外包发展状况的报告》指出:在财政部等部门的大力支持下,商务部、科技部、信息产业部安排专项资金支持服务外包产业发展。商务部、财政部安排中央外贸发展基金用于"千百十工程"人才培训。2007年,全国21个省市的425家服务外包企业和54家培训机构中约5万人将享受到近1.5亿元的中央财政培训资金支持。同时在下一步的重点工作中提出,商务部将同有关部门积极整合资源,继续研究出台财政资金支持政策,重点支持"基地城市""示范区"的公共服务、技术、培训、信息平台及综合配套设施建设,鼓励服务外包企业积极承接国际服务外包,最终做大做强。

(四)产业发展要关注信息安全与知识产权

在知识产权和信息安全方面,自金融危机后,中国政府出台了多部关于知识产权保护和信息安全的政策。例如,针对商业信息数据保密协定,商务部、工业和信息化部颁布的《关于境内企业承接服务外包业务信息保护的若干规定》中规定:"接包方及其股东、董事、监事、经理和员工不得违反服务外包合同的约定,披露、使用或者允许他人使用其所掌握的发包方的保密信息……接包方应成立信息保护机构或指定专职人员负责制定本企业的信息保护规章制度,对保密信息采取合理的、具体的、有效的保密措施……接包方应通过与员工,特别是涉密人员签订保密协议、竞业禁止协议以及与涉密的第三方人员签订保密协议等措施确保信息安全……接包方不得侵犯发包方依法享有的商标、专利、著作权等知识产权权利。"再如,针对电信服务便利化提出措施,工业和信息化部在2009年颁布《关于支持服务外包示范城市国际通信发展的指导意见》中提出,"制定服务外包示范城市国际通信服务保障方案,要切实从服务外包产业的国际通信需求出发,重点关注互联网国际通信,结合当地电信网络、服务的能力和水平,本着充分利用现有资源、避免重复建设及适度超前的原则"。从以上政策分析可以看出,知识产权保护力度不断加强是未来中国服务外包产业发展的一个趋势。

（五）人才培养成为发展外包服务需重点关注的问题

在人才培养方面，为推动服务外包产业发展，中国出台了一系列有关政策。在"十一五"时期，商务部为加大对服务外包人才培养的支持力度，颁布了《商务部关于做好服务外包"千百十工程"人才培训有关工作的通知》。该政策明确重点培训对象为高校应届毕业生和尚未就业的高校毕业生，支持大学生（含大专）增强服务外包专业知识和技能，鼓励大学生参与服务外包企业有关就业的各类人才培养项目。同时严格规定对高校应届毕业生和尚未就业的大学毕业生服务外包从业技能培训的资金支持的比例。此外，规定服务外包人才培训重点项目主要集中在从业人才资格培训、国际认证培训、相关法律（尤其是知识产权）等方面。教育部、商务部为加强服务外包人才培养，提高高校毕业生就业率相关工作，颁布了教高〔2009〕5 号文件，文件中明确了服务外包人才培养工作的目标，规定各类高校在相关专业开展服务外包人才培养工作，并有序建立服务外包人才培养体系。

"十二五"时期是一个关键时期，中国在这期间主动抓紧占据国际服务外包市场有利地位，同时为减轻高校毕业生的就业压力，在国际服务外包产业的发展过程中，也提出了新的想法与要求：进一步强化人才队伍的建设。商务部、发展改革委联合印发的《中国国际服务外包产业发展规划纲要（2011—2015）》指出，国际服务外包产业 5 年共吸纳 250 万人就业，其中大学毕业生就业 180 万人；2015 年末，产业从业人员总数力争突破 450 万人；从业人员队伍结构不断优化，人才培养体制机制更加完善，宽领域、多层次、多渠道培训体系基本建立，5 年累计培训从业人员 200 万人次，引进一批具有国际市场开拓能力的高端人才，逐步建成一支有活力、有竞争力的高素质人才队伍。

**五、政策启示**

（一）目前政策中存在的问题

中国已出台的关于服务外包产业的相关政策还比较粗略且宽泛，对于产业整体的引导和扶持的作用还不够明显。中国服务外包产业促进政策仍然存在不够细化，企业享受政策门槛过高，政策覆盖范围过窄，政策目标不够明确、针对性不够强等问题，难以适应服务外包产业发展和区域发展的需要。目前存在的这些问题可以从宏观层面、行业层面加以调整。

1. 相关配套政策扶持滞后于服务外包产业的发展

服务外包产业的发展涉及众多的领域和部门，需要多方的配合来制定完善的配套措施，以支持产业发展，包括外包企业的工商登记政策、人才培养政策、税收政策和财政政策等。而这正是目前中国服务外包领域政策急缺的方面，尽管已出台相关政策，但由于政策措施的不配套，政策效应还难以充分体现。

2. 政策支持力度不足，相应服务外包产业难以扩展国际市场

中国对 31 个服务外包示范城市的支持力度增加，但是，印度、新加坡等一些国家的优惠力度更大，中国相对偏弱；此外，如果不同类别的资助范围存在着交叉，则不可重复获取资助。由于"政出多门"，相关政府部门之间协调成本高，政策落地难，这在一定程度上弱化了一些服务外包优惠政策的作用。从整体来看，政府在资金补助、人才培养、资质认证、行政审批等方面对地方支持的覆盖度小，这就造成中国中小型企业在技术创新和服务出口方面处于劣势，在与其他国家服务外包提供商的竞争中渐落下风，市场开拓力度不足，难以在国际上树立"中国外包"的品牌形象。

3. 服务外包知识产权保护相关政策不完善

虽然近年来中国在服务外包知识产权保护问题上采取了许多措施，但截至 2020 年，有关服务外包知识产权细则方面的政策仍需深化与完善，各地在执法上也存在地方保护主义、对山寨版打击不力等问题。因此，知识产权保护仍然是影响中国服务外包的主要因素之一。在服务外包中，知识产权保护仍然存在力度较弱、执行力差、处罚轻等问题。虽然中国先后于 1982 年、1984 年和 1990 年颁布了《中华人民共和国商标法》（2019 年修正）、《中华人民共和国专利法》（2020 年修正）和《中华人民共和国著作权法》（2020 年修正）等法律，但是目前仍旧缺乏统一的知识产权基本法。与此同时，伴随着科技的高速发展，很多法律已不太适应知识产权领域出现的一些新情况、新问题。而且这些法律属于不同的政府部门管理，从整体上对知识产权的管理依旧缺乏。

综上所述，中国服务外包产业发展以及相关配套政策的制定起步相对较晚，且受到现行体制和政策的许多限制，如何进一步系统化、规范化、制度化仍是一个长期的过程。需要进一步多方面提高对服务外包的战略功能定位的认识，把握新时代服务外包全球化的新趋势，结合国内产业转型升级和经济结构战略性调整的新需要，研究制定中国服务外包产业科学的长期战略规划，在此指导下通过深化改革、扩大开放不断完善离岸与在岸、接包与发包的政策措施，为中国服务外包产业大发展营造优越、高效的营商和制

度环境。

（二）政策发展建议

1. 重新认识服务外包的战略定位

大力促进服务外包产业发展的营商环境和制度环境优化。中国应强化机遇意识，解放思想，将认识水平提高，着力发展服务外包产业，以此推动中国经济模式和体制战略转型。坚持以市场化、会聚式、专业化为发展方向，以体制改革突破为动力，提高整体协调能力，平稳促进服务业整体试点工作展开，以创新开发价值链根本服务为重点，完成生产性服务业与制造业联动发展新面貌。大力推动从宏观方面到微观方面的服务业体制革新和制度革新，并开展积极主动的服务业开放模式，及时制定服务业外包的扶持政策，规范服务外包市场，加强知识产权保护，营造可持续发展的运营环境。

2015 年，在第十二届全国人民代表大会第三次会议上，李克强总理在政府工作报告中提出，"制定'互联网＋'行动计划，推动移动互联网、云计算、大数据、物联网等与现代制造业结合，促进电子商务、工业互联网和互联网金融健康发展，引导互联网企业拓展国际市场"①。因此，将互联网与服务外包相结合也是未来服务外包产业的发展趋势之一，相关的政策也应适应"互联网＋服务外包"的发展。

2017 年，"一带一路"共建国家服务外包合作逐步加深。中国服务外包在未来将会拥有更广泛的潜在市场和更多的目标客户。中国承接"一带一路"共建国家服务外包合同金额和执行金额都有较快增长，因此制定相关政策，推进与共建国家开展服务外包的业务往来，推动服务出口，有助于加强与共建国家的经贸往来合作。中国服务外包在未来应该与中国"一带一路"的倡议相契合，把离岸外包服务作为中国服务外包发展的重点之一。

2. 完善在岸服务外包产业政策，促其向多元化、高端化转型

从长远来看，服务外包产业在转变经济发展方式、调整产业结构方面有着积极的影响，也逐渐显露低碳经济、节能减排方面的优势。服务外包产业有利于部分城市和开发区实现产业转型和升级，从而突破发展瓶颈，推动沿海中心城市加快向服务经济转型。由此可见，中国必须重视在岸服务外包政策，给予其与离岸服务外包同等的政策待遇。具体应以离岸服务外包政策为指导，逐步建立健全在岸服务外包产业的扶持政策，包括财税、金融支持、投资促进、人才培养、大学生就业、特殊工时、电信服务、海关监管、知识

---

① 王巍栋.互联网金融前景漫谈[J].现代商业,2015(10):12－19.

产权保护等。中国应发挥中心城市的冲锋作用，鼓励外包产业探索创新，不断加大政策的落实力度，从而促进中国产业转型升级。

3. 完善服务产业外包配套政策

在产业园区内营造宽松和谐的投资环境并提供良好的基础设施，可以极大地促进服务外包的发展。据不完全统计，"截至2014年全国建设（包括原有园区扩建等）了超过200个的外包（或者以外包作为主要产业方向之一）园区，但是园区发展整体竞争力仍较薄弱"①。服务外包园区要想获得长久的发展，必须将主要精力放在创新上，这不是企业单方面的创新，而是将政府、企业、大学、科研机构等进行多元协同的园区集群式创新。同时，服务外包园区要根据本地的地理优势、产业基础等特点向差异化和专业化的方向发展。

4. 加强自主知识产权保护，为发展知识流程外包提供保障

中国目前的知识产权保护机制不够完善，执法力度无法满足实际的市场需求。服务外包企业急需提高自我知识产权保护意识。因此，首先，中国应抓紧时间对现有知识产权法律进行修改，同时出台新的法律以弥补法律空白，来适应当今的市场经济和知识经济的需要。其次，中国应制定统一的"知识产权基本法"，严格制定知识产权相关法律条款，使公众能够依据基本法更加便利与深入地认识和理解知识产权，能够更好地解决专利、商标、著作权等保护的交叉问题。最后，由于知识产权是一个相互联系、无法分割的整体，必须依托统一的知识产权行政管理机关才能最有效地发挥其作用。

## 第二节　环渤海地区产业政策文本的量化分析

### 一、环渤海地区服务外包产业政策现状

服务外包作为现代高端服务业的重要组成部分，是一种低消耗、高附加值的新兴产业形式。目前，中国一些地方政府把发展服务外包产业作为转变经济发展方式、调整产业结构、打造经济"升级版"的新路径。各地方为了促进本地的发展，均鼓励发展服务外包产业，并相应颁布了一系列的政策措施，与国家整体政策相呼应。2006年以来，各省市地方政府相继出台有关政策。本节主要研究环渤海地区的服务外包产业政策，按照

---

① 周阳城.促进我国服务外包业发展的政策研究［J］.北方经贸,2015(8):8－9.

政策内容可以划分为以下五类：

（1）规划类。各省陆续出台了"十二五"服务外包发展规划，在规划中各省市均为本省服务外包产业发展制定了发展目标、重点和进一步发展的措施。

（2）经济政策类。包括综合经济政策、专项经济政策、金融政策、税收优惠政策。

（3）扶持园区建设类。一些地区制定了对园区内企业给予税费优惠、提供资金支持、为园区提供技术支持以及加强园区载体建设等一系列促进园区发展的管理办法。

（4）扶持企业类。企业是服务外包产业发展的基本点，是服务外包产业的重要组成部分，济南、北京等地出台措施，如对服务外包企业提供专项资金支持，对企业进行税收优惠以及对企业提供技术扶持，以此来鼓励服务外包中小型企业的发展，为服务外包产业发展奠定良好基础。

（5）人才培养类。优秀的人才可以对产业发展起到推动作用，各省市地方政府也非常重视对服务外包人才的培养。大连、天津等地均出台了各种吸引、保护、培训服务外包人才的政策，如对于高校毕业后进入服务外包行业的人才给予补贴，提供人才培养发展专项基金以及向优秀人才提供安家费等，这些政策从根本上为服务外包提供了良好的人力资源优势。

本节选取如下针对产业园区制定的服务外包政策：

2007年，天津市人民政府发布了《关于印发天津市促进服务外包发展若干意见的通知》，其中提到在发展重点上，"高起点规划滨海高新技术产业园区"；在税收支持方面，"对天津新技术产业园区内经市科技主管部门按照国家有关规定认定为高新技术企业的服务外包企业，减按15%的税率征收企业所得税"。

2008年，天津新技术产业园区管理委员会发布了《天津新技术产业园区加快软件与服务外包产业发展的鼓励办法》，其中涉及设立"鼓励软件与服务外包产业发展专项资金"、符合条件的园区企业享受国家和天津市财税优惠政策等鼓励方式，同时提出了企业应承担的责任与义务。

2008年，大连市人民政府发布了《大连市人民政府印发关于促进大连服务外包发展实施意见的通知》，提及"加快产业园区建设，拓展服务外包发展空间"，其中包括"加快软件园建设；加快旅顺南路软件产业带建设，加大投入，加快产业带内的基础设施建设进度；加快服务外包园区建设，建设以大连软件园和软件产业基地为核心的离岸服务外包产业集群。市政府对建设发展服务外包园区给予资金支持；以及加快国家动漫产业基地建设"。

2008年，中共大连市委、大连市人民政府颁布了《关于加快软件和服务外包产业发展的意见》，其中提及"要加快软件和服务外包产业园区建设，市政府及相关部门要优先安排产业园区重要基础设施建设，注重产业园区的生态保护"等。

2009年，天津市财政局等颁布了《天津市促进服务外包业发展方面的财税优惠政策》，政策中提到"对天津新技术产业园区内经市科技主管部门按照国家有关规定认定为高新技术企业的服务外包企业，减按15%的税率征收企业所得税"。

### 二、政策文本选择与分析维度确定

依照国家产业政策样本选择方法及内容分析编码体系，本节将28项地方政策文件进行编码（见附录A中表A-2），依据政策发布年度、政策发布主体以及政策内容主题词来对政策文本进行定量分析。

### 三、政策文本的定量分析

1. 年度发布数量

图6-3显示，本节所选取的政策发布时间为2007年至2016年，并且主要集中于2007年至2012年，2008年的发布数量达到一个顶峰值，之后逐年递减，直至2016年才有所回升。

单位：条

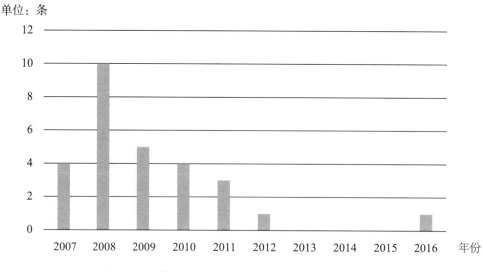

图6-3 环渤海地区地方性服务外包产业政策发布数量

2. 发布主体

主要的政策发布主体为各省市人民政府、财务局、商务局等。

3. 主题分布

在服务外包产业政策样本编码和主题词提炼的基础上,本节采用计算机统计(主要运用 BlueMC 网站词云统计)和人工统计相结合的方式进行频数统计,统计结果如表 6-2 所示。

表 6-2 环渤海地区地方性服务外包产业政策主题的频数统计

| 频数排序 | 编码 | 主题类别 | 总出现频次 | 出现频率 | 文本出现频次 | 出现频率 |
|---|---|---|---|---|---|---|
| 1 | I-7 | 产业发展 | 141 | 17.80% | 21 | 75.00% |
| 2 | I-4 | 创新 | 111 | 14.02% | 15 | 53.57% |
| 3 | I-5 | 知识产权 | 84 | 10.61% | 16 | 57.14% |
| 4 | I-1 | 研发 | 73 | 9.22% | 14 | 50.00% |
| 5 | I-10 | 合作 | 49 | 6.19% | 12 | 42.86% |
| 6 | P-9 | 所得税 | 45 | 5.68% | 9 | 32.14% |
| 7 | P-1 | 规划 | 44 | 5.56% | 15 | 53.57% |
| 8 | I-3 | 产业化/产业链 | 42 | 5.30% | 4 | 14.29% |
| 9 | P-5 | 资金/财政支持 | 34 | 4.29% | 12 | 42.86% |
| 10 | P-4 | 人才培养/人才队伍建设 | 27 | 3.41% | 11 | 39.29% |
| 11 | P-12 | 国际市场/国际化 | 22 | 2.78% | 9 | 32.14% |
| 12 | I-6 | 信息技术 | 21 | 2.65% | 11 | 39.29% |
| 13 | I-8 | 信息安全 | 19 | 2.40% | 10 | 35.71% |
| 14 | I-9 | 技术服务 | 17 | 2.15% | 11 | 39.29% |
| 15 | P-2 | 协调 | 15 | 1.89% | 9 | 32.14% |
| 16 | I-2 | 推广 | 15 | 1.89% | 3 | 10.71% |
| 17 | P-6 | 中小型企业 | 13 | 1.64% | 8 | 28.57% |
| 18 | P-7 | 高校 | 11 | 1.39% | 7 | 25.00% |
| 19 | P-8 | 示范城市 | 3 | 0.38% | 2 | 7.14% |
| 20 | P-3 | 政府采购 | 3 | 0.38% | 2 | 7.14% |
| 21 | P-11 | 社会保障 | 2 | 0.25% | 1 | 3.57% |
| 22 | P-10 | 保税监管 | 1 | 0.13% | 1 | 3.57% |

### 四、研究发现与结论

本节主要对环渤海地区(涉及北京、天津、大连、济南)的地方服务外包产业政策进行统计分析。

#### (一)环渤海地区服务外包示范城市概况

北京作为中国的首都,经济发达,基础设施优良,具有发展金融服务外包产业的区位优势、资本优势、技术优势、人力优势和市场优势。目前,北京是全国服务外包出口额最大的城市,其中金融服务外包约占 40%,涉及银行、保险、证券、财务等各类金融机构的 ITO 和 BPO 业务。

北京市以促进现代服务业发展为目标,以承接跨国公司离岸外包业务、提高外包企业竞争力为核心,以发展高附加值的服务外包为重点,以软件与信息服务外包、金融服务外包、技术研发外包、商务服务外包、物流服务外包、生物医药外包、设计创意外包、财务管理外包、人力资源外包等领域为主要发展方向,并在上述领域加大政策扶持力度。在财税知识方面,2009 年发布的《北京市服务外包发展配套资金管理办法(暂行)》等政策文件中推出了服务外包发展配套资金、园区基础设施基金、房屋补贴等鼓励措施。在人才培养、劳动人事方面,北京市人民政府相继发布了《北京市吸引高级人才奖励管理规定实施办法》《北京市鼓励留学人员来京创业工作的若干规定实施办法》《北京市人民政府办公厅转发市人事局关于实施北京市工作居住证制度若干意见的通知》等政策,推出相应人才培养和福利措施,以此来吸引服务外包人才。近年来,北京也开始发布一系列促进国际外包的政策,大力发展离岸服务外包市场,积极拓展欧美和日本市场,打造离岸外包交易中心。

天津重点发展面向航运、物流、金融、保险、教育、旅游、医疗卫生、公共事业等方面的应用软件外包以及人力资源、研发设计和动漫等外包服务。天津市政府为了鼓励和发展上述服务外包产业,出台了一系列政策,在产业发展、结构升级、人才引进、激励创新、税收优惠等方面给予了大力支持。例如,2007 年出台了《天津经济技术开发区促进服务外包产业发展的暂行规定》《关于印发〈天津市促进服务外包发展若干意见〉的通知》,2008 年出台了《天津新技术产业园区加快软件与服务外包产业发展的鼓励办法》等政策。

在政府财政支出方面,从 2008 年起的五年内,天津市高新区每年安排 2 亿元的资金支持该区软件与服务外包产业的发展,支持领域包括软件产品与服务、软件和服务外包、动漫与数字内容、IC 设计等。设立了全国首项"高新技术企业培育金",从 2010 年起每年安排 5000 万元专项资金用于扶持培育高新技术企业和引进高端创新人才,每年设立专项奖励资金 400 万元,对在科技创新、科技成果转化和高新技术产业化中做出突出贡献、创造重大经济社会效益的个人予以重奖。

济南出台优惠政策大力扶持软件和信息服务外包产业发展。软件和信息服务外包产业经过十多年的发展,已成为中国国民经济体系中的基础性、战略性、先导性产业,成为促进两化融合的重要支撑和培育经济增长点的重要抓手,也是济南高新区多年来重点扶持和发展的主导产业之一。例如,2011 年济南高新区管委会发布了《关于加快软件和信息服务外包产业发展的若干规定》,其中提到具有持续发展能力的企业最高可享受到"五年内,前两年按照 100% 的比例,后三年按照 50% 的比例"的产业发展资金的扶持;"主营业务收入首次超过 1 亿元的(软件和信息服务外包企业),由高新区财政给予一次性 100 万元的资金扶持(或奖励)"。

(二)地方性服务外包产业政策密切关注着产业发展问题

制定服务外包产业政策的目标是促进产业的发展。"产业发展"作为主题词,在地区性服务外包政策中共出现了 141 次,属于高频主题词。诸多地区制定相应政策以推进产业发展。例如,《山东省服务外包产业发展规划(2010—2014 年)》中提出,要利用政策来优化产业发展环境,构建并完善促进外包产业发展的机制和环境,加强对服务外包产业发展的组织领导,以及发挥政府采购对产业发展的促进作用。

(三)创新是地方服务外包产业政策关注的焦点

"创新"作为主题词在政策文本中共出现了 111 次,其中涉及"金融创新""业务模式创新""产业创新""机制创新""技术创新"等。创新是引领发展的第一动力,因此政策上鼓励服务外包公司开展创新活动,增强大学生创新意识。环渤海地区将发展服务外包产业的工作重点,放在"自主创新、提升技术含量,在继续发展 ITO 和 BPO 业务的同时,逐步扩展到应用服务、系统工程承包和拥有自主知识产权的产品和服务出口"上①。

---

① 山东省人民政府关于加快服务外包产业发展的意见[EB/OL]. [2015 - 10 - 24]. http://www.shandong. gov. cn/art/2007/11/9/art_2259_27735. html.

### 五、政策启示

就目前来说,相关政策存在的问题主要表现在两个方面:一是地方执行政策力度不够,导致部分关键政策效果不明显;二是产业扶植政策与产业升级不同步。一系列的产业扶持政策,在产业发展初期,能有效降低广大中小型及初创型服务外包企业的运营成本,也能在国际市场竞争中有效保护中国企业的实际利益,从而为整体产业的发展壮大争取宝贵的成长时间。然而,随着整体产业的发展,当成本优势不复存在的时候,产业的发展及升级就要依赖于服务外包企业整体竞争力的提升,那么此时,基于政府层面的"特殊照顾"和"庇护",就呈现出其负面影响,即导致部分外包企业产生懈怠和懒惰思想,从而在某种程度降低了部分有潜力的企业向高端转型的积极性。因此,服务外包产业政策能否紧密结合产业发展,从单纯地帮助企业降低成本向着引导企业加大研发及市场投入、提升自身的综合竞争能力转移,成为产业顺利升级的另一大挑战。

总的来说,中国服务外包产业政策经过"十一五"和"十二五"时期在示范城市的实验和试点,目前已经基本具备了向全国推广覆盖的条件。"十三五"时期是服务外包产业发展壮大的关键期,政府应该加大对地方服务外包产业的扶持力度,充分鼓励有条件、有意愿的城市和省份利用国家优惠政策加快产业发展。同时,应针对不同领域、不同地区的特点,对政策进行分类和细化。尤其是物流、金融、人力资源等发展较快的流程外包领域,应根据各行业特点分类制定发展规划和细则,并且加大地方对服务外包政策执行的监管力度。在中西部等基础薄弱的城市,还可以在准入门槛、离岸标准、税收等方面进一步放宽政策。

## 本章小结

本章采集国家级服务外包政策文本 38 个、环渤海地区服务外包示范城市(北京、天津、大连、济南)服务外包政策文本 28 个以及部分服务外包园区服务外包政策文本,通过对服务外包产业政策文本进行量化分析,从政策层面揭示政府对中国服务外包产业的支持范围与力度。本书构建"二维三层"政策文本分析框架,"二维"是指从"产业发展维度"和"政策支持维度"两方面对中国服务外包政策进行综合分析,"三层"是指从国家、服务外包示范城市、服务外包产业园区三个层面,多方位展现中国服务外包政策。在单元编码的基础上,对产业政策的发布数量、发布主体和主题分布进行定量分析。本章发现:服务外包示范城市是政策关注的焦点,政府重视财税政策,对外包服务产业加大资金/财政支持;产业发展要关注信息安全与知识产权;人才培养成为发展外包服务重点关注的问题。同时,目前也存在配套政策扶持较为滞后、政府支持力度不足、知识产权保护相关政策不完善等问题。本章根据研究结论提出 4 点政策方面的发展建议。此外,服务外包示范城市出台的产业政策密切关注产业发展问题,其重中之重是创新。

# 第七章　电子政务外包中的知识共享:基于嵌入性视角

## 第一节　电子政务、嵌入性与知识共享的关系

### 一、电子政务与电子政务外包

电子政务是指政府机构借助信息化手段,通过互联网完成其大部分职能,实现业务流程重组,打破时空和部门限制,向全社会提供高效、规范透明和全方位的监管与服务。事实证明,电子政务已成为政府部门提高服务效率、改进管理和服务水平的一种有效手段。《2006—2020 年国家信息化发展战略》指出,要逐步建立以公民和企业为对象、多种技术结合的电子政务公共服务体系,实现政府职能转变。"十二五"时期,电子政务规划发展目标是"县级以上政务部门主要业务基本实现电子政务覆盖,政务信息资源开发利用成效明显";中央和省级政务部门主要业务信息化覆盖率超过 85%;地市和县区级别则分别平均达到 70%、50%①。

经过多年的实践发展,电子政务建设形成两种模式:一种是自建模式,但自建模式容易混淆政府在电子政务建设中的角色定位,使政府部门不能专注于其核心业务,而且由于技术、资金、人才等匮乏,不能达到相应的服务效果。另一种是外包模式。这是指政府与运营企业等主体利用外部的专业资源为己服务,从而实现成本降低、效率提高、自身核心竞争力得以充分发挥乃至自身应变能力得到增强的一种管理模式。电子政务外包的主体是政府信息技术业务外包,指政府部门将电子政务项目建设及日常运营过程中的某一个或几个环节交给专业第三方机构完成。作为一项复杂的系统工程,电子

---

① 　2006—2020 年国家信息化发展战略[EB/OL].[2012 – 09 – 18]. http://www. gov. cn/test/2009-09/24/content_1425447_4. htm.

政务建设不能完全依靠政府部门或机构力量进行开发、维护和运营,因此建立多元化的建设模式成为优选。

引入外包机制发展电子政务有以下几个优点:①政府节约大量的电子政务研发、建设与维护资金,减少财政负担。②政府人员从繁杂的技术工作中解脱出来,将有限的时间与精力投入到更重要的、自己更擅长的行政事务中,为百姓解决更多民生问题。③通过双方知识的互补并建立一致的愿景,电子政务得以长期发展。④通过外包,可以将高效和充满活力的企业运作机制渗透到政府组织中,形成高效、灵活的新型政府文化。

### 二、嵌入性

嵌入性(Embeddedness)理论是建立在社会、法律、市场的理论之上,用来解释社会结构是如何使网络中的主体受到监督和获得资源的。对于网络成员来说,成员之间的联系是其获取信息、知识及其他资源的重要渠道。

这个概念是由经济史学家 Polanyi K. 在 1944 年发表的论文《大转型》中首次提出的。他用嵌入性的概念来描述现代市场的社会结构,认为人类经济被嵌入并缠结于经济与非经济的制度之中,非经济制度的引入是非常重要的,在分析经济的时效性时,宗教和政府可能与货币制度等发挥同等重要的作用。但他认为只有在非市场经济中,经济生活才会受社会和文化的影响;而在市场经济中,经济活动只由市场价格决定,此时的经济体制是非嵌入的,不受社会和文化结构的影响。这一观点存在一定的片面性,提出之初并没有引起经济学家的关注,但对其他社会科学家和历史学家产生了很大的影响。

1985 年,美国新经济社会学的代表人物 Granovetter M.①发表论文《经济行动与社会结构:嵌入性问题》,进一步丰富了 Polanyi K. 提出的嵌入性的概念,把嵌入性的研究推向了一个新的阶段。他主要关注了经济行为的嵌入性问题,认为无论是在前工业社会还是现代生活中,嵌入现象始终存在,只是嵌入程度不同。他认为要对经济行为进行细致的解释就必须要考虑它在社会结构中的嵌入性,并进一步指出,不仅是经济行为,大多数行为

---

① GRANOVETTER M. Economic action and social structure: the problem of embeddedness [J]. American journal of sociology,1985(3):481 – 510.

都紧密地嵌入在个人之间的相互关系之中。此后,Zukin 和 Dimaggio①、Uzzi② 对嵌入性的划分做了更深入的探究。

嵌入性视角得到广泛的重视,在社会学、政治学、经济学、管理学等学科领域的研究得以开展。Gulati 和 Singh③ 发现学者对于网络嵌入性对经济活动产生的影响的关注度日益增强。

### 三、知识共享

由于研究的角度和方式不同,学者们对于知识共享存在多种理解,尚未达成共识。本章通过比较分析,把代表性观点归纳为以下四种:

第一,沟通的观点。该种观点认为,知识共享是知识的拥有方和需求方之间的沟通,是有来有往的双向活动。例如:Hendriks④ 提出知识共享是一种人与人之间联系和沟通的过程。知识共享要有两个缺一不可的主体,也就是拥有知识的一方和知识重构的一方。知识拥有者将其拥有的知识以某种方式传递给知识需要者,知识重构者需要理解并吸收这些知识,并将所得到的知识重构,将其内化为自己的知识。

第二,共有的观点。该种观点认为知识的拥有方和需求方可以共同拥有共享的知识。共享就是使他人知晓,使双方共同掌握这种知识,甚至可以使整个组织,或是几个组织都知晓这种知识。知识共享泛指知识所有者与他人分享自己的知识,从而使知识从个体拥有转为群体共有。

第三,转移与学习的观点。该观点把知识共享描述为知识转移或扩散,认为知识共享就是知识的扩散过程,个体之间、团队之间、团队内部都可以发生知识扩散。例如,Senge⑤ 认为,知识共享不仅仅是将知识从一方传给另一方,更重要的是要将知识转化成对方的行动能力。因此知识共享还包括知识的学习吸收,只有将外界知识内化为自己

① ZUKIN S,DIMAGGIO P. Structures of capital:the social organization of the economy[M]. Cambridge:Cambridge University Press,1990.

② UZZI B. The sources and consequences of embeddedness for the economic performance of organizations:the network effect[J]. American sociological review,1996(4):674 – 698.

③ GULATI R,SINGH H. The architecture of cooperation:managing coordination costs and appropriation concerns in strategic alliances[J]. Administrative science quarterly,1998(4):781 – 814.

④ HENDRIKS P. Why share knowledge? The influence of ICT on the motivation for knowledge sharing [J]. Knowledge and process management,1999(2):91 – 100.

⑤ SENGE P. Sharing knowledge[J]. Executive excellence,1997(11):17 – 18.

的知识才算知识共享。这种观点把知识共享等同于知识转移。

第四,知识创造的观点。最具代表性的是 Nonaka 的观点,其认为显性知识和隐性知识的相互转换,两者的互动,就是知识的共享,共享的结果是出现新的知识。知识的共享是知识再创造的前提。

这些观点的共同之处包括:知识共享要包含两个主体,即知识拥有者和知识需求者;只有知识需求者将知识内化为自己的知识才算实现知识的共享,这意味着知识共享双方共同拥有了这种知识。因此本章将知识共享定义为:知识拥有者与知识需求者相互沟通,将知识由拥有者转移给需求者,并被需求者内化为自己的知识,最终双方共同拥有知识的过程。

### 四、三者的关系

电子政务外包虽然有很多优势,但想要建立优质的电子政务系统,则需要政府信息化部门与外包服务提供商之间有良好的沟通,实现双方员工知识的有效共享。由于专业分工的不同,外包服务提供商可能对政府部门规章、服务流程、办事程序与规则等业务知识并不熟悉,这就需要政府工作人员与外包服务人员进行良好的沟通。政府需要搜集、反馈公众在公共服务方面的需求,需要注意的是接包方是否真正理解了这些需求。此外,电子政务外包过程中需要对历史资料进行数字化处理,该过程需要双方人员通力配合。在电子政务外包的实施和管理阶段,政府人员要保持对外包业务性能的随时监测和评估,并注意与接包方交换意见的时效性。电子政务人员与外包服务商的员工在电子政务外包过程的交流中,能学到相关技术的知识。

在电子政务外包过程中,只有加强知识共享,才能对电子政务系统的功能有一个统一的认识,并对建立一种适于电子政务发展的长期有效的机制达成共识,才能真正促进政府服务效率的提高,为公众提供高品质、高水准的服务。只有加强知识共享,才可以将高效率的运作方法和充满活力的企业文化渗透于政府组织,塑造一种挑战性更高、反应能力更强的新型政府文化。因此,在电子政务外包中,公务员与外包服务提供商员工之间的知识共享至关重要。

嵌入性理论是社会网络分析领域中的核心概念之一。在电子政务系统整个规划、建设、运营和管理过程中,项目的相关人员可以看作一个社会网络,公务员以及外包服务商员工是这个网络中的节点,每个节点都嵌入在这个网络当中,并且所有节点都可以借助这个网络获取知识。由此,社会网络嵌入性为电子政务外包中公务员与外包服务商员工间的知识共享的研究提供了新的视角。基于社会网络嵌入性探讨电子政务人员与外包服务提供商员工之间的知识共享是一个很值得研究的课题。

本章旨在将嵌入性理论运用到电子政务外包的知识共享中,为电子政务外包的知识共享研究提供一个新的视角。从社会网络嵌入性的视角来考察电子政务外包中的知识共享过程,找出电子政务外包中影响知识共享的主要因素,从而采取相应的措施,这将有利于发现提升公务员与外包服务提供商员工间知识共享的原动力,从而逐个击破,提升公务员与外包服务企业员工间知识共享的频率与效率,提高电子政务外包的服务质量和电子政务的质量,并最终提高电子政务的服务效果。

## 第二节 知识共享、嵌入性与电子政务外包研究回顾

### 一、知识共享研究

#### (一)知识共享的影响因素

1. 知识共享的主体

(1)知识共享的主体可分为个体、团队/组织、跨组织三个不同的层面。① 个体层面关注个人动机、个体特征对知识共享的影响。如 Lin[①] 将动机观点融入理性行为理论,采取实证研究的方式来考察内部动机(知识自我效能感和帮助他人带来的快乐)和外部动机(期待组织提供的报酬和互惠的益处)对雇员知识共享意向的影响。张爽等[②]采用问卷调查方法,发现个体的知识共享态度、信任(情感信任和认知信任)和自我效能都可以较好地预测知识共享行为;同时还发现,人的态度和自我效能在一定程度上可以通过信任促进知识共享行为的产生。罗文标等[③]认为,知识员工的人格特征(成就需要、控制

---

① LIN H F. Effects of extrinsic and intrinsic motivation on employee knowledge sharing intentions[J]. Journal of information science,2007(2):135 – 149.

② 张爽,乔坤,汪克夷. 知识共享及其影响因素的实证研究[J]. 情报理论与实践,2008(4):502 – 506.

③ 罗文标,林永善,曾艳. 知识员工人格特征、工作特性、知识管理意识与工作绩效关系研究[J]. 商场现代化,2008(11):96 – 97.

源和自我效能感)会影响工作特征以及工作绩效的关系。可见,信任、知识共享的态度、自我效能和成就需要等个体层面的因素,对知识共享有直接或间接影响。②团队/组织层面的研究关注组织特质与知识共享的关系,即研究何种组织有利于知识共享。如Taylor 和 Wright① 研究发现一个创新的环境、从失败中学习的能力以及好的信息素养都是组织成功进行知识共享的重要指标。③跨组织层面关注网络组织(如战略联盟、产业集群)成员之间的知识共享,如姜文②按照知识共享的过程,认为可以从知识共享的主体、对象、手段和环境四个方面着手,分析网络组织中企业间知识共享的影响因素。此外,对于虚拟社区的知识共享研究已经成为热点,此处不再赘述。

(2)供需双方的知识共享。①共享意愿。只有当知识提供者和需求者双方都有知识共享的意愿时才能促使知识共享的发生,若能实现共赢,则双方会乐于共享。知识提供者的共享意愿与他们为知识共享付出的投入呈现正相关关系,进而对知识共享的效果产生正向作用。知识接受者必须具有学习的主观意愿,才会积极搜寻、学习有价值的知识并加以转化吸收为自己的知识。Szulanski③ 剖析了知识拥有者和知识需求者的知识分享动机,研究发现,知识分享双方的动机对彼此的知识分享具有如下影响:知识拥有者由于担心知识共享会造成优越感和某些特殊利益的丧失,从而不想进行知识共享;而知识需求者若缺乏学习意愿,也必然会阻碍知识的转移。孙卫忠等④认为,知识共享双方的主观意愿是知识扩散、传送和接受、融合质量的决定因素,即直接影响组织学习和知识共享效果。②沟通。有效沟通有利于员工之间了解他人的认知差异,可增加共享机会。Anderson 和 Narus⑤ 研究发现,人们不断沟通,彼此之间会产生吸引力,能够引导对工作相关知识的分享。Szulanski⑥还发现,知识提供者与知识需求者之间缺乏良好

---

① TAYLOR W A, WRIGHT G H. Organizational readiness for successful knowledge sharing: challenges for public sector managers[J]. Information resources management journal, 2004(2): 22 – 37.

② 姜文. 网络组织中企业间知识共享的影响因素分析[J]. 情报杂志, 2007(10): 8 – 10, 14.

③⑥ SZULANSKI G. Exploring internal stickiness: impediments to the transfer of best practice within the firm[J]. Strategic management journal, 1996(S2): 27 – 43.

④ 孙卫忠, 刘丽梅, 孙梅. 组织学习和知识共享影响因素试析[J]. 科学学与科学技术管理, 2005(7): 135 – 138.

⑤ ANDERSON J C, NARUS J A. A Model of distributor firm and manufacturer firm working partnerships[J]. Journal of marketing, 1990(1): 42 – 58.

的沟通会阻碍知识的接收,因而会减弱知识共享的效果。冯长利和韩玉彦①通过实证研究表明,知识共享的意愿和沟通与知识共享的效果呈显著正相关关系。③共享能力。对于知识提供者和知识接收者双方,是否具有知识编码能力和解码能力以及知识的传递、吸收、理解应用能力都会对知识共享活动的频率和效率产生影响。Szulanski 认为,知识需求者的知识吸收能力在很大程度上会影响知识分享的效果。周密等②认为,员工能力会影响知识分享的效果。宋建元、张钢③和谢晓专④等指出,知识拥有者的传授能力、知识需求者的学习能力以及双方的表达和理解能力是知识分享获得成功的基础。郑传均和邢定银⑤认为,吸收能力和反馈能力可以对知识共享产生重要影响。④主体间关系。关系在知识共享中发挥着重大作用,郝文杰和鞠晓峰⑥认为,知识提供者和接受者的关系是影响知识共享的重要因素,主要包括关系质量和共同理解,两者都有利于知识共享。Nelson 和 Cooprider⑦ 研究了信息部门与其他部门的知识共享,发现信任是知识共享的一个重要影响因素。吴强和郑景丽⑧提出"过度信任"的概念,并将过度信任分为过度能力信任和过度善意信任,前者对知识共享有负面影响,后者既有正向影响又有负面影响。Goh⑨ 认为,知识接受者和提供者之间的关系性质会成为阻碍知识有效共享的障碍,如果双方关系比较远,交流困难,则很难发生知识共享。Reagans 和 Mcevily⑩ 认为,员工关系强化与社会凝聚力同知识转移正相关,加强知识提供方与接收方的社会联系

① 冯长利,韩玉彦.供应链视角下共享意愿、沟通与知识共享效果关系的实证研究[J].软科学,2012(4):48 – 53.

② 周密,赵西萍,司训练.团队成员网络中心性、网络信任对知识转移成效的影响研究[J].科学学研究,2009(9):1384 – 1392.

③ 宋建元,张钢.组织网络化中的知识共享——一个基于知识链的分析[J].研究与发展管理,2004(4):25 – 30.

④ 谢晓专.企业知识管理的难点——知识共享障碍分析[J].情报科学,2006(7):1087 – 1090.

⑤ 郑传均,邢定银.知识型联盟中知识共享效率的影响因素分析[J].情报杂志,2007(2):10 – 12.

⑥ 郝文杰,鞠晓峰.组织内部知识共享影响因素研究与分析[J].商业研究,2008(9):121 – 125.

⑦ NELSON K M,COOPRIDER J G. The contribution of shared knowledge to IS group performance[J]. MIS quarterly,1996(4):409 – 432.

⑧ 吴强,郑景丽.过度信任对个体间知识共享效果的影响[J].现代管理科学,2012(7):102 – 104.

⑨ GOH S C. Managing effective knowledge transfer:an integrative framework and some practice implications[J]. Journal of knowledge management,2002(1):23 – 30.

⑩ REAGANS R,MCEVILY B. Network structure and knowledge transfer:the effects of cohesion and range[J]. Administrative science quarterly,2003(2):240 – 267.

有助于知识共享。陈娟和罗文军[①]认为,知识拥有者和需求者通过正式和非正式两种网络进行互动,网络结构、联结强度会对知识共享产生影响。

2. 知识共享的对象(知识本身)

知识共享客体。共享的知识所具有的性质对主体间的知识共享具有深远影响。国内外学者对知识的性质进行了分析,不同的知识特性如显性知识和隐性知识、可编码知识和不可编码知识等都对知识共享有影响。首先是知识的隐含性。Zander 和 Kogut[②]、郝文杰和鞠晓峰[③]、吴伟莉和王晰巍[④]的研究都表明知识的隐含性越高,越不利于知识的共享。同样,宋志红等[⑤]以知识的隐含性、分散性和知识价值作为知识共享的影响因素,知识的隐含性和分散性对企业内知识共享起显著的负向影响作用。其次,知识的复杂性(吴伟莉和王晰巍;刘锟发和李菁楠[⑥])、知识的黏性(Szulanski[⑦];郑传均和邢定银[⑧])、知识的嵌入性(刘锟发和李菁楠;郝文杰和鞠晓峰)以及知识的模糊性(Simonin[⑨])等都会对知识共享产生影响。Goh[⑩] 认为,组织要注意区分知识的类型,进而采用合适的方法进行知识传递。此外,殷萃[⑪]研究表明,知识特性及知识的共享性与知识密集型服务业员工知识共享绩效存在显著相关关系。Zhao 和 Luo[⑫] 通过对多国企

---

①　陈娟,罗文军.知识共享影响因素和策略[J].上海企业,2007(12):33-35.

②　ZANDER U, KOGUT B. Knowledge and the speed of the transfer and imitation of organizational capabilities:an empirical test[J]. Organization science,1995(1):76-92.

③　郝文杰,鞠晓峰.组织内部知识共享影响因素研究与分析[J].商业研究,2008(9):121-125.

④　吴伟莉,王晰巍.知识联盟中知识共享影响因素及实证研究[J].情报科学,2009(10):1531-1537.

⑤　宋志红,陈澍,范黎波.知识特性、知识共享与企业创新能力关系的实证研究[J].科学学研究,2010(4):597-604,634.

⑥　刘锟发,李菁楠.国内外组织内部知识共享影响因素研究综述[J].图书馆学研究,2010(16):8-12,91.

⑦　SZULANSKI G. Exploring internal stickiness:impediments to the transter of best practice within the firm[J]. Strategic management journal,1996(S2):27-43.

⑧　郑传均,邢定银.知识型联盟中知识共享效率的影响因素分析[J].情报杂志,2007(2):10-12.

⑨　SIMONIN B L. Ambiguity and the process of knowledge transfer in strategic alliances[J]. Strategic management journal,1999(7):595-623.

⑩　GOH S C. Managing effective knowledge transfer:an integrative framework and some practice implications[J]. Journal of knowledge management,2002(1):23-30.

⑪　殷萃.知识密集型服务业员工知识共享影响因素研究[D].长沙:中南大学,2009.

⑫　ZHAO H, LUO Y. Antecedents of knowledge sharing with peer subsidiaries in other countries:a perspective from subsidiary managers in a foreign emerging market[J]. Management international review,2005(1):71-97.

业在上海的136家子公司开展经验研究，发现企业的进入模式（全资）会对子公司间的陈述性知识（declarative organizational knowledge）共享产生显著影响，但与程序性知识（procedural organizational knowledge）共享不存在显著相关关系。

3. 知识共享的环境

环境因素在知识共享中扮演传播中介角色，环境支持与知识共享效率呈现正相关关系。"硬环境"和"软环境"是环境因素的主要表现形式。姜琳和旷宗仁[1]认为，"场"环境的好坏对知识共享的效果有很大的影响，良好的技术条件、交流场所及组织架构等"硬"环境是知识共享的必要条件，文化氛围、领导方式等"软"环境也对知识共享起重要作用。

"硬"环境主要指信息技术和组织结构。第一，信息技术。知识共享需要借助信息技术平台，电子邮件、BBS、QQ、微信等都有利于支持组织知识共享活动。Davenport[2]认为，只要合适的技术到位，必然会产生相应的知识共享行为。Goh[3]认为，信息技术能够实现平行的交流，也能使员工无缝和更加容易地共享和获取信息和知识库。Connelly和Kelloway[4]认为，信息共享技术提供了许多优势：即使地理上相距很远，交流也可以瞬时发生；有些内向的员工不喜欢面对面交流，通过信息技术能够很好地促进这类员工的知识共享。此外，信息技术的引进能够很好地体现领导者对知识共享的支持。田鹏等[5]研究了Web2.0环境特征对知识共享绩效的影响，发现Web2.0环境所具有的信息丰富性、主体互动性和知识可及性等特性对组织内成员间知识共享的绩效有显著增进效果。第二，组织结构。Tsai[6]提出，正式而集中化的组织纵向结构对知识共享存在

① 姜琳，旷宗仁. 知识共享及其影响因素研究[J]. 现代教育技术，2008(11):20-25.

② DAVENPORT T H. Saving it's soul: human-centered information management[J]. Harvard business review,1994(2):119-131.

③ GOH S C. Managing effective knowledge transfer: an integrative framework and some practice implications[J]. Journal of knowledge management,2002(1):23-30.

④ CONNELLY C E, KELLOWAY E K. Predictors of employees' perceptions of knowledge sharing cultures[J]. Leadership & organization development journal,2003(5):294-301.

⑤ 田鹏，王伟军，彭洁. Web2.0环境特征对组织中知识共享绩效的影响研究[J]. 情报科学，2012(6):801-806,810.

⑥ TSAI W. Social structure of "coopetition" within a multiunit organization: coordination, competition, and intraorganizational knowledge sharing[J]. Organization science,2002(2):179-190.

负面影响。Goh[①]认为,组织的结构设计要有利于横向的沟通,减少层级的障碍。吴伟莉和王晰巍[②]在研究知识联盟的知识共享时认为,只有建立适应外部环境变化的新型组织结构,才能促进知识在联盟中的传播。此外,员工休息室、自助餐厅等空间可以为员工带来交流的机会,会产生知识共享行为。

"软"环境主要指组织文化和领导方式。第一,组织文化。知识共享文化构成了软环境,进而营造出企业知识共享的氛围。Davenport 和 Prvsak[③]指出,组织文化是知识共享成功的决定因素,解决知识共享障碍的关键因素在于建立有利于互动和学习的组织文化氛围。Bock 等[④]研究了影响知识分享决策的因素,发现组织氛围对知识分享行为的态度和主观规范具有显著影响,并因此影响到组织中个体的知识分享意愿。第二,领导方式。在促进知识共享的过程中,领导者的推动起到重要作用,其可以通过行使自己的权利来鼓励知识共享行为。Martiny[⑤]认为,领导承诺是知识共享的一个关键考虑因素,她发现领导对知识共享承诺的不确定性对开展知识共享来说是一个挑战。Goh[⑥]认为,在促进知识共享所需的条件中,领导者扮演了重要的角色。他们对知识共享所需的组织文化和支持条件有重要的影响。Connelly 和 Kelloway[⑦]认为,员工能够通过领导的榜样作用判断领导对知识共享的支持程度,而领导对知识共享的支持态度,对创建和维持积极的知识共享环境是十分必要的。郑传均和邢定银[⑧]认为,良好的领导范式可以营造良好的学习机制和尊重知识、忠于组织的文化氛围,进而有助于知识交流活动的开展。

---

①⑥　GOH S C. Managing effective knowledge transfer: an integrative framework and some practice implications[J]. Journal of knowledge management,2002(1):23 – 30.

②　吴伟莉,王晰巍. 知识联盟中知识共享影响因素及实证研究[J]. 情报科学,2009(10):1531 – 1537.

③　DAVENPORT T H,PRVSAK L. Working knowledge:how organizations manage what they know[M]. Boston:Harvard Business School Press,1998.

④　BOCK G W, ZMUD R W, KIM Y G, et al. Behavioral intention formation in knowledge sharing: examining the roles of extrinsic motivators, social-psychological forces, and organizational climate[J]. MIS quarterly,2005(1):87 – 111.

⑤　MARTINY M. Knowledge management at HP consulting[J]. Organizational dynamics,1998(2):71 – 77.

⑦　CONNELLY C E, KELLOWAY E K. Predictors of employees' perceptions of knowledge sharing cultures[J]. Leadership & organization development journal,2003(5):294 – 301.

⑧　郑传均,邢定银. 知识型联盟中知识共享效率的影响因素分析[J]. 情报杂志,2007(2):10 – 12.

本章发现,各种观点都将知识共享的主体锁定为组织成员个人或项目团队;在知识共享的影响因素研究中,大量文献集中在知识共享主体,而非知识本身因素上,这可能是由于知识本身的影响因素较单一,而非知识本身因素较为复杂;另外,研究文献多集中于组织环境因素,对个体特征因素关注较少,这可能是因为此类研究涉及人类的心理特征等,不易测量。

(二)知识共享效果研究

Cummings 和 Teng[1] 指出,知识共享效果是指通过知识共享活动所能获得的知识的可靠性、有用性以及对知识分享过程的满意度,即知识共享效果是对双方在知识交流过程中的整体过程和结果的衡量。

有些研究对知识共享效果整体进行测量。有些研究则将知识共享的效果视作二维变量:如 Cho 和 Lee[2] 将知识共享效果划分为共享的范围和共享的丰富性两个维度。安中涛和安世虎[3]从知识共享的数量和质量两个方面,根据定性和定量相结合的思想,提出了一个评估个体知识共享绩效的参考模型。许有志等[4]将知识共享效果分为两类指标:及时性和准确性。吴强和郑景丽[5]在总结前人研究的基础上将知识共享的效果划分为三个维度:速度、可靠性和适用性。韩艳和王安民[6]构建了小团队内部知识共享评估模型,一级评价指标主要有知识的获取能力、知识的运用能力、知识的传播能力和知识的可持续增值能力。刘瑜和王建武[7]对研发人员的知识共享绩效进行了研究,通过 4 个指标测量研究人员知识共享的结果。

胡平波[8]基于 BP 网络模型,构建了评价知识共享结果的 6 个指标。孙青松等[9]对

① CUMMINGS J L,TENG B S. Transferring R&D knowledge:the key factors affecting knowledge transfer success[J]. Journal of engineering and technology management,2003(1/2):39 – 68.

② CHO K R,LEE J. Firm characteristics and MNC's intra-network knowledge sharing[J]. Management international review,2004(4):435 – 455.

③ 安中涛,安世虎.个体知识共享绩效评估参考模型[J].情报科学,2006(3):396 – 399.

④ 许有志,王道平,杨炳儒.供应链中的知识交易与定价研究[J].科学学与科学技术管理,2008(11):97 – 101,111.

⑤ 吴强,郑景丽.过度信任对个体间知识共享效果的影响[J].现代管理科学,2012(7):102 – 104.

⑥ 韩艳,王安民.小团队内部知识共享的绩效评估[J].管理评论,2010(2):97 – 102.

⑦ 刘瑜,王建武.研发人员知识共享绩效评价指标研究[J].中国酿造,2008(16):114 – 116.

⑧ 胡平波.网络组织中知识共享效率评价指标体系的建设[J].情报杂志,2009(1):68 – 71.

⑨ 孙青松,邹能锋,刘春胜.企业知识管理系统评价模型研究[J].乡镇经济,2006(5):46 – 48.

知识共享的内容评价方面除了数量、质量、及时性等常规指标,还提出共享内容的难度这一指标,认为应在满足需要的前提下降低共享的知识难度。马永红和于渤①对区域创新系统的知识共享绩效进行研究,提出 6 个指标,构建了区域创新绩效知识共享产出体系,并对知识共享效果进行评价。李晓利等②研究协同创新环境下客户的知识共享绩效,构建了评价模型,将知识共享分为正式的交流共享和非正式的交流共享;正式的交流共享从共享的数量和质量两个维度进行测量,非正式的交流共享则从交流的强度、广度和深度 3 个维度进行测量。廖开际和闫健峻③对知识型组织中的个人知识共享效果进行分析,提出的评价指标包括对团队知识存量的贡献、虚拟社区活跃度、所共享知识的利用程度。田鹏等④通过知识共享过程的满意度、知识获取程度、对知识的应用、知识接受者工作绩效的改善 4 个指标对知识共享绩效进行测量。

从以上研究可以看出,对知识共享效果的测量主要包含定性和定量两类方法,定性测量指标有满意度、知识的准确性、及时性、有用性等;定量测量指标主要是对贡献知识的数量进行统计,如使用专利、产品等的数量测量产出。定性方法主观性强,但易于操作;定量方法因为知识共享与业务活动水乳交融,很难剥离,因此量化测量难度大,也缺乏有效的测量指标。有鉴于此,本章对知识共享效果采用员工的感知进行测度。

## 二、嵌入性研究

### (一)嵌入性的维度研究

1. 结构嵌入和关系嵌入

Granovetter 提出的关系嵌入性和结构嵌入性的嵌入性二分法被其他学者广泛引用。关系嵌入性的研究集中在网络成员间相互联系的二元关系问题(如信任、承诺、共同解

---

① 马永红,于渤.区域创新系统知识共享绩效评价研究[J].哈尔滨工程大学学报,2010(8):1123 – 1130.

② 李晓利,杨育,张晓冬,等.协同创新环境下的客户知识共享绩效预测模型[J].科技进步与对策,2010(12):112 – 115.

③ 廖开际,闫健峻.基于物元分析的知识型组织中个人知识共享的绩效评价[J].统计与决策,2011(24):79 – 81.

④ 田鹏,王伟军,彭洁.Web2.0 环境特征对组织中知识共享绩效的影响研究[J].情报科学,2012(6):801 – 806,810.

决问题）。结构嵌入主要是网络成员间的总体网络结构问题，或关注网络的整体结构（网络密度、网络规模、联结强度等）；或关注行动者在网络中的结构位置（中心性、结构洞），位置或地位不同则能够获得的资源不同。张方华①研究结构嵌入和关系嵌入对企业创新绩效的影响，结构维度考察网络密度、网络规模、网络中心性三个指标，关系嵌入考察了信任、联系的频率、联系的持久度三个指标。王晓娟②、杜建等③、潘燕晶和张路通④、李支东和章仁俊⑤也延续了 Granovetter 的二分框架，如潘燕晶和张路通⑥将关系嵌入分为强关系和弱关系两个指标，将结构嵌入分为点度网络中心性、接近中心性和中介中心性三个指标。

2. 认知嵌入、结构嵌入、文化嵌入和政治嵌入

Zukin 和 Dimaggio⑦ 发展了 Granovetter 的二分框架，将嵌入性分为认知嵌入、结构嵌入、文化嵌入和政治嵌入四种类型，而且具有明显的层次性。认知嵌入指个体精神活动如何影响着个体的经济行为，这一维度属于微观层面；结构嵌入关注网络结构以及公司间社会联系的质量对个体行为的影响，属于中观层次；文化嵌入指个体间共有的信念及意识形态如何影响个人的经济行为；政治嵌入指全球的政治环境对经济行为的影响。其中，文化嵌入与政治嵌入属于影响个体经济行为的宏观因素。这种维度划分兼顾微观、中观、宏观三个层面的因素。林健和李焕荣⑧认为，嵌入企业的社会关系包括结构、认知、制度和文化等因素，同样从四个角度分析战略网络对企业行为和绩效的影响。

---

① 张方华. 网络嵌入影响企业创新绩效的概念模型与实证分析[J]. 中国工业经济, 2010 (4)：110 – 119.
② 王晓娟. 基于网络嵌入性的企业间知识共享及其实现机理研究[J]. 科学决策, 2009(4)：44 – 49.
③ 杜健, 姜雁斌, 郑素丽, 等. 网络嵌入性视角下基于知识的动态能力构建机制[J]. 管理工程学报, 2011(4)：145 – 151.
④⑥ 潘燕晶, 张路通. 创业型企业的网络嵌入性对 CKM 能力的影响机理研究[J]. 科技管理研究, 2013(3)：236 – 240.
⑤ 李支东, 章仁俊. 企业产品创新的网络嵌入性机制研究[J]. 科技进步与对策, 2013(11)：78 – 83.
⑦ ZUKIN S, DIMAGGIO P. Structures of capital：the social organization of the economy[M]. Cambridge：Cambridge Universtiy Press, 1990.
⑧ 林健, 李焕荣. 战略网络与企业绩效[J]. 企业经济, 2001(12)：108 – 110.

3. 认知嵌入、关系嵌入和文化嵌入

周军杰和左美云[①]对 Granovetter 和 Zukin 的研究框架进行整合,提出自己的分析框架:微观层次上保留了 Zukin 的认知嵌入性,从个体认知的角度进行分析;中观层面上将 Granovetter 的关系嵌入和结构嵌入合并,统称为关系嵌入,从网络的整体二元关系角度进行分析;宏观层面上保留了 Zukin 的文化嵌入性,从组织所处的宏观文化角度进行分析;考虑到其研究对象不涉及全球政治环境,因此剔除了 Zukin 的政治嵌入性。

4. 结构嵌入、关系嵌入和认知嵌入

Nahapiet 和 Ghoshal[②]在关系嵌入和结构嵌入的基础上,从社会资本的角度提出了结构、关系和认知维度;他们将认知维度定义为共享的语言和描述,与知识的传递和结合能力相关。Tsai 和 Ghoshal[③]将其定义为共享的规程或道德,它有利于理解集体的目标并实行恰当的行为方式。Inkpen 和 Tsang[④]将认知维度进行了扩展,提出认知维度代表成员间能提供共同的含义和理解的资源,并将认知维度划分成共享目标、共享文化两个维度。

社会资本的相关研究将网络嵌入性划分为三个维度:结构嵌入性、关系嵌入性和认知嵌入性。其中结构嵌入性和关系嵌入性同 Granovetter 的两个维度一致,而认知嵌入性则指与网络成员的思想认知相关的内容,主要包括共同语言、共同愿景(目标)、规范以及认同等。

(二)嵌入性应用研究

1. 嵌入性应用于企业之间

(1)产业集群。刘育新[⑤]指出,把嵌入性的视角引入产业集群的研究,能使我们更加深入地认识产业集群的本质特征,也能从经验研究的层面回答一些机制上的问题。蔡

①　周军杰,左美云. 虚拟社区知识共享的动因分析——基于嵌入性理论的分析模型[J]. 情报理论与实践,2011(9):23 - 27.

②　NAHAPIET J,GHOSHAL S. Social capital,intellectual capital,and the organizational advantage[J]. Academy of management review,1998(2):242 - 266.

③　TSAI W,GHOSHAL S. Social capital and value creation:the role of intrafirm networks[J]. Academy of management journal,1998(4):464 - 476.

④　INKPEN A C,TSANG E W K. Social capital,networks,and knowledge transfer[J]. Academy of management review,2005(1):146 - 165.

⑤　刘育新. 嵌入性与产业集群研究[J]. 科学学与科学技术管理,2004(10):104 - 107.

秀玲和林竞君①应用嵌入性理论分析产业集群的生命周期,他们指出,社会嵌入既能促进产业集群整体竞争力的提升,也可能会导致锁定效应,从而导致集群衰败甚至灭亡。王华等②从嵌入性视角分析产业集群的竞争优势,认为社会网络属性能够增强企业间的信任和适应性,可提高效率,促进知识自由流动。卢杰和黄新建③分析了嵌入性对产业集群竞争力的正面效应和负面效应,他们提出要建立适度的嵌入性才能保证中国产业集群的竞争力。方永恒和李文静④从文化产业集群与社会网络嵌入性的关系入手,指出文化产业集群社会网络系统主要由生产网络、创新网络和社会文化网络三个子系统构成,他们还分析了文化产业集群社会网络嵌入性的作用。

(2)战略联盟。王晓健和郭跃华⑤研究嵌入性对战略联盟的形成、治理和演化的影响。赵红梅⑥从嵌入性视角分析了 R&D 联盟形成的动因。李支东和章仁俊⑦以企业产品创新为自变量,将网络结构特征作为因变量,研究产品创新如何决定形成创新网络的嵌入性特征。何郁冰和张迎春⑧从关系嵌入和结构嵌入研究网络嵌入性对产学研协同创新模式的影响,识别了不同网络类型与产学研协同创新模式的耦合效应及其对协同创新绩效的影响。赵炎和郑向杰⑨以资源依赖理论为支撑,基于社会网络与相关统计分析方法,构建了中国 10 个高科技行业的大规模联盟创新网络,研究嵌入网络的 420 个上市公司的嵌入性与地域根植性对其创新绩效的影响。

---

① 蔡秀玲,林竞君.基于网络嵌入性的集群生命周期研究——一个新经济社会学的视角[J].经济地理,2005(2):281 – 284.

② 王华,张阳,戴薇.社会网络嵌入性视角的产业集群竞争优势探析[J].科技进步与对策,2006(1):77 – 79.

③ 卢杰,黄新建.社会网络嵌入性对产业集群竞争力的影响分析[J].江西社会科学,2009(5):108 – 111.

④ 方永恒,李文静.文化产业集群的社会网络嵌入性研究[J].科技管理研究,2013(3):171 – 174.

⑤ 王晓健,郭跃华.社会网络视角下战略联盟关键问题研究[J].科技进步与对策,2005(10):8 – 11.

⑥ 赵红梅.社会网络嵌入性视角下 R&D 联盟形成动因研究[J].科技管理研究,2009(8):426 – 428.

⑦ 李支东,章仁俊.企业产品创新的网络嵌入性机制研究[J].科技进步与对策,2013(11):78 – 83.

⑧ 何郁冰,张迎春.网络类型与产学研协同创新模式的耦合研究[J].科学学与科学技术管理,2015(2):62 – 69.

⑨ 赵炎,郑向杰.网络嵌入性与地域根植性对联盟企业创新绩效的影响——对中国高科技上市公司的实证分析[J].科研管理,2013(11):9 – 17.

2. 嵌入性应用于企业内部

刘雪锋[1]通过案例研究嵌入性影响企业绩效的机制,指出嵌入性通过影响战略来影响企业的绩效。王莉和石金涛[2],陈剑和吴能全[3]从组织嵌入维度研究企业知识员工管理和员工工作行为的影响问题。潘燕晶和张路通[4]从关系嵌入和结构嵌入两个维度,探讨它们对客户知识管理的获取能力、管理能力和推送能力的影响机理。袁晓婷和陈春花[5]将社会网络理论引入企业文化研究,发现创新的企业文化会影响企业的咨询网络和情感网络,而这两个网络又会影响员工的行为。周辉和万颖华[6]从结构嵌入性与关系嵌入性论述嵌入与创新网络治理机制的关系,指出结构嵌入和关系嵌入都能够防止机会主义行为的产生。牟韶红[7]借鉴社会网络的特征(结构洞特征、非长期性特征、互惠性特征等),分析企业社会责任及其披露制度对于企业本身以及整个社会的正面影响。

3. 嵌入性应用于其他领域

基于资源的社会嵌入性特征,陈建国[8]指出,行动者及其资源的社会网络是承载组织竞争能力跃迁的源泉。陈宇峰和胡晓群[9]则用嵌入性理论解释了如何通过解决搭便车的问题形成转型期中国农村公共产品供给的有效共同治理机制。刘心舜和苏海潮[10]将嵌入性理论应用到图书馆研究,分别从服务层次、组织层次和学术角度讨论了嵌入

---

① 刘雪锋.网络嵌入性影响企业绩效的机制案例研究[J].管理世界,2009(S1):3-12,129-130.

② 王莉,石金涛.组织嵌入及其对员工工作行为影响的实证研究[J].管理工程学报,2007(3):14-18.

③ 陈剑,吴能全.基于组织嵌入视角的企业知识员工管理[J].北京工业大学学报(社会科学版),2008(4):24-27.

④ 潘燕晶,张路通.创业型企业的网络嵌入性对CKM能力的影响机理研究[J].科技管理研究,2013(3):236-240.

⑤ 袁晓婷,陈春花.社会网络嵌入性视角的创新型企业文化作用机制研究[J].科学学与科学技术管理,2009(8):157-162.

⑥ 周辉,万颖华.社会网络嵌入性视角的创新网络治理机制研究[J].科技管理研究,2011(15):8-11.

⑦ 牟韶红.社会网络嵌入性视角下企业社会责任披露[J].中国物价,2014(12):88-91.

⑧ 陈建国.论基于资源的能量催化循环与社会嵌入性的组织竞争能力[J].湖南社会科学,2003(5):108-110.

⑨ 陈宇峰,胡晓群.国家、社群与转型期中国农村公共产品的供给——一个交易成本政治学的研究视角[J].财贸经济,2007(1):63-69.

⑩ 刘心舜,苏海潮.图书馆社会网络观与嵌入性的应用[J].图书馆杂志,2008(9):11-14.

性,指出图书馆的应用范围必然多元化。汪旭晖和翟丽华①通过案例研究社会网络嵌入性对零售专业技能本土化的影响。桂勇等②提出"双重嵌入"概念,用于分析求职行为与社会网络、文化制度之间的关系。林新③将图书馆联盟社会网络嵌入性分为关系嵌入性和结构嵌入性两种,并提出图书馆联盟社会网络系统由生产网络、创新网络和社会文化网络三个子系统构成,最后还对图书馆联盟社会网络嵌入性的功能和作用开展了全面分析。桑琰云④将嵌入性应用在咨询联盟网络中,指出咨询联盟网络中不同的社会资本的嵌入、认同的嵌入、关系的嵌入和文化的嵌入会带来网络的平衡发展,指引联盟网络服务的创新发展。在整合网络嵌入性理论和社会认知相关理论的基础上,李洪波和张徐⑤构建起网络嵌入性、创业自我效能感和大学生创业意愿三者关系的结构方程模型,完成了关于不同维度的网络嵌入对大学生创业意愿的动态影响及中介过程的讨论。

（三）社会网络嵌入性与知识共享的关系研究

从嵌入性对知识共享进行研究是当前研究的一个热点,国内外学者在将嵌入性应用到知识共享研究方面已经取得了一些研究成果,其研究的对象主要包括企业、虚拟团队、虚拟社区等。已有研究主要从三个维度展开:①研究多个主体构成的整个网络,从整体的网络结构角度研究对知识共享的影响,即结构嵌入性;②研究主体间的二元层次关系,从单独的共享主体双方关系的角度研究对知识共享的影响;③从认知的角度及共享主体的个人或集体的思想认知角度研究对知识共享的影响。

1. 结构嵌入性与知识共享

结构嵌入性维度主要从知识共享主体所构成的网络的整体结构角度对知识共享进行分析。例如,王核成和林素⑥分析了结构嵌入性对企业创新绩效的影响:结构嵌入性

---

① 汪旭晖,翟丽华.社会网络嵌入对零售专业技能本土化的影响——以家乐福在中国市场为例[J].国际经贸探索,2011(6):72-76.

② 桂勇,陆德梅,朱国宏.社会网络、文化制度与求职行为:嵌入问题[J].复旦学报(社会科学版),2003(3):16-21,28.

③ 林新.图书馆联盟的社会网络嵌入性研究[J].图书馆学研究,2013(16):80-82.

④ 桑琰云.嵌入性对咨询联盟网络的启示研究[J].图书馆工作与研究,2014(10):21-23,57.

⑤ 李洪波,张徐.网络嵌入性与大学生创业意愿的关系研究——基于创业自我效能感的中介作用[J].江苏大学学报(社会科学版),2014(3):76-83.

⑥ 王核成,林素.网络嵌入性视角下知识创新与产业集群企业竞争优势的形成[J].新西部,2010(3):33-34,36.

强度的增强有利于知识的共享,但过度的嵌入也会导致锁定效应,不利于企业的创新。杜健等①运用探索性案例的方法分析了企业知识动态能力,将结构嵌入性分为合作伙伴的多样性和非冗余两个指标,对知识动态能力有正向影响。通过对已有研究成果进行梳理,本章发现,学者主要从联结强度、网络规模、网络密度、网络集权度、网络中心性、结构洞等方面进行了研究。

(1)联结强度。有些学者认为,弱联结更有利于知识共享,如 Granovetter②;有些学者则认为,强联结更有利于知识共享;现在更多的学者认为,应将两者结合起来,共同作用,这样才能实现知识的有效共享。

(2)网络规模。一般来说,有较多关联网络的人能获得更高的收益。知识共享主体所构成的整体网络的规模也会影响知识共享效果,一方面,规模越大,成员越多,则网络的知识含量可能越大,异质性也可能越高,对知识共享有促进作用;另一方面,网络越大,成员的关系控制成本越大,需要花费更多的精力来维持关系,因此不利于知识的共享。张生太和武兆岭③从网络规模的角度来研究社会网络嵌入的结构维度,通过实证研究表明,社会网络结构维度与隐性知识共享的机会、能力都呈显著的正向相关。杨斌和王学东④从社会网络嵌入性的视角对虚拟团队的知识共享进行研究认为,网络规模越大,知识的异质性较强,但控制成本会增加,不利于知识的共享。

(3)网络密度。网络密度是网络总体结构的一个重要指标,Coleman⑤ 认为,网络密度可以促进网络成员行为的一致性及相互间的信任,从而有利于知识共享。马晓燕等⑥对战略网络对企业绩效的影响研究进行了述评,并将知识的转移作为中间环节,发现网

---

①　杜健,姜雁斌,郑素丽,等.网络嵌入性视角下基于知识的动态能力构建机制[J].管理工程学报,2011(4):145-151.

②　GRANOVETTER M. Economic action and social structure:the problem of embeddedness [J]. American journal of sociology,1985(3):481-510.

③　张生太,武兆岭.社会资本对隐性知识转移影响机制的实证研究[C]//中国管理现代化研究会第五届中国管理学年会——组织行为与人力资源管理分会场.[出版者不详],2010:508-517.

④　杨斌,王学东.基于社会网络嵌入性视角的虚拟团队中知识共享过程研究[J].情报科学,2009(12):1765-1769.

⑤　COLEMAN J S. Social capital in the creation of human capital[J]. American journal of sociology,1988(S):95-120.

⑥　马晓燕,邓光汉,王勇.战略网络对企业绩效的影响研究综述[J].生产力研究,2009(7):170-172.

络结构越紧密越容易促进隐性知识的转移。姜鑫[1]在对组织非正式网络内隐性知识共享的实证研究中也提到网络密度过高或过低均不利于隐性知识的共享与传播。

(4)网络集权度。网络集权度是指网络中知识的分布情况,如果知识主要集中在少数的网络成员中,则表明集权度较高;若知识比较分散,则网络集权度较低。赵文军、谢守美[2]认为,过于集中或分散都不利于知识的共享。

(5)网络中心性。网络中心性表示网络成员接近网络交换体系核心的程度。具有较高网络中心性的个体,在网络中扮演核心角色,具有相应的权威,这种权威性使其容易获得其他个体的认可,因此能够顺利地与其他个体进行知识共享。

(6)结构洞。Burt[3]提出的结构洞这一概念,是指网络节点间的间隙,表明不同成员间缺乏的联系。他认为富有结构洞的网络为经理人获取非重叠信息提供了机会,组织中跨越结构洞的经理人,能够获得信息和控制的优势。周晓宏和郭文静[4],杨虹和陈莉平[5],肖冬平等[6]的研究也发现,处于结构洞桥梁位置的企业有关键作用,能够获取占有先机和拥有控制地位的信息利益。王学东等[7]在对虚拟团队的知识共享的研究中发现,结构洞的成员在知识共享中处于有利地位。

2. 关系嵌入性与知识共享

关系嵌入研究的是主体双方间的二元关系,主要包括信任、共同解决问题。Lane 和 Bachmann[8]、黄昱方和庄静[9]认为,信任使得知识共享主体愿意分享知识,促进双方信息

① 姜鑫.基于社会网络分析的组织非正式网络内隐性知识共享及其实证研究[J].情报理论与实践,2012(2):68-71,91.

② 赵文军,谢守美.社会网络嵌入视角下的虚拟团队知识共享模型研究[J].情报杂志,2011(8):185-190,200.

③ BURT R S. Structural holes: the social structure of competition [M]. Cambridge, MA: Harvard University Press,1992.

④ 周晓宏,郭文静.基于社会网络的隐性知识转移研究[J].中国科技论坛,2008(12):88-90,103.

⑤ 杨虹,陈莉平.社会网络嵌入视角下企业间的知识学习[J].东南学术,2008(4):42-47.

⑥ 肖冬平,顾新,彭雪红.基于嵌入视角下知识网络中的知识流动研究[J].情报杂志,2009(8):116-125.

⑦ 王学东,赵文军,刘成竹,等.社会网络嵌入视角下的虚拟团队知识共享影响模型及实证研究[J].情报科学,2011(9):1407-1412.

⑧ LANE C,BACHMANN R. The social constitution of trust: supplier relations in Britain and Germany [J]. Organization studies,1996(3):365-395.

⑨ 黄昱方,庄静.企业内部社会网络对知识共享行为的影响机制研究[J].图书情报工作,2011(20):121-125.

交流①,甚至能够提高知识共享行为出现的频率②;周晓宏和郭文静③、陈守明和赵小平④,肖冬平等⑤,张方华⑥,杜健等⑦的研究都发现,信任对知识共享有促进作用。Heide和 Miner⑧、Uzzi⑨、Hansen⑩、马晓燕等⑪提出,共同解决问题有利于知识共享。

3. 认知嵌入性与知识共享

Nahapiet 和 Ghoshal⑫ 指出,认知维度是指"共同的语言和表述,与知识的交换和结合能力有关"。Tsai 和 Ghoshal⑬ 将认知维度定义为共享的规程或道德律,它有利于理解集体的目标和恰当的行为方式,促使网络成员产生一致性的行为规范。综上,可以认为认知嵌入性的研究主要从共同目标(愿景)、共同语言及规范三个方面进行,并且认为这三个方面均对知识共享有正向的作用。在共同目标之下,组织成员之间会产生一种内

---

①　ZAND D E. Trust and managerial problem solving[J]. Administrative science quarterly,1972(2):229 – 239.

②　周军杰,左美云. 虚拟社区知识共享的动因分析——基于嵌入性理论的分析模型[J]. 情报理论与实践,2011(9):23 – 27.

③　周晓宏,郭文静. 基于社会网络的隐性知识转移研究[J]. 中国科技论坛,2008 (12):88 – 90, 103.

④　陈守明,赵小平. 大学对知识型产业集群的嵌入性和知识转移的影响[J]. 科学学与科学技术管理,2008(3):73 – 80.

⑤　肖冬平,顾新,彭雪红. 基于嵌入视角下知识网络中的知识流动研究[J]. 情报杂志,2009(8): 116 – 125.

⑥　张方华. 网络嵌入影响企业创新绩效的概念模型与实证分析[J]. 中国工业经济,2010(4):110 – 119.

⑦　杜健,姜雁斌,郑素丽,等. 网络嵌入性视角下基于知识的动态能力构建机制[J]. 管理工程学报,2011(4):145 – 151.

⑧　HEIDE J B,MINER A S. The shadow of the future:effects of anticipated interaction and frequency of contact on buyer – seller cooperation[J]. Academy of management journal,1992(2):265 – 291.

⑨　UZZI B. Social structure and competition in interfirm networks:the paradox of embeddedness[J]. Administrative science quarterly,1997(1):35 – 67.

⑩　HANSEN M T. The search-transfer problem:the role of weak ties in sharing knowledge across organization subunits[J]. Administrative science quarterly,1999(1):82 – 111.

⑪　马晓燕,邓光汉,王勇. 战略网络对企业绩效的影响研究综述[J]. 生产力研究,2009(7):170 – 172.

⑫　NAHAPIET J,GHOSHAL S. Social capital,intellectual capital,and the organizational advantage[J]. Academy of management review,1998(2):242 – 266.

⑬　TSAI W,GHOSHAL S. Social capital and value creation:the role of intrafirm networks[J]. Academy of management journal,1998(4):464 – 476.

在的动力,这有利于提高知识共享的意愿,增加团队内知识共享的机会①,共同语言可以消除文化背景差异对于知识共享的阻碍②,而规范则有利于降低道德风险,减少知识交换障碍③。

### 三、电子政务外包研究

#### (一)电子政务外包方式

电子政务外包研究主题集中在 IT 服务外包,张昆④介绍美国州级政府门户网站主要有三种外包合同模式,即零散项目合同、长期定金合同、长期零金合同,其中长期零金合同模式具有很多优势,但我国政府需要根据国情进行借鉴。李小申⑤指出,目前较为普遍的政府服务外包分为过程型外包、混合型外包、产权转移型外包等形式,并提出运用 ITIL 方法促进电子政务外包服务。通过对新公共管理理论视角的分析,卢思思⑥借鉴新公共管理市场模式的成功经验和精华,构建中国新公共管理范式下的电子政务外包模式基本框架,即"政府主导,市场运营,共同管理,利益共享",以促进中国电子政务外包模式创新和发展,最终实现中国电子政务建设。通过考察电子政务外包过程,Huai⑦讨论如何通过全面质量管理提高外包绩效。Lu 等⑧分析了 BOO 即"建设—拥有—运营"这一外包模式。

#### (二)电子政务外包的影响因素

在文献研究的基础上,田娟和何有世⑨结合实地调查总结出影响外包模式选择的

---

① 杨斌,王学东.基于社会网络嵌入性视角的虚拟团队中知识共享过程研究[J].情报科学,2009(12):1765 – 1769.

② COHEN W M,LEVINTHAL D A. Absorptive capacity:a new perspective on learning and innovation[J]. Administrative science quarterly,1990(1):128 – 152.

③ 王晓娟.基于网络嵌入性的企业间知识共享及其实现机理研究[J].科学决策,2009(4):44 – 49.

④ 张昆.美国州级政府门户网站外包模式研究及启示[J].湖北社会科学,2014(12):30 – 34.

⑤ 李小申.运用 ITIL 方法促进电子政务外包服务[J].科技创新导报,2014(16):215 – 216.

⑥ 卢思思.新公共管理范式下的电子政务外包分析[J].经营管理者,2014(31):314.

⑦ HUAI J. Apply TQM to e-government outsourcing management[J]. Physics procedia,2012(24):1159 – 1165.

⑧ LU J Y,ZHONG W J,MEI S E. BOO model for outsourcing e-government services[J]. Systems engineering theory & practice,2009(4):75 – 80.

⑨ 田娟,何有世.电子政务系统外包模式选择的模糊综合评价[J].科技管理研究,2013(14):63 – 66,71.

主要因素:外部环境、政府内部环境、政府的外包需求和外包企业的资源能力。金大卫①通过大量案例分析研究得出影响电子政务外包的因素有技术难度、质量风险、成本核算和机会成本。魏倩②以上海市政务云为例,研究电子政务 IT 外包服务监管影响因素,发现基于契约和信任监管方式的 4 个因素为合同制度、商业信用、法律约束、竞争机制;商业信用影响契约管理方式,而商业信用、竞争机制、合同制度共同影响信任管理方式。

（三）电子政务外包的风险

黄萃和夏义堃③从政府网站融资渠道角度指出网站信息服务外包的必然性,并从政府、承包方和用户的角度探索了政府网站信息服务外包的利弊。李冠军和才金正④指出了电子政务外包中存在的模式选择问题、规范化问题及安全保密问题。王永刚⑤指出,电子政务中 IT 外包过程存在成本超标、信息管理系统出现问题、外包商破产倒闭、提供的外包产品兼容性差、对外包商的进度难以控制而形成对外包商的被动依赖、国家机要信息失密、外包商的文化水平与技术人员的适应性差等风险类型。

## 第三节　影响因素模型与假设

在电子政务外包中,政府信息化部门与外包服务供应商双方员工之间进行有效的知识共享才能保证建立优质的电子政务系统。促进双方员工知识的有效共享十分有意义,而找出知识共享影响因素是一个有效的途径。嵌入性是知识共享研究的视角之一,基于以上对嵌入性维度的划分与提炼,本节从理论和现实层面出发,通过提出模型中各项变量之间的逻辑关系假设,探讨电子政务外包中社会网络嵌入性与知识共享效果的权变影响关系。

① 金大卫.中国电子政务业务外包的可行性研究[J].现代商业,2011(32):250-251.
② 魏倩.电子政务 IT 外包服务监管影响因素的研究[D].上海:上海交通大学,2008.
③ 黄萃,夏义堃.政府网站信息服务外包的利弊分析[J].电子政务,2014(9):58-62.
④ 李冠军,才金正.电子政务外包的现状及相关问题研究[J].东北大学学报(社会科学版),2006(1):35-37.
⑤ 王永刚.浅析电子政务的 IT 外包风险[J].福建电脑,2013(6):96-97,114.

### 一、结构嵌入维度

#### (一)联结强度与电子政务外包知识共享效果

Granovetter[1] 提出四个指标,即互动时间、情感强度、互动频率、互惠行动来衡量联结强度,将联结区分为强联结和弱联结。相互之间具有强联结的共享主体间更容易分享知识,愿意为对方的利益投入更多的时间和努力,包括转移知识的努力。Uzzi[2] 认为,强联结能够引起更为有效的交流,有助于有价值的信息传递以及共同解决问题。Hansen[3] 以项目团队为背景,认为强联结意味着相互信任、稳定的合作,能够传递高质量、复杂并且难以传递的隐性知识。另外,强联结使得社会网络成员间建立起相互依赖的关系,可以使新知识迅速在整个网络传播,推动新知识在组织内的传播与共享。当成员需要某种知识时,强联结有助于该成员迅速地确定知识的位置信息,并及时地向拥有该知识的成员提出共享请求,也能保证知识寻找者对获取知识的充分理解。王学东等[4]实证研究了社会网络嵌入性视角下虚拟团队内知识共享的影响因素,发现强联结强度对知识共享有积极作用。由此,本章提出以下假设:

在电子政务外包的知识共享中,联结强度对政府信息化部门工作人员与外包服务提供商员工之间的知识共享效果有正向影响。                                (假设1)

#### (二)网络中心性与电子政务外包知识共享效果

Liao 等 [5]研究发现个体的社会权威与成员的知识共享效果存在着显著的正相关关系。位于中心的成员比其他人拥有更多的直接联系,更容易激发其合作的习惯,另外,这种成员往往比其他人更理解和遵从团体的规范和期望,因此 Wasko 和 Faraj[6] 认为成

---

[1]  GRANOVETTER M. Economic action and social structure: the problem of embeddedness [ J ]. American journal of sociology,1985(3):481－510.

[2]  UZZI B. Social structure and competition in interfirm networks: the paradox of embeddedness [ J ]. Administrative science quarterly,1997(2):35－67.

[3]  HANSEN M T. The search-transfer problem: the role of weak ties in sharing knowledge across organization subunits[ J ]. Administrative science quarterly,1999(1):82－111.

[4]  王学东,赵文军,刘成竹,等. 社会网络嵌入视角下的虚拟团队知识共享影响模型及实证研究 [ J ].情报科学,2011(9):1407－1412.

[5]  LIAO S H,FEI W C,CHEN C C. Knowledge sharing,absorptive capacity,and innovation capability:an empirical study of Taiwan's knowledge-intensive industries[ J ]. Journal of information science,2007(3):340－359.

[6]  WASKO M M L,FARAJ S. Why should I share? Examining social capital and knowledge contribution in electronic networks of practice[ J ]. MIS quarterly,2005(1):35－57.

员在网络中的位置会影响其向其他成员共享知识的意愿。周密等[1]通过实证研究证明网络中心性对知识共享有正向影响。张方华[2]发现加强企业在网络中的中心地位可以有效地获取显性知识。赵文军和谢守美[3]认为,处于网络中心的个体,能够与周围成员发生频繁交流,知识共享机会也就更多。此外,位于网络中心位置的个体由于有更多机会与其他成员交往,能够增加其他成员了解其知识的机会,方便对方搜寻到所需知识,而且更容易以对方能理解的语言表达自己的知识。黄昱方和庄静[4]认为,网络中心性越高,个体所处的核心地位也就越突出,个体为了维持其在群体中的核心地位,将会努力实现与其他成员的知识共享。据此,本章提出如下假设:

在电子政务外包的知识共享中,网络中心性对政府信息化部门工作人员与外包服务提供商员工之间的知识共享效果有正向影响。　　　　　　　　（假设2）

## 二、关系嵌入维度

### (一)信任与电子政务外包知识共享效果

人是理性的个体,同时也是被社会角色所塑造的个体。人类在追求利益最大化的同时,必然也会受到其所嵌入的社会关系的限制,这一认知为个体之间达成信任奠定了社会基础。信任作为关系变量的典型代表,是知识共享得以高效进行的重要基础。

(1)信任能够促进共享意愿。Lane 和 Bachmann[5]认为,信任可以作为一种持续存在的控制机制,并能够有效降低风险。信任使得知识共享主体相信其他共享主体的诚实性,不会利用对方的弱点来进行投机行动,从而使双方都愿意分享有价值的知识。马晓燕等[6]认为,网络成员间越相互信任,网络中知识的转移机会和动机越多。黄昱方和

① 周密,赵西萍,司训练.团队成员网络中心性、网络信任对知识转移成效的影响研究[J].科学学研究,2009（9）:1384 – 1392.

② 张方华.网络嵌入影响企业创新绩效的概念模型与实证分析[J].中国工业经济,2010(4): 110 – 119.

③ 赵文军,谢守美.社会网络嵌入视角下的虚拟团队知识共享模型研究[J].情报杂志,2011(8): 185 – 190,200.

④ 黄昱方,庄静.企业内部社会网络对知识共享行为的影响机制研究[J].图书情报工作,2011 (20):121 – 125.

⑤ LANE C,BACHMANN R. The social constitution of trust:supplier relations in Britain and Germany [J]. Organization studies,1996(3):365 – 395.

⑥ 马晓燕,邓光汉,王勇.战略网络对企业绩效的影响研究综述[J].生产力研究,2009(7):170 – 172.

庄静①认为,网络成员间的信任提升了成员间共享知识的意愿以及达成共识的可能。

(2)信任能够促进共享行为的频率。共享主体有了较强的共享意愿,则会出现较频繁的共享行为。周军杰和左美云②研究发现,信任能提高共享行为出现的概率。

(3)信任能够促使知识交流更加及时,减少知识核查的需要。Zand③发现,信任将使主体减少对对方行为的控制,从而提高二人之间信息交流的及时性。其他一些研究也证实了信任对知识共享有积极作用:Nelson和Cooprider④研究了信息部门和其他部门的知识共享,发现信任是知识共享的一个重要影响因素。王学东等⑤认为,信任水平越高,对隐性知识的共享越有利。杨虹和陈莉平⑥认为,信任作为社会资本的关键要素,是实现企业间知识共享的重要促进因素。周晓宏和郭文静⑦,陈守明和赵小平⑧,肖冬平等⑨,张方华⑩,杜健等⑪的研究都发现,信任对知识共享有促进作用。基于以上分析,本章提出以下假设:

在电子政务外包的知识共享中,信任对政府信息化部门工作人员与外包服务提供商员工之间的知识共享效果有正向影响。 (假设3)

---

① 黄昱方,庄静.企业内部社会网络对知识共享行为的影响机制研究[J].图书情报工作,2011(20):121 – 125.

② 周军杰,左美云.虚拟社区知识共享的动因分析——基于嵌入性理论的分析模型[J].情报理论与实践,2011(9):23 – 27.

③ ZAND D E. Trust and managerial problem solving[J]. Administrative science quarterly,1972(2):229 – 239.

④ NELSON K M,COOPRIDER J G. The contribution of shared knowledge to IS group performance[J]. MIS quarterly,1996(4):409 – 432.

⑤ 王学东,赵文军,刘成竹,等.社会网络嵌入视角下的虚拟团队知识共享影响模型及实证研究[J].情报科学,2011(9):1407 – 1412.

⑥ 杨虹,陈莉平.社会网络嵌入视角下企业间的知识学习[J].东南学术,2008(4):42 – 47.

⑦ 周晓宏,郭文静.基于社会网络的隐性知识转移研究[J].中国科技论坛,2008(12):88 – 90,103.

⑧ 陈守明,赵小平.大学对知识型产业集群的嵌入性和知识转移的影响[J].科学学与科学技术管理,2008(3):73 – 80.

⑨ 肖冬平,顾新,彭雪红.基于嵌入视角下知识网络中的知识流动研究[J].情报杂志,2009(8):116 – 125.

⑩ 张方华.网络嵌入影响企业创新绩效的概念模型与实证分析[J].中国工业经济,2010(4):110 – 119.

⑪ 杜健,姜雁斌,郑素丽,等.网络嵌入性视角下基于知识的动态能力构建机制[J].管理工程学报,2011(4):145 – 151.

(二)共同解决问题与电子政务外包供求双方的知识共享效果

Heide 和 Miner① 将共同解决问题定义为在一个交易中,当事者为维护关系本身及随着时间推移出现的问题分担责任的程度。Uzzi② 认为,共同解决问题是获得能力的一个关键机制,因为它促进了隐性知识的传递。隐性知识是难以编码和清晰描述的,相较于通过文字和物理形式,隐性知识最好通过观察、体验和示范的方式进行传递,而共同解决问题能够提供这样一个观察、体验、示范的平台。此外,在共同解决问题时,能够得到有关活动和操作的快速、明确的反馈,这对有效理解知识也至关重要:因为在单向的交流中,接受者很少能够完全吸收这些知识。Hansen③ 则认为,通过共同解决问题,共享双方形成关系特有的启发方式和特有的知识来传送复杂的隐性知识,因此,双方能够更有效地学习和理解传递的知识。Mcevily 和 Marcus④ 实证研究了嵌入关系对竞争能力的影响,研究发现,共同解决问题通过促进复杂和难以编码知识的转移,对公司提高竞争力有积极的影响。马晓燕等⑤研究了战略网络对企业绩效的影响,认为网络关系中共同解决问题的水平越高,就可以为网络中的知识转移提供越多的动机和机会,进而提高绩效。杜健等⑥利用探索性案例的方法从网络嵌入性视角出发研究了知识的动态能力构建机制,共同解决问题与知识获取能力和知识整合能力之间均正向相关。因此,本章提出以下假设:

在电子政务外包的知识共享中,共同解决问题对政府信息化部门工作人员与外包服务提供商员工之间的知识共享效果有正向影响。　　　　　　　　(假设4)

---

①　HEIDE J B,MINER A S. The shadow of the future:effects of anticipated interaction and frequency of contact on buyer – seller cooperation[J]. Academy of management journal,1992(2):265 – 291.

②　UZZI B. The sources and consequences of embeddedness for the economic performance of organizations:the network effect[J]. American sociological review,1996(4):674 – 698.

③　HANSEN M T. The search-transfer problem:the role of weak ties in sharing knowledge across organization subunits[J]. Administrative science quarterly,1999(1):82 – 111.

④　MCEVILY B,MARCUS A. Embedded ties and the acquisition of competitive capabilities[J]. Strategic management journal,2005(11):1033 – 1055.

⑤　马晓燕,邓光汉,王勇.战略网络对企业绩效的影响研究综述[J].生产力研究,2009(7):170 – 172.

⑥　杜健,姜雁斌,郑素丽,等.网络嵌入性视角下基于知识的动态能力构建机制[J].管理工程学报,2011(4):145 – 151.

### 三、认知嵌入维度

#### (一)共同目标与电子政务外包中知识共享效果

共同目标表示网络成员对于网络任务和产出有共同的理解和方法。成员之间的知识共享与交流水平决定着共同目标能否实现。在共同的项目目标之下,组织成员会为共同的目标而努力,并齐心协力实现合作的优化,使个体产生一种内在的动力,团队成员间的知识共享行为在共同的目标指引之下,有利于提高团队成员间的合作能力,提高知识共享的意愿,提高积极性,进而增加团队内知识共享的机会。Tsai 和 Ghoshal[1] 研究发现,当组织成员间拥有共同愿景时,便能知悉彼此的行为,从而减少沟通的误解,并且增加交换构思与资源的机会。杨虹和陈莉平[2]的研究中发现,共同愿景能够帮助企业获取所需的高质量知识。杨斌和王学东[3]认为,虚拟团队的组建是为了完成共同的目标,主观上各成员之间有知识共享的欲望。肖冬平等[4]的研究表明,共同愿景有利于团队成员获取高质量的、专业化的信息知识。基于此,本章提出以下假设:

在电子政务外包的知识共享中,共同目标对政府信息化部门工作人员与外包服务提供商员工之间的知识共享效果有正向影响。 (假设5)

#### (二)共同语言与电子政务外包中知识共享效果

Cohen 和 Levinthal[5] 认为,知识吸收效果在很大程度上取决于企业先前已有的相关知识。网络成员间的文化背景存在差异,阻碍了知识尤其是隐性知识的跨组织转移。为了减少或克服这种障碍的影响,知识交换的主体必须要处于相同或相近的背景之中,以达成相似的理解、感知,只有通过网络成员长期的合作,形成对技术等领域的共同理解和认知,才能顺利地推进成员间的知识共享。共同语言意味着能够更好地理解彼此,减少沟通中的误解和冲突,促进知识的自由交换。Helmsing[6] 认为,网络成员通过长期

---

① TSAI W,GHOSHAL S. Social capital and value creation:the role of intrafirm networks[J]. Academy of management journal,1998(4):464 – 476.

② 杨虹,陈莉平. 社会网络嵌入视角下企业间的知识学习[J]. 东南学术,2008(4):42 – 47.

③ 杨斌,王学东. 基于社会网络嵌入性视角的虚拟团队中知识共享过程研究[J]. 情报科学,2009(12):1765 – 1769.

④ 肖冬平,顾新,彭雪红. 基于嵌入视角下知识网络中的知识流动研究[J]. 情报杂志,2009(8):116 – 125.

⑤ COHEN W M,LEVINTHAL D A. Absorptive capacity:a new perspective on learning and innovation[J]. Administrative science quarterly,1990(1):128 – 152.

⑥ HELMSING B. Externalities,learning and governance:new perspectives on local economic development[J]. Development and change,2001(2):277 – 308.

的合作可能形成一种基于对技术等领域的共同理解,并认为通过相互合作和知识的共享将产生新的价值,这种信念增加了成员间知识共享的可能性,也使得成员之间更加愿意与其他成员分享有价值的知识。周密等①认为,当知识拥有者与知识需求者拥有共同的知识时,知识拥有者向需求者转移知识较为容易。同样赵文军和谢守美②提出,共享主体在学习和吸收知识的过程中,总是以一定的知识存量为基础,共有知识越多,知识传递方越能从中选择最适合的方式传递知识,知识接收方就越容易吸收知识,知识转移就越容易实现。由此本章提出以下假设:

在电子政务外包的知识共享中,共同语言对政府信息化部门工作人员与外包服务提供商员工之间的知识共享效果有正向影响。 　　　　　　　　　　　　(假设6)

基于以上假设,提出电子政务外包中的知识共享影响因素模型,自变量有联结强度、网络中心性、信任、共同解决问题、共同目标、共同语言,因变量是知识共享效果,见图7-1。

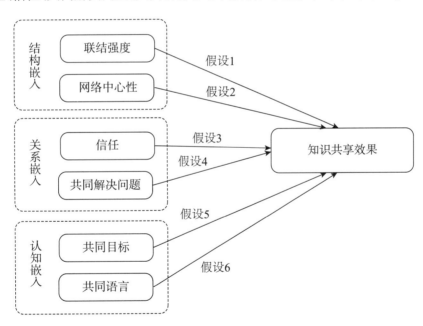

图7-1  社会网络嵌入性与知识共享效果关系的假设模型

①  周密,赵西萍,司训练.团队成员网络中心性、网络信任对知识转移成效的影响研究[J].科学学研究,2009(9):1384-1392.
②  赵文军,谢守美.社会网络嵌入视角下的虚拟团队知识共享模型研究[J].情报杂志,2011(8):185-190,200.

# 第四节　量表开发与实证检验

## 一、量表开发

### （一）变量定义与测量

1. 基于社会网络嵌入性的知识共享影响因素测量

基于文献综述，本章把社会网络嵌入性划分为三个维度：结构嵌入维度体现为联结强度和网络中心性，关系嵌入维度体现为信任和共同解决问题，认知嵌入维度体现为共同目标和共同语言，具体见表 7 - 1。

表 7 - 1　基于网络嵌入性的知识共享影响因素测量

| | | 自变量：嵌入性 | 参考文献 |
|---|---|---|---|
| 结构嵌入 | 联结强度 | 1. 我花费大量的时间与合作方员工进行交流<br>2. 我经常与合作方员工进行交流<br>3. 对于一些合作方员工，我在私人层面上有所了解<br>4. 我与合作方员工有非常好的关系<br>5. 我知道合作方员工会帮助我，所以我帮助合作方员工也是应该的 | Tsai 和 Ghoshal；Chiu 等[1] |
| | 网络中心性 | 6. 我在合作中传递知识的能力比其他成员强<br>7. 我在合作中与很多合作方员工进行沟通<br>8. 我在合作中的地位不容易被取代<br>9. 在合作中，其他人对我的依赖性很强 | Wasko 和 Faraj；章郑[2] |
| 关系嵌入 | 信任 | 10. 我与合作方员工总是公平地协商<br>11. 我知道合作方员工将要如何行动，其能够按照我预期的方式行动<br>12. 即使机会出现，我也不会做出利用合作方的行为<br>13. 我相信合作方员工会考虑到我的利益，即使其有时候会为此付出一些代价<br>14. 如果合作方员工的表现低于我的预期，我会感到失落 | Zaheer 等；Chang 和 Chuang[3] |
| | 共同解决问题 | 15. 我与合作方员工能够共同负责，完成任务<br>16. 我会与合作方员工共同探讨商议，克服合作过程中出现的困难<br>17. 我会与合作方员工互相帮助，解决合作中的问题 | Heide 和 Miner[4] |

续表

| | | 自变量:嵌入性 | 参考文献 |
|---|---|---|---|
| 认知嵌入 | 共同目标 | 18. 我与合作方员工对项目中的重要事项看法比较一致<br>19. 我与合作方员工对项目的总体目标看法比较一致<br>20. 我与合作方员工对项目的发展前景看法比较一致<br>21. 我与合作方员工总是不遗余力地追求项目目标的实现 | Chow 和 Chan⑤ |
| | 共同语言 | 22. 我能很好地理解合作方员工所讲的专业术语和行话<br>23. 我和合作方员工使用可以相互理解的交流方式进行讨论<br>24. 我和合作方员工使用可以相互理解的叙述方式来发布信息和条款 | Chiu 等⑥ |

资料来源:①　TSAI W,GHOSHAL S. Social capital and value creation:the role of intrafirm networks[J]. Academy of management journal,1998(4):464 – 476;CHIU C M,HSU M H,WANG E T G. Understanding knowledge sharing in virtual communities:an integration of social capital and social cognitive theories[J]. Decision support system,2006,42(3):1872 – 1888.

②　WASKO M L,FARAJ S. Why should I share? Examining social capital and knowledge contribution in electronic networks of practice[J]. MIS quarterly,2005,29(1):35 – 57;章郑. 网络社会资本对虚拟社区知识共享及创新的影响研究——以"互动交流型"虚拟社区为例[D]. 杭州:浙江大学,2008.

③　ZAHEER A,MCEVILY B,PERRONE V. Does trust matter? Exploring the effects of interorganizational and interpersonal trust on performance[J]. Organization science,1998,9(2):141 – 159;CHANG H H,CHUANG S S. Social capital and individual motivations on knowledge sharing:participant involvement as a moderator[J]. Information & management,2010,48(1):9 – 18.

④　HEIDE J B,MINER A S. The shadow of the future:effects of anticipated interaction and frequency of contact on buyer – seller cooperation[J]. Academy of management journal,1992,35(2):265 – 291.

⑤　CHOW W S,CHAN L S . Social network,social trust and shared goals in organizational knowledge sharing[J]. Information & management,2008,45(7):458 – 465.

⑥　CHIU C,HSU M,WANG E T. Understanding knowledge sharing in virtual communities:an integration of social capital and social cognitive theories[J]. Decision support systems,2006(42):1872 – 1888.

### 2. 知识共享效果测量

本章采用 Cummings 和 Teng① 的研究成果,从知识接受者感知视角的三个层面测量,即是否获得了知识,获得的知识对自己有用,对知识共享的满意度,具体见表 7 – 2。

---

①　CUMMINGS J L,TENG B S. Transferring R&D knowledge:the key factors affecting knowledge transfer success[J]. Journal of engineering and technology management,2003(1/2):39 – 68.

表7-2　知识共享效果测量

| 因变量:知识共享效果 | 参考文献 |
|---|---|
| 1. 与对方员工交流,有助于我获得工作、学习的知识、经验或技能<br>2. 与对方员工的交流,有助于我更好地解决工作、学习中的问题<br>3. 与对方员工的交流,有助于我更快、更容易地理解和掌握新知识<br>4. 与对方员工的交流,有助于我以后的职业发展<br>5. 我对与对方员工间交流的过程和频率感到满意 | Cummings 和 Teng |

本章采用李克特量表来度量这些因素,范围界定在完全不同意、不同意、一般、同意、完全同意五类之内,分别对应给1、2、3、4、5分,用以衡量相关变量。

调查问卷见附录D。

(二)数据采集

本章采用问卷调查方式,步骤如下:设计调查问卷,为保证问卷的信度和效度,先做预调研。根据被试者对问卷措辞、形式和问题明确度、易懂性等反馈意见,修改问卷,而后进行正式发放调查问卷。

正式调查共发放问卷120份,回收91份,回收率75.8%;有效问卷75份,有效率为82.4%。问卷筛选依据为,呈现出规律性作答的问卷,或数据不完整,即第二部分有漏答题的问卷被视为无效问卷。

**二、实证验证**

(一)变量描述性统计

本章调查对象分为政府电子政务人员(公务员)和外包服务商员工,其中前者44人,后者31人,统计结果见表7-3。①性别:合作双方中的男性所占比例均高于女性,这在外包服务提供商中更加明显。②年龄:26—35岁占比(69.3%)最大;36岁以上有13人,其中外包服务商仅有1人。这说明合作双方人员整体年轻化,尤其是提供电子政务外包服务企业更是以年轻化为行业特征。③学历:合作双方都以本科为主,占七成。④工龄:公务员中有20人工龄在5年以上,占公务员样本总数45.4%;在外包服务商中,工龄在5年以上的只有1人。这表明公务员与电子政务外包服务从业人员职业属性存在较大差异,前者具有职业的高稳定性,后者流动性大。⑤职位:合作双方以初中级人员为主体。

表 7 - 3　人口统计变量

| 变量 | 项目 | 外包公司 | | 公务员 | |
|---|---|---|---|---|---|
| | | 样本数量(人) | 所占比例 | 样本数量(人) | 所占比例 |
| 性别 | 男 | 22 | 71.0% | 27 | 61.4% |
| | 女 | 9 | 29.0% | 17 | 38.6% |
| 年龄 | 25 岁以下 | 4 | 12.9% | 6 | 13.6% |
| | 26—35 岁 | 26 | 83.9% | 26 | 59.1% |
| | 36—45 岁 | 1 | 3.2% | 10 | 22.8% |
| | 45 岁以上 | 0 | 0.0% | 2 | 4.5% |
| 学历 | 大专 | 2 | 6.4% | 3 | 6.8% |
| | 本科 | 22 | 71.0% | 31 | 70.4% |
| | 硕士研究生及以上 | 7 | 22.6% | 10 | 22.8% |
| 工龄 | 2 年以下 | 20 | 64.5% | 14 | 31.8% |
| | 3—4 年 | 10 | 32.3% | 10 | 22.7% |
| | 5—9 年 | 1 | 3.2% | 10 | 22.7% |
| | 10 年及以上 | 0 | 0.0% | 10 | 22.7% |
| 职位 | 科员或组员 | 17 | 54.8% | 20 | 45.5% |
| | 副科级或小组组长 | 11 | 35.5% | 14 | 31.8% |
| | 正科级或项目经理 | 3 | 9.7% | 6 | 13.6% |
| | 副处级或部门经理 | 0 | 0.0% | 4 | 9.1% |

注:数据采取四舍五入进位,合计有 0.1% 左右的误差。

(二)信度与效度检验

1. 信度检验

目前最常用的衡量内部一致性的信度指标是 Cronbach's α 值。通常 Cronbach's α 系数的值在 0 到 1 之间。如果 α 系数不超过 0.6,一般认为内部一致信度不高;达到 0.7—0.8 时表示量表具有相当的信度;达到 0.8—0.9 时说明量表信度非常好。本章用 SPSS 统计软件进行分析,问卷的整体信度如表 7 - 4 所示。Cronbach's α 达到了 0.925,表明量表中的 29 项有很高的内部一致性,说明整个问卷有很高的可靠性。

表 7 - 4　问卷整体量表的信度检测结果

| 可靠性统计量 | |
| --- | --- |
| Cronbach's α | 项数 |
| 0.925 | 29 |

对调查问卷的各个变量的信度进行分析,结果如表 7 - 5 所示。所有变量的可信度都大于 0.7,说明各个变量的稳定性和可靠性都比较好。

表 7 - 5　各变量信度检验结果

| 变量 | Cronbach's α | 问题 | 项已删除的 Cronbach's α 值 |
| --- | --- | --- | --- |
| 联结强度 | 0.730 | 我花费大量的时间与合作方员工进行交流 | 0.628 |
| | | 我经常与合作方员工进行交流 | 0.609 |
| | | 对于一些合作方员工,我在私人层面上有所了解 | 0.700 |
| | | 我与合作方员工有非常好的关系 | 0.637 |
| | | 我知道合作方员工会帮助我,所以我帮助合作方员工也是应该的 | 0.809 |
| 网络中心性 | 0.801 | 我在合作中传递知识的能力比其他成员强 | 0.754 |
| | | 我在合作中与很多合作方员工进行沟通 | 0.771 |
| | | 我在合作中的地位不容易被取代 | 0.743 |
| | | 在合作中,其他人对我的依赖性很强 | 0.735 |
| 信任 | 0.722 | 我与合作方员工总是公平地协商 | 0.653 |
| | | 我知道合作方员工将要如何行动,其能够按照我预期的方式行动 | 0.666 |
| | | 即使机会出现,我也不会做出利用合作方的行为 | 0.659 |
| | | 我相信合作方员工会考虑到我的利益,即使其有时候会为此付出一些代价 | 0.667 |
| | | 如果合作方员工的表现低于我的预期,我会感到失落 | 0.720 |

续表

| 变量 | Cronbach's α | 问题 | 项已删除的 Cronbach's α 值 |
|---|---|---|---|
| 共同解决问题 | 0.798 | 我与合作方员工能够共同负责,完成任务 | 0.746 |
| | | 我会与合作方员工共同探讨商议,克服合作过程中出现的困难 | 0.671 |
| | | 我会与合作方员工互相帮助,解决合作中的问题 | 0.758 |
| 共同目标 | 0.764 | 我与合作方员工对项目中的重要事项看法比较一致 | 0.696 |
| | | 我与合作方员工对项目的总体目标看法比较一致 | 0.693 |
| | | 我与合作方员工对项目的发展前景看法比较一致 | 0.746 |
| | | 我与合作方员工总是不遗余力地追求项目目标的实现 | 0.688 |
| 共同语言 | 0.804 | 我能很好地理解合作方员工所讲的专业术语和行话 | 0.798 |
| | | 我和合作方员工使用可以相互理解的交流方式进行讨论 | 0.624 |
| | | 我和合作方员工使用可以相互理解的叙述方式来发布信息和条款 | 0.766 |
| 知识共享效果 | 0.862 | 通过和合作方员工交流,我获得了有助于工作、学习的知识、经验或技能 | 0.830 |
| | | 与合作方员工的交流有助于我更好地解决工作、学习中的问题 | 0.833 |
| | | 与合作方员工的交流有助于我更快、更容易地理解新知识 | 0.819 |
| | | 与合作方员工的交流有助于我以后的职业发展 | 0.844 |
| | | 我对与合作方员工间交流的过程和频率感到满意 | 0.842 |

**2. 效度检验**

效度是指量表能够准确检测所需测量的事物程度,可以分为内容效度、表面效度和结构效度三种类型①。调查问卷的设计参考了国内外研究中较成熟的量表,并根据本章研究问题做了相应的修改,预调研之后对问卷题项和指标的表述再次修正,可以认为调查问卷中的量表具有较高的内容效度和表面效度。对于结构效度,一般采用因子分析进行检验。具体步骤:第一,检测数据是否适合做因子分析,一般采用 KMO 检验作为判断依据。第二,提取公共因子。首先,通过主成分分析法来完成,公共因子的累计方差

---

① 刘朝杰.问卷的信度与效度评价[J].中国慢性病预防与控制,1997(4):174-177.

贡献率应至少要达到 60%；其次，每个测量题目都应在相应的公共因子上具有较高的负荷值(0.5)。第三，进行因子旋转。在这一步中，坐标变换使得因子更容易被解释，一般采用正交旋转的方差最大法。

本章先对问卷总体量表做 KMO 和 Bartlett 球形检验，结果见表 7 - 6。KMO 为 0.792，大于 0.7，表明样本适合做因子分析。同时 Bartlett 球形检验的 sig. 取值为 0.000，检验显著，也表明样本适合做因子分析。

**表 7 - 6　问卷总体量表的 KMO 和 Bartlett 球形度检验结果**

| KMO 和 Bartlett 的检验 | | |
|---|---|---|
| 取样足够度的 Kaiser-Meyer-Olkin 度量 | | 0.792 |
| Bartlett 的球形检验 | 近似卡方 | 1239.799 |
| | df | 378 |
| | sig. | 0.000 |

各变量量表做 KMO 和 Bartlett 球形检验，见表 7 - 7。各变量 KMO 均大于 0.6，表明可以做因子分析。同时 Bartlett 球形检验的 sig. 取值均为 0.000，检验显著，也表明适合做因子分析。累计解释方差均大于 60%，表明问卷具有较高的结构效度。

**表 7 - 7　各变量的 KMO 和 Bartlett 球形检验结果**

| 变量 | KMO 和 Bartlett 的检验 | | |
|---|---|---|---|
| 联结强度 | 取样足够度的 Kaiser-Meyer-Olkin 度量 | | 0.670 |
| | Bartlett 的球形度检验 | Sig. | 0.000 |
| | 累计解释方差 | | 64.525% |
| 网络中心性 | 取样足够度的 Kaiser-Meyer-Olkin 度量 | | 0.698 |
| | Bartlett 的球形度检验 | sig. | 0.000 |
| | 累计解释方差 | | 62.756% |
| 信任 | 取样足够度的 Kaiser-Meyer-Olkin 度量 | | 0.763 |
| | Bartlett 的球形度检验 | sig. | 0.000 |
| | 累计解释方差 | | 60.346% |
| 共同解决问题 | 取样足够度的 Kaiser-Meyer-Olkin 度量 | | 0.698 |
| | Bartlett 的球形度检验 | sig. | 0.000 |
| | 累计解释方差 | | 71.474% |

续表

| 变量 | KMO 和 Bartlett 的检验 | | |
|---|---|---|---|
| 共同目标 | 取样足够度的 Kaiser-Meyer-Olkin 度量 | | 0.777 |
| | Bartlett 的球形度检验 | sig. | 0.000 |
| | 累计解释方差 | | 60.346% |
| 共同语言 | 取样足够度的 Kaiser-Meyer-Olkin 度量 | | 0.658 |
| | Bartlett 的球形度检验 | sig. | 0.000 |
| | 累计解释方差 | | 72.163% |
| 知识共享效果 | 取样足够度的 Kaiser-Meyer-Olkin 度量 | | 0.831 |
| | Bartlett 的球形度检验 | sig. | 0.000 |
| | 累计解释方差 | | 65.244% |

(三)相关分析

1.变量相关分析

相关分析用于描述变量之间相互关系程度的强弱,指明变量之间在发生变化时的方向和大小,统计上通常使用相关系数度量变量间的相关强度,相关系数的数值介于 $-1$ 和 $+1$ 之间,若系数为正,则正相关,若为负,则负相关。本章的变量为定距变量,因此使用 Pearson 相关系数进行测量,分析结果如表 7 – 8 所示。

表 7 – 8　电子政务外包知识共享影响因素相关性分析

| 影响因素 | | 知识共享效果 |
|---|---|---|
| 联结强度 | Pearson 相关性 | 0.449** |
| | 显著性(双侧) | 0.000 |
| 网络中心性 | Pearson 相关性 | 0.549** |
| | 显著性(双侧) | 0.000 |
| 信任 | Pearson 相关性 | 0.550** |
| | 显著性(双侧) | 0.000 |
| 共同解决问题 | Pearson 相关性 | 0.610** |
| | 显著性(双侧) | 0.000 |
| 共同目标 | Pearson 相关性 | 0.471** |
| | 显著性(双侧) | 0.000 |

续表

| 影响因素 | | 知识共享效果 |
|---|---|---|
| 共同语言 | Pearson 相关性 | 0.718 ** |
| | 显著性(双侧) | 0.000 |

注:** 表示在 0.01 水平下显著(双尾)。

本章提出的六个变量都与知识共享效果在 0.01 水平下存在显著的正相关。基于 Pearson 分析,可以对本章所提出的假设做出初步的判断检验(见表 7 – 9)。

表 7 – 9　相关分析后的研究假设验证

| 假设编号 | 假设描述 | 验证结果 |
|---|---|---|
| 1 | 在电子政务外包的知识共享中,联结强度对政府信息化部门工作人员与外包服务提供商员工之间的知识共享效果有正向影响 | 是 |
| 2 | 在电子政务外包的知识共享中,网络中心性对政府信息化部门工作人员与外包服务提供商员工之间的知识共享效果有正向影响 | 是 |
| 3 | 在电子政务外包的知识共享中,信任对政府信息化部门工作人员与外包服务提供商员工之间的知识共享效果有正向影响 | 是 |
| 4 | 在电子政务外包的知识共享中,共同解决问题对政府信息化部门工作人员与外包服务提供商员工之间的知识共享效果有正向影响 | 是 |
| 5 | 在电子政务外包的知识共享中,共同目标对政府信息化部门工作人员与外包服务提供商员工之间的知识共享效果有正向影响 | 是 |
| 6 | 在电子政务外包的知识共享中,共同语言对政府信息化部门工作人员与外包服务提供商员工之间的知识共享效果有正向影响 | 是 |

2. 控制变量的单因素方差分析

在做相关分析之前,为了检验背景资料之间的知识共享效果是否存在显著差异,因性别是两组独立样本,故而本章采用独立样本 T 检验;对于年龄、教育程度、职务类别和工龄,有多个分组,因此采用单因素方差分析进行检验。结果分析表明,各个背景资料对知识共享效果并无影响。

(四)回归分析

使用 SPSS 统计软件对回收数据进行回归分析,其中因变量为知识共享效果,自变量为联结强度、网络中心性、信任、共同解决问题、共同目标、共同语言,结果如表 7 - 10 所示,调整后的 $R^2$ 系数为 0.61,表明知识共享效果变化的原因有 61% 被模型中的六个变量所解释。

表 7 - 10 回归分析模型汇总

| 模型汇总 | | | | |
|---|---|---|---|---|
| 模型 | R | $R^2$ | 调整 $R^2$ | 标准估计的误差 |
| 1 | 0.801 | 0.642 | 0.610 | 0.33580 |

注:a. 预测变量:联结强度,网络中心性,信任,共同解决问题,共同目标,共同语言;
　　b. 因变量:知识共享效果。

对回归模型的整体显著性检验如表 7 - 11 所示,p 值低于 0.01,表明 F 检验在 1% 的水平下显著,表示回归模型整体解释变异量达到显著水平。

表 7 - 11 回归模型的整体显著性检验结果

| Anova[a] | | | | | |
|---|---|---|---|---|---|
| 模型 | | 平方和 | df | 均方 | F | sig. |
| | 回归 | 13.748 | 6 | 2.291 | 20.319 | 0.000[b] |
| 1 | 残差 | 7.668 | 68 | 0.113 | | |
| | 总计 | 21.415 | 74 | | | |

注:a. 预测变量:联结强度,网络中心性,信任,共同解决问题,共同目标,共同语言;
　　b. 因变量:知识共享效果。

回归分析的回归系数以及回归系数的显著性检验表如表 7 - 12 所示:标准化回归系数 β 值越大,表示该预测变量对因变量"知识共享"的影响就越大,其对因变量变异量的解释能力就越强。但联结强度、共同目标的标准回归系数的显著性检验没有通过,信任、共同解决问题和共同语言的回归系数在 1% 的水平下显著,网络中心性的回归系数在 0.05 的水平下显著。

因此,可以得出基于社会网络嵌入性的电子政务外包中知识共享影响因素的标准化回归方程模型:

$$知识共享效果 = 0.395 \times 共同语言 + 0.322 \times 共同解决问题 + 0.289 \times 信任$$
$$+ 0.242 \times 网络中心性$$

标准化回归系数 β 已去除常数项的影响,因此可以用于预测变量之间解释力的比较,从标准化回归方程可以看出,共同语言对知识共享的效果的影响最大,其次是共同解决问题,另外两个显著的变量是信任和网络中心性。虽然联结强度、共同目标没有通过回归系数显著性检验,但可以看出六个自变量的回归系数值均为正值,表明对因变量的影响都属于正向的。

表 7 – 12　回归分析回归系数表

| 模型 | 非标准化系数 | | 标准系数 | T | sig. |
|---|---|---|---|---|---|
| | β | 标准误差 | 试用版 | | |
| (常量) | 0.461 | 0.378 | — | 1.219 | 0.227 |
| 联结强度 | 0.011 | 0.084 | 0.013 | 1.136 | 0.092 |
| 网络中心性 | 0.200 | 0.082 | 0.242 | 2.446 | 0.017 |
| 信任 | 0.278 | 0.090 | 0.289 | 2.758 | 0.006 |
| 共同解决问题 | 0.318 | 0.094 | 0.322 | 3.370 | 0.001 |
| 共同目标 | 0.113 | 0.100 | 0.112 | 1.135 | 0.260 |
| 共同语言 | 0.351 | 0.098 | 0.395 | 3.578 | 0.001 |

本章发现,联结强度和共同目标都通过了相关性检验,与知识共享效果关系紧密,虽然没有通过多元线性回归的分析,回归系数也没有通过显著性检验,但回归系数是正向的,这说明假设部分成立。因此检验结果如表 7 – 13 所示。

表 7 – 13　相关和回归分析后的研究假设验证情况

| 假设编号 | 假设描述 | 是否成立 |
|---|---|---|
| 1 | 在电子政务外包的知识共享中,联结强度对政府信息化部门工作人员与外包服务提供商员工之间的知识共享效果有正向影响 | 部分成立 |
| 2 | 在电子政务外包的知识共享中,网络中心性对政府信息化部门工作人员与外包服务提供商员工之间的知识共享效果有正向影响 | 是 |
| 3 | 在电子政务外包的知识共享中,信任对政府信息化部门工作人员与外包服务提供商员工之间的知识共享效果有正向影响 | 是 |
| 4 | 在电子政务外包的知识共享中,共同解决问题对政府信息化部门工作人员与外包服务提供商员工之间的知识共享效果有正向影响 | 是 |

续表

| 假设<br>编号 | 假设描述 | 是否<br>成立 |
|---|---|---|
| 5 | 在电子政务外包的知识共享中,共同目标对政府信息化部门工作人员与外包服务提供商员工之间的知识共享效果有正向影响 | 部分<br>成立 |
| 6 | 在电子政务外包的知识共享中,共同语言对政府信息化部门工作人员与外包服务提供商员工之间的知识共享效果有正向影响 | 是 |

通过回归分析,得出了网络中心性、信任、共同解决问题、共同语言对知识共享效果有显著的正影响,联结强度、共同目标两个变量对知识共享效果也有正向影响,但不够显著。修正后的假设模型如图 7 - 2 所示。

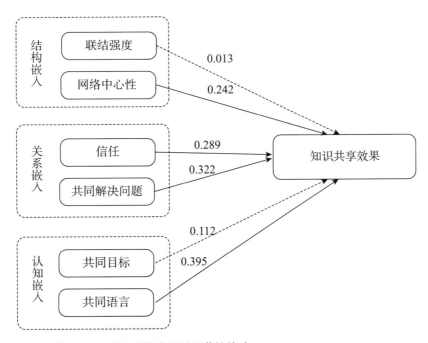

注:-----▶ 回归系数未通过显著性检验。
　　——▶ 回归系数通过显著性检验。箭头上数字为回归系数。

图 7 - 2　修正后的研究假设

### 三、结果讨论

#### (一)相关分析

相关分析结果表明,六个变量都与知识共享效果显著相关,其中共同语言的 Pearson

相关系数达到了 0.718,共同解决问题相关系数达到了 0.61,相关系数较高,而联结强度、共同目标的相关系数较低。原因可能是在电子政务系统建设过程中,双方员工能够清晰表达自己的想法,彼此交流较为通畅,并且在出现问题时能够及时沟通,共同解决。此外,双方人员只是工作上的合作伙伴,只进行工作方面问题的讨论,在私人方面没有太多的交流,这导致双方的关系并不非常紧密。对于共同目标,虽然双方都想建设一个更好的电子政务系统,但可能并不存在强烈的意愿和动力来不遗余力地追求电子政务建设的目标。

(二)回归分析

回归分析的结果与相关分析的结果相一致,回归分析的结果表明,网络中心性、信任、共同解决问题、共同语言对知识共享效果有显著的正影响,联结强度、共同目标两个变量对知识共享效果也有正向影响,但不够显著,回归方程为:

$$知识共享效果 = 0.395 \times 共同语言 + 0.322 \times 共同解决问题 + 0.289 \times 信任$$
$$+ 0.242 \times 网络中心性$$

由此可以看出,共同语言和共同解决问题的回归系数和相关系数都是较大的,这表明知识共享效果与这两个因素相关性最强。在电子政务建设中,双方需要进行良好的沟通,使外包商知道政府需要什么样的电子政务系统,使电子政务人员明白电子政务系统都能够为自己做什么。电子政务系统的建设比较复杂,需要双方共同解决出现的问题,只有在共同解决问题的过程中,才能形成对彼此的真正理解,掌握一些只有通过实践才能掌握的技巧、知识。共同语言和共同解决问题是与电子政务建设中的沟通环节最直接相关的内容,因此回归系数最高是十分正常的。信任是沟通的必备条件,通过信任,能够更好地促进双方彼此理解和共同解决问题,信任能够通过共同语言和共同解决问题促进双方的知识共享。网络中心性也对知识共享效果有显著影响,双方的合作中,需要处于核心位置的人员进行联络,网络中心性高的工作人员一方面自己能够加强与对方员工的沟通,另一方面也能够影响身边的人员加强交流。

# 第五节　研究结论与启示

## 一、研究结论

结论1:结构嵌入维度的网络中心性和联结强度对知识共享效果均有正向影响。其中,网络中心性具有显著的正向影响。可以认为,在电子政务外包合作中,处于网络中心性地位的人与对方员工所建立的联系越多,用来交流的时间越长,就能够获得和输出越多的知识,进而使其获得更好的知识共享效果。联结强度具有正向影响,但效果并不显著。原因可能是,双方只是进行工作上的交流,只谈论工作上的事情,彼此之间只是合作关系,没有个人层面的交流,但交流的知识与电子政务极为相关,因此,虽然关系一般,但也能够获得工作中较有用的知识。另一个原因是问卷存在一定的误差,知识共享效果部分的问卷结果要比实际中的知识共享效果好一些,进而造成两者间的不太相关。

结论2:关系嵌入维度的信任和共同解决问题均对知识分享效果具有显著的正向影响。这一结论显示,信任能够促进共享意愿。电子政务外包中,只有相互信任,表达自己的真实想法,才能降低合作中出现的风险,促进更好的交流,也会增加交流的频率,促进知识共享机会的产生。在电子政务外包的建设中,双方员工通过共同努力,解决合作中出现的问题,能够促进隐性知识的传递。隐性知识最好通过体验、示范等方式进行传递,共同解决问题很好地提供了这个机会,并能够得到及时的反馈,因此学习的效果会更好。此外,共同解决出现的问题,能够促进彼此间的相互信任和亲密程度,促进彼此更深层次的了解从而更愿意进行交流,获取更多的知识。

结论3:认知嵌入维度的共同语言和共同目标对知识共享具有正向影响,共同语言的影响效果显著,但共同目标的影响效果不显著。这一研究发现,共同语言说明双方能够用彼此可以理解的方式进行沟通,双方员工能够清晰表达自己的想法,彼此交流较为顺畅,也能够提升共同解决问题的效果,从而进一步促进隐性知识的传递。对于共同目标,虽然双方都想建设一个更好的电子政务系统,但这只是工作的目标,可能并不存在强烈的意愿和动力来不遗余力地追求电子政务建设的目标。

## 二、实践启示

第一,积极发挥处于网络中心人员的榜样作用,加强电子政务部门领导与外包服务商项目经理之间的沟通,领导要起到带头的作用,积极同合作方员工进行交流,同时鼓励自己的员工积极地同对方人员交流,建立乐于交流的合作氛围,为员工创造一个能够表达自己想法的平台,使员工意识到自己在团队中是不可或缺的,从而促进知识的有效共享。

第二,促进信任,增加双方员工间非正式的互动,可以开展多种形式的非正式交流,搭建对话平台,推动信任关系的建立,强调人与人之间的关爱和平等。

第三,在实际操作中,加强联系,加强双方间的培训课程,共同解决合作中出现的问题,使彼此了解对方的工作内容和相关的基础专业知识,促进隐性知识的传递,促进对彼此领域的了解,从而在电子政务建设中更好地交流。

第四,使双方的共同目标成为电子政务建设中的推动力。在满足双方成员基本利益的前提下寻求他们的共同目标,使成员在共同的目标下齐心协力实现合作的优化,进而对知识共享产生积极影响。

第五,寻求或培养政府部门与外包商间共有的知识背景,以使双方能够用彼此可以理解的方式进行沟通,清晰表达自己的想法,以此使彼此交流较为通畅,进而促进电子政务更好、更快地建设。

## 三、研究局限与展望

本章调研对象为电子政务人员及外包服务提供商员工,限于个人能力,仅回收了75份有效问卷,样本量较小,调研范围有限。为了能够得到更科学、更严谨的研究结果,后续研究可以扩大样本数量、调研范围,同时考虑对不同层次和地区的电子政务中心进行调研,亦可以开展电子政务供需双方的比较研究。

# 本章小结

本章旨在探究电子政务外包中,政府信息化主管部门与外包服务提供商之间的知识共享与转移的效果及其影响因素。从社会网络的核心主题"嵌入性"入手,确立了3

个维度 6 个影响因素,即关系嵌入(信任、共同解决问题)、结构嵌入(关系强度、网络中心性)、认知嵌入(共同目标、共同愿景),构建研究模型并提出研究假设。据此,设计调查问卷,以天津、沈阳、大连三地政府信息办及相关部门的公务员、电子政中心服务外包商的员工为调查对象,分离出统计上显著影响供需双方知识共享行为与效果的主要因素,从而聚焦到电子政务外包活动中,探究社会网络嵌入性与内外利益相关者知识共享行为之间的关系。研究发现,在电子政务外包中,联结强度、共同目标对知识共享有正向影响,但影响效果并不显著;网络中心性、信任、共同解决问题、共同语言对知识共享效果有显著的正向影响。据此,本章有针对性地提出对策与建议,以期增强发包方与接包方间的知识共享效果,从而提高电子政务的质量。

# 第八章　生物医药外包中的知识流程外包绩效：
## 基于知识转移视角<sup>*</sup>

## 第一节　知识流程外包与知识转移的关系

### 一、知识流程外包与知识转移的定义

KPO 的定义见本书第一章,此部分重点讨论什么是知识转移。"知识转移"这一概念由美国技术和创新管理学家 Teece 于 1977 年首次提出。Teece 指出,技术的国际转移,可以使大量的跨国界应用知识得以积累①,此后"知识转移"这一概念逐渐引起各国学者的高度关注,学者不断丰富该概念,提出了不同定义。其中,具有代表性的定义如表 8 - 1 所示:

**表 8 - 1　知识转移定义**

| 学者 | 定义 |
| --- | --- |
| Gilbert 和 Cordey-Hayes (1996)① | 是组织不断学习过程中的一部分 |
| Szulanski(1996)② | 使用"知识源(source)和接收方(recipient)"的沟通模式,将 Shanon 的信息论(communication theory)引入知识转移过程中。指"知识源与知识接收者之间组织知识的交换过程" |

---

\* 知识转移与知识共享两个概念基本重合,侧重点略有差异:知识共享强调分享双方的共有性,知识转移突出知识的传递与吸收再利用。知识转移是知识共享的过程。鉴于在组织间知识管理(跨国公司、国际贸易等)研究中学者们使用"知识转移"这一术语多于"知识共享",因此本章使用"知识转移"这一概念。因为在具体情境中存在使用习惯,依据惯例,本章中使用"知识转移"。

① TEECE D J. Technology transfer by multinational firms:the resource cost of transferring technological knowledge[J]. The economic journal,1977(87):242 - 261.

续表

| 学者 | 定义 |
|---|---|
| Davenport 和 Prusak (1998)③ | 指知识源转移到组织其他人和部门的过程 |
| Darr 和 Kurtzberg (2000)④ | 当知识贡献者所分享的知识被知识接收者所使用的时候,知识转移才发生 |
| Holtham 和 Courtney(2001)⑤ | 是一个沟通的过程,即在知识转移时,必须有重建的行为,并且要具备应有的知识,才能完成转移 |
| Garavelli 等 (2002)⑥ | 是一个认知过程,由编码化和通译两部分组成 |
| KO 等(2005)⑦ | 是知识在知识源与知识接收方之间的沟通,使知识能够被接收方所学习和应用 |
| 王开明和万君康(2000)⑧ | 包括发送和接受两个基本过程,分别由知识发送者和接受者完成,并通过中介媒体连接起来 |
| 左美云(2004)⑨ | 指知识从知识势能高的主体转移到知识势能低的主体的过程,在此过程中伴随着知识的使用价值让渡,一般会带来相应的回报 |
| 肖洪钧和刘绍昱(2005)⑩ | 指知识以不同方式在不同个体或组织间的转移或传播,在此过程中涉及知识、知识转移主体(发送者和接受者)及相关情景、转移的方式 |
| 卢兵等 (2006)⑪ | 指知识从一个主体转移到另一个主体的过程,这一统一的过程由知识的传输和知识的吸收两个过程共同组成 |
| 谭大鹏等(2005)⑫ | 从社会效益角度对知识转移进行定义,认为其是在受控环境中实现知识从知识拥有者向接收者的传递过程。在此过程中可以缩小两者间的知识差距,从而促进个体或组织间的共同发展 |

资料来源:① GILBERT M,CORDEY-HAYES M. Understanding the process of knowledge transfer to achieve successful technological innovation[J]. Technovation,1996(6):301 – 312.

② SZULANSKI G. Exploring internal stickiness:Impediments to the transfer of best practice within the firm [J]. Strategic management journal,1996(S2):27 – 43.

③ DAVENPORT T H,PRUSAK L. Working knowledge:how organizations manage what they know? [M]. Boston: Harvard Business School Press,1998:17 – 18.

④ DARR E D,KURTZBERG T R. An investigation of partner similarity dimensions on knowledge transfer[J]. Organizational behavior and human decision processes,2000(1):28 – 44.

⑤ HOLTHAM C,COURTNEY N. Developing managerial learning styles in the context of the strategic application of information and communications technologies[J]. International journal of training & development,2001(1):23 – 33.

⑥ GARAVELLI A C,GORGOGLIONE M,SCOZZI B. Managing knowledge transfer by knowledge technologies[J].

Technovation,2002(5):269 - 279.

　　⑦　KO D G,KIRSCH L J,KING W R. Antecedents of knowledge transfer from consultants to clients in enterprise system implementations[J]. MIS quarterly,2005(1):59 - 85.

　　⑧　王开明,万君康.论知识的转移与扩散[J].外国经济与管理,2000(10):2 - 7.

　　⑨　左美云.企业信息化主体间的六类知识转移[J].计算机系统应用,2004(8):72 - 74.

　　⑩　肖洪钧,刘绍昱.基于动态能力理论的知识转移影响因素研究[J].现代管理科学,2006(3):9 - 10,19.

　　⑪　卢兵,岳亮,廖貅武.联盟中知识转移效果的研究[J].科学学与科学技术管理,2006(8):84 - 88.

　　⑫　谭大鹏,霍国庆,王能元,等.知识转移及其相关概念辨析[J].图书情报工作,2005(2):7 - 10,143.

　　总结以上定义,虽然各位学者研究角度不同,但都强调了知识转移是知识从知识发送者到知识接收者之间流动转移的过程,不仅是简单的知识传递过程,更重要的是知识的吸收再利用过程。这一过程涉及知识本身、知识的发送者、知识的接收者、知识转移情境四个要素,知识转移活动发生在特定的情境之下,要依靠一定的传播渠道进行。

　　本章在 KPO 模式下研究知识转移,将其定义为知识在发包方和接包方之间依附不同载体、采取不同方式的流动转移,接包方根据发包方的需求生产、创造出知识,并通过一定的方式实现双方的知识共享及知识的创新和增值。

### 二、知识流程外包中的知识转移特征

　　KPO 已从基于流程的外包上升到基于智力的外包,由关注成本转向关注企业的战略利益。KPO 是一种面向知识流程的知识密集型服务模式,发包方将组织内知识创新研发等智力决策的、复杂的、高度变化的知识型业务转移给专业服务提供商。而这一复杂过程的核心则是知识转移。本章通过对 KPO 和知识转移概念的综合分析发现,由于 KPO 所涉及的知识转移内容和流程比较复杂,所转移的知识大部分为隐性知识,并不能简单地通过双方之间的一次知识转移就可以完成,双方之间需要进行反复的沟通,不断弥补各自的知识缺口,发包方才能更准确地描述自己的需求,接包方才能更准确地理解客户需求并利用自身的专业知识提供专业服务,从而保障 KPO 项目的顺利进行。在 KPO 这一特定情境中,知识转移具有以下特征:

　　(一)KPO 中的知识转移具有知识密集性

　　KPO 发包方具有较强的"智力套利"目标,除了降低劳动力成本,还想达到利用接包方员工经验和智慧的目的。发包方倾向于借助外部进行知识整合,实现自身知识的补充和进一步的创新,更加注重双方在专业知识上的互补性。KPO 知识流程复杂,涉及分析、模式识别、判断等一系列智力活动,对于项目人员有较高的专业技术要求,与一般的

服务外包相比,知识密集程度较高。

（二）KPO 中的知识转移具有控制复杂性

KPO 中的控制复杂性主要体现在三个方面:一是知识控制复杂,KPO 中知识转移所涉及的知识,隐性程度较高,难以编码和表达,转移比较困难,对发包方和接包方的沟通和理解能力都提出了很高要求。二是外包管理较为复杂,由于 KPO 涉及多项职能活动,有效地组织和协调各个环节就变得极为复杂。三是风险控制复杂,由于 KPO 流程具有较高的知识密集度,涉及知识产权的创造,并且目前还没有专门的法律法规对 KPO 项目的知识产权有明确的阐述,知识产权被接包方滥用的风险很大,给发包方带来较大的运营风险。

（三）KPO 中的知识转移具有转移双向性

对于 KPO 这种知识密集型、附加值高的外包活动而言,核心过程就是知识转移,可以说知识转移贯穿于 KPO 的整个业务流程。在此过程中,知识在发包方和接包方间双向流动,双方不断交流和反馈才能确保 KPO 项目的顺利进行。

（四）KPO 中的知识转移具有人才依赖性

KPO 流程需要专业技能,对接包方员工有较高的要求,一般要求员工具有本科及以上学历,他们不仅应掌握外语、计算机等通用技能,而且还应具备专门领域的专业知识,有较高的专业资质。不仅如此,接包方与发包方之间还需要不断沟通需求、反馈信息,因此,员工应具备较高的情商[1],对隐性知识有一定的理解能力,这样才能增强个性化服务的能力。

### 三、知识流程外包中的知识转移过程

卢新元[2]指出,从 KPO 知识转移考虑,知识转移过程分为五个阶段:知识需要、知识探索、知识发送、知识获取及知识创新。

（一）知识需要

知识转移活动一般都开始于知识需要,虚拟团队的第一请求就是知识需要表达,KPO 虚拟团队成员必须建立有效的知识转化平台和特征描述平台,将知识需求、知识交

---

① 周俊,袁建新.国外知识流程外包研究述评[J].外国经济与管理,2010(11):10 - 17.

② 卢新元.IT 外包服务中的知识转移风险研究[M].北京:科学出版社,2013.

流、知识沟通转变为知识解码语言,明确表达其知识需要。

（二）知识探索

KPO 虚拟团队的知识探索依赖于其建立的知识共享、转化平台。该平台由若干知识库组成,并分门别类地存储着不同时间、不同空间、不同项目的各类知识,具有知识探索、信息转变、智能服务等能力。知识探索活动是指虚拟团队成员在知识交流、知识积累的前提下,通过自身知识需求,探索到自身需要的知识。

（三）知识发送

在知识探索得到反馈后,KPO 虚拟团队的知识转移流程进入关键时期——知识发送阶段。虚拟团队成员利用计算机网络技术,以知识交流平台为媒介,双方进行沟通和交流,完成知识的发送。而知识发送的有效性对项目成功运作起到决定性作用。

（四）知识获取

知识创新的前提是知识获取,KPO 虚拟团队不仅接收发包方发送的知识,而且结合自身条件和能力对隐性知识和显性知识进行转化,并通过知识交流平台识别、获取新知识。KPO 虚拟团队成员的知识吸收及转化能力,决定了整个知识转移流程中的知识共享程度。

（五）知识创新

KPO 虚拟团队的最终目标就是寻求创新性的项目解决方案,因此,知识创新是整个KPO 项目的核心,也是知识转移的最终目的。KPO 团队成员在将接收到的知识转化为自身知识的同时,或者把隐性知识转化为显性知识时,一般会伴随知识的创新。KPO 知识转移流程的最终效果主要取决于知识创新的有效度。

# 第二节　知识流程外包绩效与知识转移的研究回顾

## 一、外包与知识流程外包绩效测量研究

学术界对绩效的研究由来已久,经济学、社会学、组织行为学等领域都对绩效展开过研究。如今,绩效研究已成为管理学学术分支中一个重要的研究主题。在学术和管理实践中,绩效评价指的是特定时期内,对企业经营的各个方面总体水平开展的综合评

述。目前,学界已有研究也关注外包的绩效测量。从发包方角度来看,外包绩效主要反映在服务外包是否成功,而从接包方角度来看,外包绩效主要反映在如何高质量地(如按质、按时)完成服务外包项目。国内外专家对外包绩效给出了不同的评价指标。

1. 项目完成度

Grover 等①主张可以从企业是否获得经济利益、技术利益、战略利益三个方面来评价服务外包绩效,并指出接包方是否提供良好的服务是评价外包活动是否成功的重要标准。Lee 和 Kim② 认为对外包绩效的评价最主要的是考察外包项目的结果是否达到了客户的要求。Kim 等③提出应该从"满意程度"和"感觉受益"两个层面对外包绩效进行评价。

2. 经济表现

有学者以企业经济表现来评估绩效,主要包括财务绩效和非财务绩效。Krishna 等④将财务绩效归为规模和效率两个大类,其中规模主要是指企业的产出,所包含的指标有产量(output)、销售额(sales)和利润(profit);效率包括产出收益率、销售额收益率和利润收益率三个指标。Gilley 和 Rasheed⑤ 指出,非财务绩效主要包括企业的竞争力、产品质量、企业创新水平等。

3. 客户满意度

徐绮忆⑥对"外包绩效"做出如下定义:针对特定的外包项目,企业在策略、经济、科技及行政四个方面所获得的利益。同时,作为衡量外包绩效的重要指标之一,客户满意

————————————

①　GROVER V, CHEON M J, TENG J T C. The effect of service quality and partnership on the outsourcing of information systems functions[J]. Journal of management information systems,1996(4):89 – 116.

②　LEE J N,KIM Y G. Effect of partnership quality on IS outsourcing success:conceptual framework and empirical validation[J]. Journal of management information systems,1999(4):29 – 61.

③　KIM D R,CHEN M J,AIKEN M. Toward an understanding of the relationship between is outsourcing vendors service quality and outsourcing effects [ J ]. International journal of information technology and management,2005(1):12 – 24.

④　KRISHNA S,SAHAY S,WALSHAM G. Managing cross-cultural issues in global software outsourcing [J]. Communications of the ACM,2004(4):62 – 66.

⑤　GILLEY K M,RASHEED A. Making more by doing less:an analysis of outsourcing and its effects on firm performance[J]. Journal of management,2000(4):763 – 790.

⑥　徐绮忆.信息系统委外程度与绩效之影响因素:一个二阶层的实证性研究[D].桃园:"中央大学",1999.

度取决于顾客所预期产品利益的实现程度。

4. 技术绩效

技术绩效(或能力)是衡量服务外包项目成功以及评价项目创新度的一个重要标准,很多学者在研究外包绩效测量的时候,都会考虑技术因素。Willcocks 等[1]结合服务外包企业的自身特点,将服务外包项目绩效分为机会绩效、财务绩效和技术绩效三个方面。周永庆等[2]对复杂产品系统创新成功的绩效测度进行了改进,将绩效分为财务绩效、机会窗口和技术能力三个维度。

由于已有研究关注的是服务外包绩效,尚未细化到 KPO 领域,因此本章尝试结合 KPO 的特征,从外包绩效测量指标中提炼 KPO 绩效指标。考虑到 KPO 具有知识含量高、高附加值、高收益、创新性强的特点,本章主要从产出的角度来进行分析,并将经济表现细化为利润率,将利润率、项目完成度、客户满意度以及知识创新程度作为 KPO 绩效测量的主要指标。

## 二、知识流程外包影响因素研究

目前,虽然没有学者专门关注 KPO 绩效的影响因素,但是已有研究涉及 KPO 的发展动因及限制其发展的相关因素,这对本书研究具有一定的借鉴作用。根据前人的研究,本书发现,除了发包方和接包方的自身能力,双方的关系质量也是 KPO 业务发展的主要影响因素。

(一)相关能力

发包方对 KPO 的管理主要包括发包对象的确定、接包方的选取、项目绩效的监测、对双方关系的动态管理等多个方面。而对于接包方来说,其核心竞争力主要体现在人力资源的数量和质量上。Sen 和 Shiel[3]指出,发包方在选取接包方时,应从接包方的接包能力、学习能力、对内部质量管理的信心、绩效标准的确定、双方的合作时间、关系质量等方面对其

① WILLCOCKS L, HIRSHHEIM R, LACITY M R. Incredible expectations, credible outcomes [J]. Information systems management,1994(4):7-18.

② 周永庆,陈劲,许冠南.中国复杂产品系统创新关键成功影响因素研究[J].研究与发展管理,2006(1):6-12.

③④ SEN F, SHIEL M. From business process outsourcing (BPO) to knowledge process outsourcing (KPO):some issues [EB/OL]. [2015-02-21]. https://www. researchgate. net/publication/290692764_ From_business_process_outsourcing_BPO_to_knowledge_process_outsourcing_KPO_Some_issues.

进行考察。Currie 等[①]对接包方人员进行了实地访谈,研究发现,发包方在选择合作方时,比较关注接包方的技能水平,特别是在专门领域的专长,并且十分看重接包方能够创造的真正价值,而对接包方的经营范围、企业规模、声誉等很少关注。KPMG[②] 在 2008 年的调研报告中指出,接包方的新员工需要花费较长的时间来与客户建立良好的私人关系以及熟悉发包方复杂的运作体系和方法,并强调 KPO 项目的接包方应保持高超的专业能力,要足够重视技能保持战略。由于 KPO 对人才的需求结构特殊,接包方应采取特殊的物质激励和精神激励(如奖金、股票、期权、培训等)措施对不同资历、不同岗位的员工进行激励。

(二)关系质量

无论是对于发包方来说,还是对于接包方来说,KPO 业务虽然具有较高的收益,但同时也伴随着较大的风险。双方要想获取理想的收益,都需要在合作的过程中采取一定的措施来规避风险。发包方在积极向接包方传递知识,帮助自身提高专业技能、促进彼此间良好合作的同时,还需要采取恰当的措施来规避知识泄露的风险;而接包方则要努力提高自身的专业能力、技术能力、沟通能力,积极与客户进行有效沟通,努力获取客户的信任,消除客户的担心和疑虑。Sen 和 Shiel[④]指出,单单凭借合同规范无法保障 KPO 实现既定的目标,KPO 双方之间的关系质量至关重要,双方能否实现高水平的沟通、相互理解、相互信任对于 KPO 项目能否获得成功具有重要意义,同时他们还系统阐述了有助于发包方和接包方间构建信任关系的因素,主要包括:双方间主动密集的沟通、共同的价值观及期望、目标与利益协调、保守秘密、报酬共享和风险共担、行动一致和反馈可预期性、整合系统和流程、组织运作一体化、长期持续合作关系的意愿。

### 三、模型研究

知识转移总体上分为组织内和组织间这两类。知识转移过程是知识从发送方转移到接收方的复杂过程,针对不同的知识转移类型,学者们提出了不同的转移模型,经典

①　CURRIE W L,MICHELL V,ABANISHE O. Knowledge process outsourcing in financial services:the vendor perspective[J]. European management journal,2008(2):94 – 104.

②　KPMG. Knowledge process outsourcing:unlocking top-line growth by outsourcing the "core"[EB/OL]. [2015 – 02 – 21]. http://www.KPMG.com.

的知识转移模型如下:

(一)SECI 知识创造模型

Nonaka 和 Takeuchi 于 1995 年提出了"知识创造模型",其核心在于"知识螺旋"(knowledge spiral)。该模型由认识论、本体论、时间三个构面和一个准构面——有力的组织情景这四个构面共同组成①,共涉及以下四个本体论层次:个人、团队、组织及组织间。该模型认为,显性知识与隐性知识间的不断转化实现了知识创造,而社会化、内部化、外部化、组合这四种模式的交互运作,实现了显性知识和隐性知识间的不断转化和重组,进而实现了知识创造的良性循环(如图 8 −1)。

| | 隐性知识 | 显性知识 |
|---|---|---|
| 隐性知识 | 社会化(Socialization)<br>共鸣的知识<br>(Sympathized knowledge) | 外部化(Externalization)<br>概念性知识<br>(Conceptual knowledge) |
| 显性知识 | 内部化(Internalization)<br>操作性知识<br>(Operational knowledge) | 组合(Combination)<br>系统性知识<br>(System knowledge) |

图 8 −1　SECI 知识创造模型

资料来源:NONAKA I. The knowledge-creating company[J]. Harvard business review,1991(6):96 − 102.

(二)组织内部最佳实践转移模型

Szulanski② 将组织内部知识转移的整个流程分为开始、执行、跃迁、整合四个阶段,其中每一阶段都有标志性的里程碑事件,但是知识转移是一个连续的过程,对于知识转移过程中不同阶段的识别往往很难。说明如图 8 −2 所示:

---

① NONAKA I,TAKEUCHI H. The knowledge-creating company:how Japanese companies create the dynamics of innovation[M]. New York:Oxford University Press,1995.

② SZULANSKI G. The process of knowledge transfer:a diachronic analysis of stickiness [J]. Organizational behavior and human decision processes,2000(1):9 − 27.

图 8-2　组织内部知识转移流程

资料来源:SZULANSKI, G. The process of knowledge transfer: a diachronic analysis of stickiness [J]. Organizational behavior and human decision processes,2000(1):9-27.

开始阶段:开始阶段是知识转移的萌芽时期,往往是个人或者组织发现了自身的知识缺口以及弥补该缺口所需的知识,进而做出知识转移决策。寻求知识转移的机会并且针对是否要进行知识转移做出决策成为该阶段的工作重点。

执行阶段:在执行阶段,知识发送者和知识接收者之间建立知识转移关系,将知识进行转移。该阶段的重点在于,针对知识差距,建立知识提供者与知识接收者间的沟通桥梁,并设法去填补这种差距。

跃迁阶段:到达跃迁阶段,知识接收者开始使用其所获得的知识。该阶段的重点在于:确认并解决预期问题并且使知识接收者能够符合甚至超过先前预期绩效,通过跃迁使得知识接收者能够朝向令人满意的绩效进行发展,知识接收者的能力主要取决于其利用新知识的能力及自身所拥有的知识和技能的存储量。

整合阶段:知识接收者对所吸收的新知识进行运用后,依据运用效果来决定是否保留该新知识以及是否将新知识的运用制度化。若达到满意绩效,并决定将新知识的运用形成惯例,此时就进入整合阶段。知识接收者逐渐将新知识与旧知识进行整合,使新知识常规化、制度化,从而成为组织自身的知识。

(三)知识转移五阶段模型

1996 年,Gilbert 和 Cordey-Hayes 提出了知识转移五阶段模型:当组织认识到自身缺乏某种知识时,"知识落差"(knowledge gap)便会产生,进而产生对知识引进和知识转移的需求[1]。该知识转移模型最早包含知识获取、知识沟通、知识应用和知识接受这四个阶段。在对劳埃德银行的实证研究基础上,作者通过增加"同化"(assimilation)阶段实现对原模型的修正,如图 8-3 所示。

---

[1]　GILBERT M, CORDEY-HAYES M. Understanding the process of knowledge transfer to achieve successful technological innovation[J]. Technovation,1996(6):301-312.

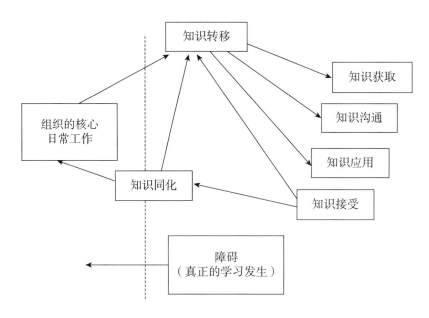

图 8-3 知识转移五阶段模型

资料来源:GILBERT M,CORDEY-HAYES M. Understanding the process of knowledge transfer to achieve successful technological innovation[J]. Technovation,1996(6):301-312.

知识获取(acquisition):在进行知识转移之前,首先要获取知识。组织经由过去经验、市场交易、工作实践等内部创造和外部途径来获取知识源。先验知识会对后续知识的搜寻与获取方式产生影响。

知识沟通(communication):在此阶段,组织要能够察觉出促进或阻碍信息传播的因素,建立有效的沟通机制以保障知识的有效转移。可以通过书面或者口头的方式进行知识沟通,但是必须要拥有可供沟通的渠道和机制。

知识应用(application):应用知识并解决问题是获取知识的主要目的,同时,只有鼓励组织学习的精神,才能将知识真正留在组织内部,达到组织学习的目的。

知识接受(acceptance):不仅在高层主管当中存在知识的流通与接受,更重要的是将知识扩散到组织的中下层员工中,这样才能实现知识的广泛吸收与交流。

知识同化(assimilation):将所学到的新知识转化为组织常规及日常工作,使新知识真正成为组织生活的一部分,使全体组织成员都有所改变。作为知识应用的结果,知识同化是知识转移中最重要的环节。

(四)知识转移要素模型

Cummings 和 Teng 在 2003 年提出知识转移成功模型,认为知识转移受到 9 个关键因素的影响,跨越 4 个情境,即知识情境(knowledge context)、关系情境(retional context)、接受情境(recipient context)、活动情境(activity context)。知识情境是指知识源(source),即知识转移的发出者;接受情境是指知识的接收者,即知识受体;关系情境是指知识源与知识受体之间的距离;活动情境是指知识转移活动,如图 8 - 4 所示。

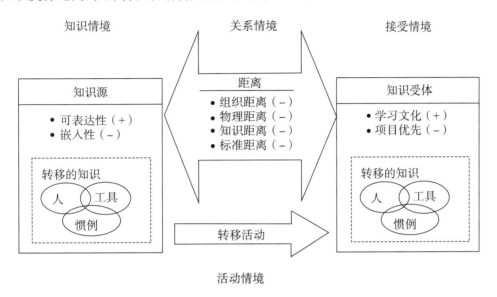

图 8 - 4　知识转移要素模型

资料来源:CUMMINGS J L,TENG B S. Transferring R&D knowledge:the key factors affecting knowledge transfer success[J]. Journal of engineering and technology management,2003(1/2):39 - 68.

上述四个知识转移模型的共同点在于:①知识转移是一个知识从发送方传递到接收方的复杂过程,而知识转移模型主要研究的是知识转移过程所经过的步骤或者阶段。②知识本身、转移主体、转移媒介和转移情景是知识转移过程不可或缺的要素。以上四个知识转移模型从不同的角度揭示了知识转移的过程,Cummings 和 Teng① 提出的知识转移要素模型对本章 KPO 绩效影响因素模型的构建具有一定的借鉴作用。

**四、知识转移影响因素研究**

影响知识转移的因素有很多,对影响因素的划分因研究视角而异。从已有研究来看,知识转移的影响因素主要包括知识特性、转移主体的因素、转移媒介的选择以及转

————————

① 　CUMMINGS J L,TENG B S. Transferring R&D knowledge:the key factors affecting knowledge transfer success[J]. Journal of engineering and technology management,2003(1/2):39 - 68.

移的情境因素四个维度。

(一)知识特性

对知识特性的认识最早起源于对知识的默会性或内隐性的研究,自 Polanyi 于 1962 年提出知识内隐性和默会性之后[1],众多学者提出了知识的多种特性。

Winter[2] 认为,公司是一个知识库,知识嵌入到业务惯例和流程中,其具有内隐性、复杂性、独立性、可观察性。Reed 和 Defillippi[3] 探讨了竞争优势和竞争对手模仿的问题,提出代表企业知识的技能和资源具有的默会性、复杂性和专用性会产生因果模糊性,从而形成模仿的障碍。Zander 和 Kogut[4] 指出,对知识转移过程产生影响的因素包括知识的内隐性、外显性、复杂性、可教导性、可成文性、系统依赖性等因素,其中因为隐性知识不易被转移,内隐性成为阻碍知识转移的重要因素。Nonaka[5] 指出,隐性知识的高度个人化特性导致其难以规范化,不易传递给他人。Szulanski[6] 通过对嵌入惯例、行为、规则、任务、社会网络中的知识转移情况的讨论指出,知识内隐性和可表达性比其他因素更容易影响知识转移的难易程度,隐性知识最难发生转移。此外,他还提出一个知识转移的黏性模型用以分析企业内部阻碍知识转移因素的来源。Berman 和 Heilweg[7] 指出,知识的可表达性与知识转移之间存在相关性。陈菲琼[8]则认为,知识的模糊性(复杂性和特殊性)是影响知识转移的主要因素。吴勇慧[9]认为,双方的知识距离、知识的内隐程度、知识源的保护意识是在组织内个体层面知识转移的重要影响因素。肖小勇和文

① POLANYI M. Personal knowledge:toward a post-critical philosophy[J]. Archives of internal medicine, 1962(1):139 – 142.

② WINTER S. Knowledge and competence as strategic assets[J]. Strategic management of intellectual capital,1987(4):20 – 28.

③ REED R, DEFILLIPPI R J. Casual ambiguity, barriers to imitation, and sustainable competitive advantage[J]. Academy of management review,1990(1):88 – 102.

④ ZANDER U, KOGUT B. Knowledge and the speed of the transfer and imitation of organizational capabilities:an empirical test[J]. Organization science,1995(1):76 – 92.

⑤ NONAKA I. The knowledge-creating company[J]. Harvard business review,1995(2):270 – 277.

⑥ SZULANSKI G. Exploring internal stickiness:impediments to the transfer of best practice within the firm [J]. Strategic management journal,1996(S2):27 – 43.

⑦ BERMAN S,HEILWEG S. Perceived supervisor communication competence and supervisor satisfaction as a function of quality circle participation[J]. The journal of business communication,1989(2):103 – 122.

⑧ 陈菲琼. 我国企业与跨国公司知识联盟的知识转移层次研究[J]. 科研管理,2001(2):66 – 73.

⑨ 吴勇慧. 组织内个体层面知识转移的影响因素研究[D]. 杭州:浙江大学,2004.

亚青①指出，知识的有用性通过影响知识转移的动机进而影响知识转移的效率，而知识的专用性、复杂性和模糊性则通过影响知识运用进而影响知识转移的难易程度。

（二）转移主体的因素

转移主体是指知识传递方和知识接收方，即本章中所指 KPO 的发包方和接包方。转移意愿和转移能力是在转移主体维度内影响知识转移效果的决定性因素（见表 8 - 2）。

表 8 - 2　转移主体因素

| 学者 | 转移主体因素 |
| --- | --- |
| Cohen 和 Levinthal(1990) | 吸收能力 |
| Szulanski(1996) | 吸收能力、沟通能力 |
| Hansen(1999)① | 转移意愿、整合能力 |
| Aladwani(2002) | 吸收能力 |
| 王毅和吴贵生(2001) | 转移意向、保护意识、对知识受体的信任、转移能力 |
| 苏延云(2006) | 主体的认知结构差异、主体的能力、主体间的凝聚程度 |
| 李魏和马莉(2008) | 发送动机、知识源的信赖程度、发送能力、解码能力、吸收能力 |

资料来源：① HANSEN M T. The Search-transfer problem：the role weak ties sharing knowledge across organization subunits[J]. Administrative science quarterly,1999(1):82 - 111.

Szulanski② 研究证实，知识发送者的知识转移动机在转移的实施阶段和应用阶段对最佳实践转移具有显著作用。在进行知识转移时，只有当新知识被保留下来时才能算作有效的知识转移，如果知识接收者缺乏吸收能力，或知识转移双方的关系不和谐，都会影响知识转移效果，进而使得知识转移的难度加大。这一结论与 Cohen 和 Levinthal③ 提出的"吸收能力"概念基本一致，他们认为在缺乏吸收能力时，知识接收者可能很难认识到新知识的价值，从而难以将新知识融入自身的知识库或者加以使用。Aladwani④ 的

---

① 肖小勇,文亚青. 组织间知识转移的主要影响因素[J]. 情报理论与实践,2005(4):355 - 358.

② SZULANSKI G. Exploring internal stickiness：impediments to the transfer of best practice within the firm [J]. Strategic management journal,1996(S2):27 - 43.

③ COHEN W M,LEVINTHAL D A. Absorptive capacity：a new perspective on learning and innovation [J]. Administrative science quarterly,1990(1):128 - 152.

④ ALADWANI A M. An integrated performance model of information systems projects [J]. Journal of management information systems,2002(1):185 - 210.

研究指出,知识接收者的吸收能力与信息系统项目产出呈显著正相关关系,是信息系统项目产出的重要决定因素。王毅和吴贵生[①]提出,影响知识转移的主要因素应从以下两个方面考虑:一是知识拥有者的转移意识、保护意识、对知识受体的信任、转移能力;二是转移知识的接收主体的知识吸收意识、吸收能力、挖掘能力。苏延云[②]指出,影响知识转移的主要因素包括知识转移主体之间认知结构的差异、转移主体的能力以及转移主体间的凝聚程度三个方面。李巍和马莉[③]从知识发送者和知识接收者这两个维度对知识转移能力的影响开展研究,指出知识发送者的发送动机是影响知识转移能力的重要因素;同时,知识源的可信赖程度以及其发送知识的能力也对知识转移能力有重要影响。当知识源的可信赖程度高时,则发送知识的能力与知识转移之间存在正相关关系。此外,对知识接收者特征而言,激励因素、解码能力、吸收能力以及对新知识的运用能力都会对知识转移能力有所影响。

### (三)转移媒介的选择

知识转移媒介是任何一种用于转移知识的途径。Albino 等[④]提出,编码和通道是知识转移媒介的两个特征因素,而转移媒介的特征取决于编码和通道的结合。可以从广度和深度这两个方面来衡量媒介的效度。广度和深度越好,越有利于减少转移的模糊性和不确定性,进而保证知识转移在质和量两个方面都达到较高水平。基于知识转移媒介和知识提供者态度两个维度,Kim[⑤] 提出知识转移机制,考察知识提供者的态度和市场与非市场两大类知识转移媒介。Holtham 和 Courtney[⑥] 指出包括正式的和非正式的两大类知识转移媒介。汪应洛和李勖[⑦]提出,知识转移的语言调制方式和联结学习方式两种转移媒介。

---

① 王毅,吴贵生.产学研合作中粘滞知识的成因与转移机制研究[J].科研管理,2001(6):114 – 121.

② 苏延云.知识转移的障碍及应对策略[J].科技情报开发与经济,2006(5):194 – 195.

③ 李巍,马莉.知识转移影响因素综述[J].管理科学文摘,2008(Z1):280 – 281.

④ ALBINO V, GARAVELLI A C, SCHIUMA G. Knowledge transfer and inter-firm relationships in industrial districts:the role of the leader firm[J]. Technovation,1999(1):53 – 63.

⑤ KIM L. Imitation to innovation:the dynamics of Korea's technological learning [M]. Boston:Harvard Business School Press,1997.

⑥ HOLTHAM C,COURTNEY N. Developing managerial teaming styles in the context of the strategic application of information and communications technologies [ J ]. International journal of training & development,2001(1):23 – 33.

⑦ 汪应洛,李勖.知识的转移特性研究[J].系统工程理论与实践,2002(10):8 – 11.

**（四）转移的情境因素**

转移情境是知识转移的重要影响因素，Albino 等[①]从组织层面来看，将知识转移的组织意境分为组织内意境和组织外意境两大类。其中，文化因素最受学者们的关注。除了文化因素，组织技能、组织结构、外部环境同样也对知识转移有重要影响。Cho 等[②]提出，知识转移双方在企业文化、商业文化和国家文化之间的差异是影响双方知识转移的重要因素。因此，要想在合作中有效地转移知识，就要仔细考虑合作协议中有关文化冲突、协议履行、管理争议的冲突解决机制。知识转移双方的文化背景不同、认知结构不同都会直接影响知识转移的效率。Abou-Zeid[③] 通过对知识转移中文化因素的深入研究，提出了一个组织间文化差异影响知识转移的分析框架。Cummings 和 Teng[④] 通过实证研究发现，知识情境（可表达性、嵌入性）、相关情境（知识距离、标准距离）、接受情境（项目优先、学习文化）、活动情境（转移机制）均对知识转移有所影响。

徐占忧和何明升[⑤]认为，知识转移双方具有自身的文化背景、认知结构、技术领域以及知识存量，其相容程度或者匹配度不同。无论知识接收主体是个人还是组织，其背景会对知识搜寻方向、选择方案、学习强度以及理解效率产生决定性影响。一般说来，知识转移双方的文化背景、认知结构和技术领域越相近，知识转移越顺利。

**五、研究述评**

关于知识转移的研究成果数量较多，相对较成熟，其特点如下：

（1）现有研究虽没有统一的"知识转移"定义，但不同的定义都能反映出知识转移相同的本质，知识转移发生于特定的情境中，转移主体间存在着知识差距，知识由势能高的主体向势能低的主体进行转移，在知识转移的过程中，知识在转移主体间不断实现双

---

①　ALBINO V, GARAVELLI A C, SCHIUMA G. Knowledge transfer and inter-firm relationships in industrial districts：the role of the leader firm［J］. Technovation,1999(1)：53 - 63.

②　CHO D S, KIM D J, RHEE D K. Latecomer strategies：evidence from the semiconductor industry in Japan and Korea ［J］. Organization science,1998 (4)：489 - 505.

③　ABOU - ZEID E S. An ontology-based approach to inter-organizational knowledge transfer ［J］. Journal of global information technology management,2002(3)：32 - 47.

④　CUMMINGS J L,TENG B S. Transferring R&D knowledge：the key factors affecting knowledge transfer success［J］. Journal of engineering and technogoy management,2003(1/2)：39 - 68.

⑤　徐占忧,何明升. 知识转移障碍纾解与集群企业学习能力构成研究［J］. 情报科学,2005(5)：659 - 663.

向反馈，不断缩小知识差距，进而激发、创造出新的知识。

（2）国外对于知识转移理论模型的研究较成熟，研究成果丰富，如 SECI 知识创造模型、Cummings 和 Teng 提出的知识转移要素模型等。国内研究大多会借鉴国外学者已构建的知识转移理论模型，并且知识转移模型的研究为知识转移影响因素等相关研究起到了很好的借鉴作用。

（3）在知识转移的影响因素研究中，知识本身的性质、转移双方的能力、转移媒介的选择和转移的情境因素是学者们普遍关注的焦点。现已有学者关注知识流程外包中的知识转移过程，但没有关注其对外包绩效的影响，鲁晶①研究了 KPO 过程中的知识转移能力，并分析了影响 KPO 过程中知识转移能力的影响因素，通过理论与实证研究从转移主体、转移情境和转移媒介三个方面构建了 KPO 中知识转移能力的评价指标体系。

综上而言，现有研究鲜有关注知识流程外包绩效，也鲜有研究从知识管理的角度探索知识流程外包。目前未见关于知识转移与外包绩效关系的专门研究。因此，本章从知识转移视角研究知识流程外包的影响因素，弥补了之前的研究空白，同时，丰富了知识流程外包的理论体系，并且对于指导实践也有重要意义。

## 第三节　知识流程外包绩效的影响因素模型

### 一、研究假设

虽然目前还未见有专门研究关注 KPO 绩效。但 KPO 是服务外包产业链的高端外包形式，对外包绩效的测量主要有以下四个指标：项目完成度、经济利益、客户满意度、知识创新。本章将经济利益具体化为项目利润率，从利润率、项目完成度、客户满意度以及知识创新四个维度衡量 KPO 绩效。

对于 KPO 项目而言，"人"起到关键性作用，本章参考 KPO 的知识转移模型、Cummings 和 Teng 知识转移要素模型及已有研究成果，并结合 KPO 中的知识转移特点，将知识转移的影响因素主要概括为四个维度：知识特性、转移主体、关系质量和情境因素。其中知识特性因素是知识转移的条件、转移主体因素是知识转移的前提、关系质量

---

① 鲁晶.知识流程外包（KPO）中知识转移能力评价研究［D］.武汉：华中师范大学，2012.

因素是知识转移的基石、情境因素是知识转移的环境。选取每个维度有代表性的指标进行分析,讨论研究假设,构建 KPO 绩效影响因素模型。

（一）知识特性

KPO 项目的知识特性对双方知识转移有效性具有关键性的影响,对于知识特性的研究最早是从 Polanyi 提出知识的内隐性或默会性开始的,继其研究之后,学者们提出了知识的多种特性,主要包括知识的内隐性、专用性、复杂性、模糊性、可表达性、可传递性、不确定性等。这些特征从不同的属性层面分析了知识,但这些特性从本质上存在相似性,如内隐性与外显性是一对意义相反的属性、知识的不确定性基本等同于知识的复杂性,本章将相似的知识特性进行整合,并结合 KPO 中知识转移特点,选取知识的内隐性和知识的专用性两个指标来诠释知识特性变量。

1. 知识内隐性

Reed 和 Defillippi① 认为,隐性知识是指"经过亲身实践学习而来的未经整理的、隐含的技能累积",是技术人员行动的"非知觉"进而产生的"行动与结果间"的模糊性,隐性知识的价值在于"无法将此类技能编码成一套可执行的策略规则"。隐性程度高的知识难于编码和表达,而且往往存在于某一特定的环境背景当中,使接收方不易理解,为知识转移造成一定的困难。同时,也正是隐性知识的难以表达、不易编码,使 KPO 服务的价值明显提升,成为企业核心竞争力的真正源泉。

虽然隐性知识难以转移,但 Starbuck② 对隐性知识的研究发现,隐性知识依然可以转移。Almeida 和 Kogut③ 的实证研究同样支持了这一观点。Zander 和 Kogut④ 指出,隐性知识是阻碍知识转移的重要因素。吴思华⑤指出,隐性程度较高的知识难以通过文字与特殊符号进行传递,其转移需要借助特殊方式和长时间的学习才能够实现。

KPO 项目中所转移的知识主要为隐性知识,而知识的内隐性会影响知识转移有效

①　REED R, DEFILLIPPI R J. Causal ambiguity, barriers to imitation, and sustainable competitive advantage[J]. Academy of management review,1990(1):88 – 102.

②　STARBUCK W H. Learning by knowledge-intensive firms[J]. Journal of management studies,1992(6):713 – 740.

③　ALMEIDA P,KOGUT B. Localization of knowledge and the mobility of engineers in regional networks[J]. Management science,1999(7):905 – 916.

④　ZANDER U, KOGUT B. Knowledge and the speed of the transfer and imitation of organizational capabilities:an empirical test[J]. Organization science,1995(1):76 – 92.

⑤　吴思华. 从经济观点看智财权保护[J]."中央研究院"计算中心通讯,1998(2):13 – 14.

性,进而影响整个 KPO 项目的绩效,基于此,本章提出如下研究假设:

KPO 中所转移知识的内隐性与 KPO 绩效之间存在负相关关系。 （假设1）

### 2. 知识专用性

知识的专用性是其资产方面的特征,KPO 业务提供的是专业服务,在此过程中所涉及的知识大多是和业务相关的专门知识,专用资产是受保护的,并且难以复制,为竞争者制造了较高的模仿壁垒。KPO 业务需要接包方掌握大量的专业技术知识,所转移知识的专用性越强,对项目人员所掌握的专业知识程度要求越高,知识的流动性越低,KPO 过程中知识转移的难度也就越大。可以说,知识的专用性阻碍了知识转移过程中的知识流动,进而影响 KPO 项目的整体绩效。因此,本章提出如下研究假设:

KPO 中所转移知识的专用性与 KPO 绩效之间存在负相关关系。 （假设2）

### (二)转移主体

KPO 中的知识转移主体包括发包方和接包方,互为知识的发送者和接收者。根据已有研究,影响外包绩效的知识转移主体因素总体上分为转移意愿和转移能力两大类,具体包括发送意愿、接收意愿、编码能力、表达能力、学习能力、技术能力、沟通能力等。本章将相关因素进行归并整合,选取转移意愿、技术能力、沟通能力三个主要因素。同时,结合 KPO 的知识转移模型,可以看出 KPO 的核心增长点在于知识创新和增值,项目成员的创新能力对绩效有至关重要的作用,因此,本章在知识转移主体因素这一维度选取转移意愿、沟通能力、专业能力、创新能力这四个因素进行分析。

### 1. 转移意愿

转移意愿是指知识发送者愿意将知识传递给知识接收者的倾向,是一种对自身知识的开发和保护的表现。KPO 服务往往涉及研发、设计等知识创新过程。对于发包方来说,在将核心知识传递给接包方时,面临着知识泄漏的风险,出于对自身知识泄漏的担心,发包方不愿意完全与接包方分享项目所必需的相关知识,这会对 KPO 项目绩效带来负面影响。对于接包方来说,转移意愿主要体现在向发包方转移知识的积极程度上,出于对自身利益的考虑,接包方不愿意将具有自主知识产权的知识传递给他人,继而影响 KPO 项目绩效。因此,本章提出如下假设:

KPO 项目人员的知识转移意愿与 KPO 绩效之间存在正相关关系。 （假设3）

### 2. 沟通能力

知识转移主体在愿意将自身知识进行转移的情况下,还应具备较强的沟通能力,才能将知识成功地进行转移。能否将知识以恰当的方式清晰明确地进行表达,是转移主体沟通能力的重要体现。在 KPO 知识转移中,发包方能否清晰准确地表达自身需求,能否使用接包方能够理解的语言与接包方实现知识共享,都会对 KPO 绩效产生巨大的影响。对接包方而言,能否准确地将知识表达出来,并有效地传递给发包方,这对项目人员的沟通能力有着极大的要求。有效沟通有利于 KPO 项目成员之间了解他人的认知差异,增加知识转移机会。Szulanski① 发现,知识发送者与知识接收者之间缺乏良好的沟通会阻碍知识的接收,进而减弱知识转移的效果。冯长利和韩玉彦②通过实证研究表明,知识转移主体的沟通能力与知识共享效果呈显著的正相关关系。KPO 项目涉及的知识隐性程度高,为项目成员间的沟通增加了困难,对成员的沟通能力要求提高。基于以上分析,本章提出如下研究假设:

KPO 项目人员的沟通能力与 KPO 绩效之间存在正相关关系。　　　　（假设 4）

3. 专业能力

KPO 业务大都涉及企业价值链高端的核心业务层,在技术含量上具有较高的要求,项目成员只有具备扎实的专业基础,才能对项目中所涉及的知识有较好的理解,同时创造出新的知识,完成项目的既定目标。陆愚和周俊③针对国际软件外包中接包方外包绩效的影响因素开展实证研究,研究结果表明,接包方的专业能力与外包绩效呈显著的正相关关系。KPO 是一个非常复杂的过程,专业能力是 KPO 项目人员专业水平及工作经验的体现。由此,本章提出如下假设:

KPO 项目人员的专业能力与 KPO 绩效之间存在正相关关系。　　　　（假设 5）

4. 创新能力

知识创新在整个 KPO 项目管理中处于核心位置,学术界众多学者认为知识转移的过程也就是知识创新的过程。KPO 项目成员将接受的知识应用于自身情景之中的同时,必然会产生新的知识。从本质上来说,创新是知识信息内在结构相关因素的重新组合,即是一种对事物内在联系的新发现④。Hoegl 和 Schulze⑤ 通过实证研究发现,组织创

---

① SZULANSKI G. Exploring internal stickiness:impediments to the transfer of best practice within the firm [J]. Strategic management journal,1996(S2):27 – 43.

② 冯长利,韩玉彦. 供应链视角下共享意愿、沟通与知识共享效果关系的实证研究[J]. 软科学,2012(4):48 – 53.

③ 陆愚,周俊. 国际软件外包发包商绩效的实证研究[J]. 上海管理科学,2010(4):46 – 51.

④ 黄栋,杨东明. 知识经济与人的创新能力培养[J]. 井冈山师范学院学报,2004(3):79 – 81.

⑤ HOEGL M, SCHULZE A. How to support knowledge creation in new product development:an investigation of knowledge management methods[J]. European management journal,2005(3):263 – 273.

新能力的提高能够提升组织绩效。Rosenbusch 等[1]利用元分析方法，对小型和中等规模的企业进行了研究，发现创新能力与组织绩效之间存在情景约束，企业的创新类型、文化背景等会影响组织的绩效。KPO 团队知识转移的最终效果取决于知识创新的有效度，而成员的创新能力对整个团队的知识创新有效性有着至关重要的影响。所以，本章提出如下假设：

KPO 项目人员的创新能力与 KPO 绩效之间存在正相关关系。　　　　　（假设 6）

（三）关系质量

关系质量是指客户对企业及其员工的信任感以及对买卖双方之间关系的满意程度。企业与客户建立、发展并保持长期的合作关系，以增强客户的满意度和信任感，进而提升企业整体的经济效益及竞争实力。林隆仪和李水河指出，发包方和接包方间较好的关系质量有助于降低成本，增强知识共享效果，进而提高服务质量[2]。本章通过对相关文献进行整理，得出关系质量的维度包括信任、满意、承诺、冲突处理、关系规范等（见表 8-3），其中信任、满意、承诺是最主要的维度。KPO 中发包方和接包方的关系属于信息的合作伙伴关系，已有研究表明，基于沟通、信任、满意与合作的长期互动关系对于外包成功是极其重要的。例如，Grover 等[3]通过对 178 名企业信息技术部门高级经理进行调查，发现外包项目的成功与接包方与发包方之间的伙伴关系质量有很强的相关关系。Lee[4] 对 58 家组织进行调查，发现伙伴关系质量与外包成功存在正相关关系。王伟军等[5]指出，关系质量与外包双方的合作意向、交往氛围及交往方式有关，研究 KPO 双方的关系质量，应侧重研究发包方和接包方对双方关系的信任度和满意度，本章也主要选取信任程度和满意程度这两个指标来分析关系质量。

---

① ROSENBUSCH N, BRINCKMANN J, BAUSCH A. Is innovation always beneficial? A meta-analysis of the relationship between innovation and performance in SMEs[J]. Journal of business venturing, 2011(4):441 – 457.

② 林隆仪，李水河. 关系品质在服务外包对组织绩效的影响效果之研究：以交通部及所属机关为例[J]. 台湾管理学刊, 2005, 5(1):75 – 99.

③ GROVER V, CHEON M J, TENG J T C. The effect of service quality and partnership on the outsourcing of information system functions[J]. Journal of management information systems, 1996(4):89 – 116.

④ LEE J N. Impact of knowledge sharing, organizational capability and partnership quality on IS outsourcing success[J]. Information & management, 2001(5):323 – 335.

⑤ 王伟军，甘春梅，刘蕤，等. 知识流程外包（KPO）中知识性风险防范机制研究——基于典型案例的分析[J]. 信息资源管理学报, 2012(2):40 – 47.

表 8 - 3　关系质量维度

| 学者 | 关系质量维度 |
| --- | --- |
| Crosby 等① | 信任、满意 |
| Morgan 和 Hunt② | 信任、承诺、关系利益、共同的价值观、沟通 |
| Smith③ | 信任、满意、承诺 |
| 刘人怀和姚作为④ | 信任、满意、承诺 |
| Goo 等⑤ | 信任、承诺、关系规范、冲突处理 |
| Kumar 等⑥ | 信任、承诺、持续性的期望、对关系投资 |
| Wu 等⑦ | 信任、承诺、冲突处理、相互影响 |
| 张首魁和党兴华⑧ | 信任、承诺、沟通 |
| Roberts 等⑨ | 信任、满意、承诺、情感冲突 |
| Grover 等⑩ | 信任、满意、沟通、合作参与 |
| Blumenberg⑪ | 关系信任、整体信任、承诺、相互理解、交流质量、认同一致、认知一致、灵活性、相容、容忍 |

资料来源：①　CROSBY L A, EVANS K R, DEBORAH C. Relationship quality in service selling: an interpersonal influence perspective[J]. Journal of marketing, 1990(7): 68 - 81.

②　MORGAN R M, HUNT S D. The commitment-trust theory of relationship marketing[J]. Journal of marketing, 1994(3): 20 - 38.

③　SMITH J B. Buyer-seller relationships: similarity, relationship management, and quality[J]. Psychology & marketing, 1998(1): 3 - 21.

④　刘人怀, 姚作为. 关系质量研究述评[J]. 外国经济与管理, 2005(1): 27 - 33.

⑤　GOO J, KISHORE R, NAM K, et al. An investigation of factors that influence the duration of IT outsourcing relationships[J]. Decision support systems, 2007(4): 2107 - 2125.

⑥　KUMAR N, SCHEER L K, STEENKAMP J B E M. Effects of supplier fairness on vulnerable resellers[J]. Journal of marketing research, 1995(1): 54 - 65.

⑦　WU S, LIN T H C, LIN C S. A study on the affecting factors of virtual team members' knowledge sharing behavior: based on the social exchange theory[J]. Journal of information management, 2006(1): 193 - 220.

⑧　张首魁, 党兴华. 关系结构、关系质量对合作创新企业间知识转移的影响研究[J]. 研究与发展管理, 2009(3): 1 - 7, 14.

⑨　ROBERTS K, VARKI S, BRODIE R. Measuring the quality of relationships in consumer services: an empirical study[J]. European journal of marketing, 2003(1/2): 169 - 196.

⑩　GROVER V, CHEON M J, TENG J T C. The effect of service quality and partnership on the outsourcing of information systems functions[J]. Journal of management information systems, 1996(4): 89 - 116.

⑪　BLUMENBERG S. IT outsourcing relationship quality dimensions and drivers: empirical evidence from the financial industry[C]. // Learning from the past & charting the future of the discipline Americas conference on information systems. DBLP, 2008.

1. 信任程度

对于 KPO 项目双方而言,双方之间的相互协作、信任程度是双方展开良好合作的基础和前提。Hrebiniak① 认为,在关系管理中,信任程度与双方之间合作的实现程度呈正相关。Achrol② 通过对市场交易和营销联盟两种形式下企业的管理活动进行探讨,发现合作双方间的信任程度对相互承诺具有正向影响。良好的协作和信任关系有助于减少发包方和接包方在知识转移过程中的机会主义行为,有利于双方之间知识转移的深化。在合作过程中,只有彼此间相互协作、相互信任,KPO 合作双方才会恪守承诺,降低不必要的知识转移风险。Zahra 和 George③ 指出,外包双方的信息水平较高时,发包方相信接包方能够在将来给予回报,愿意冒一定的风险,向对方提供其所需的知识。接包方也会相信其接收到的知识的准确性,从而更好地对知识进行吸收和利用。KPO 业务具有高知识含量、高创新性、业务成本高、个性化服务等特点,同时也具有高风险性,虽然信任本身并不具有任何风险,但是对于信任所发生的行为需要承担一定的风险,若双方之间信任程度不够,就会对知识产生保护心态,担心知识泄漏后,会对自身的竞争优势造成威胁,合作双方难以达成知识共享,进而影响整个 KPO 项目绩效。基于此,本章提出如下研究假设:

KPO 发包方与接包方间的信任程度与 KPO 绩效之间存在正相关关系。 (假设7)

2. 满意程度

满意程度是指 KPO 中双方的集体主义感、归属感及对彼此的认同感。满意程度将影响交易关系的质量以及长期性,彼此的满意程度较高,可以减少合作成员间的摩擦和冲突。增强双方之间沟通的有效性、提升双方之间的信任程度。Grover 等④ 发现,双方对彼此的满意程度是影响伙伴关系的主要因素,并且伙伴关系对知识转移及外包的成功有显著的影响。基于上述分析,本章提出如下研究假设:

KPO 发包方与接包方间的满意程度与 KPO 绩效之间存在正相关关系。 (假设8)

(四)情境因素

知识具有情境依赖性,任何时候都不能脱离情境而存在。知识转移情境是指伴随

---

① HREBINIAK L. Effect of job level and participation on employee attitudes and perceptions of influence [J]. Academy of management journal,1974(4):649 – 662.

② ACHROL R. Evolution of the marketing organization:new forms of turbulent environments[J]. Journal of marketing,1991(4):77 – 93.

③ ZAHRA S A, GEORGE G. Absorptive capacity:a review, reconceptualization, and extension [J]. Academy of management review,2002(2):185 – 203.

④ GROVER V,CHEON, TENG J M G. The effect of service quality and partnership on the outsourcing of information systems functions[J]. Journal of management information systerms,1996(4),89 – 116.

知识转移过程的内外部环境,主要包括组织情境、文化情境、相关情境等。在 KPO 外包活动中,情境因素对知识转移的效果有一定影响,只有在合适的情境因素下,清晰度高,知识转移才能顺利进行。总结前人的研究,情境因素主要包括政策法规、学习文化、投入程度、文化距离、激励机制、法律制度等。KPO 项目是知识密集型服务,其中知识产权问题受到学者及 KPO 企业的广泛关注,因此,本章将法律制度具体细化为知识产权保护。结合 KPO 高投入的特征,对于情境因素维度,本章选取投入程度和知识产权保护这两个具体的指标进行分析。

1. 投入程度

知识转移的投入既包括资金、技术、人员等投入,还包括知识转移管理者及成员对知识转移的重视,资金、技术等方面的投入能激励员工学习创新,鼓励员工将学到的知识应用到外包业务,极大地提高员工的创新热情。而知识转移管理者及成员对知识转移的重视,可以为 KPO 中的知识转移提供正确的战略指导,特别是对关键问题的决策正确与否,关系到外包项目的成败。KPO 项目双方对项目在人员、资金方面的投入是保证项目正常运行的基本条件,高沛然[①]通过对 IT 外包服务知识转移中的情境因素进行研究,发现投入程度对学习文化具有显著的正向影响,并且可以促进服务外包企业建立公平的激励及回报制度,能迅速提高接包方与客户间知识转移的积极性。据此,本章提出如下研究假设:

对 KPO 项目的投入程度与 KPO 绩效之间存在正相关关系。　　　　（假设 9）

2. 知识产权保护

从 KPO 的性质可以看出,其属于高智力商品的流程产业,产品中的智力劳动成果占多数。知识产权是知识劳动和交易过程必然会涉及的内容。知识产权内容分为人身权利和财产权利,KPO 中主要涉及的是财产权利,即法律认可某项智力成果后,权利人对智力成果依法享有独占或者转让权。刘艳芬[②]对 KPO 中的知识产权风险及其控制进行了研究,发现 KPO 领域中知识产权的授权应用是 KPO 行业必须面对的问题,结合 KPO 特点对知识产权授权模式进行研究和实践,才能保证 KPO 产业的健康发展。因此,要保障 KPO 工作的安全运转,必须对其知识产权加以保护。良好的知识产权保护,可以促进知识转移。基于以上分析,本章提出如下研究假设:

---

① 高沛然. IT 外包服务知识转移过程中的情境因素研究[D]. 武汉:华中师范大学,2013.

② 刘艳芬. KPO 中的知识产权风险及其控制[D]. 武汉:华中师范大学,2012.

对 KPO 项目的知识产权保护与 KPO 绩效之间存在正相关关系。　　　（假设 10）

## 二、理论模型

基于上述 10 个研究假设,构建本章的 KPO 绩效影响因素模型(见图 8 - 5)。模型中主要变量包括自变量和因变量。其中,自变量共包括 4 个维度、10 个变量,具体包括知识特性(内隐性、专用性)、转移主体(转移意愿、沟通能力、专业能力、创新能力)、关系质量(信任程度、满意程度)、情境因素(投入程度、知识产权保护);因变量为 KPO 绩效(利润率、项目完成度、客户满意度、知识创新)。

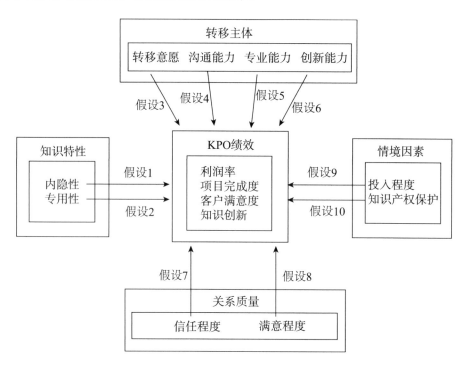

图 8 - 5　KPO 绩效影响因素模型

## 第四节　量表开发与实证检验

为保证测量指标的完善性和问卷的科学有效性,本章首先进行半结构化访谈,进而综合文献研究与访谈结果进行问卷设计和预调查,根据被调查者的反馈意见进一步完善指标体系及问卷的表达,形成最终问卷进行抽样调查。

## 一、量表开发

### (一)半结构化访谈

**1. 访谈提纲设计**

为初步验证理论模型的准确性和完善性,访谈提纲从以下三个方面进行设计:其一,企业 KPO 业务现状;其二,KPO 绩效评价指标;其三,KPO 绩效影响因素。具体而言,第一部分:企业 KPO 业务现状。目的是了解目前该行业的整体发展情况,为问卷的设计及数据分析提供参考。第二部分:KPO 项目绩效评价。目的是了解在实际工作中企业是如何对项目绩效进行评价的。通过对不同企业相关人员的访谈,找寻共性的绩效评价指标,对模型进行初步检验及修正。第三部分:KPO 绩效影响因素。目的是了解在整个 KPO 流程中对绩效有影响的关键因素。检验所构建的理论模型能否覆盖关键的影响因素。

访谈提纲具体见附录 B。

**2. 访谈实施**

**访谈对象**:为获得翔实充分的数据,为问卷设计做铺垫,本次调查实地采访了 5 名 KPO 从业人员,行业涉及生物医药研发、业务咨询等。其中 2 名受访者来自天津市经济开发区的两家医药研发外包企业,3 名受访者来自苏州工业园区的某动漫企业、某软件测评企业和某建筑研究院。

**访谈过程**:理论模型归纳的 KPO 绩效影响因素作为原始信息库,需要在访谈过程中逐步完善,为问卷设计提供参考。访谈时间控制在 60—90 分钟,以免给受访者带来不便。在访谈过程中,适时对受访者进行引导,及时将原始信息库中出现但受访者未提到的信息与受访者进行沟通,并引导其对原始信息库中未提到的信息进行补充,以便完善模型及验证假设的合理性。

**3. 访谈结果**

通过与 6 名受访者的沟通,本章基本上了解了 KPO 领域内具有代表性行业的现状,及 KPO 绩效影响因素。

(1)KPO 现状:①目前,中国 KPO 业务发展迅速,在服务外包领域内的业务占比为 50% 左右,有些制造业企业也开始涉足 KPO 业务,推动了现代制造业向现代服务业的产业升级。②生物医药研发是 KPO 领域内最具代表性的服务类型,由于中国人才资源丰富、基础设施完善和政府政策的支持,目前中国生物医药外包已初具规模。③在岸外包逐渐受到企业的关注,成为新的增长点。在 KPO 的发展初期,其业务主要集中于离岸外包项目，随着中国经济的快速发展，有很多企业迅速崛起，发展成了具有一定规模的大中型企业，开始具有 KPO 需求，这些在岸外包项目将成为 KPO 接包方新的增长点。

（2）KPO 绩效：对 KPO 项目绩效的评价，除通用的项目完成度、顾客满意度外，由于 KPO 项目知识含量极高，知识创新也成为评价 KPO 项目绩效的一项重要标准。然而，最根本的绩效考核指标仍然是利润率，智力服务区别于其他外包类型的一个特征就是它应该具有较大的利润空间。

（3）KPO 绩效影响因素：由于 KPO 本身具有高知识含量、高创新性、高业务成本、专业化及个性化服务等特点。在 KPO 流程中起到关键作用的是"人"，因此知识转移主体及双方的关系质量应是主要的影响因素；其次是 KPO 中所转移的知识特性；再次，政策法规等情境因素对 KPO 企业的影响大于对 KPO 项目本身的影响；此外，由于 KPO 项目过程中涉及知识产权问题较多，对于知识产权的保护问题也是企业比较关注的影响因素。

（二）问卷调查

1. 问卷设计

本问卷目的在于，从知识转移视角，进一步对 KPO 绩效影响因素与 KPO 绩效间的关系进行定量分析。问卷主要针对接包方人员进行设计，问卷共包含三部分内容：

第一部分：企业情况，包括所承接的 KPO 业务范围、企业的性质、人员学历构成等共 4 个题项。

第二部分：个人基本信息，包括被试者的性别、年龄、学历、工作性质、从事知识流程外包的年限、在项目中所承担的角色、参与过的 KPO 项目个数共 7 个题项。

第三部分：KPO 绩效影响因素调查。此部分为调查问卷的主体，包括自变量：知识特性（内隐性、专用性）、转移主体（转移意愿、沟通能力、专业能力、创新能力）、关系质量（信任程度、满意程度）、情境因素（投入程度、知识产权保护）四个维度，十个指标，共 25 个问题。因变量是 KPO 绩效，共 5 个问题。量表共包含 30 个题项，具体题项分布见下表 8－4。该部分采用五点式李克特量表进行测量，其中 5 表示完全同意、4 表示比较同意、3 表示一般同意、2 表示比较不同意、1 表示完全不同意。

表 8－4　KPO 绩效影响因素测量题项

| 测量指标 | 测量题项 |
| --- | --- |
| 知识内隐性 | 1. 我需要从其他渠道获取额外的信息才能明确地理解项目中所包含的知识 |
| | 2. 在和客户转移知识的过程中，我需要花费较长的时间来理解项目中所包含的知识 |

续表

| 测量指标 | 测量题项 |
|---|---|
| 知识专用性 | 1. 我需要具备一定的专业知识才能理解客户的需求 |
|  | 2. 我需要具备客户没有掌握的专业知识才能完成项目 |
| 转移意愿 | 1. 我愿意投入时间和精力与客户进行交流和知识共享 |
|  | 2. 客户愿意及时地将其需求和意见反馈给我们 |
| 沟通能力 | 1. 我经常与客户进行沟通,能够实现知识的及时、广泛共享 |
|  | 2. 我善于通过多种渠道(会议、面对面交谈、邮件等)向客户传递知识 |
|  | 3. 当项目实施遇到障碍时,我能够向客户说明情况,得到客户的理解和帮助 |
| 专业能力 | 1. 我通常能够准确地理解客户的需求 |
|  | 2. 我能够很好地掌握与 KPO 项目相关的业务流程和专业知识 |
|  | 3. 我具有丰富的 KPO 项目经验 |
| 创新能力 | 1. 在完成项目的过程中,我经常会有新的想法 |
|  | 2. 在完成项目的过程中,为实现创新,我所在的团队有时会改变工作流程(包括业务流程的改善和技术的更新等) |
|  | 3. 与主要竞争对手相比,我们的创新能力更强 |
| 信任程度 | 1. 我相信客户会信守对我方的承诺 |
|  | 2. 我相信客户传递给我方的信息是真实且富有价值的 |
|  | 3. 我认为客户是关心我方利益的,即使我方存在弱点(如合同不完善)时,也不会利用我方的弱点来损害我方的利益 |
| 满意程度 | 1. 我方和客户对项目合作都具有较高的诚意 |
|  | 2. 我方和客户能够共担风险、共享收益 |
|  | 3. 我方与大部分客户建立了良好、持久的合作关系 |
| 投入程度 | 1. 我所在的公司投入了大量的资金到 KPO 项目中 |
|  | 2. 我所在的公司投入了足够的人员到 KPO 项目中 |
| 知识产权保护 | 1. 政府对知识产权问题有相当完备的规范(或者对知识产权问题有明确的行业规则),使知识产权得到了应有的保护 |
|  | 2. 在合同中,有具体的条款来明确知识产权的归属问题 |
| KPO 绩效 | 1. 我所参与过的 KPO 项目,通常都会给公司带来较高的利润 |
|  | 2. 我所参与过的 KPO 项目,通常都能按期交付并能够达到合同规定的质量要求 |
|  | 3. 我所参与过的 KPO 项目能很好地适应客户的需求,客户满意度较高 |
|  | 4. 在项目进行的过程中,公司的核心竞争力有所提升 |
|  | 5. 通过执行 KPO 项目,项目组可以获取新的知识并将其运用到业务运作中,提升已有能力或者创造新的能力 |

2. 问卷发放

本章采用抽样调查方法,具体过程包括样本选取、问卷预调查和正式问卷发放三个环节。

(1)样本选取。本次调查主要针对接包方的 KPO 项目人员,选取了之前进行访谈的六家企业中具有代表性的四家生物医药研发企业。调查对象主要选取企业中专门从事 KPO 项目的管理人员及技术人员,这些人员属于知识型员工,并且了解 KPO 项目的基本情况和相关信息。

(2)问卷预调查。在正式进行问卷调查之前,首先进行了预调查,将初步设计的问卷发放给从事 KPO 项目的相关人员,让其认真填写,并对问卷形式、题项表述的清晰度、明确程度等问题进行反馈,用来判断问卷合理性和语句得当性,并根据反馈意见进一步完善修改问卷设置。

(3)正式问卷发放。本次调查主要采用线上发放、实地发放两种方式发放问卷。①线上发放,即通过 E-mail 将问卷发放给所选择企业的联系人,委托他们进行发放,并向其说明抽样的人员范围及注意事项,保证调查实施的统一性与科学性,被调查者可通过 E-mail 填写 Word 版或者通过链接在问卷星上进行填写。②实地发放,即实地采集样本信息,将问卷打印好,在企业联系人的引导下到相应企业进行实地发放。

3. 问卷回收

本次调查总共发放问卷 120 份,回收 105 份,回收率为 87.5%;对回收的问卷进行筛选,筛选应遵循两个原则:①问卷数据不完整的视为无效问卷;②所回答的选项大面积一致的视为无效问卷。最后获得有效问卷 103 份,问卷有效率 98.1%。

## 二、实证检验

(一)描述性统计分析

1. 企业情况

对被调查者所在企业基本情况的统计如表 8-5 所示:

(1)从企业所承接的 KPO 业务范围来看,被调查者全部来自生物医药研发企业。根据访谈结果可知,生物医药研发行业是 KPO 服务领域中相对成熟、最具代表性的行业,因此,调查该行业的人员可以很好地反映 KPO 的情况。

(2)从企业性质来看,中外合资/中外合作/外资企业样本数量最多,占总数的66.0%,民营企业次之,国有企业的样本数量最少。

(3)从企业人员受教育情况来看,四家企业中本科人员所占比例均达到96.1%,员工受教育程度整体较好。从总体上看,样本企业具有KPO行业代表性,样本数据具有代表性。

表8-5 被调查企业基本情况

| 企业情况 | | 样本数量（人） | 百分比 |
|---|---|---|---|
| 企业所承接的KPO业务范围 | 生物医药研发 | 103 | 100.0% |
| 企业性质 | 国有企业 | 5 | 4.9% |
| | 民营企业 | 30 | 29.1% |
| | 中外合资/中外合作/外资企业 | 68 | 66.0% |
| 企业员工受教育程度 | 本科以上人员 | 103 | 96.1% |

2. 被调查者个人基本信息

对被调查者个人基本信息进行了描述性统计分析如表8-6所示:

表8-6 被调查者基本信息

| 个人信息 | | 样本数量（人） | 百分比 |
|---|---|---|---|
| 性别 | 男 | 74 | 71.8% |
| | 女 | 29 | 28.2% |
| 年龄 | 25岁以下 | 12 | 11.7% |
| | 25—35岁 | 76 | 73.8% |
| | 36—45岁 | 13 | 12.6% |
| | 45岁以上 | 2 | 1.9% |
| 教育背景 | 博士 | 10 | 9.7% |
| | 硕士 | 34 | 33.0% |
| | 本科 | 55 | 53.4% |
| | 专科 | 4 | 3.9% |
| | 其他 | 0 | — |

续表

| 个人信息 | | 样本数量(人) | 百分比 |
|---|---|---|---|
| 工作性质 | 业务咨询 | 1 | 1.0% |
| | 研发 | 89 | 86.4% |
| | 管理 | 9 | 8.7% |
| | 设计 | 2 | 1.9% |
| | 其他 | 2 | 1.9% |
| 项目中所承担的角色 | 管理人员及技术人员 | 53 | 51.5% |
| | 基层管理者 | 36 | 35.0% |
| | 中层管理者 | 10 | 9.7% |
| | 高层管理者 | 4 | 3.9% |
| 从事 KPO 业务年限 | 小于 3 年 | 51 | 49.5% |
| | 3 年及以上 | 52 | 50.5% |
| 参与过的 KPO 项目个数 | 小于 2 个 | 15 | 14.6% |
| | 2—9 个 | 22 | 21.4% |
| | 10—19 个 | 14 | 13.6% |
| | 20 个及以上 | 52 | 50.5% |

（1）性别。调查结果显示,男性占比明显高于女性,这表明在 KPO 业务中男性的比例明显较高,参与度较强。

（2）年龄。调查结果显示,45 岁以下的被调查者占 98.1%,这表明 KPO 从业者普遍年轻化。究其原因,在 KPO 的高知识含量、快速更新换代的要求下,企业更愿意选择具有活力及创造力的年轻群体。

（3）教育背景。调查结果显示,本科及以上学历的人数占 96.1%,其中博士占到 9.7%。KPO 为知识密集型服务,对项目人员的知识水平要求高,因此从业人员的学历水平高。

（4）KPO 项目工作。调查结果显示,研发人员人数最多(86.4%),管理者次之(8.7%)。而被调查者绝大多数在项目中担任一般员工和基层管理者身份(两者合计86.5%),高层管理者最少(3.9%)。可见,被调查者多数来自基层的技术岗位,对 KPO 业务自身有很好的理解和掌握。

（5）从事 KPO 项目经验。调查结果显示,一半(50.5%)的被调查者从事 KPO 业务超过 3 年;有一半(50.5%)的被调查者参与过 20 个以上的 KPO 项目。KPO 中的流程知识密集程度较高,需要从业人员有较好的经验积累。

总之,KPO 行业(生物医药研发外包)中的从业者多为年轻的男性技术人员,他们普遍学历高、从业经验丰富。

(二)信度与效度检验

1.信度检验

本章使用 SPSS 统计软件对问卷中的量表部分进行信度检验,检验结果如表 8 – 7 所示,该量表共包含 30 个题项,量表整体的 Cronbach's α 值为 0.928,该值大于 0.7 即表示量表信度较好,大于 0.9 则表明该量表的信度为优秀,量表中的 30 个题项具有很好的内部一致性。

表 8 – 7　可靠性统计

| Cronbach's α | 题项数量(个) |
| --- | --- |
| 0.928 | 30 |

随后,本章对调查问卷各个变量的信度进行检验,结果如表 8 – 8 所示。检验结果显示,在知识特性、转移主体、关系质量、情境因素四个维度的 Cronbach's α 均大于 0.7,信度良好。在此基础上进行变量的信度分析,所有变量的 Cronbach's α 值均大于 0.5,都在可接受范围内。除了知识的专用性、转移意愿、创新能力的 Cronbach's α 值略低于 0.7,其余变量的 Cronbach's α 值都大于 0.7,这表明各个变量的可靠性和稳定性都比较好。

表 8 – 8　各变量的可靠性统计

| 变量 | | 问题项 | 项数 | Cronbach's α | 总 Cronbach's α |
| --- | --- | --- | --- | --- | --- |
| 知识特性 | 知识的内隐性 | Q1、Q2 | 2 | 0.851 | 0.702 |
| | 知识的专用性 | Q3、Q4 | 2 | 0.534 | |
| 转移主体 | 转移意愿 | Q5、Q6 | 2 | 0.683 | 0.879 |
| | 沟通能力 | Q7、Q8、Q9 | 3 | 0.822 | |
| | 专业能力 | Q10、Q11、Q12 | 3 | 0.810 | |
| | 创新能力 | Q13、Q14、Q15 | 3 | 0.673 | |

续表

| 变量 | | 问题项 | 项数 | Cronbach's α | 总 Cronbach's α |
|---|---|---|---|---|---|
| 关系质量 | 信任程度 | Q16、Q17、Q18 | 3 | 0.783 | 0.882 |
| | 满意程度 | Q19、Q20、Q21 | 3 | 0.793 | |
| 情境因素 | 投入程度 | Q22、Q23 | 2 | 0.799 | 0.714 |
| | 知识产权保护 | Q24、Q25 | 2 | 0.817 | |
| KPO 绩效 | KPO 绩效 | Q26、Q27、Q28、Q29、Q30 | 5 | 0.842 | 0.842 |

2. 效度检验

本章的量表设计参考了已有研究成果,并结合访谈结果分析,而且在正式发放问卷之前做预调查,并根据反馈结果对量表题项和变量的表达进行了修正,因此,可以认为调查问卷中的量表具有相当程度的内容效度与表面效度。

接着,本章采用因子分析对调查问卷中 KPO 绩效影响因素量表的结构效度进行检验。在做因子分析之前,首先对量表进行 KMO 值的检验和 Bartlett 球形检验,旨在检验该量表是否适合做因子分析。KMO 值介于 0 和 1 之间,且 KMO 值越接近 1,表明各变量的相关性越强,越适合做因子分析。Kaiser 给出的常用 KMO 值度量标准为:大于 0.9 表示非常适合,大于 0.8 表示比较适合,大于 0.7 表示合适,大于 0.6 表示一般,小于 0.5 表示不适合[①]。在提取公因子时,每个测量题项都应在相应的公共因子上有较高的因子载荷值,一般应大于 0.5;同时,公共因子的累计方差贡献率应大于等于 60%。

对变量进行因子分析之前,先对样本进行 KMO 和 Bartlett 球形检验,结果如表 8 - 9 所示。知识内隐性的 KMO 值为 0.500,符合要求;Bartlett 球形检验的 sig. 取值为 0.000,说明样本可进行因子分析。同理证明,知识专用性、转移意愿、沟通能力、专业能力、创新能力、信任程度、满意程度、投入程度、知识产权保护、KPO 绩效 10 个变量都可以进行因子分析。

---

① 薛薇. 基于 SPSS 的数据分析[M]. 北京:中国人民大学出版社,2011.

表 8 - 9　变量的 KMO 测量与 Bartlett 球形检验结果

| 变量 | KMO 和 Bartlett 的检验 | | |
|---|---|---|---|
| 知识内隐性 | 取样足够度的 Kaiser-Meyer-Olkin 度量 | | 0.500 |
| | Bartlett 的球形度检验 | 近似卡方 | 80.870 |
| | | df | 1 |
| | | sig. | 0.000 |
| 知识专用性 | 取样足够度的 Kaiser-Meyer-Olkin 度量 | | 0.500 |
| | Bartlett 的球形度检验 | 近似卡方 | 5.025 |
| | | df | 1 |
| | | sig. | 0.025 |
| 转移意愿 | 取样足够度的 Kaiser-Meyer-Olkin 度量 | | 0.500 |
| | Bartlett 的球形度检验 | 近似卡方 | 31.922 |
| | | df | 1 |
| | | sig. | 0.000 |
| 沟通能力 | 取样足够度的 Kaiser-Meyer-Olkin 度量 | | 0.720 |
| | Bartlett 的球形度检验 | 近似卡方 | 107.265 |
| | | df | 3 |
| | | sig. | 0.000 |
| 专业能力 | 取样足够度的 Kaiser-Meyer-Olkin 度量 | | 0.679 |
| | Bartlett 的球形度检验 | 近似卡方 | 109.794 |
| | | df | 3 |
| | | sig. | 0.000 |
| 创新能力 | 取样足够度的 Kaiser-Meyer-Olkin 度量 | | 0.664 |
| | Bartlett 的球形度检验 | 近似卡方 | 45.302 |
| | | df | 3 |
| | | sig. | 0.000 |

续表

| 变量 | KMO 和 Bartlett 的检验 | | |
|---|---|---|---|
| 信任程度 | 取样足够度的 Kaiser-Meyer-Olkin 度量 | | 0.663 |
| | Bartlett 的球形度检验 | 近似卡方 | 96.834 |
| | | df | 3 |
| | | sig. | 0.000 |
| 满意程度 | 取样足够度的 Kaiser-Meyer-Olkin 度量 | | 0.675 |
| | Bartlett 的球形度检验 | 近似卡方 | 97.021 |
| | | df | 3 |
| | | sig. | 0.000 |
| 投入程度 | 取样足够度的 Kaiser-Meyer-Olkin 度量 | | 0.500 |
| | Bartlett 的球形度检验 | 近似卡方 | 52.421 |
| | | df | 1 |
| | | sig. | 0.000 |
| 知识产权保护 | 取样足够度的 Kaiser-Meyer-Olkin 度量 | | 0.500 |
| | Bartlett 的球形度检验 | 近似卡方 | 67.782 |
| | | df | 1 |
| | | sig. | 0.000 |
| KPO 绩效 | 取样足够度的 Kaiser-Meyer-Olkin 度量 | | 0.825 |
| | Bartlett 的球形度检验 | 近似卡方 | 192.259 |
| | | df | 10 |
| | | sig. | 0.000 |

利用 SPSS 统计软件对变量做因子分析(见表 8-10)。知识内隐性两个题项的因子载荷均大于 0.8,符合研究要求(大于 0.5);另外,公因子累计解释方差为 87.174%,表明量表的结构效度比较好。同理得出,其他 10 个变量均通过验证。

表 8 - 10　因子载荷

| 题项 | 因子载荷 | 累计解释方差（%） |
| --- | --- | --- |
| | 1 | |
| 我需要从其他渠道获取额外的信息才能明确地理解项目中所包含的知识 | 0.872 | 87.174 |
| 在和客户转移知识的过程中,我需要花费较长的时间来理解项目中所包含的知识 | 0.872 | |
| 提取方法:主成分分析法。a.提取了 1 个成分 | | |

| 题项 | 因子载荷 | 累计解释方差（%） |
| --- | --- | --- |
| | 1 | |
| 我需要具备一定的专业知识才能理解客户的需求 | 0.610 | 61.042 |
| 我需要具备客户没有掌握的专业知识才能完成项目 | 0.610 | |
| 提取方法:主成分分析法。a.提取了 1 个成分 | | |

| 题项 | 因子载荷 | 累计解释方差（%） |
| --- | --- | --- |
| | 1 | |
| 我愿意投入时间和精力与客户进行交流和知识共享 | 0.761 | 76.083 |
| 客户愿意及时地将其需求和意见反馈给我们 | 0.761 | |
| 提取方法:主成分分析法。a.提取了 1 个成分 | | |

| 题项 | 因子载荷 | 累计解释方差（%） |
| --- | --- | --- |
| | 1 | |
| 我经常与客户进行沟通,能够实现知识的及时、广泛共享 | 0.751 | 73.733 |
| 我善于通过多种渠道(会议、面对面交谈、邮件等)向客户传递知识 | 0.730 | |
| 当项目实施遇到障碍时,我能够向客户说明情况,得到客户的理解和帮助 | 0.731 | |
| 提取方法:主成分分析法。a.提取了 1 个成分 | | |

| 题项 | 因子载荷 | 累计解释方差（%） |
| --- | --- | --- |
| | 1 | |
| 我通常能够准确地理解客户的需求 | 0.609 | 72.466 |
| 我能够很好地掌握与 KPO 项目相关的业务流程和专业知识 | 0.786 | |
| 我具有丰富的 KPO 项目经验 | 0.779 | |
| 提取方法:主成分分析法。a.提取了 1 个成分 | | |

续表

| 题项 | 因子载荷 | 累计解释 |
| --- | --- | --- |
| | 1 | 方差(%) |
| 在完成项目的过程中,我经常会有新的想法 | 0.599 | |
| 在完成项目的过程中,为实现创新,我所在的团队有时会改变工作流程(包括业务流程的改善和技术的更新等) | 0.615 | 60.537 |
| 与主要竞争对手相比,我们的创新能力更强 | 0.602 | |
| 提取方法:主成分分析法。a.提取了1个成分 | | |

| 题项 | 因子载荷 | 累计解释 |
| --- | --- | --- |
| | 1 | 方差(%) |
| 我相信客户会信守对我方的承诺 | 0.576 | |
| 我相信客户传递给我方的信息是真实且富有价值的 | 0.785 | 70.159 |
| 我认为客户是关心我方利益的,即使我方存在弱点(如合同不完善)时,也不会利用我方的弱点来损害我方的利益 | 0.744 | |
| 提取方法:主成分分析法。a.提取了1个成分 | | |

| 题项 | 因子载荷 | 累计解释 |
| --- | --- | --- |
| | 1 | 方差(%) |
| 我方和客户对项目合作都具有较高的诚意 | 0.732 | |
| 我方和客户能够共担风险、共享收益 | 0.782 | 70.726 |
| 我方与大部分客户建立了良好、持久的合作关系 | 0.608 | |
| 提取方法:主成分分析法。a.提取了1个成分 | | |

| 题项 | 因子载荷 | 累计解释 |
| --- | --- | --- |
| | 1 | 方差(%) |
| 我所在的公司投入了大量的资金到KPO项目中 | 0.819 | |
| 我所在的公司投入了足够的人员到KPO项目中 | 0.819 | 81.876 |
| 提取方法:主成分分析法。a.提取了1个成分 | | |

| 题项 | 因子载荷 | 累计解释 |
| --- | --- | --- |
| | 1 | 方差(%) |
| 政府对知识产权问题有相当完备的规范(或者对知识产权问题有明确的行业规则),使知识产权得到了应有的保护 | 0.847 | |
| 在合同中,有具体的条款来明确知识产权的归属问题 | 0.847 | 84.653 |
| 提取方法:主成分分析法。a.提取了1个成分 | | |

续表

| 题项 | 因子载荷 1 | 累计解释方差(%) |
|---|---|---|
| 我所参与过的 KPO 项目,通常都会给公司带来较高的利润 | 0.608 | |
| 我所参与过的 KPO 项目,通常都能按期交付并能够达到合同规定的质量要求 | 0.638 | |
| 我所参与过的 KPO 项目能很好地适应客户的需求,客户满意度较高 | 0.646 | 61.495 |
| 在项目进行的过程中,公司的核心竞争力有所提升 | 0.580 | |
| 通过执行 KPO 项目,项目组可以获取新的知识并将其运用到业务运作中,提升已有能力或者创造新的能力 | 0.603 | |
| 提取方法:主成分分析法。a. 提取了 1 个成分 | | |

### (三)研究假设检验

#### 1. 相关分析

为了研究现象之间是否存在某种依存关系,相关分析(correlation analysis)可以用来探讨具体有相关关系的现象及其相关方向和相关程度。通常使用相关系数来度量变量之间的相关强度,相关系数的值介于 −1 和 +1 之间,若相关系数为正,则表示正相关,若为负,则表示负相关。

为探讨 KPO 过程中影响绩效的主要因素,有必要检验这些因子与 KPO 绩效间的相关性。由于本章中所涉及的变量均为定距变量,因此采用 Pearson 相关系数进行测量,分析结果如表 8 – 11 所示:

**表 8 – 11　KPO 绩效影响因素相关性分析**

| 影响因素 | 相关性 | KPO 绩效 |
|---|---|---|
| 知识内隐性(反) | Pearson 相关性 | 0.117 |
| | 显著性(双侧) | 0.239 |
| 知识专用性(反) | Pearson 相关性 | 0.221* |
| | 显著性(双侧) | 0.025 |
| 转移意愿 | Pearson 相关性 | 0.408** |
| | 显著性(双侧) | 0.000 |

续表

| 影响因素 | 相关性 | KPO 绩效 |
| --- | --- | --- |
| 沟通能力 | Pearson 相关性 | 0.511 ** |
| | 显著性(双侧) | 0.000 |
| 专业能力 | Pearson 相关性 | 0.574 ** |
| | 显著性(双侧) | 0.000 |
| 创新能力 | Pearson 相关性 | 0.629 ** |
| | 显著性(双侧) | 0.000 |
| 信任程度 | Pearson 相关性 | 0.468 ** |
| | 显著性(双侧) | 0.000 |
| 满意程度 | Pearson 相关性 | 0.468 ** |
| | 显著性(双侧) | 0.000 |
| 投入程度 | Pearson 相关性 | 0.578 ** |
| | 显著性(双侧) | 0.000 |
| 知识产权保护 | Pearson 相关性 | 0.531 ** |
| | 显著性(双侧) | 0.000 |

注:** 表示在 0.01 水平下显著(双尾);* 表示在 0.05 水平下显著(双尾)。"反"表示有关此变量的所有题项是从反向进行设计的。

由相关分析结果可知,知识特性维度中的知识的内隐性与 KPO 绩效在统计学意义上不存在显著相关关系;知识的专用性与 KPO 绩效在 0.05 的水平下呈现显著负相关,相关系数为 0.221。转移主体维度中转移意愿、沟通能力、专业能力、创新能力获得在 0.01 水平下的显著相关,相关系数分别为 0.408、0.511、0.574、0.629,说明为正相关关系。关系质量维度中的信任程度、满意程度均获得 0.01 水平下的显著正相关,相关系数都为 0.468。情境因素维度中投入程度和知识产权保护获得在 0.01 水平下的显著正相关,相关系数分别为 0.578、0.531。

本章中提出的 10 个研究变量中,有 8 个变量与 KPO 绩效在 0.01 水平下存在显著正相关关系,一个变量在 0.05 水平下与 KPO 绩效存在显著的负相关关系,一个变量与 KPO 绩效之间关系不显著。根据以上 Pearson 相关分析结果,本章对提出的研究假设做出初步的检验结果如表 8 - 12 所示:

表 8 – 12　研究假设初步检验结果

| 假设编号 | 假设描述 | 验证结果 |
|---|---|---|
| 1 | KPO 中所转移知识的内隐性与 KPO 绩效之间存在负相关关系 | 否 |
| 2 | KPO 中所转移知识的专用性与 KPO 绩效之间存在负相关关系 | 是 |
| 3 | KPO 项目人员的知识转移意愿与 KPO 绩效之间存在正相关关系 | 是 |
| 4 | KPO 项目人员的沟通能力与 KPO 绩效之间存在正相关关系 | 是 |
| 5 | KPO 项目人员的专业能力与 KPO 绩效之间存在正相关关系 | 是 |
| 6 | KPO 项目人员的创新能力与 KPO 绩效之间存在正相关关系 | 是 |
| 7 | KPO 发包方与接包方间的信任程度与 KPO 绩效之间存在正相关关系 | 是 |
| 8 | KPO 发包方与接包方间的满意程度与 KPO 绩效之间存在正相关关系 | 是 |
| 9 | 对 KPO 项目的投入程度与 KPO 绩效之间存在正相关关系 | 是 |
| 10 | 对 KPO 项目的知识产权保护与 KPO 绩效之间存在正相关关系 | 是 |

2. 回归分析

(1)共线性检验。容忍度(tolerance)、方差膨胀因子(VIF)、条件指针(CI)三个测量指标可以用来判断变量之间是否存在多重共线性问题。本章选取容忍度和方差膨胀因子及自变量之间的高相关性作为多重共线性诊断的依据。容忍度的取值范围在 0—1 之间,当一个自变量的容忍度太小时,则表明此自变量和其他自变量之间存在共线性问题。方差膨胀因子是容忍度的倒数,方差膨胀因子值越大,表示自变量的容忍度越小,越有共线性问题,通常认为方差膨胀因子 <10,表示变量间不存在多重共线性。相关系数大于 0.7 的,则表示两个自变量间存在较强的相关关系。

从分析结果可以看出(见表 8 – 13 和表 8 – 14),所有变量的容忍度介于 0.427—0.778 之间,方差膨胀因子值介于 1.262—2.342 之间,远远小于临界值 10。并且,自变量之间的相关系数均小于 0.7,因此,可以认为变量间不存在多重共线性。

表 8 – 13　自变量间相关性

| | 知识内隐性 | 知识专用性 | 转移意愿 | 沟通能力 | 专业能力 | 创新能力 | 信任程度 | 满意程度 | 投入程度 | 知识产权保护 |
|---|---|---|---|---|---|---|---|---|---|---|
| 知识内隐性 | 1 | | | | | | | | | |
| 知识专用性 | 0.418** | 1 | | | | | | | | |
| 转移意愿 | 0.094 | 0.399** | 1 | | | | | | | |

续表

| | 知识内隐性 | 知识专用性 | 转移意愿 | 沟通能力 | 专业能力 | 创新能力 | 信任程度 | 满意程度 | 投入程度 | 知识产权保护 |
|---|---|---|---|---|---|---|---|---|---|---|
| 沟通能力 | 0.256** | 0.435** | 0.341** | 1 | | | | | | |
| 专业能力 | 0.257** | 0.418** | 0.462** | 0.631** | 1 | | | | | |
| 创新能力 | 0.102 | 0.327** | 0.469** | 0.508** | 0.618** | 1 | | | | |
| 信任程度 | 0.065 | 0.327** | 0.440** | 0.379** | 0.362** | 0.395** | 1 | | | |
| 满意程度 | 0.0065 | 0.327** | 0.440** | 0.379** | 0.362** | 0.395** | 1.000** | 1 | | |
| 投入程度 | 0.040 | 0.172 | 0.249** | 0.215** | 0.389** | 0.372** | 0.287** | 0.287** | 1 | |
| 知识产权保护 | 0.090 | 0.272** | 0.324** | 0.442** | 0.408** | 0.475** | 0.647** | 0.647** | 0.294** | 1 |

注:** 表示在 0.01 水平下显著(双尾);* 表示在 0.05 水平下显著(双尾)。

表8-14 共线性统计资料

| 模型 | 容忍度 | 方差膨胀因子 |
|---|---|---|
| (常数) | | |
| 知识内隐性 | 0.778 | 1.285 |
| 知识专用性 | 0.608 | 1.645 |
| 转移意愿 | 0.644 | 1.552 |
| 沟通能力 | 0.520 | 1.923 |
| 专业能力 | 0.427 | 2.342 |
| 创新能力 | 0.493 | 2.027 |
| 满意程度 | 0.508 | 1.967 |
| 投入程度 | 0.793 | 1.262 |
| 知识产权保护 | 0.502 | 1.991 |

(2)多元回归分析。通过相关分析,已经初步判断出 10 个影响因素中有 8 个影响因素与 KPO 绩效存在显著的正相关关系,一个影响因素与 KPO 绩效存在显著的负相关关系。但是相关分析说明的是各个变量之间是否存在相关关系以及相关关系的方向和紧密程度,不能反映出因果关系,因此,需要通过回归分析进一步揭示这 9 个影响因素与 KPO 绩效的关联强度大小以及哪些因素对 KPO 绩效的影响力较大,构建 KPO 绩效影响因素的标准回归方程。本章中的自变量数量在 2 个以上,因此采用多元线性回归分析。

本章使用 SPSS 统计软件对回收的数据进行回归分析,其中自变量为知识的内隐性、知识的专用性、转移意愿、沟通能力、专业能力、创新能力、信任程度、满意程度、投入程度、知识产权保护;因变量为 KPO 绩效。回归分析结果如表 8－15 所示:

表 8－15 模型摘要

| 模型 | R | R² | 调整后 R² | 估计的标准误 | Durbin-Watson 检验 |
|---|---|---|---|---|---|
| 1 | 0.798 | 0.637 | 0.602 | 0.38838 | 1.683 |

注:a.预测值:知识产权保护、知识内隐性、投入程度、转移意愿、沟通能力、知识专用性、创新能力、满意程度、专业能力;

b.因变量:KPO 绩效。

10 个预测变量当中信任程度变量被排除,剩余的 9 个变量与 KPO 绩效的多元相关系数为 0.798,决定系数($R^2$)为 0.637,调整后的($R^2$)为 0.602。表明 KPO 绩效的影响因素有 60.2% 被模型中的 9 个变量所解释。调整($R^2$)为拟合线性回归的确定性系数,这说明了自变量可在多大程度上解释因变量的变动,其值越大,说明所构建模型的拟合程度越好。

对回归模型的显著性检验,结果如表 8－16 所示:变异量显著性检验的 F 值为 18.158,显著性检验的 p 值为 0.000,小于 0.05 的显著水平,表明回归模型整体解释变异量达到了显著水平,在回归方程当中至少有一个回归系数不为零,或全部回归系数均不等于零,至少会有一个预测变量达到显著水平。

表 8－16 回归模型的显著性检验结果方差分析(b)

| 模型 | | 平方和 | df | 平均值平方 | F | p |
|---|---|---|---|---|---|---|
| 1 | 回归 | 24.651 | 9 | 2.739 | 18.158 | 0.000(a) |
| | 残差 | 14.028 | 93 | 0.151 | | |
| | 总计 | 38.680 | 102 | | | |

注:a.预测值:知识产权保护、知识内隐性、投入程度、转移意愿、沟通能力、知识专用性、创新能力、满意程度、专业能力;

b.因变量:KPO 绩效。

各变量的回归系数及回归系数显著性检验结果如表 8－17 所示:其中标准化回归系数 β 值越大,表明该影响因素对 KPO 绩效的影响越大,对因变量的解释程度越高。分析结果显示:知识内隐性、转移意愿、专业能力、满意程度没有通过显著性检验;创新能力、投入程度在 0.01 的水平下显著;知识专用性、沟通能力、知识产权保护在

0.05 水平下显著。

表 8 – 17　回归系数表

| 模型 | | 系数(a) | | | | |
|---|---|---|---|---|---|---|
| | | 非标准化系数 | | 标准化系数 | T | 显著性 |
| | | B | 标准误 | Beta | | |
| 1 | (常数) | 0.655 | 0.340 | | 1.929 | 0.057 |
| | 知识内隐性 | 0.036 | 0.040 | 0.063 | 0.892 | 0.375 |
| | 知识专用性 | – 0.162 | 0.064 | – 0.202 | – 2.516 | 0.014 |
| | 转移意愿 | 0.062 | 0.069 | 0.070 | 0.0892 | 0.373 |
| | 沟通能力 | 0.131 | 0.063 | 0.181 | 2.089 | 0.039 |
| | 专业能力 | 0.067 | 0.071 | 0.090 | 0.941 | 0.349 |
| | 创新能力 | 0.273 | 0.082 | 0.296 | 3.331 | 0.001 |
| | 满意程度 | 0.081 | 0.076 | 0.093 | 1.060 | 0.292 |
| | 投入程度 | 0.275 | 0.057 | 0.342 | 4.870 | 0.000 |
| | 知识产权保护 | 0.099 | 0.062 | 0.140 | 1.592 | 0.015 |

注:因变量:KPO 绩效。

根据回归分析结果,建立的 KPO 绩效影响因素的标准化回归方程为:

KPO 绩效 = 0.181 × 沟通能力 + 0.296 × 创新能力 + 0.342 × 投入程度

+ 0.140 × 知识产权保护 – 0.202 × 知识专用性

标准化回归系数 Beta 已去除了常数的影响,可以用于预测变量之间解释力的比较。从标准化的回归方程可以看出投入程度对 KPO 绩效的影响最大,其次是转移主体的创新能力,进而是转移主体的知识产权保护、沟通能力,这 4 个变量的回归系数均为正值,表明对因变量均呈现正向影响。此外,知识专用性对 KPO 绩效有显著的负向影响。

### 三、结果讨论

1. 知识特性对 KPO 绩效的影响

在研究回顾和访谈的基础上,本章选取知识的内隐性和专用性作为知识特性维度下主要的分析指标,相关分析结果显示,在 0.05 的显著水平下,知识的专用性与 KPO 绩效之间存在显著的负相关关系;而知识的内隐性与 KPO 绩效之间的关系不显著。回归分析进一步证明,知识的专用性在 0.05 的水平上回归系数的检验显著,回归系数为

－0.064；知识的内隐性没有通过回归分析检验。综上可知，知识的专用性对 KPO 绩效具有显著的负向影响。

知识本身属于转移的内容，会对知识转移的难度造成一定的影响。本章经过实证分析发现，知识的专用性对 KPO 绩效具有负向影响，这与 KPO 业务本身专业程度高的特性相吻合，假设 2 得到了验证。Polanyi①、Winter②、Reed 和 Defillippi③、Zander④、Teece⑤、Szulanski⑥ 等学者的研究均证明知识内隐性与知识转移效果间存在显著的负向关系，而本章发现知识的内隐性在统计学层面上未表现出对 KPO 绩效的显著影响（假设 1 未通过检验），这可能与被调查群体的综合素质较高存在一定联系。KPO 对人员素质要求较高，从事 KPO 业务的人员一般都是具有专业背景的高端人才，他们具有很好的专业能力、学习能力及沟通能力，在一定程度上克服了隐性知识难以表达及转移的障碍。再者，本章的调查对象主要来自生物医药研发外包这一具有代表性的行业，专业性强，KPO 项目人员之间具有比较系统的沟通话术，这也在一定程度上削弱了知识内隐性的阻碍作用。此外，由于本章的调查样本数量偏少，也可能存在统计学意义上的偏差。因此，知识内隐性对 KPO 绩效的影响还需进一步加以验证。

2.转移主体对 KPO 绩效的影响

从上述相关分析可知，转移主体维度中所涉及的转移意愿、沟通能力、专业能力、创新能力四个指标均在 0.01 的显著性水平下与 KPO 绩效之间存在显著正相关关系，相关系数分别为 0.408、0.511、0.574、0.629。其中，①创新能力的相关系数最大，这表明其对 KPO 绩效的影响最大。结合回归分析结果，本章发现转移主体的创新能力在 0.01 水平上回归系数的检验显著，标准化回归系数为 0.296。这一结果与 Hoegl 和

---

① KELLY M. Personal knowledge：toward a post-critical philosophy[J]. Archives of internal medicine，1963(1)：139 － 142.

② WINTER S. Knowledge and competence as strategic assets[J]. Strategic management of intellectual capital，1987，10(4)：20 － 28.

③ REED R, DEFILLIPPI R J. Casual ambiguity，barriers to imitation，and sustainable competitive advantage[J]. Academy of management review，1990，15(1)：88 － 102.

④ ZANDER U, KOGUT B. Knowledge and the speed of the transfer and imitation of organizational capabilities：an empirical test[J]. Organization science，1995，6(1)：76 － 92.

⑤ TEECE D J. Competition，cooperation and innovation：organizational arrangements for regimes of rapid technological progres[J]. Journal of Economic Behavier and Organization，1992(18)：－25.

⑥ SZULANSKI G. Exploring internal stickiness：impediments to the transfer of best practice within the firm[J]. Strategic management journal，1996(7)：27 － 44.

Wagner[1] 的研究结论相一致,创新能力的提高有助于提升组织绩效。这一结果也符合 KPO 高创新性的特点,体现出 KPO 以知识创新为最终目标。②沟通能力在 0.05 水平上回归系数的检验显著,标准化回归系数为 0.181,说明沟通能力对 KPO 绩效具有显著影响。③转移意愿和专业能力两个变量未通过回归检验。与这一结果不同,Currie 等[2]对 KPO 接包方人员进行了实地访谈,他们发现发包方在选择合作方时,比较关注接包方的技能水平,特别是在专门领域的专长能力。本章在实地访谈的过程中也发现接包方的专业能力对 KPO 项目的成功具有重要影响,但专业能力对 KPO 绩效的影响程度在回归分析中没有得到支持,其原因还需在后续研究中做进一步的考察。

3. 关系质量对 KPO 绩效的影响

Sen 和 Shiel[3] 指出,KPO 双方之间的关系质量至关重要,双方能否实现高水平的沟通、相互理解、相互信任对于 KPO 项目能否获得成功具有重要意义。对于关系质量这一维度,本书主要考察了信任程度和满意程度两个变量对 KPO 绩效的影响。相关分析结果显示,信任程度、满意程度均获得 0.01 水平下的显著正相关,相关系数都为 0.468。在回归分析中,信任程度、满意程度两个指标均未通过回归检验,这说明两个变量与 KPO 绩效之间不存在显著的线性关系。综合上述相关分析和回归分析结果,本书认为信任程度和满意程度对 KPO 绩效的影响程度一般(假设 7、假设 8 部分成立)。这一研究结果与 Sen 和 Shiel 的研究结论不谋而合。可见,接包方和发包方的关系质量是双方达成合作的基础,并且良好的关系质量有助于促进双方的交流,从而在一定程度上降低合作中的风险,对 KPO 绩效起到一定的促进作用。至于为何信任程度和满意程度均未通过回归检验,可能是由于这两个变量对 KPO 中的知识转移有促进作用,但是对 KPO 绩效本身的影响并不大;抑或是由于本次调查对象来自生物医药研发外包的代表性企业,其 KPO 业务颇具规模,和主要客户一直保持长期合作关系,行业内部也形成了较成熟的一套行业规则,所以 KPO 业务双方对关系质量影响的感

① HOEGL M, WAGNER S M. Buyer-supplier collaboration in product development projects[J]. Journal of management,2005(31):530 – 548.

② CURRIE W L,MICHELL V,ABANISHE O. Knowledge process outsourcing in financial services:the vendor perspective[J]. European management journal,2008,26(2):94 – 104.

③ SEN F, SHIEL M. From business process outsourcing (BPO) to knowledge process outsourcing (KPO): some issues[EB/OL]. [2015 – 02 – 21]. https://www. researchgate. net/publication/290692764_From_business_process_outsourcing_BPO_to_knowledge_process_outsourcing_KPO_Some_issues.

知并不敏感。

4. 情境因素对 KPO 绩效的影响

相关分析结果显示,投入程度与知识产权保护两个变量在 0.01 水平下显著相关,相关系数分别为 0.578、0.531,这一结果证明情境因素中的两个指标与 KPO 绩效均具有较强的正相关关系。而且,投入程度在 0.01 水平下通过了回归检验,知识产权保护在 0.05 的水平下通过了回归检验,回归系数分别为 0.342、0.140。因此,可以认为情境因素中的投入程度、知识产权保护是 KPO 绩效的重要影响因素(假设 9、假设 10 成立)。在以往的研究中,并没有学者关注过投入程度、知识产权保护对外包绩效的影响,而本章的研究证明这两个因素对 KPO 绩效存在显著影响。

结合相关分析和回归分析结果,对本章提出的研究假设验证情况如表 8-18 所示:

表 8-18　研究假设检验结果

| 假设编号 | 假设描述 | 是否成立 |
| --- | --- | --- |
| 1 | KPO 中所转移知识的内隐性与 KPO 绩效之间存在负相关关系 | 不成立 |
| 2 | KPO 中所转移知识的专用性与 KPO 绩效之间存在负相关关系 | 成立 |
| 3 | KPO 项目人员的知识转移意愿与 KPO 绩效之间存在正相关关系 | 部分成立 |
| 4 | KPO 项目人员的沟通能力与 KPO 绩效之间存在正相关关系 | 成立 |
| 5 | KPO 项目人员的专业能力与 KPO 绩效之间存在正相关关系 | 部分成立 |
| 6 | KPO 项目人员的创新能力与 KPO 绩效之间存在正相关关系 | 成立 |
| 7 | KPO 发包方与接包方间的信任程度与 KPO 绩效之间存在正相关关系 | 部分成立 |
| 8 | KPO 发包方与接包方间的满意程度与 KPO 绩效之间存在正相关关系 | 部分成立 |
| 9 | 对 KPO 项目的投入程度与 KPO 绩效之间存在正相关关系 | 成立 |
| 10 | 对 KPO 项目的知识产权保护与 KPO 绩效之间存在正相关关系 | 成立 |

最后,根据研究假设的验证结果,本章对所构建的 KPO 绩效影响因素模型进行了修改,优化后的模型见图 8-6:

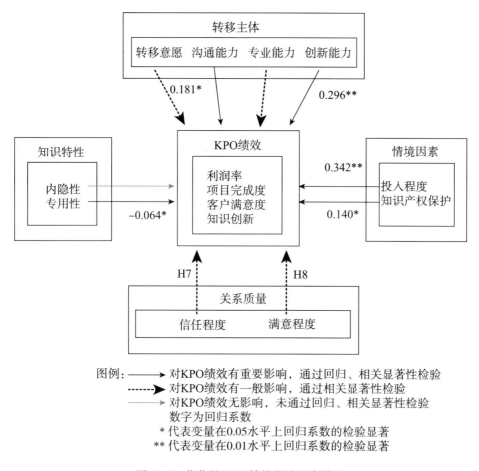

图例：——→ 对KPO绩效有重要影响，通过回归、相关显著性检验
　　　------→ 对KPO绩效有一般影响，通过相关显著性检验
　　　——→ 对KPO绩效无影响，未通过回归、相关显著性检验
　　　数字为回归系数
　　　* 代表变量在0.05水平上回归系数的检验显著
　　　** 代表变量在0.01水平上回归系数的检验显著

图 8-6　优化的 KPO 绩效影响因素模型

# 第五节　研究结论与启示

## 一、知识流程外包绩效的影响因素

结论 1：知识专用性、转移主体的沟通能力、转移主体的创新能力、投入程度、知识产权保护对 KPO 绩效存在显著的线性关系，是影响 KPO 绩效的重要因素。

KPO 属于知识密集型服务，知识本身的特性对于 KPO 中知识转移的效率和成功率具有非常重要的作用。结合相关分析和回归分析结果可知，知识的专用性对 KPO 绩效具有显著的负向影响，这表明 KPO 业务中所涉及的知识专业性较强，增加了 KPO 虚拟组织成员间知识转移的难度,进而影响了 KPO 绩效。

知识在 KPO 的发包方和接包方间进行转移。首先,需要双方人员的主观能动性,若双方主观上不愿意发送、吸收知识,则双方的知识共享很难实现。在 KPO 双方都有较高的知识转移意愿的前提下,需要转移主体具有良好的沟通能力。有效沟通可以保障合作双方能够准确地了解彼此之间的认知差异,实现知识的良好转移。而且 KPO 业务大都涉及企业价值链高端的核心业务层,在技术含量上具有较高的要求,对转移主体的专业能力有较高要求。创新能力是所有因素中对 KPO 绩效影响力最大的,这也表明知识创新是 KPO 业务的核心所在。

企业对 KPO 项目投入的资金、人员越多,KPO 绩效会越高。KPO 中的知识转移归根到底是人的活动,而充足的资金、人员投入能够充分调动 KPO 项目人员的主观能动性,可以极大地促进 KPO 绩效的提升。

知识产权作为无形资产,可以充分发挥其经济价值和市场价值。但在 KPO 的知识转移过程中,知识产权的实施和运营面临着较大风险,直接影响着知识产权价值的发挥及商业利益的变化,对 KPO 绩效有重要的影响。

结论 2:转移主体的转移意愿、转移主体的专业能力、双方的信任程度及满意程度与 KPO 绩效有着显著的相关性,对 KPO 绩效也具有一定程度的影响。

一般情况下,KPO 双方的关系质量是可以共同合作,做出长期承诺的基础,相互合作的组织可以通过提升合作关系以提高绩效。其影响效果不显著,可能是因为被调查企业以生物医药研发为主,是 KPO 领域中发展最为成熟的行业之一,再者,本次被调查公司的规模都比较大,有相当一部分长期固定的客户群体,因此被调查者对双方关系质量的感知并不敏感。

结论 3:知识的内隐性在统计学意义上对 KPO 绩效无显著的影响。

知识内隐性没有表现出对 KPO 绩效的显著影响,可能是由于 KPO 业务本身专业性较强,发包方和接包方对本领域内的知识有很好的掌握,具有较为成熟的术语体系来进行描述和传递,解决了隐性知识难以转移的问题。

**二、实践启示**

针对以上研究结论,本书最终对如何提升 KPO 绩效,促进整个服务外包产业的发展,提出如下建议:

（一）国家层面：完善组织体制保障，加大政策支持力度

1. 组织体系保障

首先，商务部、发改委等国家相关部委应通力合作，研究出台相关的扶植政策，支持组建知识流程外包协会、管委会等组织，加强对 KPO 业务的推进。

其次，各示范城市完善 KPO 推进机制，提升政府部门对 KPO 产业的重视程度，结合本地自身情况，制定具有地方特色的扶植政策。

最后，服务外包示范园区管委会等管理机构应结合本园区实际情况，对国家及地区所制定的相关政策深入解读，做好对 KPO 的指导、宣传等工作，在园区内部为企业提供交流经验、人才培训的平台，鼓励创新，建立相应的激励机制。

2. 政策支持

首先，要完善财政资金扶持政策体系，对于 KPO 这一新兴的服务外包领域给予特殊的资金支持及税收优惠政策。

其次，健全投融资政策体系，鼓励金融机构对 KPO 企业的支持，鼓励运用创投、担保等形式支持 KPO 企业的发展，积极引导社会资本进入到 KPO 领域。

最后，优化人才扶植政策，鼓励高校、人才培训机构与企业间合作培养 KPO 相关业务人才，促进产学研一体化发展。出台高端人才、创新型人才评定标准，对所需引进的人才在落户、住房、薪资等方面给予支持。

（二）市场层面：充分发挥市场对资源配置的基础性作用，完善知识产权保护体系

以市场为导向，发挥市场对资源配置的基础性作用，建立政府与市场高效互动的机制，充分调动企业作为市场主体的主观能动性，加大对企业的培育和扶植力度，不断优化及规范市场环境，避免行业内的无序竞争。

鼓励 KPO 企业自主创新，积极申请国内外专利，整顿和规范整个市场的运营秩序，建立公平、公正、公开的市场竞争环境。

（三）企业层面：加大投入力度、聚焦创新发展

企业要充分利用国家、地方扶植外包企业发展的各项政策。在承接高附加值、高技术含量的离岸外包业务的同时，深度挖掘在岸外包业务，开拓更广阔的接包市场，不断提升自身竞争力，吸引更多可利用资本及高尖端人才。

企业要加大对 KPO 项目的资金投入及人才投入，企业高管要增强对项目的重视程

度,保障项目实施所需的各项基础设施。积极开展人员培训活动,为员工提供提升自身业务能力及综合素质的广阔平台,促进企业内部的知识共享。完善激励制度,充分调动员工的主观能动性,增强员工对企业的认同感和信任感。

鼓励创新,以创新带动整个企业的大发展。加强与高校、研究机构及行业内国内外领先企业的交流与合作,不断吸收、掌握新技术,提高创新能力。建立奖励制度,促进员工积极思考,不断创新。

(四)员工层面:培养学习意识,提升自身综合素质

作为整个 KPO 项目的灵魂,"人"的因素对项目的成败起着至关重要的作用。所以说,企业员工可以通过参加培训课程等方式,不断充实自己,培养良好的学习能力,及时增加自身的知识储备,加强对专业知识的掌握。同时,员工应注重自身综合素质的提升,在工作和生活中不断提升自己的沟通能力、创新能力等,提高自身的核心竞争力。

### 三、局限性与展望

在研究过程中,本研究力图通过理论研究与实证分析,从知识转移视角,挖掘出影响 KPO 绩效的主要因素,但由于本人自身能力及环境条件的限制,本研究尚存在一些局限:

第一,理论框架的局限性。本研究聚焦 KPO 这一特定情境下知识转移的影响因素,并探讨这些因素与 KPO 绩效的关系,是一个比较新颖的研究角度,没有直接的文献资料作为参考。并且,对于 KPO 的研究本身就处于起步阶段,还没有形成系统的研究体系,可参考的文献资料不多。因此,本研究所构建的理论模型多参考知识转移的相关基础理论,理论基础相对薄弱,对于影响因素的抽取,主要是结合了 KPO 中知识转移本身的特点进行筛选,覆盖范围可能不够全面,KPO 绩效影响因素模型的构建存在局限性。

第二,样本选取的局限性。由于自身能力和环境条件的限制,在调研样本的选取方面,本研究主要站在接包方的角度进行调查,选取了四家 KPO 接包方企业的项目人员作为调查对象,而未涉及知识转移的另一方主体——发包方,并且被调查者绝大部分来自生物医药研发领域,行业范围较窄,数据来源相对单一。此外,本研究仅回收了 103 份有效问卷,样本容量较小。综合以上两点不足,本研究的样本代表性可能受到一定影响。

第三,数据分析的局限性。在数据分析方面,本研究主要进行了描述性统计、量表

的信度和效度检验，并利用相关分析和回归分析对研究假设进行了简单的验证，没有考虑工作经验等控制变量对 KPO 绩效的影响以及变量之间是否具有联动效应。因此，本章的数据分析有一定的局限性。

为弥补本研究的不足，本章提出以下研究展望，以期对未来的研究提供参考：①进行深度访谈，完善现有模型。通过与 KPO 不同行业内资深业务人士的面对面访谈，进一步确定在实际工作中，衡量 KPO 项目绩效的指标。探究有哪些因素会影响到 KPO 的绩效，其中哪些是本研究已覆盖的，哪些需要进一步进行验证，以更为全面、深入地提炼 KPO 过程中知识转移的影响因素，完善本研究所构建的模型。②扩大样本范围，分群体、分行业进行比较研究。首先要扩大调查的样本数量，同时要扩大调查对象所覆盖的范围，从发包方和接包方两个角度对 KPO 绩效的影响因素进行研究，并比较发包方与接包方这两个调查主体所关注的 KPO 绩效影响因素有何差异。将调查样本扩展到 KPO 的多个行业领域，如比较具有代表性的工业设计、动漫研发等。比较不同行业间对 KPO 绩效的评价体系有何差异、在 KPO 绩效的影响因素方面有何差异。③对相关变量之间的关系进行深入研究。本研究检验了知识特性、转移主体、关系质量、情景因素四个维度下十个自变量与因变量 KPO 绩效间的关系，但这些变量之间可能存在一定的联动关系，比如 KPO 发包方及接包方成员的沟通能力对双方之间的关系质量是有一定影响的。因此，在未来的研究中，可以在本章的基础上进行更为深入的分析，不断优化 KPO 绩效影响因素模型。

# 本章小结

本章结合服务外包理论与知识管理理论，从知识转移视角挖掘在 KPO 中影响发包方与接包方间知识转移的关键因素，并探讨其与外包绩效的关系，构建知识流程外包绩效影响因素的理论模型，并提出相应的研究假设。同时，对天津经济开发区、苏州工业园区内 6 名外包企业的负责人进行实地访谈，参考访谈结果及前人的相关研究，设计相应的调查问卷，面向接包方企业内的知识流程外包项目人员发放，回收 103 份有效问卷。运用 SPSS 统计软件对调查数据进行统计分析，检验研究假设和理论模型。结果表明：①知识专用性对 KPO 绩效具有显著的负向影响；知识内隐性在统计学层面对 KPO

绩效不存在显著影响。②转移主体的沟通能力、创新能力对 KPO 绩效有显著的正向影响;转移意愿、专业能力对 KPO 绩效有正向影响,但不显著。③KPO 双方的信任程度、满意程度对 KPO 绩效有正向影响,但均不显著。④投入程度、知识产权保护对 KPO 绩效有显著的正向影响。最后,本章提出了对 KPO 绩效提升的建议:从国家层面来讲,应完善组织体制保障,加大政策支持力度;从市场层面来讲,应充分发挥市场对资源配置的基础性作用;从企业层面来讲,应加大投入力度、聚焦创新发展;从员工自身来讲,应增强学习意识,提升自身综合素质等。

# 第九章　中国知识流程外包与知识密集型服务业发展战略与政策措施

## 第一节　中国知识流程外包发展战略——以环渤海地区为例

### 一、环渤海地区服务外包格局

环渤海地区位于我国华北、东北、西北三大区域接合部,包括北京市、天津市、河北省、辽宁省、山东省和山西省、内蒙古自治区,面积186万平方公里,2014年末常住人口3.14亿人,地区生产总值18.5万亿元,分别约占全国的19.4%、23%和27%。环渤海地区幅员广阔、连接海陆,区位条件优越、自然资源丰富、产业基础雄厚,是我国最具综合优势和发展潜力的经济增长极之一,在对外开放和现代化建设全局中具有重要战略地位①。其中,北京、天津、河北、辽宁、山东是环渤海地区的核心区域和对外开放战略前沿,也是辐射带动整个区域合作发展的重要引擎,本书将以这一区域为代表,探讨中国知识流程外包发展战略。

为了解这一区域服务外包的发展现状,本书首先从服务外包示范城市、KPO服务基地、KPO典型企业三个层面对服务外包布局进行梳理。

(一)服务外包示范城市

1.北京市

作为政治、经济、文化的国际交流中心,北京是国内综合实力最强的城市之一。

---

① 环渤海地区合作发展纲要[EB/OL].[2017-05-27]. http://www.gov.cn/foot/site1/20151024/84371445667586814.pdf.

2007年,北京成为商务部正式授牌的服务外包示范城市。就环境条件来说,北京具有完善的基础设施、优越的地理位置、良好的社会环境以及相关政策的扶持,诸多有利条件推动着北京市成为全球服务外包交易中心。

从服务外包的角度来说,北京市以促进现代服务业发展为目标,以承接跨国公司离岸外包业务、提高外包企业竞争力为核心,以发展高附加值的服务外包为重点,以软件与信息服务外包、金融服务外包、技术研发外包、商务服务外包、物流服务外包、生物医药外包、设计创意外包、财务管理外包、人力资源外包等领域为主要发展方向;大力发展离岸服务外包业务,积极拓展欧美和日本市场,致力于打造离岸外包交易中心。

2016年,北京市离岸服务外包执行额49.05亿美元,同比增长9.04%。其中,信息技术外包(ITO)30.85亿美元、业务流程外包(BPO)9.07亿美元、知识流程外包(KPO)9.13亿美元,执行金额占离岸服务外包执行总额的比重分别为62.9%、18.5%和18.6%①。足以看出,北京市的服务外包业发展态势良好,执行额的逐年增长也将成为推动产业转移的重要动力。

2. 天津市

天津市位于渤海湾的中心位置,是中国北方重要的港口城市。作为商务部正式授牌的服务外包示范城市之一,天津发展服务外包产业不仅具有天然港口和区位的优势,还在人力资源、基础设施、综合商务成本等方面集聚了发展服务外包产业的优势和潜力。

2007年,天津市启动了服务外包产业基地的建设项目,服务外包发展主要集中在知识流程外包上,大体可以分为三个方向:金融服务外包、生物医药服务外包及基于机械和电子制造业的嵌入软件和产品设计服务外包产业。全球服务外包100强企业中,共有20余家在天津设立了分支机构并开展国际业务,如CSC、TATA、大宇宙、文思创新等。天津市商务委员会公布的数据显示,2015年,天津市服务外包企业达830家,全市实现服务外包执行额21.6亿美元,同比增长7.1%,其中,离岸服务外包执行额9.7亿。服务外包执行额是2010年的6.3倍,离岸服务外包执行额是2010年的4.6倍,均超额完成"翻两番"的"十二五"规划目标②。高技术性、高附加值的KPO成为天津市服务外包

---

① 2016年北京市离岸服务外包执行额同比增长9.04%[EB/OL].[2017-01-13].http://www.chnsourcing.com.cn/outsourcing-news/article/107716.html.

② 市商务委关于印发天津市服务外包"十三五"规划纲要(2016—2020)的通知[EB/OL].[2017-05-27].http://www.tjcoc.gov.cn/html/2017/zhengcefagui_0413/42716.html.

产业的主体,业务执行额占到全市业务总额的43.6%,ITO、BPO业务执行额占比分别为42.9%、13.5%。离岸业务中,KPO、ITO、BPO业务的比重分别为49.6%、29.4%、21.1%[①]。在"十三五"时期,天津市正在进一步推动本土企业发展,开拓国际市场,积极促进国际国内市场联动。

3. 大连市

作为东北亚的商贸、金融、资讯、旅游中心,大连市位于东北经济区和环渤海经济圈的核心位置,与日本、韩国、朝鲜、俄罗斯的远东地区相邻。2006年8月,大连市被商务部与信息产业部授予首个"中国服务外包基地城市"称号,是中国政府批准的国内唯一一个"软件产业国际化示范城市"[②]。

作为东北亚地区的核心城市,大连借力经济的飞速发展,在通信与交通等基础环境方面为服务外包业的发展提供了重要保障。进入21世纪后,鉴于ITO、BPO在世界范围内的兴起,大连市提出了"大连,中国IT外包中心"的发展目标,利用地缘优势积极开拓日本市场和韩国市场,使得一大批日本和韩国企业落户大连,日韩外包业务也源源不断地转移到了大连。目前,对日软件出口和外包业务已经成为大连服务外包的特色,以软件外包为核心的服务外包产业在大连得到了长足的发展。在发展中,大连市已经搭建起以ITO、BPO和研发中心三大产业类型为核心的服务外包产业体系,建立了完整的服务外包产业链。

4. 济南市

济南市作为环渤海地区的重要中心城市,是中国重要的交通枢纽和物流中心,同样也是商务部授牌的"中国服务外包示范城市"之一。2006年,济南市先后被评为"国家信息通信国际创新园"(China International ICT Innovation Cluster,CIIIC)、"中国服务外包示范城市"和"国家软件出口创新基地",济南市的软件与信息服务外包产业迎来了新的发展阶段[③]。

总体来说,济南高新技术、信息产业发展水平相对较好,IT产业经济总量规模较大,

---

① 市商务委关于印发天津市服务外包"十三五"规划纲要(2016—2020)的通知[EB/OL].[2017 - 05 - 27].http://www.tjcoc.gov.cn/html/2017/zhengcefagui_0413/42716.html.

② 商务部等授予大连市"中国服务外包基地城市"称号[EB/OL].[2017 - 05 - 27].http://www.gov.cn/jrzg/2006 - 08/04/content_354848.htm.

③ 国家信息通信国际创新园(CIIIC)简介[EB/OL].[2017 - 05 - 27].http://www.chnsourcing.com.cn/outsourcing-news/article/84932.html.

公共软硬件技术支撑平台功能完善,同时还拥有国家唯一的信息通信国际创新园,这些有利的条件为济南市发展服务外包业提供了必要的技术及保障。济南市的服务外包主要以软件外包为主,软件研发占整个外包业务的80%以上。目前,济南市已经建立起以高新区为基地,以齐鲁软件园为中心,以软件外包为主体的外包产业群。企业的迅速成长不仅有力推动了服务外包出口的发展,而且为济南市服务外包规模扩张和质量提高奠定了良好的基础。

2016年,济南服务外包继续保持稳步增长,离岸服务外包执行额同比增长10.2%。作为蓬勃发展的新兴产业,济南市的服务外包产业以其智力资源密集、科技含量高、绿色低碳、外溢效果突出等特性,成为推动新一轮经济转型发展的重要引擎[①]。所以,加快外包服务业的发展步伐,可以在济南市的经济增长方式转变、经济结构调整、产业升级等诸多方面发挥重要作用。

(二)知识流程外包服务基地

1. 北京市

(1)北京中关村软件园。中关村软件园于2000年立项并开始进行规划,总占地面积139公顷。园区位于北京市海淀区东北旺,是中关村国家自主创新示范区中的新一代信息技术产业高端专业化园区,同时也是北京建设世界级软件名城的核心区域,更是中国创新驱动发展战略体系成果的展示窗口以及国际合作与技术转移的关键节点。

依托北京中关村软件园发展有限责任公司,园区携手北京双高人才发展中心等优秀中介服务机构,为入园企业提供工程服务、物业服务、人才派遣服务、创业投资服务、产权经纪与注册代理服务、法律服务和税务服务以及招聘和培训方面的专业化服务。从组织结构上来说,中关村软件园设有知识产权登记中心、软件企业评估与认证中心、软件工程咨询中心、软件产品质量评测中心等,为软件企业的产品开发、质量管理提供服务。园区集众多服务于一体,这不仅成为吸引企业入驻的有利条件,还为园区在软件与信息服务业领域率先成为具有全球影响力的科技创新中心奠定了坚实的基础。

园区吸纳了众多的软件企业,进驻的企业多向客户提供软件研究开发等业务的外包服务。截至2016年底,园区集聚了联想(全球)总部、百度、腾讯(北京)总部、新浪总

---

① 查庆才,胡松.济南总结2016:全力打造最具特色服务外包城市[J].服务外包,2017(2):70-71.

部、亚信科技、华胜天成、文思海辉、博彦科技、软通动力、中科大洋、启明星辰、中核能源、广联达等逾 500 家国内外知名 IT 企业总部和全球研发中心,其中,2016 年新增科大讯飞、国科量子、中国科大、树根互联、华米科技等多家龙头企业。园区每平方公里产值 699 亿元,园区 2.6 平方公里上的单位密度产出居于全国领先地位[①]。

(2)北航科技园。依靠北京航空航天大学的学科优势和人才优势,北航科技园将高校的综合智力资源与社会优势资源结合,在孵化高新技术企业、转化高新科技成果、培养创新创业人才、推进产学研结合、促进行业技术进步和地方经济发展等方面取得了一定的成绩。2017 年,北航科技园入驻企业有 238 家,业务领域涉及电子信息、航空航天、光机电一体化、生物医药、能源环保、科技中介、金融投资、商业贸易等,其中在孵企业 145 家,高新技术企业 43 家,园区总收入超过 70 亿元[②]。

2. 天津市

(1)泰达服务外包产业园。园区于 2007 年底奠基,坐落于天津经济技术开发区东部,园区按世界一流的基础设施标准进行开发建设、运营管理。园区占地面积 89 万平方米,西起开发区北海路,东至天津港保税区,南临滨海国际会展中心,北靠开发区现代产业区。

泰达服务外包产业园以支持地区产业发展为目标,同政府紧密合作,共同构建生态化的商务园区,充分利用天津的地理优势和京津冀丰富的人才资源优势,依靠天津滨海新区发展带来的机遇和相对独立的优惠政策,吸引国内外优秀企业入园并提供符合国际标准的专业化服务,帮助客户实现可持续发展,为社会创造高质量的就业空间。

目前,已入驻的园区企业有国家超级计算天津中心、中软培训、中石油渤海石油装备、华信、联合通商、腾讯、中星电子、渣打银行等众多大型企业及研发机构[③]。园区内企业涉的服务外包业务包括 IT 研发外包、金融财务外包、数据分析挖掘外包等多种 KPO 业务。始于先进制造业,园区也正日益吸引现代服务业、科技型企业、研发机构的入驻,正逐渐得到产业升级的强有力支撑。

(2)天津空港加工区。园区位于天津东部,地处天津市区和滨海新区的交汇处,是滨海新区的门户。园区基础设施条件良好,综合成本优势明显,无论是资料价格还是劳

---

① 园区介绍[EB/OL].[2017 - 05 - 28].http://www.zpark.com.cn/info.aspx?cat_id=218.

② 北航科技园[EB/OL].[2017 - 05 - 27].http://www.chnsourcing.com.cn/industry/park/park/78.html.

③ 泰达服务外包产业园[EB/OL].[2017 - 05 - 27].http://www.chnsourcing.com.cn/industry/park/park/4.html.

动力成本在全市都是最低的,而降低成本正是国外厂商将业务外包的重要因素,这就造就了天津空港加工区在基础设施上的优势。

就园区内企业所涉及的外包业务而言,空港加工区现有专门从事服务外包的企业总数达到50家,且外包服务业务涉及软件外包、人力资源管理外包、财务管理外包、系统维护外包、第三方物流等多种形式的服务外包业务。这些企业中有1家通过了CMMI5级认证,20多家服务外包企业通过了ISO 9000认证、双软认证、计算机系统集成资质认证。软件从业人员达3000余人①。空港加工区还将完善中介服务体系,为企业提供法律、科技成果转化、企业管理咨询、人才交流、产权交易、信用评估等全方位的中介服务,向知识流程外包的高端业务持续迈进。

3. 大连市

(1)大连软件园。由大连软件园股份有限公司(DLSP)建设运营的大连软件园于1998年奠基,位于大连市西南部星海湾畔的高教科研文化区和高新技术产业区。目前,大连软件园已发展成为国内最具规模的ITO、BPO、KPO产业基地和产学研一体的生态科技园区,并建设成了一个集工作、生活、商务于一体的国际化科技新城,成功实现了软件企业和人才的高度聚集,为大连市创造了巨大财富,节省了大量能源,也推动着大连经济结构的不断调整升级,使之成为亚太区的软件和服务创新中心,中国城市化发展进程中的一个成功标杆。

2006年,大连市被商务部和信息产业部联合认定为"中国服务外包基地城市",大连软件园也被授予国内首个"中国服务外包基地城市示范区"称号。2016年3月,大连软件园荣获"2015年度中国服务外包产城融合最佳示范园区""2015年度全球最佳服务外包园区——中国十强"两项大奖②。

大连软件园汇聚了美日韩等多国的企业。截至2012年底,大连软件园入园企业数量约650家,包括HP、埃森哲、松下、索尼、日立、NTT、Oracle、AVAYA、NEC、Fidelity、BT等48家世界500强企业,是大型跨国公司在中国设立区域服务支持中心和共享服务中心的首选目的地之一③。2012年,大连软件园实现销售收入506亿元,软件和信息服务

①　服务外包示范园区—保税区[EB/OL].[2016 - 12 - 02]. http://www. tj-fwwb. com/carrier/park/2016-11-02/835. html.

②　亿达集团大连软件园区荣膺"最佳服务外包园区——中国十强"[EB/OL].[2016 - 03 - 27]. http://www. chnsourcing. com. cn/outsourcing-news/article/?i = 102949.

③　大连软件园[EB/OL].[2017 - 05 - 27]. http://baike. baidu. com/link? url = W6c2xC6DaBQuORyulVYhKpl5GCfZCOvCg1lkg1sOCnL0zvlJeZltHY4XSg1eBaBN4wQJo2SP-ltR3tlEEWXxzpBg3KH4RF50Y35Ao0i1i_WZHTAgk7iV_RNtXTxNkJIUuOGKQDvDM5OGZGLljrO5xq.

出口达到 18 亿美元,成为大连软件和信息服务业发展的核心区①。

(2)大连高新技术产业园区。大连高新区建立于 1991 年 3 月,是首批国家级高新技术产业园区之一,是中国东北高新技术产业集聚的高地和自主创新的平台。

大连高新区主要发展以软件和信息技术服务外包为主导,以网络及电子商务、动漫游戏及文化创业、生命科学、设计、新材料和新能源、智能制造、科技金融为特色的现代服务业。其先后被授予中国唯一的"国家软件产业国际化示范城市"和"国家创新型软件产业集群"称号,中国首家"国家创新型特色园区"以及中国"国家软件产业基地"和"国家软件版权保护示范城市"等荣誉。2013 年,高新区荣获"国家级文化和科技融合示范基地"称号,成为全国创新创业的高地。

大连高新区是软件和服务外包产业的核心区,同时也是辽宁沿海经济带重点发展区域,软件和服务外包产业呈高端化、规模化、集群化发展趋势,目前已拥有企业 1220 家,收入达到 1108 亿元②。

4. 济南市

(1)齐鲁软件园。1995 年 11 月,齐鲁软件园成立。园区位于济南高新技术产业开发区,是一个以软件为核心,延伸至服务外包、动漫游戏、通信、半导体、系统集成等多个产业门类的信息和通信技术产业专业园区。在继承了上述众多发展特色的同时,齐鲁软件园在发展中求突破,在突破中找亮点,计划打造成为山东省最大的服务外包专业园区。

经过 20 多年的发展,齐鲁软件园已成为中国重要的软件产业基地,微软、IBM、英特尔、沃尔沃、日本电气公司、日立等世界 500 强企业在园区设立分支机构及开放实验室,最大的服务器研发基地、最大的中间件研发基地、最大的商用加解密研究基地等都相继诞生于此。2015 年底,齐鲁软件园拥有入园企业 1750 家,从业人员达 10 万人,园区实现技工贸总收入 1500 亿元,软件和信息服务业收入突破千亿元③。

立足于当前发展的同时,园区致力于重点发展软件、数据处理、物联网、呼叫中心、设计与创意、测试服务、集成电路设计、游戏动漫等离岸和在岸外包业务,兼顾引进外包

---

① 大连软件园股份有限公司[EB/OL]. [2017 - 05 - 27]. http://www. dlsoa. org/cn/member/52bd532a4f0b8309bc12e728.

② 园区概况[EB/OL]. [2017 - 05 - 27]. http://www. ddport. com/yqgk/gk/content. html.

③ 园区介绍[EB/OL]. [2017 - 05 - 27]. http://www. qilusoft. org/park/park. asp? topic = % D4% B0% C7% F8% BD% E9% C9% DC.

产业所需要的人才培训、金融、商业和生活服务配套,分期实施、滚动发展,建成集生产、生活、生态于一体的世界知名服务外包基地。

(2)济南西区数字创意产业园。该区是济南市大学科技园服务外包示范基地,位于济南长清大学科技园,是由济南西区投融资中心投资设立的,委托上海徐汇产业基地全权运营服务管理的产业园区。园区主要聚集服务外包、动漫、数字、软件文化创意等产业、企业,政府及济南西区为其提供了众多的优惠政策。独特的“一站式”“保姆式”贴心服务已吸引浪潮—微软实训基地、普联软件服务外包(济南)有限公司等知名领头企业入驻①。园区倾向于吸纳服务外包企业,尤其是离岸外包业务的企业,重点关注从事软件开发、生产的企业,从事数字创意及动漫游戏制作的企业以及为发明专利项目转化而设立的创业企业②。

(三)知识流程外包典型企业

1. 文思海辉技术有限公司

文思海辉技术有限公司是一家咨询与科技服务提供商,公司拥有较强的全球运营能力、严格的质量标准和高效的交付流程,致力于成为全球企业“新时代的合作伙伴”,为企业的成功保驾护航。1995 年以来,文思海辉致力于为全球客户提供世界领先的商业/IT 咨询、解决方案以及外包服务,在金融服务、高科技、电信、旅游交通、能源、生命科学、制造、零售与分销等领域积累了丰富的行业经验,其客户涵盖众多《财富》500 强企业。凭借专业的交付能力,文思海辉帮助客户在全球市场中赢得了成功,并且获得合作伙伴和行业分析师的高度认可。迄今为止,该公司已经通过的业界领先的质量与安全认证包括 CMM 5 级、CMMI-SVC 3 级、六西格玛、ISO 27001、ISO 9001:2008、SAS 70 和 PIPA 等。

通过将战略总部设在中国,并在北美、亚太地区、欧洲设立地区总部,文思海辉为客户提供零障碍沟通的个性化定制与最佳经济收益完美结合的优质服务。通过位于美国、欧洲、澳大利亚、日本、新加坡、马来西亚和中国的交付中心,公司可以为客户提供企业应用服务、商业智能、应用开发与维护、移动解决方案、云计算、基础设施管理、软件开发与全球化、业务流程外包等一站式服务,满足客户对全球范围无缝交付和技术

---

①②济南西区数字创意产业园[EB/OL].[2017 - 05 - 27]. http://www. chnsourcing. com. cn/industry/park/park/44. html.

支持的需求,同时提供 IT 研发外包服务,支持客户的业务发展战略,从而帮助客户赢得成功。

文思海辉之所以能够成为中国服务外包的领军企业,除了其自身的强大实力,还在于懂得规避承接离岸外包业务过程中的风险。这大体上可以归纳为以下三点:①克服文化差异。文思海辉的海外市场覆盖了美国、欧洲、日本、马来西亚等多个国家和地区,在全球有几十家分支机构,外籍员工的数量接近 3 万,可以确保为客户提供零障碍沟通的本地化、个性化定制以及 24 小时不间断的优质服务。②赢得客户的信任。文思海辉具有全面的开发测试能力,对大型项目有着较强的管理能力,重视知识产权,再加上全球化这一独特的竞争力,多方面的优势让文思海辉赢得了合作客户的信任。值得一提的是,在其诸多客户中,有相当一部分与文思海辉建立了长期合作关系。③不断进行技术创新。创新是一个企业发展的不竭动力,文思海辉最初的业务是以软件外包服务业为主,经过多年的发展,公司正向应用解决方案服务和软件外包服务并重转变,这将助力文思海辉实现创新转型的目标。未来,文思海辉还将挖掘大数据、智慧金融等服务领域,可以预见,文思海辉业务的扩展将使其成为一个"多条腿走路的巨人"。

2. 埃森哲(中国)咨询公司

埃森哲是少数能够同时为跨国集团和本土企业提供创新性服务的机构之一。埃森哲非常重视中国市场,在中国的业务与中国经济共同迅速成长。作为一家跨国公司,埃森哲既帮助跨国企业更好地开拓中国市场,又与领先的本土企业和政府机构开展广泛的合作。目前,埃森哲在中国的客户中有 80% 是中国的本土企业[1]。

埃森哲在中国开展业务已超过 20 年,于 1989 年在香港及台北设立分公司,1993 年成立上海分公司,1994 年成立北京分公司。2002 年,公司在大连和上海分别成立了埃森哲信息中心以支持全球外包业务。目前,埃森哲在中国设有 6 家分公司:北京、上海、大连、广州、香港和台北,拥有一支超过 5000 人的员工队伍。

埃森哲是全球最大的管理咨询、信息技术和业务流程外包的跨国企业。埃森哲通过企业策略、业务流程、信息技术和人员组织的紧密结合,帮助客户实现具有深远意义

---

① 埃森哲(中国)咨询公司[EB/OL].[2017 – 05 – 27]. http://www.chnsourcing.com.cn/com/2.html.

的变革,提高客户的绩效水平。为了全方位地满足客户的需求,埃森哲正在不断拓展自身的业务服务网络,包括管理及信息技术咨询、企业经营外包、企业联盟和风险投资。因此可以说,埃森哲是一家集数据外包、金融服务外包、财务外包等多种服务外包业务于一体的公司。并且值得一提的是,埃森哲于 2009 年、2010 年、2011 年连续三年荣获了"在华跨国服务外包企业二十强"称号。

外包企业能够取得卓越的绩效,除了外部因素的导向性作用,还要依托主体的运营能力,也就是企业的内部能力。埃森哲在服务外包领域的运营特色在于其运营服务化模式,运营服务化模式(as-a-service)是一种强大的加法力量,它不是单纯的服务叠加,而是根据企业需求,将运营服务化模式与应用软件、关键数据、基础设施和业务流程有机聚合在一起①。埃森哲的运营特色体现在如下三点:①增值服务的多元化。在主营业务之外,埃森哲为客户提供各种增值服务,包括年度报告、行业研究报告等多种形式的研究成果,如《中国白皮书系列》等。埃森哲的研究成果不仅有助于中国企业了解国际服务外包领域的发展趋势与动态,还能为政府提供决策参考,这也在一定程度上为企业树立了良好的形象。②服务模式的创新性。事实上,埃森哲并不是一个简单的外包服务提供商,它在为客户提供创新性的外包服务的同时,还为客户制定高绩效的战略目标。在研发产业链上的投资也给埃森哲带来了回报,在新技术研发成功的前提下,埃森哲迅速将成果投入推广实践,让客户受益,从而提升了客户对公司的认可度。实践表明,埃森哲的发展定位使其受益良多,创新的持续性让埃森哲有能力向客户提供高品质服务,为客户企业带来价值增量。③企业文化的塑造。从某种程度上来说,埃森哲的成功也得益于其完善的知识管理策略。知识共享一直是埃森哲公司的企业文化,作为一个依靠咨询顾问的知识与智慧生存的咨询公司,在埃森哲高层的眼中,一个企业的知识资本(Knowledge Capital)是方法、工具、培训、数据、主意、思考和经验的集合,对企业从事经营活动具有非常重要的价值。基于这种认识,埃森哲致力于帮助客户改进流程、提供外包服务的解决方案,从而强化自身的品牌竞争力,实现多重共赢的战略愿景。

3. 大连华信计算机技术股份有限公司

大连华信计算机技术股份有限公司(简称大连华信)成立于 1996 年 5 月 23 日,注册资金约 1.35 亿元人民币,是以软件技术为核心,从事计算机应用软件开发、系统集成、软件

---

① 运营服务化(As-a-service)助力企业专注创新[EB/OL].[2017 - 05 - 27]. http://www. chinasourcing. org. cn/news/121/62421. html.

外包服务、嵌入式软件、BPO 服务、ITO 服务及 IT 教育与培训等多个业务领域的股份制公司,在国内的北京、济南、天津、深圳、沈阳、成都、长春及日本东京均设有分支机构。

大连华信是中国软件外包业务规模最大的公司之一,作为国内最早一批进入日本市场的软件企业,大连华信在对日软件外包业务领域取得了长足的发展,并与日本电气公司、NEC 软件、NTT(日本电信电话株式会社)数据、日立解决方案有限公司、新日铁系统集成株式会社等众多日本知名企业建立了长期合作关系。在国内市场方面,大连华信作为行业解决方案的提供商,在电信、保险、政府、ERP 等领域有着丰富的经验,成功案例遍布全国 270 多个城市。大连华信的软件技术和信息服务应用于电信、电力、公共、金融、保险、交通、物流、传媒、制造业等多个行业,帮助国内外 400 多家客户改善工作质量,有效地提升了客户价值。

作为中国软件行业的新领军者,大连华信是国家规划布局的重点软件企业之一,位列中国软件产业最大规模前 100 家企业,技术水平居于国内同行业领先地位,具有国家计算机信息系统集成一级资质,并获得了 ISO 9001:2008、CMM 5 级、CMMI 5 级、ISO 27001:2005、ISO 14001:2004、PIPA(个人信息保护合格证书,与日本的 P-MARK 互认)等资质认证[①]。

大连华信取得今天的成绩,与其过去 20 年所积累的丰富经验、全面布局的外包业务领域和完善的管理制度密不可分。就大连华信提供的服务及解决方案而言,大连华信能提供给客户的服务涵盖了教育培训、工程服务、业务流程外包服务等诸多领域;业务解决方案涉及审计信息系统解决方案、办公自动化、客户关系管理、公积金 BI 决策、云服务平台等诸多解决方案,客户可以按需选择;而针对行业解决方案,大连华信除提供金融、通信、教育等行业的解决方案,还涉及其他服务外包提供商不曾涉及的行业,如气象、农业、卫生等领域。除了外包业务的全面布局,大连华信内部结构的管理制度也相对完善,这也为承接客户的外包业务提供了稳固的基础保障。

4. 凯莱英医药集团(天津)股份有限公司

凯莱英医药集团系中国医药研发生产服务外包领军企业。1998 年由洪浩博士在天津经济技术开发区注册成立。集团主要致力于全球制药工艺的技术创新和商业化应用,其范围涵盖了新药临床阶段工艺研发及制备、上市药商业化阶段的工艺优化及规模

---

① 公司介绍[EB/OL].[2017-05-27].http://www.chnsourcing.com.cn/com/55.html.

化生产。经过近 20 年的发展,凯莱英已成为拥有 1400 余名员工,资产超过 10 亿元,在中国投资建立 9 家研发、分析测试、生产及销售方面公司的一体化服务外包集团,成为全球创新药领域的核心服务商之一①。

凯莱英主要从事临床研究阶段的新药和新上市药物原料药和现行药品生产管理规范(Current Good Manufacture Practices,cGMP)标准中间体的研究开发、工艺优化和规模化生产,以绿色制药工艺创新研发为驱动,为客户提供化学、生产和控制(Chemical Manufacturing & Control,CMC)解决方案的一体化服务。集团与世界排名前 15 的跨国制药企业中的 13 家建立起紧密的合作关系,其中包括了诺华、百时美施贵宝、阿斯利康和葛兰素史克等知名企业。在过去的十几年,凯莱英医药集团在全球创新药领域潜心研究,始终占据国际制药技术的制高点,目前在世界主流制药工艺和手段上已与跨国制药企业并驾齐驱,可满足不同客户多元化的定制需求。同时集团始终坚持以技术为驱动力,研发出拥有自主知识产权的颠覆性绿色制药技术,这些技术已广泛应用到抗病毒、抗癌、心脑血管病、糖尿病等重大疾病领域,并已在这些重大疾病领域的创新药和重磅药上实现产业化应用,其服务的产品中有一部分未来有望成为突破性重磅新药。

凯莱英医药集团(天津)股份有限公司(集团母公司)于 2014 年通过了美国食品与药品监督管理局(Food and Drug Administration,FDA)审查,主要从事高效药物原料药和制剂研发生产,已通过多家国际大型制药公司正规 QA/EHS 审查②。多年来,凯莱英申请了近百项国际和国内发明专利,承担"国家重大新药创制""863 计划"等国家、省部级课题及科研创新项目,获得了国家五部委认定的"国家级企业技术中心""中国十大CMO 企业""天津市科技小巨人领军企业""天津开发区 2014 年度百强企业""天津开发区科技小巨人 20 佳"等荣誉称号。近年来,随着集团规模的不断扩大及各项业务的不断开展,凯莱英继续坚持以具有自主知识产权的技术来拓展产品领域,通过多样化的合作模式全方位渗透包括发达国家和新兴国家在内的全球医药市场,在医药研发 CMO 领域占据世界领先地位。

5. 华拓金融服务外包有限公司

与众多的 IT 服务外包企业不同,成立于 2002 年的华拓金融服务外包有限公司(简

---

① 关于凯莱英[EB/OL].[2017 - 05 - 27]. http://www. asymchem. com/cn/about. aspx? CID = 81.
② 在华公司概况[EB/OL].[2017 - 05 - 27]. http://www. asymchem. com/cn/company. aspx? CID = 101.

称"华拓金服"）是国内专业的、规模较大的金融服务外包提供商。公司地处北京市中关村互联网金融中心，在国内多个城市，如北京、上海、深圳、济南、武汉等地设有驻场项目，致力于为中国金融企业提供高标准、全流程、覆盖面较广的金融外包服务。

华拓金服的产品体系涵盖录扫、信审、电销、催收、直催、客服和 BPM，公司广泛承接全国范围内银行信用卡全流程、银行前后台各环节等集中离场、驻场外包业务，并向客户提供"专业化、标准化、规模化"的全流程外包服务，间接助力国内金融企业的内部资源整合、客户体验优化、运营管理及创新能力的提升，从而增强客户企业的核心竞争力。近年来，经济形势推动着国内金融企业在制定竞争战略的过程中，逐渐从"趋同"转向"求异"。因此，差异化核心竞争力的提升和长尾用户的需求满足等方面的问题也逐渐得到重视，但也应注意到，流程再造创新以及价值提升等业务外包效果的评价指标对传统金融外包服务商专业服务能力提出了更高的要求。

事实上，华拓金服的外包业务也在不断扩展，除了金融服务外包业务，华拓金服在行业客户需求挖掘、作业系统自主研发、信息安全处理、运营交付能力、人才储备及管理等方面也都处于行业领先水平，并已与国内 15 家大型银行和 2 家互联网金融企业建立了稳固的合作伙伴关系。具体来说，华拓金服的优势主要集中在以下三点：①运营管理能力。作为一家专业的金融服务外包提供商，华拓金服对工业工程理论结合金融产业的特点有着深刻的理解。实践也表明，华拓金服的外包服务业务是能够满足现代金融工业化的产业发展需求的。不仅如此，随着运营经验的持续积累，华拓金服保持了自身低成本运营的能力，通过集中化的运营模式形成了自身独特的竞争优势。②质量监督与信息安全。华拓金服是国内首家通过 ISO 9001 质量体系认证的服务流程外包企业，也是国内首家通过 ISO 27001 信息安全认证的服务流程外包企业。公司量身设计专用生产、质检流程，实现录入结果准确率的最大化，尤其可观的是，公司数据准确率高达99.99% 以上，也正因如此，公司在客户群体中有了较高的认可度。另外，作为一个接包方，华拓金服尽全力保证服务交付的准确性与及时性，零客户流失率，在整个行业处于领先水平。③合作关系网络。目前，华拓金服与国内主要国有银行总行、主要二线银行保持着长期稳定的合作关系，行业客户覆盖率高。在金融 BPO 领域，华拓金服的产品已经实现了全面覆盖，拥有了各种产品实际运营经验。例如，2012 年 12 月，为了适应某国有大行信用卡业务的发展需要，该行信用卡中心通过公开招标的方式将其信用卡数据营销业务进行外包，华拓数码凭借自身雄厚实力和丰富的信用卡外包业务的经验，成功中标该项目①。

6. 浪潮世科信息技术有限公司

浪潮世科信息技术有限公司是中国领先的 IT 外包服务供应商,其前身是 2001 年 9 月浪潮集团设立的海外事业部。随着全球经济一体化与 IT 行业的发展,国际软件外包市场正在逐步扩大。为了适应新的市场发展要求和国际化发展的战略,2003 年 2 月,浪潮集团结合海外事业部的发展优势,整合内部资源,成立了浪潮世科信息技术有限公司(Inspur Worldwide Services Ltd. ,简称"浪潮世科"),参与软件外包的国际竞争。

浪潮世科将 IT 外包作为企业的核心业务,其业务范围涵盖软件开发、软件测试、托管维护服务、数据录入、迁移服务等方面,除此之外,还涉及通信、交通、石油、出版、制造业、服务业、金融、生物、电力、工商、税务、政府等行业领域。值得肯定的是,自从浪潮世科成立以来,其外包的业务量一直保持高速增长。并且,浪潮世科在凭借自身力量发展的同时,通过企业兼并等策略,迅速扩大了企业规模,提高了核心竞争力。目前,浪潮世科在日本、美国设有独资公司作为市场运营与客户服务中心,并在济南、北京、上海、青岛、深圳、无锡建立了离岸开发中心,形成了市场、开发、服务三位一体的运作体系。浪潮世科通过了 CMM 3 经认证,并且已经成功地开拓了欧美和日本市场,与众多国际知名企业建立了长期、良好的外包合作关系,可以说,凭借在软件外包领域取得的骄人业绩,浪潮世科的综合实力正逐步提升,已跻身于同行业前列,成为国内软件外包行业最具竞争力的企业之一。探究其成功原因,浪潮世科除了拥有众多行业内服务外包商具备的优势,还在人才的培养以及并购策略的选择上具有独特的竞争优势,具体包括:①通过并购扩大自身规模。浪潮世科自成立之日起就拥有优越的发展平台,业绩连年保持高速增长,短短几年时间内就确立了中国服务外包领军企业的地位。在业务速增的同时,浪潮世科也很重视自身规模的扩大,截至目前已成功收购多家从事软件外包的专业团队②。②重视人才的培养。浪潮世科秉承"以人为本"的企业理念,将人才视为企业发展的根本动力,在全球范围内吸纳优秀人才,海外员工比例超过总人数的 10%,高级管理人员由来自日本、美国、加拿大等 7 个国家的行业精英组成,高管层实现高度国际化;同时,浪潮世科十分重视服务外包人才培训,通过内部培训、外部进修等多种渠道,建立了企业、学校、培训机构、政府四位一体的先进培训体系,携手共同培养高素质外包人才。

---

① 关于华拓[EB/OL]. [2017 - 05 - 27]. http://www. htfg. com/? case/tp/216. html.
② 关于我们[EB/OL]. [2017 - 05 - 27]. http://cn. inspurworld. com/About/About. htm.

## 二、环渤海地区知识流程外包战略定位与选择

### (一)国家发展战略定位

在争夺国外市场方面,中国应抓住时机,争夺高端的 KPO 市场,尤其是几个 KPO 发展示范城市;外包示范城市的主体业务应向中高端转移,将较为低端的 BPO 和 ITO 等业务转移到发展较为滞后的地区。总体上,应当实现多级发展,带动式发展;各地结合地域特色,发展地域专长;推进行业协会和战略联盟的形成与发展。

1. 多级发展,带动式发展

在国内布局上,中国应实施多级式发展。环渤海地区、长三角地区、珠三角地区构成三个核心区域,辐射周边,形成带动式发展。几个内陆城市(成都、西安)构成了发展中心。这些发展中心在未来依旧是发展的重点,但应发挥带动周边地区的作用。

(1)环渤海地区带动东北、华北地区发展。东北地区作为老工业区曾经一度辉煌,但近年来已经逐渐衰落。发展服务外包或许可以为其未来的经济发展提供一定机遇。它有靠近日韩的优势,当地人的受教育水平较高,具有发展的潜力。但因为东北地区人才流失较为严重,承接高端的 KPO 业务有难度,承接低端的服务外包可以作为其发展的策略。

(2)长三角、珠三角地区核心城市带动其他城市,整体带动南北两侧及周边区域的发展。长三角地区有上海、苏州、南京、杭州、无锡等多个城市聚集,产业发展态势良好,其他城市如宁波、泰州、南通、嘉兴等也具有发展潜力;珠三角也呈现与长三角类似的特征,核心的广州、深圳、珠海等城市发展领先,但周边的城市如东莞等也具有潜力。当然,其中很多城市存在的问题是停留在较为低端的 ITO 和 BPO 业务上。除了泰州、台州、舟山等几个依靠政策扶持发展起来 KPO,其他一些城市均存在 KPO 发展较为欠缺的情况。但上海、杭州和南京这几座城市聚集了一些知名学府,在人才方面具有较高的优势,这些城市可以积极发展 KPO。在长三角、珠三角这两个地域之间的沿海地区发展相对薄弱,如福建等沿海省市。

(3)经典城市模式的复制式发展。在服务外包发展过程中,有一些城市提供了经典的借鉴经验,如为人称道的"官助民办"的大连模式。其他地区也可以借鉴这些发展经验。

2. 各地结合地域特色,发展地域专长

中国地域辽阔,各地可发挥自身专长,避免恶性竞争,为形成联合优势打下基础。

①在市场分割上,一些内陆省市有较低的工资水平、地价水平,但高端人才欠缺,所以可以承接 BPO 和 ITO 业务,同时也可以承接在岸外包业务。而另一些高校云集、人才众多、经济发达的城市,如北京、上海、广州、武汉、西安等可以承接较高端的业务。②在行业上,可结合地域特色发展特色的服务外包行业。例如,大庆具有石油行业的传统基础,可以承接石油服务外包业务。

3. 推进行业协会和战略联盟的形成和发展

这里的行业协会是一个广义的概念,可以是城市之间、某个地域内的小范围的行业协会。行业协会可以统筹竞争,谋划长远规划,促进行业的协调发展,提升对外议价能力。战略联盟即企业之间达成较为稳定的合作关系。相对于 ITO 和 BPO 来说,KPO 更需要接包方与发包方达成深度的合作,来实现知识的整合发展①。当然,不是所有企业都适合采取这种合作形式,是否能达成合作以及合作是否能够实现利益最大化还受一些变量的影响。

(二)环渤海地区发展战略定位需求导向

1. KPO 承接市场定位

(1)重视传统的日韩市场,向产业高端升级。环渤海地区在地理位置上与日韩靠近,彼此在语言、文化上的交流也较为深入,传统上就占据了日韩较大的市场份额,利用这一优势,可以继续与日韩深化合作。环渤海地区有北京、大连、天津、济南等城市,交通设施也较为健全和便利,具有继续发展的条件。

(2)拓展欧美市场。欧美国家倾向于将核心的、高端的知识流程外包业务外包给印度,这是多方面的原因造成的,但中国可以努力争取上升空间。欧美市场与日韩市场在语言上和外包行业细分上都有差异。

因而,环渤海地区 KPO 承接市场应在巩固已有日韩市场的基础上,进一步向欧美拓展。特别是面向产业高端需求,充分挖掘京津冀一体化、环渤海经济圈等知识资源优势,促进环渤海地区 KPO 新市场的拓展与深化。

2. KPO 承接区域定位

环渤海作为一个整体,有很多相似的特点,但分地域来看,区域内部还存在一定差

---

① 王良,刘益,王强. 离岸 KPO 中的战略联盟建立机制及作用结果研究——基于中国接包方视角[J]. 预测,2014(5):1-7.

异,分区域来看,不同城市也存在一定差异,未来有必要继续保持差异化的协同发展。制订差异化的发展战略,必须要从客户的角度出发,顺应市场经济的规律。从发包方的角度考虑,在选址时会考虑的因素可以分为宏观因素和微观因素。前者包括经济、政治是否稳定,法律环境是否公平透明等,这在环渤海区域内不同位置之间差别并不大,但城市的物价水平(包括地价水平、工资水平、其他设备价格等)、基础设施建设、人力储备等几个要素是存在差异的。例如,北京在基础设施建设、人力储备上极具优势,但物价成本高;而济南与之相反。

### 3. KPO 承接内容定位

在行业上,环渤海地区内不同城市的传统是不同的。北京、天津、济南现有的特色是政治、教育、跨国公司和大型金融机构聚集;在服务内容上倾向于灾后备份、后台处理等服务;大连等城市在服务内容上倾向于信息技术、工程设计、地理信息系统服务、石油信息技术等服务。

### 4. KPO 承接层次定位

环渤海地区依托战略定位赋予的资源优势,在人才、资金、政策、服务等多方面具备更高层次的 KPO 承接能力。环渤海地区 KPO 承接层次从已有的面向企业微观组织层级面向区域、国家甚至国际层面定位演进。

### (三)环渤海地区 KPO 发展战略选择

#### 1. 集群战略

现今,中国环渤海地区依托原有的工业基础,服务外包产业快速发展,业务范围较为广泛,同时也积极地承接日韩市场的外包业务,具有多元化发展的趋势。但多元化的发展模式可能会造成发展的无序以及降低产业的聚集度,因此需要采取相应的集群战略,在多元化发展的基础上,凸显区域特色,进而形成自身的核心竞争力。该战略是错位发展下的集群战略,可分为两个层面:

一是服务外包市场层面的产业集群,内生在岸和外生离岸 KPO 产业集群。在岸 KPO 产业集群主要针对的是国内的外包业务,而中国的服务外包业务也一直以国内需求为主,因此在岸的 KPO 产业集群用于支持服务外包产业的高速发展。鉴于此,在岸的 KPO 产业集群可以采用网状式的集群模式,即加强具有 KPO 业务的服务外包企业间的业务关联,增强企业间的联系,从而形成一定的集群模式,并不断扩大该 KPO 产业集群的影响力,不断向周边地区辐射。而离岸的 KPO 产业集群主要用于提升中国服务外包产业的接包能力,形成国际影响力。因此,可以采用多核式的集群模式,即在区域内发展具有核心创新能力的大型企业,打造该区域 KPO 产业集群在国际上的品牌,吸引更多的国际发包企业,同时带动周边小型企业的发展。

二是服务外包示范城市和园区层面的 KPO 产业集群,在北京、天津、大连、济南范围内形成城市 KPO 产业集群。如北京作为中国的政治、经济及文化中心,其在服务外包产业发展上同样具有领先地位,承接了中国主要的离岸服务外包业务,同时也聚集了大量的先进技术,如中关村软件园,但相应的生活成本较高,从而造成劳动力成本较高。鉴于此,北京应成为中国承接离岸服务外包的商务中心以及创新中心,可以从与国际企业的交流合作中形成自身的创新能力,并以此为中心带动全国服务外包业务的发展。而天津、大连及济南作为沿海城市,是日韩市场的主要业务聚集地,在生物医药研发、动漫设计等方面已形成具有特色的产业园区,因此可以形成针对日韩目标市场的特色 KPO业务中心,同时辐射东北地区,带动该地区的发展。

2. 聚焦战略

目前,中国的服务外包产业以“示范城市 + 示范园区”的模式发展,31 个示范城市都相应地设有多个产业园区,同时,从事服务外包业务的企业相对来说较为集中。为培养环渤海地区的服务外包产业特别是 KPO 业务的核心竞争力,形成一定的品牌优势,可以采用聚集战略,从重点区域—重点园区—重点企业三个层面,依次打造环渤海地区服务外包产业的“重点”,具体说明如下:

在重点区域方面,可以将主要的人力、财力等投入服务外包产业的聚集地,如国家的高新技术产业开发区、经济开发区、创新基地等区域,同时利用该区域已有的丰富资源进一步带动服务外包产业的转型升级,加大 KPO 业务的投入力度。

在重点园区层面,可以聚集在重点领域,如北京、天津的医药研发外包、大连的动漫外包,打造特色显著、品牌优势明显、竞争力强的服务外包园区。此外,服务外包产业园区提供了服务外包企业的发展环境,其服务质量及创新环境直接影响着企业的发展及创新能力,而这对服务外包产业的发展,特别是 KPO 业务来说至关重要。因此,需要在聚集重点园区、重点发展领域的基础上,进一步完善园区的创新集群环境,搭建相应的投资服务平台、人才引进平台、公共服务平台等,充分发挥重点园区的服务作用、引导作用。

在重点企业层面,以多个大型且具有核心品牌竞争力的龙头企业为主导,形成自主品牌航母型企业,发挥其示范及带动作用。这些企业围绕重点发展领域,依托重点区域优势,共同提升环渤海地区的服务外包接包能力。其中重点企业主要来自两个方面,一方面是积极引进重点领域的服务外包企业,特别是国内大型企业甚至是国际企业;另一方面可以通过政策、资金、人才等方面的扶持,将具有发展潜力、创新能力较强、优势明显的企业发展为重点企业,进而以这些企业为核心形成示范效应,为环渤海地区服务外包中 KPO 业务的发展带来更多的竞争优势。

3. 品牌战略

品牌效应对于一个产业的发展至关重要,而从环渤海地区现今服务外包产业的发展状况来看,其并未形成一定的品牌效应。环渤海地区缺少具有较高影响力的服务外包区域品牌、示范城市品牌以及企业中的 KPO 产品品牌,而服务外包产业各方面的品牌影响力对于环渤海地区的接包能力的提升,以及产业的转型升级都具有重要作用。因此,环渤海地区服务外包产业的发展,特别是 KPO 业务的发展,需要采用品牌战略,加快品牌化建设,以确立其在中国服务外包市场上的中心地位,提升国际市场知名度。

在区域层面,环渤海地区作为中国的沿海地区及经济发展区,服务外包产业蓬勃发展,但产业特色还不够明显,区域优势还有待进一步挖掘。为实现环渤海区域的品牌效应,可以根据其区位优势、政策优势等形成接包中心、创新中心,从而打造环渤海地区区域品牌。在示范城市层面,可以在区域品牌的影响下,进一步建立环渤海地区示范城市的品牌效应,如北京作为中国的政治及文化中心,具有较好的创新能力、科技实力,特别是海淀区的服务外包产业一直处于全国的前列,可以形成创新品牌;天津滨海新区的生物医药产业发展较好,可以把握机遇进入全球的生物医药研发外包产业链中;大连则可以形成自己的动漫服务外包品牌。在企业层面,建立多层次、强影响力的企业群是形成企业品牌效应的关键,需要从数量及质量两个方面进行全局建设。数量方面,指的是服务外包产业发展中业务量及业务种类,业务量的不断积累是企业服务外包能力的一种体现,也有利于企业形成更加系统、周全的服务体系,而业务种类的丰富将有利于企业未来的发展,扩大业务范围,形成低、中、高全层面的业务体系,增强企业认同度;质量方面,涉及服务外包业务的完成质量及业务的高附加值性,在支持企业进行服务外包业务的同时,也需要进行相应的监管,保证 KPO 业务的高质量完成,同时向高端业务拓展,以形成 KPO 品牌效应。

此外,品牌战略也应与集群战略相结合,加强区域联系、园区联系及企业联系,以形成既有集群性又有品牌效应的服务外包产业链。

4.中心辐射与梯次布局战略

在服务外包产业集群发展的基础上,为进一步推动服务外包产业向高附加值的业务转移,提高 KPO 业务的发展能力,需要形成一定的发展梯度,因此可以利用各地区的优势采用"中心辐射,梯次布局"的发展战略。根据环渤海地区各地经济、技术及社会生产力等方面水平的不同,可以形成不同层级的 KPO 产业梯度。

首先,北京作为中国的一线城市,同时也是中国首都,聚集了大量的资源,是国内外各大企业的集聚地,服务外包产业起步早且具有雄厚的服务外包发展基础,在服务外包方面已经具有一定规模,形成一定的标准体系,且向高端业务不断转移。因此,可以建立离岸服务外包的创新中心及承接中心,开发多元化的市场,充分利用各方资源,加强与国际企业的合作关系,不断提升自身的创新能力。同时,可以向全国辐射,与环渤海地区的其他城市形成区域发展的互补,带动整个环渤海地区服务外包产业中 KPO 业务的发展,进而推动全国服务外包产业中 KPO 业务市场的拓展。

其次,天津、大连、济南作为沿海城市,具有便利的地缘优势和较为兼容的文化优势。其中,天津作为中国的四大直辖市之一,是中国北方的国际港口城市,也是环渤海经济圈的核心城市之一,靠近日韩市场,且也具有相对较为丰富的资源,因此可以积极发展日韩方面的服务外包市场,作为日韩服务外包业务的主要承接地,同时在京津冀协同发展战略的支持下,天津也可作为北京的互补中心,在北京的带动下进一步增强中国在服务外包产业特别是 KPO 业务方面的自主创新能力,同时分担北京的接包压力和成本压力,扩大环渤海地区的服务外包的产业带动力。而其他城市可以依托环渤海地区的区位优势及政策优势,将承接在岸外包及转包作为主要的发展领域,即将相应的外包业务转移给在岸企业,进行在岸转包,增强中国的在岸接包能力,进而形成环渤海地区的转包业务产业链。

5.升级战略

升级战略指的是实现外包服务行业的功能升级、过程升级和产品升级。功能升级是指让知识流程外包发挥更大的功能;过程升级是指企业对外服务的生产过程高效化、集约化;产品升级是指提供更高附加值的、整合式的、高质量的产品,实现服务转型。升级战略将使中国在世界市场价值链上的位置上移。

过程升级和产品升级的关键在于企业，企业应树立长远的发展目标，提高管理效率，吸纳优质人才，最终高效地提供优质的产品。而企业实现功能升级、过程升级和产品升级的关键在于人才结构的升级、管理的升级。人才结构升级的根本在于教育和培训。国家在高校设置相应的专业，或者企业对聘用人才进行培训，聘请高端人才，促成企业人才结构升级。

6. 内外结合战略

内外结合战略是指在岸服务外包与离岸服务外包相结合的战略。在岸外包和离岸外包同时实施，可以起到相辅相成的作用。二者可以共同促进行业的增长，让企业拥有更多市场机会的同时，也面对更多的竞争；还能让相应的基础设施和配套设备达到更高的利用效率，上游厂商也可以面向更多客户，最终达到规模扩大和专业化分工的效果。实施内外结合战略，采取的鼓励措施可以一步到位，虽然实施难度加大，但收效也会加倍。

在岸外包可以充分利用国内不同地域的地租水平、工资水平差距，使成本减小成为可能，专业化分工的发展使效率得以提升。离岸外包的客户来自国外，在政策上可以鼓励引导国内企业，但是很多市场因素都在控制之外，同时面对着强劲的国际竞争对手。因而，企业本身的竞争力和名声起着重要的作用。企业必须不断优化服务。

由于离岸外包和在岸外包有一定的条件差异，内外结合战略在实施上可以根据地域有所侧重。在语言人才上，离岸外包往往需要多语种人才，在多语种人才丰富的地区，重离岸外包；在缺乏外语人才的地区，重在岸外包。有知名外语专业教育学府的城市在离岸外包上具有优势。在交通和通信上，通常要求接包地与发包方有较为便利的交通和通信联系，因而，在国际交通联系便利的地区，更易实施离岸外包；某些对外交通联系暂时较为不便的地区，可以先发展在岸外包。总之，内外结合战略是一种顺应市场发展趋势的战略，在实施时应考虑地域特征和市场需求，有所侧重。

7. 多元化战略

多元化战略是指政策驱动、市场需求拉动、资本推动等多元力量推动下的多元发展的战略。多元驱动的力量可以在适应市场规律的情况下，用政策措施推动行业发展，提升行业的国际竞争力。

（1）政策驱动。政策驱动是指制定优惠政策吸引外包，具体可包括物质方面的优惠政策和非物质方面的优惠政策。政策措施应顺应市场需求，借助资本力量，才能达到事半功倍的效果。具体是指，政府应考虑当地实际情况是否有发展服务外包的条件，先选择合适的战略定位,再采取相应的措施。如下的一些措施是在促进 KPO 发展时可以采取的一些通用策略。各地区可以选择其中一二再结合当地特色,打造自身优势。①改进基础设施,实施税费减免。物质方面的政策包括基础设施建设、财税优惠政策等。基础设施建设指建设相应的交通设施、网络设施或者其他公共基础设施等。尤其是在基础设施建设较为薄弱的城市,发展优良的配套交通设施和公共基础设施,既可以吸引企业落户,对于人才也有吸引力。财政优惠政策也可以是针对企业和员工的,如给予相关行业从业者一定的财税减免或者补贴。②完善法律规章。根据各国情况来看,知识产权保护较好的国家,对于外包企业的吸引力比较大。中国的知识产权保护一直较为薄弱。立法到司法的完整改革可能需要较长时间,先制定外包行业的相关规章会是一种更及时、快速的选择。知识产权的保护措施只是一方面,更重要的是法律法规的透明化。一是要做到法规条文具体、明晰,操作细节清楚,不存在语义模糊的情况;二是最好制定重要法规条文的英文版,并在一个官方的、权威的平台上发布。外包行业通常涉及跨国业务,英文版的法规条文更利于海外客户查阅。当然,中国面对的不仅是英文市场,日韩市场也占有重要比例。如果能同时发行日文版和韩文版,也是一种选择。③简化和透明化行政管理。在制定法律规章之外,还会存在一定的行政管理。中国应避免为服务外包行业设置过多门槛,应减少相关的行政审批和管理手续;保留的政策也要公开和透明化,以避免政府寻租行为。④进行长期与短期相结合的人才培养。培养高端的 KPO 人才,并非一朝一夕之功。长远之计是在大学里进行匹配岗位的人才培养。由于 KPO 行业中离岸外包往往需要语言和其他方面相结合的人才,所以鼓励学生跨专业学习是一种不错的选择。例如,让大学生学双学位变得更加容易或者鼓励学生在本科修读一个专业,研究生修读另一个专业。长期培训生效期较长,短期的培训可以解决当务之急。当企业给员工培训时,应当提供场地或资金补贴,以促进就业者岗位的适应力。IT 技能和管理技能的培训也是必要的。软件语言更新换代迅速,对此同样可以采取一定措施帮助企业培训从业者。

(2)市场拉动。尊重市场规律,顺应市场需求,看准市场走向,让市场拉动行业发展,能达到事半功倍的效果。在政策上应避免设置高门槛,减少管制,让企业有自由竞争的空间。①接包方处于供应商的地位,如何在已有市场上打开新市场是企业要思考的问题。另外,尽管市场本身可以进行优胜劣汰的调节,但企业为避免投入损失,应谨慎准备和进入。准备进入的企业或者计划扩大业务范围的企业,应先关注市场信息,做好市场调研,分析市场走向,做好市场定位,匹配市场需求,避免跟着政策优惠走。②政府可以扮演充分提供市场信息,公布无关商业机密的市场统计数据等的角色,便于企业根据市场数据来决策。

(3)资本拉动。KPO行业作为知识密集型行业,对于资本的要求不是很高,但资本也不是可有可无。之前的几年受金融危机冲击,行业可能面临资金困难。当前处于后金融危机背景之下,可以鼓励外资进入,并重点关注民营企业在发展中是否存在资金困难,鼓励企业增加融资渠道进行融资。"大众创新,万众创业"政策可以覆盖到KPO行业,鼓励KPO行业创业者进行融资。

### 8.渐进式战略

渐进式战略是指,在开拓市场时逐步推进,从已有国家客户推进到邻近国家客户,逐渐扩大客户范围,赢取更多市场份额。位置邻近的国家,在文化、语言等方面都更为接近,而文化距离又是影响外包成功的因素之一,因而从已有国家客户向邻近国家推进,打开更多市场是一种可行的方法。从目前情况来看,中国在服务外包上已经占有一定客户,但还有上升空间。

环渤海地区外包企业在美国、德国等国家都有一些客户,但数量较少,还有上升空间;而在与德国邻近的英法等国的客户尚少;在北欧国家的市场也还不多,但北欧国家进行外包的意愿较为强烈;在澳大利亚等大洋洲国家的客户也较少。目前,环渤海地区由于在地理位置上靠近日韩,面向日韩已经占据了一定的市场份额,但澳大利亚客户、欧美客户还较少。

实施渐进式战略要注意的是品牌和名声打造。向已有客户提供优质服务,不断积累名声和口碑,打造良好品牌和知名企业,这样更容易拓展新客户。客户拓展是扩大业务量的要求,也是中国外包企业与其他国家竞争必须要面对的问题。某些竞争对手国家市场的动荡,是中国可以抓紧拓展业务的机会。例如,巴西本来是在服务外包上比较被看好的国家,但由于2016年里约热内卢奥运会以来经济下滑与政治局势不稳等因素,使得潜在客户开始犹豫。如何把原本看好巴西的客户拉入中国,是企业可以考虑的。

### 9.模块化发展战略

外包模块化是未来的发展趋势。就模块化本身的定义来讲,是指在对某类产品的功能集合进行科学分解并形成若干标准模块的基础上,针对新产品的某些功能需求或零部件需求,将标准模块有机整合并做出功能上的相应延展,形成一系列新产品的现代化生产方式。而就外包模块化来讲,模块化外包是指在产品模块化设计的基础上,企业将生产系统中各个相对独立的功能模块分包给具有比较优势的外部企业来生产或提供的活动。模块化外包可以达到降低成本,提高创新速度和增强动态优势的目的。

模块化外包流程分为 5 个阶段:方案分析和设计阶段,模块分包阶段,产品研发阶段,产品测试、试产与系统集成阶段,量产与跟踪完善阶段。模块划分是在系统的整体设计框架和功能需求的基础上进行的,分包的原则因不同的产业而异。一是从产品构成进行分包,可以按照 ABC 分类法将部件划分为核心部件、一般部件等。之后,企业的首要任务是选择合适的外包供应商,外包供应商的技术水平和研发能力是整个项目完成的前提。二是从流程角度进行分包,选择研发、生产、市场研究、销售和售后等各环节进行分包。

10. 动态联盟战略

模块化外包意味着在当前的信息时代,仅仅依靠本企业的资源已不能有效地参与市场竞争,现代企业竞争已从单一企业与单一企业间的竞争转变为一个企业供应链与另一个企业供应链之间的竞争,所以企业资源整合就显得越发重要。环渤海地区的 KPO 外包企业需要整合实力,分工合作,构建动态联盟,联合接包,以提高企业自身的核心竞争力,加强整体接包能力,解决环渤海地区 KPO 企业规模小、抗风险能力差的问题。

在战略选择上,环渤海地区可以采取构建动态联盟的方式,从产品构成模块化角度实行制造企业和 KPO 提供企业的动态联盟,或是从流程角度进行 KPO 企业间的动态联盟,以及分包商和接包方之间的动态联盟。具体来说,动态联盟可以采用以下 2 种方式:一是国内 KPO 企业之间建立动态联盟。KPO 接包方应该是基于某个功能的全流程的解决者,但目前在中国 KPO 企业规模实力有限的情况下,最好的解决方案是由国内各 KPO 企业建立承接企业联盟,提供全流程的 KPO 解决方案。同时,还可以尝试异地 KPO 企业利用互补竞争优势进行动态联盟。二是环渤海地区 KPO 企业与国外承接 KPO 企业建立动态联盟。同先进的国外 KPO 企业建立合作联盟,可以提高员工的素质,促进员工之间的交流沟通,学习良好的技术,为企业引进先进的管理经验,还可以通过学习国外的经营理念和业务模式来提升自己的业务能力。目前,在建立动态联盟过程中最大的机会就是与印度进行合作,除此之外,越南、爱尔兰、巴西等也都是比较大的服务外包业务承接国,中国环渤海地区的企业可以与它们进行交流合作,互相学习,共同促进 KPO 的发展。

### 三、环渤海地区知识流程外包产业环境优化和保障体系

(一)环渤海地区 KPO 政策保障体系

近年来,中国服务外包产业规模迅速扩大,结构不断优化,以中国服务外包示范城市为主体的产业聚集效应日益增强。坚持改革创新,面向全球市场,加快发展高技术、高附加值服务外包产业,促进大众创业、万众创新,从主要依靠低成本竞争向更多以智力投入取胜转变,对于推进产业结构调整,形成产业升级新支撑、外贸增长新亮点、现代服务业发展新引擎和扩大就业新渠道,具有重要意义。在当前的服务外包发展趋势下,ITO 和 BPO 为 KPO 的发展奠定了良好的基础。

环渤海地区是中国南北的天然接合部,又是中国及亚太地区走向世界的出海口,它拥有较优的外部资源,因此更应该顺应当前国内的服务外包趋势,大力开展知识流程外包业务。同时环渤海地区也应在充分发展自身核心竞争力的基础上,努力降低生产成本,注重创新、提高生产效率,加速资金周转,增强对环境的应变能力。未来环渤海区域以知识流程外包为代表的服务外包产业的崛起是国家发展规划的重要组成部分,关系着中国综合实力能否跻身世界前列,关系着中国产业发展水平能否全面提升,对于带动全国的服务外包在全球产业链中攀升有着重要的战略意义。

为了更好地推进 KPO 的发展,环渤海地区当前必须抓住全国乃至全球 KPO 浪潮提供的历史机遇。要更好地抓住机遇、迎接挑战,不仅需要这些知识密集型企业自身的努力,更需要政府为 KPO 发展创造一个良好的外部环境,从企业、产业等多个角度出发,为KPO 的高效开展提供政策保障。

结合 2015 年度中国服务外包示范城市综合评价指标体系、《中国服务外包发展报告 2015》以及中国服务外包产业政策现状和相关文献,本节对开展知识流程外包业务涉及的政府政策进行分类,并在此基础上总结出环渤海地区 KPO 的政策保障体系,并对其进行分析,见表 9 – 1。

表 9 – 1 环渤海地区 KPO 政策分类及内容

| 政策分类 | | 主要内容 |
| --- | --- | --- |
| 金融财税政策 | 金融政策 | 主要包括信贷支持、创业投资发展等拓宽融资渠道的政策、发展信用保证体系等支持政策 |
| | 财税政策 | 主要包括税收政策、财政补贴 |
| 人才优化政策 | | 主要包括人才培养与储备、人才引进、人才激励等 |
| 知识保护政策 | | 以知识产权保护为主,鼓励知识创新 |
| 区位环境政策 | | 包括完善基础设施建设,推动产业协会发展、信息网络平台建设;中介服务环境、土地政策优惠等 |
| 对外交流政策 | | 包括企业、产业、国际交流等 |

1. 金融财政政策

金融和财政政策支持是知识密集型企业开展知识流程外包的重要推动力,当前要不断加强财政政策支持力度,出台更多的奖励措施,加大对知识流程外包业务的扶持力度;完善金融体系,打通金融促进相关企业开展知识流程外包业务的新道路。

（1）金融政策。中国的金融体系以银行为中心,应推动银行进行制度创新。知识密集型服务业是具有高知识密集度的产业,因此,针对知识流程外包企业的金融政策也应有别于其他普通企业。国家和地区应该在金融政策上制定一些有利于 KPO 等知识密集型服务业资金需求的政策。在金融政策的有力支持和保障下,知识密集型服务业能够良好发展,同时也能在一定程度上改善金融支持环境。

①融资信贷政策环境。环渤海地区应参照银监会发布的《关于融资担保机构支持重大工程建设的指导意见》,大力发展政府支持的融资担保机构,以省级、地市级为重点,科学布局,通过新设、控股、参股等方式,发展一批以政府出资为主、主业突出、经营规范、实力较强、信誉较好、影响力较大的政府性融资担保机构,并针对经过认定的 KPO 项目和企业等提供融资担保。相关项目产生代偿损失时,经主管财政部门核准后,可给予一定的补偿。在区域内建立政府、银行、担保机构三方共同参与的融资风险分担机制。环渤海地区涉及的多个省级地方政府要发挥积极作用,以省级再担保机构为平台,推动其与银行业金融机构开展合作,对开展 KPO 等服务外包的企业担保贷款发生的风险进行合理补偿,引导银行业金融机构适当分担风险,推动银行和担保机构双方按照自愿、平等、公平的原则建立可持续的商业合作模式,实现融资担保业务风险在政府、银行

和融资担保机构之间的合理分担,形成各方支持服务外包企业参与知识创新活动的合力。为加快以 KPO 为代表的服务外包企业贷款担保步伐,化解贷款担保风险,环渤海地区设立贷款担保"代偿准备金"。对服务外包等"特色产品"企业的代偿准备金额度可比其他企业更宽泛,企业的贷款担保单笔额度可根据现有相关政策中的额度酌情放宽。针对知识密集型企业外包业务设立风险投资引导和补助基金。其运作方式包括:以参股创投和跟进投资为主的引导性投资资金,以及对创业投资行为进行风险补助的资金。基金来源主要为环渤海各省级地方政府财政预算安排资金,从所投资的创业投资企业、创业投资管理企业回收的资金以及社会捐赠资金等。

②创业投资政策环境。创业投资主管部门委托省市级创业投资行业协会认定的创业投资公司,可以按照国家规定,运用其全额资本金面向以 KPO 为主的服务外包企业进行投资。对其投资经认定的服务外包成果转化项目资金余额超过净资产一半,且其他投资的资金余额未超过净资产三分之一的,可以给予财政专项资金扶持。

吸引私人资本参与创业投资。一方面政府要加快 KPO 等服务外包企业的融资担保体系建设,调动社会和企业的积极性;另一方面也要坚持政府引导、社会参与、市场运作的原则,广泛吸纳民间资本的进入,努力推动投资主体的多元化。在外包企业结构上要进行混合型创新,还应鼓励服务外包企业,特别是 KPO 企业之间的兼并、联合、重组,实行资本运营,在更大的空间内实现资金和各种生产要素的优化配置。

鼓励企业集团和上市公司进入风险投资领域。政府应适当调整和完善公司法、证券法等相关法律法规和政策,制定和出台鼓励对 KPO 等服务外包领域投资的措施,为企业参与风险投资创造宽松的法规政策环境,积极大胆地引进国外风险资本,制定相关的投资 KPO 等服务外包领域的开放引导政策。如上海发布相关政策:外商投资企业的外方投资者,将其从企业取得的利润直接进行再投资,该再投资部分已交纳的企业所得税,按照税法规定退税。环渤海地区具有地域优势,外商进入服务外包风险投资领域,建立投资公司或参与私募风险投资基金,不仅能够引进大量的国外风险资本,增加环渤海地区知识密集型服务业,尤其是 KPO 企业的风险投资供给,而且还可以带来国外的风险投资管理经验,迅速培养和造就一批优秀的风险投资管理人才和创业人才。因此,针对 KPO 等服务外包领域的引进外资政策的制定和完善,大胆尝试吸引国外风险资本的多样化方式具有重大意义。

(2)其他金融政策。如积极鼓励环渤海地区的 KPO 等服务外包企业通过境内外证券市场上市或到新三板及区域性股权市场交易挂牌;鼓励金融机构积极探索无形资产和动产质押融资方式,扩大 KPO 等服务外包企业贷款抵押品范围,在一定程度上支持其发展;明确服务外包企业产权。单位职务成果进行转化的,可根据不同的转化方式,约定成果完成人应当获得的股权、收益或奖励等;积极进行信用体系建设。对以 KPO 为代表的服务外包这类资产少的知识密集型项目/企业,可以探索实行信用担保以及与知识创新成果等无形资产挂钩的担保模式。

(3)财税政策。就目前的服务外包产业政策现状来看,各地方政府大都为服务外包企业提供各种财税政策,以减轻企业负担。KPO 业务作为服务外包中的重点发展业务类型,在当前的发展中更应该得到各级政府的重视,政府应该出台更多优惠的财税政策,以鼓励更多的投资者和知识型人才进入该领域,从而促进 KPO 业务的发展。

①税收政策。根据服务外包的具体内容、级别以及重要程度,酌情实行针对服务外包,特别是针对 KPO 的增值税零税率和免税政策。如增加服务外包企业,尤其是 KPO 企业享受税收优惠的项目类型以及优惠金额,减免的税种包括但不限于增值税、企业所得税、城市维护建设税、房产税、环保税等。鼓励各类服务外包企业尤其是 KPO 企业参加各类资格条件、企业类型认定,符合条件即可同等享受相关税收优惠政策。切实落实研发费用加计扣除优惠政策,对服务外包企业发生的符合规定的研发等费用,未形成无形资产计入当期损益的,在按规定据实扣除的基础上,按研发等费用的一半加计扣除;形成无形资产的,按照无形资产成本的 1.5 倍摊销。

②财政补贴举措。财政补贴推动产业布局发展。规范环渤海地区服务外包产业发展配套资金管理和使用、进一步推动服务外包企业尤其是 KPO 企业的自主创新,加快产业发展,完善环渤海地区以 KPO 为代表的服务外包产业布局,引导产业结构向主导功能方向转型。资金的奖励方式应采用无偿奖励,鼓励服务外包企业实施标准化发展战略。财政补贴支持知识创新:在环渤海地区涉及的各省市注册并缴纳企业所得税的服务外包企业(包括外商投资企业的中方投资者),以近三年的税后利润投资经认定的 KPO 项目,形成或增加企业的资本金,且投资合同期超过五年的,在第二年度内由财政专项资金给予一定的扶持。从事 KPO 的业务人员,用其从知识成果转化中获得的收益投资经认定的 KPO 项目或企业的,在第二年度由财政专项资金给予一定的扶持。当前实施较好的是上海市政府发布的《上海市科技小巨人工程实施办法》,用以支持研发活动,推动知识创新。如该地区的科技创新企业由市专项资金给予资助,区专项资金根据市资助

金额按照同比例给予配套资助;研发后补助计划项目验收通过,即由市科委会会同市财政局,对项目进行审计,按研发经费的20%对企业实施补助。环渤海地区KPO方面的财政补贴政策可以在一定程度上参考上海市的制定模式,由此支持知识创新,推动该地区KPO的发展。

财政补贴吸引KPO等服务外包企业落户环渤海地区。对新来到环渤海地区各省市的KPO企业,免收或缓收在开业和KPO业务开展过程中涉及的部分费用(包括煤气、自来水、电力增容费等);财政补贴扶持KPO等服务外包企业上市;环渤海地区各省级政府设立KPO等服务外包企业上市专项资金,用于对进入改制上市流程企业的各项补贴。对企业在改制上市各阶段分别给予适当的财政补贴扶持,同时对参与服务外包上市改制的科技园区也给予一定的扶持和奖励,最大限度地鼓励KPO等服务外包企业上市。

2. 人才优化政策

人才是知识密集型服务外包产业,尤其是KPO业务发展的重要保障。人才是以KPO为代表的服务外包产业的生产资源,而这一产业又具有较强的专业知识特征,因此,相关从业人员的质量就在很大程度上决定了以KPO为代表的服务外包产业的服务质量和水平。针对环渤海地区的KPO发展现状,政府应主导出台更多的人才优化政策,从人才这一核心决定要素的角度为KPO乃至服务外包产业未来的发展提供支持性的保障。

(1)人才培养与储备。应充分利用环渤海地区的高校优势,培养服务外包尤其是KPO业务需要的高知识、高素质的人才。完善人才培养模式,积极推进分层次、分类别的人才教育和培训,实时满足服务外包尤其是KPO产业不断发展的需求。加大扶持高等院校设立与该产业相关的专业,重点支持已有的相关重点专业和学科建设。聚焦北京高校圈、海河教育园等,推动学校、企业和社会机构联合办学,加强与国际教育培训机构的交流与合作。建立人才培养的专项基金,并加大对KPO等服务外包高级人才的奖励力度。由此定向培养高素质、高层次的服务外包人才,从而推动该区域KPO等服务外包业务的发展。

新落户环渤海地区的KPO等服务外包企业中的外包业务人员可以参加各相关省市组织的多类与知识流程外包业务相关的继续教育;同时,外包业务人员也可以参加各相关省市组织的业务培训和相关技能鉴定,并向有关部门申请技能评定证书等证明材料。

对于环渤海地区相关人员参加KPO服务机构开设的相关急需专业教育课程,应按有关规定优先给予补贴。

（2）人才引进。针对服务外包产业人才流动的特性，把握好吸引人才、留住人才的手段。政府可以针对不同层次人才制定相应的优惠政策。可以通过移民或国民优惠政策待遇等吸引国际留学人才，利用创业资金匹配等政策吸引国外留学人才回到国内发展。对于需要引进留学生和国外产业专家的 KPO 项目，在项目立项申请、科研经费资助、经费有偿使用方面，与环渤海地区本土的 KPO 企业享受同等待遇。

设立环渤海地区 KPO 人才发展专项资金，主要用于 KPO 乃至服务外包产业的高层次拔尖人才以及各类紧缺人才的开发、引进、服务、奖励，高层次人才知识创新成果转化，KPO 人才资助等。

在 KPO 等服务外包产业高层次人才的住房、交通、生活配套设施、家庭成员就业、子女入学等方面，给予大幅度的优惠政策。

环渤海地区各省级地方政府可以分阶段拨出专项资金，重点用于扶持海外 KPO 等服务外包产业高层次人才的创新创业活动，推进产业园区/基地的建设。

（3）人才激励。提高环渤海地区产业园区内从事 KPO 等服务外包业务工作人员的待遇。经认定的服务外包企业在实施公司制改制时，经出资人认可，可将部分增值资产作为股份，奖励有贡献的员工，特别是在外包业务开展的过程中有特殊贡献的员工。对于工作突出的员工也可对其进行额外奖励，如对相关行业发展基金会资助认定的 KPO 知识创新成果转化项目中的优秀人才提供相应的补贴。

对 KPO 业务中相关的技术技能实力进行划分和评定。对该产业领域内的高层次人才进行职称评定。对该产业高层次人才实行 KPO 业务项目评审制，其业务项目经申报评审，按照分级分类原则予以扶持。

对环渤海地区 KPO 企业紧缺急需的各类高级人才申报户籍以及人才居住证予以倾斜和政策优惠。对于符合环渤海地区优先发展的产业和行业，引进 KPO 等服务外包高层次人才，在办理户籍迁移或者办理居住证、暂住证时，予以优先办理。对于海外的 KPO 等服务外包高层次人才，可依照有关规定申请享受在医疗保健、子女入学、配偶就业方面的倾斜政策，并且由环渤海地区涉及的省级地方政府有关职能部门妥善安排本人、子女、配偶的就业、入学等相关事宜。海外高层次留学人员在环渤海地区 KPO 乃至服务外包等产业领域就业和创业时，可以按照相关规定在办理居住证等方面享受优惠待遇。

3.知识保护政策

以 KPO 为代表的服务外包产业具有知识密集等特点,其对于推动知识创新具有重要作用和意义。因此,在 KPO 等服务外包产业领域,保护知识产权、鼓励知识创新就显得十分重要。其中,政府作为知识保护政策的制定和发布方承担着巨大的责任。在 KPO 等服务外包产业领域,知识保护政策的制定能在一定程度上保护利益人的知识成果,调动相关业务人员开展工作的积极性。同时也能够为服务外包企业带来巨大的经济效益、为企业增强经济实力提供保障。

(1)知识产权保护。普及知识产权知识,增强知识保护意识。强化环渤海地区知识产权法治建设和实施力度,通过制定合理的知识产权保护制度,严格知识产权执法,保护知识创新者的知识创造热情,形成一批核心竞争力强、拥有自主知识产权的 KPO 企业。

从事 KPO 等服务外包业务的工作人员,应在工作中遵守与接包方的约定,保守发包方的商业秘密,尊重其知识产权;侵犯发包方或他人知识产权的,给予一定处罚。

拓展知识产权咨询服务功能。接受环渤海地区内侵犯知识产权行为的举报和投诉,由地区内的知识产权维权组织迅速做出反应,开展调查。

加强环渤海地区知识产权信息工程及其下属各省市地方政府分站的建设。广泛宣传 KPO 等服务外包工作内容,鼓励环渤海地区内服务外包产业园区内的各个企业充分利用知识产权信息,为本企业的战略决策和发展服务,不断拓展知识产权工作站为社会各界提供知识产权信息的增值服务,同时也要提升相关人员的业务水平。

(2)鼓励知识创新。企业在开展 KPO 业务的过程中,知识成果有突出贡献的,可以在一定期限内向区域内的知识产权部门申请资助奖励,根据其贡献程度酌情进行奖励。

设立知识产权类示范企业、园区,并对其进行配套奖励,每半年到一年进行一次评选,对于示范性企业和园区的奖励包括一次性的现金奖励,或者在政策上的优惠,等等。

积极推进 KPO 等服务外包企业品牌战略的实施。在环渤海地区内,根据企业获得的品牌等级(中国驰名商标、环渤海地区内各省级商标、市级商标、区级企业等)进行现金奖励。

完善自主创新激励机制和动力机制,推动建立有效的知识集成创新机制、体制和政策环境,建立 KPO 等服务外包企业之间合理分工和有效合作的机制,从而形成以企业为主体的产学研互动创新体系。把引进、消化、吸收、再创新作为今后一个时期提高知识创新能力的主要途径,推进国内企业与国外企业开展 KPO 配套,实现国内知识流程外包高端产业链、关键技术、核心知识向国外的溢出。

4. 区域环境政策

区域环境主要指的是服务外包企业所在区域,即在环渤海地区(甚至科技园区内)的地理条件、国土开发、基础设施、信息网络、社会服务、商业文化等方面的因素。良好的区域环境是服务外包特别是 KPO 企业经营发展过程中不可或缺的条件,其优劣与政府制定的政策、采取的措施等有着必然的联系。为了优化服务外包企业成长的区域环境,环渤海地区的各省市级地方政府都应为此在政策制定和发布上做出努力。

(1)完善基础设施建设。政府需要全面加快推进包含服务外包产业在内的高新科技园区物流、信息流、资金流等公共服务平台建设,提升园区功能,延伸产业链,在一定程度上促进服务外包尤其是 KPO 产业集聚。注重园区功能与环渤海区域功能的有机统一。制定相关政策以推进资源的整合利用、服务外包产业的组织引导、公共服务平台的建设、配套功能的完善等。

(2)推动产业协会发展。组建环渤海地区服务外包产业特别是 KPO 的产业协会,主要在区域内针对该产业发挥协调和监督职能,促进服务外包产业规范并建立标准体系。建成产业协会主要是需要其充分发挥对区域内各省市相关产业协会间的协调和监督职能,制定并执行规定、条约和各类标准。协调同一产业之间的业务往来,对本产业业务成果服务质量、竞争手段和经营作风进行严格监督。维护产业信誉,鼓励公平竞争,打击违法、违规行为,创造良好的市场秩序。

(3)信息网络平台建设。《2006—2020 年国家信息化发展战略》中提出完善综合信息基础设施,积极推动网络融合,实现下一代网络转型。环渤海地区服务外包产业也应积极优化网络结构、提高网络性能,推进服务外包综合基础信息平台建设。应加快改革,从业务、网络、终端等方面推进"三网融合"。具体而言,政府可以用采购服务的方式委托建立知识流程外包等服务外包资源信息数据库,和以需求信息为主要内容的服务外包综合平台,为符合条件的 KPO 企业提供免费服务。成立中小型企业联合体,为提高项目对接成功率和企业联合对接 KPO 业务提供基础平台。

(4)中介服务环境。环渤海地区各省市级地方政府有关部门在服务外包相关部门联合设立共享服务窗口,提供包括 KPO 在内的服务外包相关政策咨询服务,协调解决该产业内业务开展过程中的疑难问题。对于 KPO 等服务外包的审批,环渤海地区各省市级地方政府有关部门要建立绿色通道,相关的行政审批要简化流程、改进服务、提高效率。区域内服务外包产业协会可以联系各地培训机构,协调其场地对开展服务外包尤其是 KPO 人才培训的学校、培训机构、相关企业的培训部门免费开放、无偿使用。对培养适合 KPO 企业发展需要的实际技能型和创业型人才,或提供相关培训场地的机构给予政策鼓励。

(5)土地政策优惠。在环渤海地区投资服务外包的企业购买本地区内商品房(包括住宅和非住宅)的,可减少缴纳的交易手续费;一次性购买一定面积以上商品房的,可享受相应的契税税款地方补贴。经过有关部门对外包成果转化认定实现生产的,政府可返还该项目用地的土地使用费、土地出让金等;购置用于 KPO 业务的商品房的,可免收交易手续费和产权登记费。

5. 对外交流政策

加强国际交流与合作,成为与海外 KPO 企业信息交流、沟通合作的桥梁。环渤海地区可以建立服务外包产业联盟或产业协会,积极承办各种外包业务交易会和研讨会等,举办考察和交流活动,提高环渤海地区 KPO 乃至服务外包的知名度;建立海外市场信息收集渠道,广泛开展与国外相关企业或行业协会的交流合作;通过建立离岸外包支持中心,帮助企业开拓国际市场,连接到全球外包产业发展链条中,使协作成为中国以 KPO 为代表的服务外包企业与海外企业信息交流、沟通合作的桥梁。

此外,环渤海地区服务外包产业联盟或产业协会还应该起到媒介作用,为服务外包企业提供便利信息,加大宣传国外知名企业经验和介绍其动态的力度,为国内 KPO 企业提供参考。在区域内安排或组织能够提升 KPO 业务能力的讲座和培训也十分有必要;此外,还应该加强与国内其他产业/行业组织的联系,为环渤海地区 KPO 等服务外包企业接包提供有价值的信息,创造更多的机会。

政府还应鼓励 KPO 业务人员走出国门,学习当前先进的 KPO 服务理念和知识,从而达到提升国内 KPO 等服务外包业务人才的先进性的目的,进而不断完善人才配置,健全用人机制。

(二)环渤海地区 KPO 服务保障体系

对于环渤海地区的 KPO 而言,政策保障体系的建立只是一个方面,服务保障体系也是很重要的。《国务院关于促进服务外包产业加快发展的意见》中明确指出要健全服务外包产业的服务保障,在建设法治化营商环境、提高公共服务水平、加强统计分析体系建设三个方面给出了指示①。鉴于此,本章接下来对环渤海地区 KPO 的服务保障体系进行探讨。

1. 组织机构

服务外包工作委员会是由服务外包示范城市、服务外包企业、各服务外包企业协会、联盟、服务外包培训机构、相关大专院校、研究机构及个人自愿组成,并在中华人民共和国社团登记管理机关备案的二级非独立法人分支机构。它在中国国际投资促进会和商务部的领导下,充分发挥民间组织的作用,搭建服务外包企业与政府间的桥梁,从而推动服务外包产业发展②。目前,已有中关村软件园、齐鲁软件园等众多服务外包园区以及麦肯锡公司、文思海辉技术有限公司等大型服务外包企业入会。可以说,服务外包工作委员会正在积极推动着服务外包产业的发展,帮助国内的服务外包企业做大做强。

各个省市的服务外包产业设立组织机构可以借助政府的力量,帮助相关企业更好地开展服务外包业务,推动服务外包产业的良性发展。就环渤海地区而言,北京、大连、济南、天津四个市都在有关部门的指导下成立了相应的服务外包协会。2012 年 10 月 26 日,大连市服务外包协会成立,其指导部门为大连市对外贸易经济合作局。协会是由从事 ITO、BPO、KPO 的服务外包企业、服务外包人才培训机构、行业内相关领域的专业机构等自愿结成的行业性、地方性、非营利性社会团体③。北京服务外包企业协会也是经北京市有关部门批准,以北京市商务委员会为指导单位,北京市民政局主管,在北京市社会团体登记管理机关登记注册的具有独立法人地位的非营利性社会团体④。为促进济南市服务外包产业健康、快速地发展,济南市政府于 2008 年成立了济南市服务外包工作领导小组⑤。此外,由济南市商务局主管的济南市服务外包协会也于 2012 年 7 月 18

---

① 国务院关于促进服务外包产业加快发展的意见[EB/OL].[2016 – 02 – 16]. http://www. gov. cn/zhengce/content/2015-01/16/content_9402. htm.

② 服务外包工作委员会简介[EB/OL].[2015 – 12 – 07]. http://chinasourcing. cciip. org. cn/contents/319/4127. html.

③ 关于协会[EB/OL].[2017 – 05 – 27]. http://www. dlsoa. org/cn/about/52bd4bce4f0b8309bc12e716.

④ 协会简介[EB/OL].[2017 – 05 – 27]. http://www. basscom. cn/about/28/134. html.

⑤ 济南市人民政府办公厅关于成立济南市服务外包工作领导小组的通知[EB/OL].[2016 – 05 – 29]. http://www. jinan. gov. cn/art. html.

日成立①。天津市商务委员会也专门设立了服务外包处,负责天津市服务外包产业发展促进和管理工作以及服务外包行业的统计和监测分析工作②。这些组织机构通过建设服务外包公共信息平台等方式搭建政企桥梁,传达政府意见,来帮助企业开拓服务外包市场,从而提升服务外包产业的整体竞争力。

2. 基础设施

外包园区与服务外包企业在发展过程中需要资金的注入,尤其是基础设施等硬件条件,政府对基础设施投资的扶持无疑可以帮助企业或园区节省一大笔资金。北京市海淀区人民政府在《海淀区优化创新生态环境支持办法》中明确指出支持服务外包等领域的公共平台建设,对经市商务委和市财政局审定用于服务外包企业的公共平台的设备购置费和运营维护费用,由市、区政府按1:1的比例分级负担③。这可以充分发挥海淀区服务外包的发展优势,有益于中关村软件园等外包基地及中小型服务外包企业的长期发展。对于天津市,滨海高新区软件与服务外包示范区在2009年的总投资就已经达到了90亿,资金主要用于建设软件与服务外包示范区、单身公寓等生活区、星级酒店、农行客户服务中心、动漫游戏产业基地等5个方面的基础设施④。为了促进大连市服务外包产业的发展,大连市人民政府在《关于促进大连服务外包发展实施意见》中指出,对服务外包企业参加国际标准认证、公共技术服务设施建设等予以配套支持,对大连服务外包产业发展中业绩突出的企业、机构和个人予以表彰。并将服务外包纳入外贸出口和利用外资考核体系,并分别按外贸出口和招商引资奖励办法进行奖励⑤。大连市不仅在外包企业的基础设施建设上给予资金扶持,还在考核、表彰、奖励等制度上提供保障,可以说,针对外包企业的服务保障体系得到了进一步完善。

① 济南市服务外包协会成立[EB/OL].[2012 – 07 – 18]. http://www. shandongbusiness. gov. cn/public/html/news/201207/221680. html.

② 服务外包处[EB/OL].[2017 – 05 – 27]. http://www. tjcoc. gov. cn/html/2013/fuwuwaibaochu_0803/39. html.

③ 北京市海淀区人民政府关于印发本区优化创新生态环境支持办法的通知[EB/OL].[2017 – 05 – 27]. http://www. zhongguancun. com. cn/cyzc/hdq/201407/t20140722_622928. htm.

④ 滨海新区投资150亿打造环渤海服务外包中心[EB/OL].[2016 – 8 – 10]. http://news. enorth. com. cn/system/2009/11/10/004269000. shtml.

⑤ 《大连市人民政府印发关于促进大连服务外包发展实施意见的通知》[EB/OL].[2017 – 05 – 27]. http://www. customs. gov. cn/publish/portal0/tab49267/info421586. htm.

3. 服务外包评估

（1）外包城市评估。2013 年，国务院批准了《中国服务外包示范城市综合评价办法》（以下简称《评价办法》）。《评价办法》中给出了中国服务外包示范城市综合评价指标体系（见表 9－2），并要求有关城市参照《评价办法》，结合地区服务外包产业发展特点，制定地区示范园区的综合评价办法①。此后，根据《评价办法》，商务部会同发展改革委、教育部、科技部、工业和信息化部、财政部、人力资源社会保障部、税务总局、外汇局等部门每年对各服务外包示范城市和申请城市开展了综合评价，将结果审定后进行公布，由此产生服务外包示范城市②。

表 9－2　中国服务外包示范城市综合评价指标体系（2015 年）

| 一级指标 | 二级指标 | 三级指标 |
| --- | --- | --- |
| （一）产业发展情况 | 1. 服务外包企业 | 1.1 服务外包企业 |
| | | 1.2 有离岸业务的服务外包企业 |
| | | 1.3 新增服务外包企业 |
| | | 1.4 高技术服务业企业 |
| | | 1.5 技术先进型服务企业 |
| | | 1.6 年营业额 500 万美元及以上的企业数 |
| | | 1.7 从业人员 500 人以上的企业数 |
| | 2. 业务规模 | 2.1 承接国际服务外包合同执行金额 |
| | | 2.2 承接在岸服务外包合同执行金额 |
| | | 2.3 高科技服务业产业收入（软件信息服务业收入） |
| | 3. 税收情况 | 3.1 服务外包企业实缴税额 |
| | 4. 企业资质 | 4.1 通过国际资质认证企业 |
| | | 4.2 企业通过的国际资质认证数量 |
| | 5. 服务外包园区 | 5.1 开展服务外包业务的专业园区 |
| | | 5.2 园区服务外包收入占城市服务外包收入的比重 |

---

① 关于开展中国服务外包示范城市综合评价工作的通知［EB/OL］.［2013－05－29］. http://www. chinatax. gov. cn/2013/n1586/n1593/n1737/n1747/c416046/content. html.

② 关于《中国服务外包示范城市综合评价结果》的公示［EB/OL］.［2017－05－27］. http://coi. mofcom. gov. cn/article/y/gnxw/201601/20160101228834. shtml.

续表

| 一级指标 | 二级指标 | 三级指标 |
|---|---|---|
| （二）基础设施状况 | 6. 信息技术基础设施水平 | 6.1 互联网宽带接入用户 |
| | | 6.2 移动互联网用户 |
| | 7. 电力设施水平 | 7.1 用户年平均停电时间 |
| | 8. 交通运输水平 | 8.1 民航客运量 |
| | | 8.2 铁路客运量 |
| | 9. 公共服务水平 | 9.1 公共服务平台数量 |
| （三）人才培养培训与就业 | 10. 就业情况 | 10.1 服务外包企业从业人员 |
| | | 10.2 服务外包企业新增就业人员 |
| | | 10.3 新增大学生就业人员 |
| | | 10.4 新增经培训后就业人员 |
| | | 10.5 留学归国人员 |
| | | 10.6 外籍员工 |
| | | 10.7 高校服务外包相关专业毕业生 |
| | 11. 培训/实训情况 | 11.1 服务外包培训机构 |
| | | 11.2 服务外包培训机构培训/实训人员 |
| | 12. 人才储备情况 | 12.1 大学生实习基地 |
| | | 12.2 服务外包企业接纳实习大学生 |
| | | 12.3 高校毕业生见习基地 |
| | | 12.4 服务外包企业接纳见习高校毕业生 |
| | | 12.5 高等院校数量 |
| | | 12.6 高校毕业生数量 |
| （四）要素成本 | 13. 用工成本 | 13.1 城镇单位在岗职工平均工资 |
| | | 13.2 社会保险交纳金额 |
| | 14. 商务成本 | 14.1 电信费用 |
| | | 14.2 用电平均价格 |
| | | 14.3 商品房平均销售价格 |

续表

| 一级指标 | 二级指标 | 三级指标 |
|---|---|---|
| （五）政策措施 | 15. 财政政策 | 15.1 中央财政资金实际拨付金额 |
| | | 15.2 地方财政资金实际拨付金额 |
| | | 15.3 中央财政资金支持培训人数 |
| | | 15.4 出台鼓励政府部门购买专业服务政策 |
| | 16. 金融政策 | 16.1 出台扶持服务外包企业投融资政策 |
| | | 16.2 出台扶持服务外包企业融资担保补助政策 |
| | 17. 支持创新政策 | 17.1 出台鼓励和引导企业研发创新政策 |
| | | 17.2 出台鼓励高校毕业生创业政策 |
| | 18. 税收优惠 | 18.1 企业享受税收优惠金额 |
| | | 18.2 增值税免税销售额 |
| | | 18.3 企业所得税优惠金额 |
| | | 18.4 按 15% 低税率减免所得税金额 |
| | | 18.5 职工教育经费税前扣除比例超过 2.5% 的企业数量 |
| | | 18.6 职工教育经费税前扣除比例超过 2.5% 的企业职工教育经费税前扣除总额 |
| | 19. 知识产权保护 | 19.1 知识产权司法案件结案率 |
| | | 19.2 知识产权保护地方性法规 |
| | 20. 信息安全保护 | 20.1 出台互联网信息安全/商业数据保密相关的地方性政策法规 |

资料来源：中国服务外包示范城市综合评价办法［OB/OL］.［2015 – 04 – 21］. https://www.pkulaw.com/chl/f6997a090ee84370bdfb.html.

　　（2）外包园区评估。相比企业，外包园区的发展更多依赖地方政府的投资与政策倾斜，对于外包园区的评估也多是在国家层面进行的，较少在省市一级进行相关的评选活动。对于服务外包产业园区的评估，目前最受关注的是由鼎韬产业研究院与中国外包网每年联合举办的"全球最佳科技服务园区——中国十强"评选活动。成都天府软件园、中关村软件园、西安软件园、齐鲁软件园等园区多次入选，这些服务外包领域科技园区的典型代表引领着中国服务外包园区的快速发展。但应该注意，城市与城市之间存在较大的发展差距，外包园区的发展也因资源的分布不均而呈现出差异化。就目前而言，针对服务外包园区的竞争力评估工作稍显不足，鼎韬公司提出了关于服务外包园区竞争力评估的"金字塔模型"和竞争力提升的"创新生态系统的四度空间模型"①。本书认为，相关组织机构可以将现有的服务外包竞争力评估理论应用于实践，这样可以使外包园区更清晰地了解自身的发展状况，从而提高其竞争力，也将对服务外包示范城市的发展起到推动作用。

（3）外包企业评估。自 2008 年起，中国国际投资促进会、中国服务外包网联合国际数据公司（IDC）、美国高德纳公司（Gartner）等国际知名咨询机构共同开展全国性服务外包优质企业现状调研筛选活动，每年发布中国服务外包十大领军企业、十大在华跨国服务供应商、百家成长型企业榜单②。这是服务外包行业最具公信力的筛选活动，通过这一活动，可以充分发挥服务外包领军企业在产业中的支撑作用，并鼓励服务外包企业不断发展。

不同城市对于服务外包企业的评估采取了不同的评估方式。根据国家的评选活动，大连市服务外包协会启动了"大连市十大服务外包企业"和"大连市成长型服务外包企业"的评选工作③。北京市每年都会举办服务外包十大事件评选活动，旨在优化服务外包行业结构。如中软国际分别于 2016 年、2017 年凭借"国内首家可信 IT 众包服务平台'解放号'的上线"和"成功交付华为 Mobile Money 产品全球首个 DSV 商用局点"项目入选"2015 年北京服务外包十大新闻事件"④与"2016 年北京服务外包十大新闻事件"⑤。天津市服务外包协会每年都会依据在岸、离岸外包接包综合执行额以及科技成果等指标，评选出天津市服务外包产业领军企业、创新型企业、成长型企业和最佳培训机构⑥。这将激励各个城市的领导企业继续发挥其在服务外包领域内的品牌影响力，推动其在服务能力、交付质量、全球布局等方面不断进步，同时，这也将推动服

---

① 园区竞争力评估与提升［EB/OL］．［2017 – 05 – 27］．http://www.devott.com/consulting_service/yqjz.php.

② 2016 中国服务外包领军及成长型企业推介会在京召开并发布榜单［EB/OL］．［2017 – 05 – 15］．http://www.cciip.org.cn/contents/230/5347.html.

③ 大连市十大服务外包企业和成长型服务外包企业评选通知［EB/OL］．［2016 – 08 – 26］．http://www.dlsoa.org/cn/News_Detail/57c007bebfc86445d4fd0b7b.

④ 2015 年度北京服务外包业十大新闻事件［EB/OL］．［2017 – 05 – 27］．http://hdsww.bjhd.gov.cn/news/qydt_8900/201612/t20161230_1331173.htm.

⑤ 中软国际荣膺"中国智慧服务金奖"并入选"2016 北京服务外包十大新闻事件"［EB/OL］．［2017 – 05 – 15］．http://xaetc.chinasofti.com/news/527.html.

⑥ 关于申报 2015 年度天津市服务外包产业领军企业、创新型企业、成长型企业和最佳培训机构的说明［EB/OL］．［2016 – 01 – 18］．http://zhenghe.cn/xwzx/zxDetail.aspx? id = 70308.

务外包业向价值链高端迈进。

除了对服务外包企业的评估,有关城市还依据企业自身条件对服务外包企业采取奖励措施,如大连市为促进服务外包产业的发展,根据外包企业是不是跨国公司,外包企业规模、企业年销售额、企业收购情况,自主创新成果或专利拥有情况以及是不是经过认定的园区企业等不同标准分别给予园区或企业不同程度的奖励资金①。类似地,济南市人民政府鼓励企业扩大服务外包及软件出口,对每年出口贡献较大的企业(以海关统计数据为依据)予以奖励,对引进服务外包企业和承接国际(离岸)服务外包业务做出突出贡献的境内外单位或个人给予奖励②。

(三)讨论与建议

1.环渤海地区 KPO 政策保障体系

针对环渤海地区 KPO 提出的保障政策主要分为金融财税政策、人才优化政策、知识保护政策、区位环境政策和对外交流政策五大类。以上五类政策具有鼓励性和限制性两种特点,鼓励性政策又分为刺激型、诱导型、援助型三种。其中,融资信贷政策、创业投资政策、其他金融政策以及税收政策和财政补贴举措属于金融财税类的刺激性鼓励政策;人才激励属于人才优化类的刺激性鼓励政策;土地政策优惠属于区位环境类的刺激性鼓励政策。人才培养与储备、人才引进属于人才优化类的诱导性鼓励政策;鼓励知识创新属于知识保护类的诱导性鼓励政策。完善基础设施建设属于区位环境类的直接援助性鼓励政策;推动产业协会发展、信息网络平台建设、中介服务环境建设则属于区位环境类的间接援助性鼓励政策。此外,知识产权保护属于知识保护类的直接限制性政策。

2.环渤海地区 KPO 服务保障体系

环渤海地区 KPO 的服务保障体系,从组织机构上来说,无论是服务外包工作委员会,还是各个省市的服务外包协会,都是企业、研究机构等组成的民间组织。而政府机构中与服务外包相关的机构有工信部、商务部、科技部、财政部,这些部门的下属机构中并没有设立专门针对服务外包的机构,因此可以设立专门的国家级服务外包管理机构,一方面协调国家相关政策的制定与实施,落实优惠措施;另一方面加强地方服务外包协

　　① 大连市人民政府办公厅关于印发大连市进一步促进软件和服务外包产业发展若干规定的通知[EB/OL].[2017 - 05 - 27]. http://coi. mofcom. gov. cn/article/ckts/cksm/201206/20120608181064. shtml.

　　② 济南市人民政府办公厅关于成立济南市服务外包工作领导小组的通知[EB/OL].[2017 - 05 - 27]. http://www. jinan. gov. cn/art. html.

会与地方政府的联系,收集来自会员企业、园区的反馈信息,从而帮助服务外包企业或园区在市场竞争中获得长足发展。在基础设施的投入方面,地方政府依据各省市的指导意见采取了相关举措,这是对服务外包产业的有力扶持。在服务外包评估方面,针对城市的服务外包评估有国家推出的统一的评价指标体系,此体系在近几年的实施中也得到肯定;针对产业园区的服务外包评估尚无统一的指标体系,对此需要相关指导来推动区域产业集群发展,针对服务外包企业的评估,各个省市依据在岸、离岸执行额,企业规模,年销售额等各项指标对企业进行评估,已经取得了显著的成效。

## 第二节　以知识流程外包为契机的知识型服务业发展的对策与建议

随着全球产业结构的调整和升级,中国逐渐成为服务外包的主要承接国之一。同时,随着中国知识密集型服务业的迅速发展,中国承接 KPO 的能力不断增强,KPO 的规模在近年来也得到迅速提升。对于知识密集型服务业而言,KPO 所具有的技术知识承载度高、资本流入质量高、吸引就业能力强等特征都将会对知识密集型产业的变革与升级产生不容小觑的推动作用。但与此同时,中国正积极进行产业结构的优化升级与调整,特别是对于服务业的调整,中国的产业结构得到了一定程度的改善和优化。但中国经济和产业发展仍存在一些较为明显的问题,如中国对知识产权的保护意识较差,力度较低、信息安全意识较差,同时服务业发展阶段较为滞后、技术知识水平依然有待提升,产业内部的升级优化进程较为缓慢等问题。这些问题都将会影响到中国承接知识流程外包的竞争力,需要加以解决。

本节在分析 KPO 对知识密集型服务业的促进作用及知识密集型服务业承担 KPO 的风险挑战的基础上,从知识密集型服务业层面提出几点针对性对策与建议,进而促进知识密集型服务业产业结构的优化升级,切实提升中国知识密集型服务业承接 KPO 服务的竞争力。

**一、KPO 对知识密集型服务业发展的推动和促进作用**

(一)知识外溢效应促进知识密集型服务业产业升级

目前进行的 KPO 主要包含工业设计、数据分析、医药和生物技术研发、新能源技术研发、文化创意、工程技术、知识产权、管理咨询等服务的外包,在执行外包的过程中,发包方和接包方会在合作交流的过程中学习和生产新的先进的知识,这些知识会以交易或非交易的方式传播至其他企业和行业,并被效仿和再利用,由此起到示范作用。同时,由于KPO的市场需求较高,同时利润较高,知识密集型服务业产业内部企业的竞争十分激烈,这种竞争也推动了知识的生产与创新,进而提升产业的生产力,促进产业结构的升级。

(二)提升资本流入质量,优化资金配置效率

KPO的不断发展,特别是离岸KPO的发展,促进了知识密集型服务业产业外商资金的流入,并且提升了外商资金的流入质量。外商资金的不断流入且金额不断攀升,会促进知识密集型服务业的发展,提高产业直接利用外资的质量。同时,外商资金会流入知识密集型服务业这一领域,资金的配置效率会不断提升,引进外资质量也会明显提升,这都能促进服务业产业结构的优化。

(三)创造第三产业就业机会,提升劳动者素质

随着KPO产业的不断发展,知识密集型企业的数量和规模都在迅速增长和扩大,从而推动整个产业规模不断提升,便能够创造更多的就业机会。与此同时,KPO涉及咨询、金融、保险、医药、生物等高知识、高技术含量的领域,所需人才也需要具备高知识、高技术,并具有相关专业领域的资质,这都能够为大学生等高知识人才提供更多的就业岗位。随着国家人才培养体系的不断完善,产业的人力资源质量也会随之提升,从而不断提高生产率,有利于促进产业的良性可持续发展。

(四)优化贸易结构,促进产业结构调整

KPO在本质上转变了进出口结构,由过去单一的产品进出口转向产品与服务的进出口,这一转变使得进出口产业也从第二产业逐渐延伸到第三产业,同时,在国内的产业结构中,第三产业的比重也会相应增加。随着第三产业的不断发展,各类要素会更多地流向服务业,特别是知识密集型服务业,这都会促进中国产业结构从原有的"2、3、1"逐步转变为"3、2、1",对于产业结构的调整升级将会有极大的推动作用。

## 二、中国知识密集型服务业产业承接KPO的风险与挑战

(一)知识产权和数据安全保护力度不足

在知识产权和数据保护方面,虽然中国从法律政策制度和实践方面都在不断完善

和进步，但与西方发达国家对知识产权和数据保护的要求依然相去甚远。欧美企业在选择 KPO 合作伙伴时对接包国的法律规范特别是知识产权保护有很高的要求，它们担心与中国企业的合作会导致核心技术的流失。目前，信息技术已经渗透到企业的各个模块，涵盖核心和非核心业务。在知识密集型服务外包的过程中，企业双方都可能面临商业秘密泄露和知识流失等风险，这对知识风险的控制提出了极高的要求。因此，中国在知识产权和数据保护方面，依然还有很长的路要走。

（二）服务业发展阶段滞后，产业结构优化升级较为缓慢

中国在服务外包发展上获得的成就体现在规模总量的增长、人才的培养和聚集、政策体系的有力支持、基础设施建设的完善、对外开放水平和自主创新能力的提升、促进服务体系结构调整和形成辐射带动作用等方面，然而中国在全球服务外包竞争中仍然没有占据稳定的优势地位。中国服务外包行业起步晚、发展阶段滞后，大部分服务外包企业规模较小，市场狭窄且产品单一，抗风险能力较差，因此难以形成有竞争力的规模企业，这一问题一直是中国服务外包发展的阻碍。在第三产业方面，虽然中国正积极调整产业结构，第三产业比重逐年增大，对经济的推动作用明显，但与印度和东欧各国相比，中国服务业发展仍相对滞后，这在一定程度上影响了 KPO 的国际竞争力。

### 三、面向 KPO 的知识密集型服务业发展对策与建议

（一）建立更具竞争力的产业发展体系，扩大承接 KPO 的范围

中国目前已建成 31 个服务外包示范城市，这些示范城市的服务外包产业在各自不断发展进步的同时，逐渐实现产业布局的合理化，并形成日益明晰的发展层级。但就目前而言，中国承接 KPO 的范围依然十分有限。随着中国知识密集型服务产业的人力资源质量不断提高和科学技术实力不断增强，知识密集型服务业企业可以在现有业务的基础上，逐步开展知识技术含量和附加值更高的服务，扩展业务范围，打造服务外包品牌。同时，各区域也要在了解自身比较优势的基础上，制定合理的发展规划，有针对性地选择合适的承接外包的行业和领域，努力做到因地制宜、因时制宜，这样才能更好地适应不同的需求和要求，制订更具有竞争力的产业发展规划。

（二）提升产业自主创新能力，优化承接 KPO 的价值链

"中国制造"曾依靠密集型劳动力赢得世界市场，但随着中国信息技术水平的提升

和新一轮的产业结构升级,向世界提供知识密集型的"中国服务"已成为趋势。服务外包特别是 KPO 的出现,使服务变得愈发具有知识技术密集性,同时对知识、服务等方面的创新也提出了更高的要求。因此,中国承接 KPO 的知识密集型服务业要做的是不断增强自主创新能力、努力消除与西方发达国家的技术和知识差距。同时要积极与其他科研机构加强联合,走产学研一体道路,促进知识成果的转化。随着自主创新意识和能力的不断提升,中国知识密集型服务业承接高知识技术含量、高附加值服务外包的能力不断提升,最终实现承接外包价值链的不断升级。

（三）重视知识产权保护和数据安全

知识产权与数据安全的保护力度较差,一直是中国承接 KPO 的重要阻碍之一。为改善中国知识产权保护现状,国家和政府需要建立健全知识产权保护法律法规,并不断加以完善。同时要从源头抓起,由于侵犯知识产权和数据泄露现象往往发生在企业层面,因此,要建立完善的数据库管理系统,同时设置保密等级,切实保护数据安全。应加强行政司法培训,提升知识产权和数据安全保护意识,与司法执法机关共同推动中国知识产权保护工作向前发展。

综上,在了解服务外包、KPO、知识密集型服务业关系的基础上,本节探讨了 KPO 对知识密集型服务业发展的推动促进作用及存在的风险挑战。本节通过分析发现,KPO 的知识溢出效应会对产业升级起到推动作用,同时,KPO 不仅有助于提升知识密集型服务业外资流入的质量,还能增加就业岗位,进而对产业发展起到推动作用,而 KPO 还会引发对外贸易结构的调整和产业结构的优化升级。但与此同时,中国承接 KPO 依然存在着一些问题和挑战,譬如中国知识产权保护和数据保护一直受到国外发包方的诟病,同时产业结构优化升级速度缓慢也对中国知识密集型服务业承接 KPO 产生消极影响。在明确 KPO 对知识密集型服务业的影响作用之后,本节从产业层面对面向 KPO 的知识密集型服务业提出三点建议,希望知识密集型服务业能够建立更具竞争力的发展体系,扩大承接 KPO 的范围,同时增强自主创新的意识和能力,并不断加强知识产权保护和数据保护,切实提升承接 KPO 的国际竞争力,推动产业进一步优化升级。

# 本章小结

本章从环渤海地区 KPO 发展现状出发,考察环渤海地区服务外包示范城市（北京、天津、大连、济南，不包括新增的沈阳、青岛）、典型服务外包园区以及代表性 KPO 企业的布局，结合本书第五章和第六章的环渤海地区 KPO 产业竞争力和政策驱动力的分析，为 KPO 产业发展战略的精准定位与选择提供了基础和指导。在此基础上，探讨了环渤海地区 KPO 产业的战略定位、战略选择与实施策略。提出战略集群战略、聚焦战略、品牌战略、中心辐射与梯次布局战略、升级战略、内外结合战略、多元化战略、渐进式战略、模块化战略和动态联盟战略十大发展战略以及政策与服务两大保障体系。最后，以 KPO 为契机探讨了针对中国知识密集型服务业发展的对策与建议。

# 附 录

## 附录 A  我国服务外包产业政策

### 表 A-1  我国服务外包产业政策

| 发布时间 | 标题 | 发布者 |
|---|---|---|
| 2006 | ﹝商资函﹝2006﹞111 号﹞《商务部关于做好服务外包"千百十工程"人才培训有关工作的通知》 | 商务部 |
| 2007 | ﹝国发﹝2007﹞7 号﹞《国务院关于加快发展服务业的若干意见》 | 国务院办公厅 |
| 2008 | ﹝财企﹝2008﹞32 号﹞《财政部 商务部关于支持承接国际服务外包业务发展相关财税政策的意见》 | 财政部、商务部 |
| 2008 | ﹝商资发﹝2008﹞161 号﹞《关于推动服务外包人才网络招聘工作的若干意见》 | 商务部、教育部、人力资源和社会保障部 |
| 2008 | ﹝财企﹝2008﹞140 号﹞《财政部 商务部关于做好2008 年度支持承接国际服务外包业务发展资金管理工作的通知》 | 财政部、商务部 |
| 2008 | ﹝商资发﹝2008﹞130 号﹞《商务部关于促进中国服务外包发展状况的报告》 | 商务部 |
| 2009 | ﹝国办函﹝2009﹞9 号﹞《国务院办公厅关于促进服务外包产业发展问题的复函》 | 国务院办公厅 |
| 2009 | ﹝财企﹝2009﹞44 号﹞《财政部 商务部关于做好2009 年度支持承接国际服务外包业务发展资金管理工作的通知》 | 财政部、商务部 |

续表

| 发布时间 | 标题 | 发布者 |
|---|---|---|
| 2009 | ［人社部发〔2009〕36号］《关于服务外包企业实行特殊工时制度有关问题的通知》 | 人力资源和社会保障部、商务部 |
| 2009 | ［工信部电管〔2009〕107号］《关于支持服务外包示范城市国际通信发展的指导意见》 | 工业和信息化部 |
| 2009 | ［商办资函〔2009〕81号］《商务部办公厅关于中西部等地区国家级经济技术开发区服务外包基础设施项目享受中央财政贴息政策的通知》 | 商务部 |
| 2009 | ［银发〔2009〕284号］《关于金融支持服务外包产业发展的若干意见》 | 中国人民银行、商务部、银监会、证监会、保监会、外汇局 |
| 2009 | ［财企〔2009〕200号］《关于鼓励政府和企业发包促进我国服务外包产业发展的指导意见》 | 财政部、国家发展改革委、科技部、工业和信息化部、商务部、国资委、银监会、证监会、保监会 |
| 2009 | ［国办秘函〔2009〕16号］《国务院办公厅秘书局关于落实促进服务外包产业发展政策措施工作分工的函》 | 国务院办公厅秘书局 |
| 2009 | ［署加函〔2009〕435号］《海关总署 商务部关于开展国际服务外包业务进口货物保税监管试点工作的通知》 | 海关总署、商务部 |
| 2009 | ［教高〔2009〕5号］《教育部 商务部关于加强服务外包人才培养促进高校毕业生就业工作的若干意见》 | 教育部、商务部 |
| 2009 | ［人社部发〔2009〕123号］《关于加快服务外包产业发展促进高校毕业生就业的若干意见》 | 人力资源和社会保障部 |
| 2009 | 中华人民共和国商务部、中华人民共和国工业和信息化部令2009年第13号《关于境内企业承接服务外包业务信息保护的若干规定》 | 商务部、工业和信息化部 |
| 2009 | ［总署公告〔2009〕85号］《关于开展国际服务外包业务进口货物保税监管试点工作的公告》 | 海关总署 |
| 2010 | ［国办函〔2010〕69号］《国务院办公厅关于鼓励服务外包产业加快发展的复函》 | 国务院办公厅 |

| 发布时间 | 标题 | 发布者 |
|---|---|---|
| 2010 | ［财企〔2010〕64 号］《财政部 商务部关于做好2010 年度支持承接国际服务外包业务发展资金管理工作的通知》 | 财政部、商务部 |
| 2010 | ［总署公告〔2010〕39 号］《海关总署关于全面推广实施国际服务外包业务进口货物保税监管模式的通知》 | 海关总署 |
| 2010 | ［银监发〔2010〕44 号］《银行业金融机构外包风险管理指引》 | 银监会 |
| 2010 | ［财税〔2010〕64 号］《财政部 国家税务总局 商务部关于示范城市离岸服务外包业务免征营业税的通知》 | 财政部、国家税务总局、商务部 |
| 2010 | ［商合发〔2010〕358 号］《关于支持和鼓励服务外包企业海外并购的若干意见》 | 商务部、国家发展改革委、财政部、人民银行、银监会 |
| 2010 | ［人社部发〔2010〕56 号］《关于进一步做好促进服务外包产业发展有关工作的通知》 | 人力资源和社会保障部、商务部 |
| 2010 | ［教高厅函〔2010〕34 号］《教育部办公厅、商务部办公厅关于在江苏、浙江两省开展地方高校计算机学院培养服务外包人才试点工作的通知》 | 教育部、商务部 |
| 2010 | ［工信部通〔2010〕550 号］《工信部关于鼓励服务外包产业加快发展及简化外资经营离岸呼叫中心业务试点审批程序的通知》 | 工业和信息化部 |
| 2010 | ［财税〔2010〕65 号］《关于技术先进型服务企业有关企业所得税政策问题的通知》 | 财政部、国家税务总局、商务部、科技部、国家发展改革委 |
| 2011 | ［财企〔2011〕69 号］《财务部 商务部关于做好2011 年度承接国际服务外包业务发展资金管理工作的通知》 | 财务部、商务部 |
| 2012 | ［财企〔2012〕165 号］《财务部 商务部关于做好2012 年度承接国际服务外包业务发展资金管理工作的通知》 | 财务部、商务部 |
| 2012 | ［商服贸发〔2012〕431 号］《中国国际服务外包产业发展规划纲要（2011—2015）》 | 商务部、国家发展改革委 |

续表

| 发布时间 | 标题 | 发布者 |
|---|---|---|
| 2013 | ［财企〔2013〕52 号］《财务部 商务部关于做好 2013 年度承接国际服务外包业务发展资金申报管理工作的通知》 | 财政部、商务部 |
| 2013 | ［国办函〔2013〕33 号］《国务院办公厅关于进一步促进服务外包产业发展的复函》 | 国务院办公厅 |
| 2014 | ［教高〔2014〕2 号］《教育部 商务部关于创新服务外包人才培养机制提升服务外包产业发展能力的意见》 | 教育部、商务部 |
| 2014 | ［财税〔2014〕59 号］《财政部 国家税务总局 商务部 科技部 国家发展改革委关于完善技术先进型服务企业有关企业所得税政策问题的通知》 | 财政部、国家税务总局、商务部、科技部、国家发展改革委 |
| 2014 | ［国发〔2014〕67 号］《国务院关于促进服务外包产业加快发展的意见》 | 国务院 |
| 2016 | 《服务外包产业重点发展领域指导目录》 | 商务部、财政部、海关总署 |
| 2016 | ［财税〔2016〕122 号］《关于在服务贸易创新发展试点地区推广技术先进型服务企业所得税优惠政策的通知》 | 财政部、国家税务总局、商务部、科技部、国家发展改革委 |
| 2016 | ［财税〔2016〕108 号］《关于新增中国服务外包示范城市适用技术先进型服务企业所得税政策的通知》 | 财政部、国家税务总局、商务部、科技部、国家发展改革委 |
| 2016 | ［商服贸函〔2016〕208 号］《关于新增中国服务外包示范城市的通知》 | 商务部、国家发展改革委、教育部、科技部、工业和信息化部、财政部、人力资源和社会保障部、国家税务总局、外汇局 |

表 A－2　地区性服务外包产业政策

| 地区 | 发布时间 | 标题 | 发布者 |
|---|---|---|---|
| 北京 | 2007 | 《关于软件出口与服务外包合同登记管理系统的补充说明》 | 北京市商务局科技处 |
| | 2009 | 《关于印发〈北京市服务外包发展配套资金管理办法（暂行）〉和〈北京市服务外包发展配套资金管理办法（暂行）实施细则〉的通知》 | 北京市商务委员会、北京市财政局 |

| 地区 | 发布时间 | 标题 | 发布者 |
|---|---|---|---|
| | 2009 | 《关于海淀区促进服务外包产业发展支持办法的通知》 | 北京市海淀区人民政府 |
| | 2009 | 《关于海淀区促进服务外包产业发展实施办法的通知》 | 北京市海淀区人民政府 |
| 天津 | 2007 | 《关于印发〈天津市促进服务外包发展若干意见〉的通知》 | 天津市人民政府 |
| | 2007 | 《关于开展"服务外包示范区"和"服务外包区"认定工作有关问题的通知》 | 天津市商务委员会、天津市信息化办公室、天津市科学技术委员会 |
| | 2007 | 《天津经济技术开发区促进服务外包产业发展的暂行规定》 | 天津市经济技术开发区财政局 |
| | 2008 | 《天津新技术产业园区加快软件与服务外包产业发展的鼓励办法》 | 天津新技术产业园区管理委员会 |
| | 2009 | 《天津市促进服务外包业发展方面的财税优惠政策》 | 天津市财政局、市发展和改革委员会、市地方税务局 |
| | 2009 | 《关于落实国办函〔2009〕9 号文件精神促进我市服务外包产业发展的意见》 | 天津市人民政府办公厅 |
| | 2010 | 《关于鼓励天津服务外包产业加快发展的实施意见》 | 天津市人民政府办公厅 |
| 大连 | 2008 | 《关于加快软件和服务外包产业发展的意见》 | 中共大连市委、大连市人民政府 |
| | 2008 | 《大连市进一步促进软件和服务外包产业发展若干规定的通知》 | 大连市人民政府办公厅 |
| | 2008 | 《大连市人民政府印发〈关于促进大连服务外包发展实施意见〉的通知》 | 大连市人民政府 |
| | 2009 | 《大连市进一步促进软件和服务外包产业发展的若干规定》 | 大连市信息产业局和市财政局 |
| | 2016 | 《关于加快发展服务外包产业的实施意见》 | 辽宁省人民政府 |

续表

| 地区 | 发布时间 | 标题 | 发布者 |
|------|---------|------|--------|
| 济南 | 2007 | 《关于加快服务外包产业发展的意见》 | 山东省人民政府 |
| | 2010 | 《山东省服务外包产业发展规划（2010—2014 年）》 | 山东省人民政府 |
| | 2010 | 《关于印发〈山东省服务外包企业认定管理办法（试行）〉的通知》 | 山东省商务厅 |
| | 2011 | 《关于加快培育和发展战略性新兴产业的实施意见》 | 山东省人民政府 |
| | 2011 | 《关于加快软件和信息服务外包产业发展的若干规定》 | 济南高新区管委会 |
| | 2012 | 《关于印发〈山东省服务外包人才培训机构认定管理办法（试行）〉的通知》 | 山东省商务厅 |

# 附录 B　知识流程外包访谈提纲

**一、KPO 业务状况**

1. 公司的外包业务范围？其中 KPO 业务占有的比重？在行业中处于怎样的地位？主要的客户群体有哪些？每年的合同量大概有多少？知识流程外包业务收入占外包总收入的比重？

2. 公司是本身从事 KPO 业务，还是从其他业务转化而来？

3. 公司员工中 KPO 技术人员所占有的比例如何？

4. 公司发展 KPO 业务的优势有哪些？

5. 项目完成过程中遇到的主要障碍有哪些？解决对策是什么？

6. 知识产权问题一直是发包方与接包方所关注的，在发展 KPO 过程中公司是如何保护知识产权的？

7. 公司近两年对 KPO 业务的简单规划是什么？计划达到的目标是什么？

**二、KPO 绩效影响因素**

1. KPO 业务中，知识转移过程大致分为几个阶段，每个阶段的具体工作有哪些？有何特点(与 BPO 的区别)？

2. 企业是如何来衡量 KPO 项目的绩效的？重要指标有哪些？

3. 哪些方面的因素会对 KPO 绩效有影响？

4. 项目自身特征对其完成情况有哪些影响？

5. 项目双方主体的知识转移意愿(传递知识、吸收知识、反馈知识、防止知识泄露的意识)、转移能力(技术能力、业务能力、管理能力、沟通能力)会对绩效有哪些影响？

6. 项目双方主体的信任程度、满意程度、关系规范、合作时间长短对绩效有哪些影响？

7. 衡量信任程度、满意程度、关系规范的关键指标有哪些？

8. 一般采用何种形式与客户进行沟通？沟通频率如何？不同的沟通方式效果有何不同,对项目完成有何影响？

9. 政策法规、投入情况、双方知识相容性、地理距离、企业规模对项目完成是否有影响？

10. 除了以上提到的因素,还有哪些因素会对 KPO 绩效产生影响？

11. 之前提到的因素,哪些会对 KPO 绩效产生重要的影响？

## 附录 C　知识流程外包绩效及其影响因素调查问卷

亲爱的先生/女士,您好:

非常感谢您在百忙之中抽出时间填写本次问卷。我是南开大学商学院信息资源管理系的教师李颖,本次研究旨在从知识转移角度探讨影响知识流程外包绩效的因素。您的填答对本研究有重要影响,恳请协助。本问卷结果仅做学术研究分析之用,不做其他用途,敬请安心作答。

祝健康快乐,万事如意!

"全球化背景下知识流程外包与中国知识型服务业发展战略研究"课题组

填答说明:

1. 概念解释:①KPO 项目:KPO 项目是指由您个人或者您所在团体所承担的,需要向客户按时交付的知识流程外包任务。

②知识：知识是指您与 KPO 项目有关的专业知识及您在自己工作领域所积累的经验、诀窍、对一些问题的看法和理解。

2. 本问卷共分为三大部分。本问卷的题目没有标准答案，请视题目性质，依据您的实际经验或看法填写，并在适当的地方打上√。若选择"其他项"，请在横线上加注文字说明。

3. 第三部分的全部问题采用五分制，用来代表您的认同度：5 分表示完全同意，4 分表示同意，3 分表示一般，2 分表示不同意，1 分表示完全不同意。

4. 填答本问卷时，请一律以您所在单位角度进行填答，谢谢合作。

**第一部分：您所在企业情况：**

1. 请问您现在所在的企业为（请填写全称）：_____

2. 您所在企业所承接的知识流程外包业务范围（    ）

A. 生物医药研发　　　B. 工业设计　　　C. 认证咨询　　　D. 动漫网游

E. 新能源　　　　　　F. 其他_____

3. 您所在企业的性质（    ）

A. 国有企业　　　　　B. 民营企业　　　C. 中外合资/中外合作/外资企业

4. 您所在的企业本科以上人员所占有的比例（    ）

A. 不到 50%　　　　　B.50% 及以上

**第二部分：您个人基本信息及工作情况：**

5. 您的性别（    ）

A. 男　　　　　　　　　　　　　　B. 女

6. 您的年龄（    ）

A. 25 岁以下　　　　　　　　　　B. 26—35 岁

C. 36—45 岁　　　　　　　　　　D. 45 岁以上

7. 您的最高学历（    ）

A. 博士　　　　　　　　　　　　　B. 硕士

C. 本科　　　　　　　　　　　　　D. 专科

E. 其他_____

8. 您的工作性质（    ）

A. 业务咨询　　　　　　　　　　B. 研发

C. 管理　　　　　　　　　　　　D. 设计

E. 其他_____

9. 您在项目中所担任的角色(　　　)

A. 一般员工　　　　　　　　　　B. 基层管理者

C. 中层管理者　　　　　　　　　D. 高层管理者

10. 您从事知识流程外包业务的年限(　　　)

A. 小于 1 年　　　　　　　　　　B. 1—2 年

C. 2—3 年　　　　　　　　　　　D. 3 年以上

11. 参与过的知识流程外包项目个数(　　　)

A. 小于 2 个　　　　　　　　　　B. 2—9 个

C. 10—19 个　　　　　　　　　　D. 20 个及以上

**第三部分:知识流程外包绩效影响因素:**

表 C-1　国家服务外包产业政策

| 序号 | 题项 | 完全同意 | 同意 | 一般 | 不同意 | 完全不同意 |
|---|---|---|---|---|---|---|
| 1 | 我需要从其他渠道获取额外的信息才能明确地理解项目中所包含的知识 | 5 | 4 | 3 | 2 | 1 |
| 2 | 在和客户转移知识的过程中,我需要花费较长的时间来理解项目中所包含的知识 | 5 | 4 | 3 | 2 | 1 |
| 3 | 我需要具备一定的专业知识才能理解客户的需求 | 5 | 4 | 3 | 2 | 1 |
| 4 | 我需要具备客户没有掌握的专业知识才能完成项目 | 5 | 4 | 3 | 2 | 1 |
| 5 | 我愿意投入时间和精力与客户进行交流和知识共享 | 5 | 4 | 3 | 2 | 1 |
| 6 | 客户愿意及时地将其需求和意见反馈给我们 | 5 | 4 | 3 | 2 | 1 |
| 7 | 我经常与客户进行沟通,能够实现知识的及时、广泛共享 | 5 | 4 | 3 | 2 | 1 |
| 8 | 我善于通过多种渠道(会议、面对面交谈、邮件等)向客户传递知识 | 5 | 4 | 3 | 2 | 1 |
| 9 | 当项目实施遇到障碍时,我能够向客户说明情况,得到客户的理解和帮助 | 5 | 4 | 3 | 2 | 1 |
| 10 | 我通常能够准确地理解客户的需求 | 5 | 4 | 3 | 2 | 1 |

续表

| 序号 | 题项 | 完全同意 | 同意 | 一般 | 不同意 | 完全不同意 |
|---|---|---|---|---|---|---|
| 11 | 我能够很好地掌握与KPO项目相关的业务流程和专业知识 | 5 | 4 | 3 | 2 | 1 |
| 12 | 我具有丰富的KPO项目经验 | 5 | 4 | 3 | 2 | 1 |
| 13 | 在完成项目的过程中,我经常会有新的想法 | 5 | 4 | 3 | 2 | 1 |
| 14 | 在完成项目的过程中,为实现创新,我所在的团队有时会改变工作流程(包括业务流程的改善和技术的更新等) | 5 | 4 | 3 | 2 | 1 |
| 15 | 与主要竞争对手相比,我们的创新能力更强 | 5 | 4 | 3 | 2 | 1 |
| 16 | 我相信客户会信守对我方的承诺 | 5 | 4 | 3 | 2 | 1 |
| 17 | 我相信客户传递给我方的信息是真实且富有价值的 | 5 | 4 | 3 | 2 | 1 |
| 18 | 我认为客户是关心我方利益的,即使我方存在弱点(如合同不完善)时,也不会利用我方的弱点来损害我方的利益 | 5 | 4 | 3 | 2 | 1 |
| 19 | 我方和客户对项目合作都具有较高的诚意 | 5 | 4 | 3 | 2 | 1 |
| 20 | 我方和客户能够共担风险、共享收益 | 5 | 4 | 3 | 2 | 1 |
| 21 | 我方与大部分客户建立了良好、持久的合作关系 | 5 | 4 | 3 | 2 | 1 |
| 22 | 我所在的公司投入了大量的资金到KPO项目中 | 5 | 4 | 3 | 2 | 1 |
| 23 | 我所在的公司投入了足够的人员到KPO项目中 | 5 | 4 | 3 | 2 | 1 |
| 24 | 政府对知识产权问题有相当完备的规范(或者对知识产权问题有明确的行业规则),使知识产权得到了应有的保护 | 5 | 4 | 3 | 2 | 1 |
| 25 | 在合同中,有具体的条款来明确知识产权的归属问题 | 5 | 4 | 3 | 2 | 1 |
| 26 | 我所参与过的KPO项目,通常都会给公司带来较高的利润 | 5 | 4 | 3 | 2 | 1 |
| 27 | 我所参与过的KPO项目,通常都能按期交付并且能够达到合同规定的质量要求 | 5 | 4 | 3 | 2 | 1 |
| 28 | 我所参与过的KPO项目能很好地适应客户需求,客户满意度较高 | 5 | 4 | 3 | 2 | 1 |
| 29 | 在项目进行的过程中,公司的核心竞争力有所提升 | 5 | 4 | 3 | 2 | 1 |
| 30 | 通过执行KPO项目,项目组可以获取新的知识并将其运用到业务运作中,提升已有能力或者创造新的能力 | 5 | 4 | 3 | 2 | 1 |

问卷到此结束,麻烦您检查一下是否有遗漏,对您的合作与支持再次表示感谢!

# 附录 D　电子政务外包中知识共享调查问卷

尊敬的先生/女士：

您好！首先感谢您在百忙之中抽出时间参加本问卷调查！我是南开大学商学院的教师李颖。这是一份关于电子政务外包中知识共享影响因素的学术研究问卷，调查对象为电子政务相关工作人员和外包服务提供商的员工。您的参与将帮助我们了解电子政务外包中知识共享的情况，研究结果有助于促进电子政务外包中公务员与外包服务提供商员工之间的知识共享，提高电子政务的办公效率。

本问卷调查采用无记名的形式，所收集的数据仅作为科学研究之用，您在回答的时候不需要有任何顾虑。

完成这份问卷大概需要5—8分钟。如果您需要研究结果，我们会在研究完成后提供。如有什么疑问，请与我联系。

"全球化背景下知识流程外包与中国知识型服务业发展战略研究"课题组

**第一部分**
**（由公务员作答的题目）**

1. 您的性别：_____［1］男　［2］女

2. 您所在的地区：_____省_____市_____县（区）

3. 您的年龄：

［1］25岁及以下　［2］26—35岁　［3］36—45岁　［4］45岁以上

4. 你的受教育程度

［1］大专以下　［2］大专　［3］本科　［4］硕士　［5］硕士以上

5. 您的职务类别

［1］办事员　［2］科员　［3］副科级　［4］正科级　［5］副处级　［6］正处级

［7］副厅局级　［8］正厅局级及以上

6. 您在本部门的工龄：_____年

**（由外包服务商作答的题目）**

1. 您的性别：［1］男　［2］女

2. 您所在的公司_____

3. 您的年龄：

［1］25 岁及以下　［2］26—35 岁　［3］36—45 岁　［4］45 岁以上

4. 你的受教育程度

［1］大专以下　［2］大专　［3］本科　［4］硕士　［5］硕士以上

5. 您的职务类别

［1］员工　［2］小组组长　［3］项目主管　［4］部门经理

6. 您在本部门的工龄：_____年

**第二部分**

请根据您的实际情况，判断在何种程度上同意下面的陈述，1 代表"完全不同意"，2 代表"不同意"，3 代表"一般"，4 代表"同意"，5 代表"完全同意"，请在相应的数字下面画"√"。

表 D－1　国家服务外包产业政策

| 问题 | 完全不同意 | 不同意 | 一般 | 同意 | 完全同意 |
|---|---|---|---|---|---|
| 1. 我花费大量的时间与合作方员工进行交流 | 1 | 2 | 3 | 4 | 5 |
| 2. 我经常与合作方员工进行交流 | 1 | 2 | 3 | 4 | 5 |
| 3. 对于一些合作方员工，我在私人层面上有所了解 | 1 | 2 | 3 | 4 | 5 |
| 4. 我与合作方员工有非常好的关系 | 1 | 2 | 3 | 4 | 5 |
| 5. 我知道合作方员工会帮助我，所以我帮助合作方员工也是应该的 | 1 | 2 | 3 | 4 | 5 |
| 6. 我在合作中传递知识的能力比其他成员强 | 1 | 2 | 3 | 4 | 5 |
| 7. 我在合作中与很多合作方员工进行沟通 | 1 | 2 | 3 | 4 | 5 |
| 8. 我在合作中的地位不容易被取代 | 1 | 2 | 3 | 4 | 5 |
| 9. 在合作中，其他人对我的依赖性很大 | 1 | 2 | 3 | 4 | 5 |
| 10. 我与合作方员工总是公平地协商 | 1 | 2 | 3 | 4 | 5 |
| 11. 我知道合作方员工将要如何行动，其能够按照我预期的方式行动 | 1 | 2 | 3 | 4 | 5 |

续表

| 问题 | 完全不同意 | 不同意 | 一般 | 同意 | 完全同意 |
|---|---|---|---|---|---|
| 12. 即使机会出现,我也不会做出利用合作方的行为 | 1 | 2 | 3 | 4 | 5 |
| 13. 我相信合作方员工会考虑到我的利益,即使其有时候会为此付出一些代价 | 1 | 2 | 3 | 4 | 5 |
| 14. 如果合作方员工的表现低于我的预期,我会感到失落 | 1 | 2 | 3 | 4 | 5 |
| 15. 我与合作方员工能够共同负责,完成任务 | 1 | 2 | 3 | 4 | 5 |
| 16. 我会与合作方员工共同探讨商议,克服合作过程中出现的困难 | 1 | 2 | 3 | 4 | 5 |
| 17. 我会与合作方员工互相帮助,解决合作中的问题 | 1 | 2 | 3 | 4 | 5 |
| 18. 我与合作方员工对项目中的重要事项看法比较一致 | 1 | 2 | 3 | 4 | 5 |
| 19. 我与合作方员工对项目的总体目标看法比较一致 | 1 | 2 | 3 | 4 | 5 |
| 20. 我与合作方员工对项目的发展前景看法比较一致 | 1 | 2 | 3 | 4 | 5 |
| 21. 我与合作方员工总是不遗余力地追求项目目标的实现 | 1 | 2 | 3 | 4 | 5 |
| 22. 我能很好地理解合作方员工所讲的专业术语和行话 | 1 | 2 | 3 | 4 | 5 |
| 23. 我和合作方员工使用可以相互理解的交流方式进行讨论 | 1 | 2 | 3 | 4 | 5 |
| 24. 我和合作方员工使用可以相互理解的叙述方式来发布信息和条款 | 1 | 2 | 3 | 4 | 5 |
| 25. 通过和合作方员工交流,我获得了有助于工作、学习的知识、经验或技能 | 1 | 2 | 3 | 4 | 5 |
| 26. 与合作方员工的交流有助于我更好地解决工作、学习中的问题 | 1 | 2 | 3 | 4 | 5 |
| 27. 与合作方员工的交流有助于我更快、更容易地理解新知识 | 1 | 2 | 3 | 4 | 5 |
| 28. 与合作方员工的交流有助于我以后的职业发展 | 1 | 2 | 3 | 4 | 5 |
| 29. 我对与合作方员工间交流的过程和频率感到满意 | 1 | 2 | 3 | 4 | 5 |

您已经完成本问卷,再次感谢您的帮助和支持!

若您想了解本研究结果,请留下您的邮箱_____。我们在论文完成后会将相关结果发给您。